Stefan Seiler • Strafrecht Allgemeiner Teil I

Strafrecht
Allgemeiner Teil I

Grundlagen und Lehre von der Straftat

von

Dr. Stefan Seiler
ao. Universitätsprofessor in Salzburg

3., überarbeitete Auflage

Wien 2016

facultas

Bibliografische Information Der Deutschen Nationalbibliothek

Die Deutsche Nationalbibliothek verzeichnet diese Publikation in der Deutschen Nationalbibliografie; detaillierte bibliografische Daten sind im Internet über http://dnb.d-nb.de abrufbar.

facultas, Stolberggasse 26, 1050 Wien, Österreich

Satz: Wandl Multimedia-Agentur
Druck: Facultas Verlags- und Buchhandels AG
Printed in Austria
ISBN 978-3-7089-1188-5

Vorwort

Das vorliegende Studienbuch zum Strafrecht Allgemeiner Teil I vermittelt das Grundlagenwissen zum Strafrecht. Es werden die Aufbauelemente des Verbrechensbegriffs erläutert. Der Umfang trägt den aktuellen Studienplänen Rechnung. Die Ausführungen zu den einzelnen Bereichen (Tatbestand, Rechtswidrigkeit, Schuld, Vorsatz, Fahrlässigkeit, Irrtum, Versuch, Beteiligung ua) stützen sich auf die herrschende Rechtsprechung. Beispiele, die der Veranschaulichung dienen, werden durch graue Unterlegung hervorgehoben. Zu strittigen Punkten werden die einschlägigen Lehrmeinungen zitiert, auf weiterführende Literatur zu Detailproblemen wird am Anfang der jeweiligen Kapitel hingewiesen.

Nach jedem Kapitel findet sich in Form von Schemata eine Zusammenfassung der behandelten Bereiche. In systematischer Abfolge werden jene Punkte aufgelistet, die bei der strafrechtlichen Beurteilung einer Sachverhaltskonstellation zu beachten und gegebenenfalls näher zu prüfen sind. Studierenden wird damit gleichzeitig ein Leitfaden bei der Bearbeitung von Diplomklausurfällen in die Hand gegeben. Literatur und Rechtsprechung sind bis Dezember 2015 eingearbeitet worden. Das Sanktionensystem, die Lehre von den Strafen und Maßnahmen, erfährt eine Darstellung im „Allgemeinen Teil II" (*Seiler* AT II[7], 2015). An dieser Stelle gilt mein Dank Frau *Ricarda Tomasits* für die engagierte Mithilfe bei der vorliegenden Neuauflage.

Zitierte §§ ohne nähere Bezeichnung sind solche des StGB.

Salzburg, im Dezember 2015 *Stefan Seiler*

Inhaltsverzeichnis

3. Kapitel
Der Geltungsbereich von Strafgesetzen

Abkürzungsverzeichnis

Abs	Absatz
aE	am Ende
ÄrzteG	Ärztegesetz 1998, BGBl I 1998/169 idgF
aF	alte Fassung
aM	anderer Meinung
AnwBl	Österreichisches Anwaltsblatt (Jahr, Seite bzw Jahr/Nummer)
ARHG	Auslieferungs- und Rechtshilfegesetz, BGBl 1979/529 idgF
Art	Artikel
AT	Allgemeiner Teil
Aufl	Auflage
AVG	Allgemeines Verwaltungsverfahrensgesetz, BGBl 1991/51 idgF
Bd	Band
BDG	Beamten-Dienstrechtsgesetz 1979, BGBl 1979, 333 idgF
BG	Bezirksgericht
BGBl	Bundesgesetzblatt (Jahr/Nummer)
BGHSt	Entscheidungen des Bundesgerichtshofes in Strafsachen der Bundesrepublik Deutschland (Band, Seite)
BlgNR	Beilage(n) zu den Stenographischen Protokollen des Nationalrates
BMJ	Bundesminister(-ium) für Justiz
BT	Besonderer Teil
B-VG	Bundes-Verfassungsgesetz 1920 idF von 1929
BWG	Bankwesengesetz, BGBl 1993/532 idgF
bzw	beziehungsweise
d	deutsch,-e,-er,-es (vor einer Abkürzung)
ders	derselbe
dh	das heißt
dies	dieselbe(n)
DSG	Datenschutzgesetz
E	Entscheidung
EGMR	Europäischer Gerichtshof für Menschenrechte
EMRK	Europäische Menschenrechtskonvention, BGBl 1958/210
EGVG	Einführungsgesetz zu den Verwaltungsverfahrensgesetzen (BGBl 1991/50, Wiederverlautbarung)
Entw	Entwurf
Erl	Erläuterung
etc	et cetera
EuGRZ	Europäische Grundrechte-Zeitschrift (Jahr, Seite)
EU-JZG	Justizielle Zusammenarbeit in Strafsachen mit Mitgliedstaaten der EU, BGBl I 2004/36 idgF
ev	eventuell
EvBl	Evidenzblatt der Rechtsmittelentscheidungen der ÖJZ (Jahr/Nummer)

f, ff	und der/die folgenden
FinStrG	Finanzstrafgesetz, BGBl 1958/129 idgF
FN	Fußnote
FS	Festschrift
gem	gemäß
GesRZ	Der Gesellschafter (Jahr, Seite)
GH	Gerichtshof
GP	Gesetzgebungsperiode
GS	Gedächtnisschrift
GZ	Allgemeine Österreichische Gerichtszeitung (Jahr, Seite)
hM	herrschende Meinung
Hrsg	Herausgeber
ICC	International Criminal Court
idF	in der Fassung
idgF	in der geltenden Fassung
idS	in diesem Sinne
insb	insbesondere
iS	im Sinne
iVm	in Verbindung mit
JAB	Bericht des Justizausschusses
JABl	Amtsblatt der österreichischen Justizverwaltung (Jahr/Nummer, Seite)
JBl	Juristische Blätter (Jahr, Seite)
JGG	Jugendgerichtsgesetz 1988, BGBl 1988/599 idgF
JSt	Journal für Strafrecht (Jahr, Seite)
JRP	Journal für Rechtspolitik (Jahr, Seite)
Kap	Kapitel
KFG	Kraftfahrgesetz, BGBl 1967/267 idgF
KH	Plenarbeschlüsse und Entscheidungen des kk Obersten Gerichtshofes als Kassationshof (Nummer)
krit	kritisch
leg cit	legis citatae
LG	Landesgericht
LJZ	Liechtensteinische Juristen-Zeitung (Jahr, Seite)
lit	litera
mA	mit Anmerkung
MedienG	Mediengesetz, BGBl 1981/314 idgF
MilStG	Militärstrafgesetz, BGBl 1970/344 idgF
MR	Medien und Recht (Jahr, Seite)
MRK	Europäische Menschenrechtskonvention, BGBl 1958/210
mwN	mit weiteren Nachweisen

Nachw	Nachweise
NB	Nichtigkeitsbeschwerde
nF	neue Fassung
NJW	Neue Juristische Wochenschrift (Jahr, Seite)
NR	Nationalrat
NRsp	Neue Rechtsprechung (Beilage in der ÖJZ)
NStZ	Neue Zeitschrift für Strafrecht (Jahr, Seite)
NZ	Österreichische Notariatszeitung (Jahr, Seite)
ö	österreichisch, -e,-er,-es (vor einer Abkürzung)
ÖJK	Österreichische Juristenkommission
ÖJT	Österreichischer Juristentag
ÖJZ	Österreichische Juristenzeitung (Jahr, Seite bzw Jahr/Nummer)
ÖJZ-LSK	Leitsatzkartei der ÖJZ (Jahr/Nummer)
ÖJZ-MRK	Entscheidungen zur MRK in der ÖJZ (Jahr, Seite/Nummer)
OGH	Oberster Gerichtshof
OLG	Oberlandesgericht
ÖStZ	Österreichische Steuer-Zeitung (Jahr, Seite)
ÖStZB	Beilage zur Österreichischen Steuer-Zeitung (Jahr, Seite bzw Jahr/Nummer)
ÖVA	Österreichisches Verwaltungsarchiv (Jahr, Seite)
PA	Privatankläger
PersFrG	Bundesverfassungsgesetz zum Schutz der persönlichen Freiheit, BGBl 1988/684
PornoG	Pornographiegesetz, BGBl 1950/97 idgF
RA	Rechtsanwalt
RdM	Recht der Medizin (Jahr, Seite)
RdW	Österreichisches Recht der Wirtschaft (Jahr, Seite)
RFG	Recht und Finanzen für Gemeinden (Jahr/Nummer)
RGBl	Reichsgesetzblatt (Jahr/Nummer)
RM	Rechtsmittel
Rsp	Rechtsprechung
RV	Regierungsvorlage
Rz	Randzahl
RZ	Österreichische Richterzeitung (Jahr, Seite bzw Jahr/Nummer)
s	siehe
SbgK	Salzburger Kommentar zum Strafgesetzbuch, Hrsg: *Triffterer/Rosbaud/Hinterhofer*
SDÜ	Schengener Durchführungsübereinkommen, BGBl III 1997/90
SMG	Suchtmittelgesetz, BGBl I 1997/112
sog	so genannt
SPG	Sicherheitspolizeigesetz, BGBl 1991/566 idgF
SSt	Entscheidungen des Obersten Gerichtshofes in Strafsachen und Disziplinarangelegenheiten (Band/Nummer bzw Jahr/Nummer)

St	Strafsachen
StA	Staatsanwalt(-schaft)
StGB	Strafgesetzbuch, BGBl 1975/60 idgF
StGBl	Staatsgesetzblatt für die Republik Österreich
StGG	Staatsgrundgesetz über die allgemeinen Rechte der Staatsbürger, RGBl 1867/142
StPdG	Strafrechtliche Probleme der Gegenwart (Jahr, Seite)
StPO	Strafprozeßordnung, BGBl 1975/631 idgF
StV	Strafverteidiger (Jahr, Seite)
StVG	Strafvollzugsgesetz, BGBl 1969/144 idgF
StVO	Straßenverkehrsordnung, BGBl 1960/159 idgF
SV	Sachverständiger
TKG	Telekommunikationsgesetz, BGBl I 1997/100 idgF
u	und
ua	und andere
U-Haft	Untersuchungshaft
UStG	Umsatzsteuergesetz 1994, BGBl 1994/663 idgF
UVS	Unabhängiger Verwaltungssenat
VbVG	Verbandsverantwortlichkeitsgesetz, BGBl I 2005/151 idgF
VerbotsG	Verbotsgesetz, StGBl 1945/13 idgF
verst	verstärkter
VfGH	Verfassungsgerichtshof
VfSlg	Sammlung der Erkenntnisse und wichtigsten Beschlüsse des Verfassungsgerichtshofes (Nummer)
vgl	vergleiche
VStG	Verwaltungsstrafgesetz, BGBl 1991/52 idgF
VwGH	Verwaltungsgerichtshof
WaffGG	Waffengebrauchsgesetz 1969, BGBl 1969/149 idgF
WK-StGB	Wiener Kommentar zum Strafgesetzbuch, 2.Aufl, Hrsg: *Höpfel/ Ratz*
zB	zum Beispiel
ZfRV	Zeitschrift für Rechtsvergleichung (Jahr, Seite)
ZfV	Zeitschrift für Verwaltung (Jahr, Seite)
ZfVB	Die administrativrechtlichen Entscheidungen des VwGH und die verwaltungsrechtlich relevanten Entscheidungen des VfGH in lückenloser Folge (Beilage zur ZfV)
ZPEMRK	Zusatzprotokoll zur EMRK
ZStW	Zeitschrift für die gesamte Strafrechtswissenschaft [Band (Jahr), Seite]
ZVR	Zeitschrift für Verkehrsrecht (Jahr, Seite bzw Jahr/Nummer)

1. Kapitel

EINFÜHRUNG

§ 1. Die Aufgabe des Strafrechts

Burgstaller Aktuelle Wandlungen im Grundverständnis des Strafrechts, JBl 1996, 362; *Reindl-Krauskopf/Grafl* Kriminalität nicht integrierter Ausländer, 17.ÖJT III/1 (2009); *Sautner* Ordre public aus der Perspektive des Strafrechts, RZ 2012, 222; *Schmoller* Ethische Dispute im Strafrecht, in: Rechtsethik, Hrsg *Fischer/Strasser* (2007), 203; *Schwind* Kriminologie[22], 2013; *Zehetgruber* Islamisches Strafrecht versus europäische Werteordnung (2010).

I. Die Aufgabe des Strafrechts liegt darin, das **Zusammenleben von Menschen** in einer Gemeinschaft zu **schützen**. Jede Gesellschaft verlangt nach gesetzlichen Regelungen, die ein möglichst konfliktfreies gemeinschaftliches Leben ermöglichen sollen. Die Rechtsordnung regelt das gesellschaftliche Leben und dient damit der Aufrechterhaltung des **Friedens innerhalb der Gemeinschaft**. Es ist Aufgabe des Staates, mit Hilfe der Rechtsordnung seinen Rechtsunterworfenen einen Rechtsschutz zu geben und so Gerechtigkeit und sozialen Frieden zu gewährleisten. Um diesen Anforderungen gerecht zu werden, muss dafür Sorge getragen werden, dass gesetzliche Bestimmungen von den Normadressaten eingehalten werden. Die Strafe als Reaktion auf einen Normverstoß stellt ein Mittel zum Erreichen dieses Zieles dar. Nur schwerwiegende Verstöße gegen die Gemeinschaftsordnung sind mit einer Sanktion bedroht. Das Recht zu strafen, das sog **ius puniendi**, kommt ausschließlich dem **Staat** zu. Das Strafrecht ist daher ein **Teil** des **öffentlichen Rechts** (*Fuchs* AT I[8] Kap 1 Rz 14). 1

In der Verurteilung und Bestrafung durch ein Strafgericht wird das schärfste Instrument zur Wiederherstellung des sozialen Friedens gesehen. Das **gerichtliche Strafrecht**, auch **Justizstrafrecht** genannt, soll daher nur Bereiche erfassen, in denen das Gewicht des Normverstoßes eine so schwerwiegende Reaktion verlangt. Der weite Bereich der im Verwaltungsrecht normierten Übertretungen kommt ohne gerichtliche Sanktion aus. Verwaltungsübertretungen ziehen regelmäßig nur ein Verwaltungsstrafverfahren nach sich (vgl **Verwaltungsstrafgesetz**, VStG, BGBl 1991/52 idgF): 2

a) Durch ein angeregtes Gespräch mit seinem Beifahrer abgelenkt fährt A an der roten Ampel dem vor ihm stehenden PKW auf. Die Folge ist ein erheblicher **Sachschaden** an beiden Fahrzeugen. Als schuldhafter Unfallverursacher hat A bzw seine Haftpflichtversicherung den Schaden am gegnerischen Fahrzeug nach den Regeln des Zivilrechtes zu begleichen. Ein strafgerichtliches Nachspiel wird dieser Unfall mit reinem Sachschaden für

A jedoch nicht haben und auch verwaltungsstrafrechtlich (eventuell überhöhte Geschwindigkeit) werden derartige Unfälle mangels entsprechender Anzeige regelmäßig nicht verfolgt.

b) A fährt im Ortsgebiet mit seinem PKW 60 km/h und überschreitet damit die zulässige Geschwindigkeit. Auch wenn durch das reine zu schnell Fahren niemand einen Schaden erleidet, begeht A eine Verwaltungsübertretung und wird dafür bestraft, wenn ihn die Polizei im Zuge einer Radarmessung dabei erwischt. Auch wenn es sich um eine schwerwiegendere Geschwindigkeitsübertretung handelt, die A womöglich sogar den Führerschein kostet, hat dieser nur ein Verwaltungsstrafverfahren zu befürchten, nicht jedoch ein gerichtliches Strafverfahren.

c) Wirklich unangenehm wird es für A, wenn er aufgrund der überhöhten Geschwindigkeit nicht rechtzeitig bremsen kann und einen Passanten, der am Zebrastreifen die Fahrbahn überquert, niederfährt und schwer verletzt. In diesem Fall handelt es sich um einen Unfall mit Personenschaden und A hat als Unfallverursacher eine strafgerichtliche Verfolgung und Bestrafung zu befürchten. Er hat dann den im Strafgesetzbuch (StGB) zum Schutz vor solchen Verletzungen normierten Tatbestand der fahrlässigen Körperverletzung (§ 88) verwirklicht.

3 Welche Folgen ein Rechtsbruch hat, ob er zivilrechtliche Konsequenzen, eine Verwaltungsstrafe oder gar eine gerichtliche Sanktion nach sich zieht, hängt demnach von der Art des Normverstoßes ab:

4 Teilweise ist dafür der Schaden, den der Normverstoß herbeigeführt hat, maßgeblich (**Erfolgsunwert**), wie das oben angeführte Verkehrsunfallbeispiel zeigt. Hat die Geschwindigkeitsübertretung von A „nur" einen Sachschaden (Erfolg) zur Folge, befassen sich mit dieser Angelegenheit regelmäßig bloß die Versicherungen bzw Zivilgerichte. Besteht der Schaden (Erfolg) hingegen in der Verletzung eines Passanten (Personenschaden), werden sich die Strafgerichte damit zu befassen haben.

5 Als Beispiel kann auch das Finanzstrafrecht dienen. Hier entscheidet grundsätzlich die Höhe des hinterzogenen Steuerbetrages und damit das Ausmaß des Schadens darüber, ob das Strafgericht (Steuerhinterziehung über 100.000 Euro) oder die Finanzstrafbehörde für die Verfolgung und Bestrafung des Steuersünders zuständig ist (§ 53 Finanzstrafgesetz, FinStrG).

6 Es kann auch die Handlungsweise, die zum Schaden geführt hat, ausschlaggebend dafür sein, ob dem Handelnden eine strafgerichtliche Verurteilung droht oder nicht (**Handlungsunwert**):

Eine sehr umfangreiche Schadenersatzforderung aus einer **Vertragsverletzung** hat im Regelfall nur ein zivilgerichtliches Nachspiel, fällt jedoch nicht in den Aufgabenbereich der Strafgerichte: Eine Baufirma, die ein Bauwerk nicht termingerecht fertigstellt, wird für den Verzug regelmäßig Schadenersatz zu leisten haben.

Wer ein Darlehen aufgenommen hat und plötzlich seine Raten nicht mehr bezahlen kann, weil er seinen Arbeitsplatz verloren hat, macht sich grundsätzlich ebenfalls nicht gerichtlich strafbar. Kam es jedoch zur Darlehensgewährung nur aufgrund einer betrügerischen Irreführung, weil der Darlehensnehmer falsche Angaben über seine Einkommens- und Vermögensverhältnisse gemacht hat, werden die Strafgerichte das Vorliegen eines Betruges (§§ 146f) zu prüfen haben. Der besondere Handlungsunwert liegt hier in der betrügerischen Irreführung beim Vertragsabschluss.

Dieser Gesichtspunkt erlangt vor allem im Bereich der **Wirtschaftskriminalität** Bedeutung, da der Handlungsunwert, nämlich die betrügerische Irreführung, oft nur schwer nachweisbar ist. Ein Anlageberater verspricht zB verlockende Renditen, verschweigt aber das damit verbundene Verlustrisiko.

II. In unserem Kulturkreis werden weitgehend übereinstimmend **Angriffe** 7
auf Leib und **Leben, körperliche Integrität, Ehre, Freiheit und Vermögen** als gerichtlich strafbare Handlungen angesehen. Die gesellschaftliche Entwicklung greift hier jedoch immer wieder modifizierend ein. Viele Verhaltensweisen, welche früher ein gerichtlich strafbares Unrecht darstellten, werden heute von der Gesellschaft nicht mehr als strafwürdiges Unrecht gewertet. Meist braucht der Gesetzgeber lange, um geänderten gesellschaftlichen Entwicklungen Rechnung zu tragen: Die Strafbarkeit des Ehebruchs (§ 194 StGB) wurde zB erst 1997 aufgehoben (BGBl 1996/762).

Auf der anderen Seite werden immer wieder **neue Straftatbestände** ge- 8
schaffen, mit denen strafwürdiges Verhalten erfasst werden soll. Meist geben gesellschaftliche oder technische Entwicklungen, die mit neuen Gefahren für die Gemeinschaft verbunden sind, dafür einen Anlass. Dies zeigt sich zB in den neuen Straftatbeständen der „Zwangsheirat" (§ 106a, eingefügt durch BGBl I 2015/112), der „Betrügerischen Anmeldung zur Sozialversicherung oder Bauarbeiter-Urlaubs- und Abfertigungskasse" (§ 153d StGB, eingefügt durch BGBl I 2015/112), der „Verletzung der sexuellen Selbstbestimmung" (§ 205a, eingefügt durch BGBl I 2015/112) etc. Die Ansichten darüber, welche Rechtsgüter durch das Strafrecht zu schützen sind, gehen jedoch weit auseinander. So wird zB in islamischen Kulturkreisen die Steinigung der untreuen Ehegattin bei einem Ehebruch als legitime Strafe angesehen (illustrativ *Zehetgruber* 73ff). Wenngleich dies in unseren Breiten heute noch weitgehend unverständiges Kopfschütteln hervorruft, darf nicht übersehen werden, dass

als Folge der Migrationsentwicklung auch in Mitteleuropa zunehmend Bestrebungen aufkeimen können, in unseren Kulturkreis islamische Rechts- und Unrechtsauffassungen zu infiltrieren (vgl EvBl-LS 2011/40).

9 Es gibt auch viele Bereiche, in denen es schwer ist, einen gesellschaftlichen Konsens darüber zu finden, was als strafwürdiges Unrecht anzusehen ist und was nicht: Ob bzw unter welchen Voraussetzungen ein Schwangerschaftsabbruch strafbar sein soll, ist zB sehr umstritten und in den einzelnen nationalen Strafrechtsordnungen unterschiedlich geregelt. Im Strafrecht kommen vielfach auch politische Grundanschauungen zum Ausdruck. Die unterschiedlichen Strafrechtsordnungen in einzelnen Staaten oder Kulturkreisen und auch die heftig geführten Diskussionen im Zuge der Schaffung bzw Aufhebung einzelner Strafbestimmungen dokumentieren dies deutlich: Ist es notwendig, einen enttäuschten Verehrer, der über mehrere Wochen 20-mal am Tag seine Angebetete mit Telefonanrufen nervt, vor das Strafgericht zu zitieren? (Anti-Stalking-Gesetz, § 107a StGB, BGBl I 2006/56).

10 **III. Nullum crimen sine lege:** Das Strafrecht basiert auf dem Prinzip, dass **nur** jenes Verhalten **strafbar** ist, welches vom Strafgesetz **ausdrücklich unter gerichtliche Sanktion gestellt** wurde (**Gesetzlichkeitsprinzip**). Darin dokumentiert sich der alte Grundsatz „nullum crimen sine lege", welcher in **§ 1 StGB** ausdrücklich verankert ist. Für Fälle, die den im Gesetz geregelten nur ähnlich sind, besteht keine gesetzlich normierte Strafbarkeit. Das Gesetzlichkeitsprinzip verbietet eine analoge Anwendung von Strafbestimmungen (**Analogieverbot**).

11 Dieser Grundpfeiler unseres Strafgesetzes hat die **Garantiefunktion**, dass nur jener bestraft werden kann, der gegen eine solche positive Norm verstoßen hat. Es ist nicht maßgebend, ob die Rechtsgemeinschaft darüber hinaus ein Verhalten als strafwürdig empfindet oder nicht. Solange vom Gesetzgeber nicht ein bestimmtes Verhalten für strafbar erklärt wird, indem er dieses mit einem Straftatbestand erfasst, kann keine Sanktion dafür verhängt werden. Der Formulierung der einzelnen Tatbestände des Strafgesetzbuches und der Nebengesetze kommt daher große Bedeutung für die Rechtssicherheit zu. Der geschickte Täter, der sein Handeln auf die einschlägigen Straftatbestände so abstimmt, dass es diesen nicht subsumiert werden kann, ist strafrechtlich nicht belangbar, auch wenn seine Vorgangsweise strafwürdig erscheint. Ein **vertraglicher Ausschluss** oder eine **Übertragung strafgesetzlicher Verantwortung** ist **nicht möglich** (SSt 59/72).

12 **Tatstrafrecht**: Das StGB geht von einem Tatstrafrecht aus. Es werden nur bestimmte **Verhaltensweisen** für strafbar erklärt, **nicht** aber eine möglicherweise ablehnungswürdige **Gesinnung**. Die Handlung oder das Unterlassen eines Menschen ist das auslösende Moment für eine Bestrafung.

A ist von den Ideen des Nationalsozialismus begeistert und liest eifrig einschlägige Literatur dazu, was ihn in seinen Ansichten nur noch bestärkt. Den Nationalsozialismus bloß im Geiste hoch zu halten ist nicht strafbar. Für seine Gesinnung kann niemand bestraft werden.

A würde sich jedoch strafbar machen, wenn er darüber hinaus versucht, in Vorträgen oder Druckwerken seine Mitmenschen von seiner Sicht der Geschichte zu überzeugen (zB durch Leugnung des nationalsozialistischen Völkermordes). Darin wäre eine strafbare „Wiederbetätigung" iSd Verbotsgesetzes zu sehen (StGBl 1945/13 idgF). Die Grenze zwischen Gesinnungsstrafrecht und Tatstrafrecht kann natürlich mitunter schwierig zu ziehen sein.

Eine Typisierung nach Verhaltensweisen war aus Gründen der Rechts- 13
sicherheit notwendig. Ein Täterstrafrecht, welches allein an der Gesinnung und damit an der Gefährlichkeit des Täters anknüpft, wäre mit zu großer Rechtsunsicherheit verbunden. Darin läge eine zu ungenaue Umschreibung der Voraussetzung, wann das Strafrecht einzugreifen hat und wann nicht: Ein durch Arbeitsplatzverlust und Scheidung schwer depressiver Familienvater gibt sich seiner Alkoholsucht hin. Die Familie befürchtet, dass er in alkoholisiertem Zustand einmal ausrasten könnte und alle umbringt. Bevor dies jedoch nicht passiert oder der Familienvater zumindest dahingehende Drohungen äußert (§ 107), könnte das Strafrecht nicht eingreifen, was in der Praxis häufig zu gefährlichen Situationen führt.

IV. Im Rahmen des rechtswissenschaftlichen Studiums findet vorwiegend 14
nur eine Auseinandersetzung mit der normativen Seite des Strafrechts statt. Mit der tatsächlichen Seite der Straftat, den **Ursachen für kriminelles Verhalten**, der **Persönlichkeit eines Täters**, den Erscheinungsformen von Straftaten **befasst** sich die **Kriminologie** (aktuelle praxisorientierte Einführung in die Kriminologie: zB *Schwind* Kriminologie[22]). Auch die Verbrechensbekämpfung, die **wissenschaftliche Technik der Aufklärung** von Straftaten und des Beweises (**Kriminalistik**) ist ein Teilbereich der Kriminologie (*Selig/Bellavić* Lehrbuch der Kriminologie[3], 28; *Fuchs* AT I[8] Kap 1 Rz 6).

§ 2. Die Sanktion

Graßberger Die Strafe, ÖJZ 1961, 169; *Jescheck* Wandlungen des strafrechtlichen Schuldbegriffs in Deutschland und Österreich, JBl 1998, 609; *Karollus* Zur verfassungsrechtlichen Verankerung des strafrechtlichen Schuldprinzips, ÖJZ 1987, 677; *Maleczky* Strafrecht Allgemeiner Teil II[14], 2011; *Moos* Der Schuldbegriff im österreichischen StGB, in: *Triffterer*-FS (1996), 169; *Sautner* Überlegungen zur Einführung einer Wiedergutmachungsstrafe in das österreichische Strafrecht, JBl 2010, 341; *Seiler* Strafrecht Allgemeiner Teil II[7], 2015; *Zipf* Der strafrechtliche Schuldbegriff, JBl 1980, 186.

I. Strafarten

15 **A.** Sanktionen greifen vielfach tief in die Persönlichkeitssphäre des Betroffenen ein. Dies gilt insbesondere für Freiheitsstrafen. Doch auch an Freiheitsstrafen führt kein Weg vorbei, solange es nicht gelingt, Alternativen zu finden, welche besser geeignet erscheinen, Straftaten entgegenzuwirken und damit den Frieden in der Rechtsgemeinschaft zu sichern. Die Strafe als Reaktionsform auf einen Rechtsbruch sollte nur dann als letztes Mittel herangezogen werden, wenn darin der einzige Weg gesehen wird, den Täter von weiteren Straftaten abzuhalten und die Normtreue innerhalb der Rechtsgemeinschaft zu gewährleisten. Die Konsequenzen eines Rechtsbruchs müssen den Gesichtspunkten der **Gerechtigkeit** und **Verhältnismäßigkeit** entsprechen, will man eine entsprechend positive Wirkung beim Betroffenen erwarten. Es wird auch nur eine der Gerechtigkeit und Verhältnismäßigkeit entsprechende Sanktion auf allgemeine Akzeptanz in der Rechtsgemeinschaft stoßen und so ein Zeichen der **Bewährung der Rechtsordnung zur Abschreckung potenzieller Täter** setzen können.

16 **B.** Das Sanktionensystem des StGB ist verhältnismäßig einfach aufgebaut. Es unterscheidet zwischen zwei **Hauptstrafarten**: Der **Freiheitsstrafe** (§ 18) und der **Geldstrafe** (§ 19). Zusätzlich können den Verurteilten sonstige **Rechtsfolgen** treffen (zB Amtsverlust, § 27). Neben den Strafen kennt das Gesetz die Möglichkeit der **Maßnahmenverhängung** (§§ 21ff). Unabhängig von diesen Sanktionsformen können weiters **vermögensrechtliche Anordnungen**, wie die Konfiskation (§ 19a) oder der Verfall (§ 20) getroffen werden.

17 Alternative Wege im Umgang mit Straftaten eröffnet die Möglichkeit, ein Verfahren diversionell zu erledigen (§§ 198ff Strafprozessordnung, StPO). **Diversionsmaßnahmen**, wie gemeinnützige Leistungen bei einer sozialen Einrichtung (§ 201 StPO) oder ein Tatausgleich zwischen Täter und Opfer (§ 204 StPO), zu denen sich ein Tatverdächtiger bereit erklärt, bilden in vielen Fällen der leichten und mittelschweren Kriminalität eine sinnvolle Alternative zur herkömmlichen Sanktionspraxis (vgl *Seiler* Strafprozessrecht[14] Rz 685ff).

II. Die Voraussetzungen für das Verhängen von Strafen

A. Anlasstat

18 Eine Strafe darf nur als Reaktion auf eine **geschehene Straftat** verhängt werden. Anknüpfungspunkt für die Strafe ist daher eine kriminelle Anlasstat und nicht eine bloße verbrecherische Gesinnung. Eine verbrecherische Gesinnung muss sich zumindest in Form einer Anlasstat geäußert haben.

X wachsen seit längerer Zeit seine Schulden über den Kopf. Im Freundeskreis denkt er daher laut darüber nach, wie er durch Einbrüche seine finanzielle Situation verbessern könnte. Für seine „kriminellen Pläne“ kann X noch nicht zur Verantwortung gezogen werden. Erst wenn er seinen Entschluss zur Straftat zumindest durch einen strafbaren Einbruchsversuch dokumentiert hat, greift das Strafrecht ein (§ 129 iVm § 15 Abs 2).

Der Rechtsgüterschutz durch die Mittel des Strafrechts kann daher erst erfolgen, wenn ein strafrechtlich geschütztes Rechtsgut bereits einer konkreten oder zumindest abstrakten Gefährdung ausgesetzt worden ist. Die Wahrung der **Rechtssicherheit** verlangt aber als Voraussetzung für die Bestrafung das Vorliegen einer Anlasstat. Nur so kann den **Gefahren eines Gesinnungsstrafrechts** in ausreichendem Maße entgegengewirkt werden. 19

B. Schuldprinzip

1. Strafbar ist nur, wer schuldhaft handelt (**§ 4**). Mit § 4 wird programmatisch festgelegt, dass unser Strafrecht ein **Schuldstrafrecht** und kein Erfolgsstrafrecht ist. Allein die Tat als objektives Ereignis macht den Verursacher noch nicht strafbar. Die einzelnen Straftatbestände des StGB lassen erkennen, dass der Täter seine Tat entweder vorsätzlich (§ 5) oder zumindest fahrlässig (§ 6) begangen haben muss, um dafür strafrechtlich belangt werden zu können: 20

Allein die Tatsache, dass ein PKW-Lenker einen Fußgänger angefahren und verletzt hat, führt noch nicht zur strafrechtlichen Verantwortlichkeit des PKW-Lenkers wegen fahrlässiger Körperverletzung (§ 88). Den Fahrzeuglenker muss ein Verschulden (Fahrlässigkeit) treffen. Dieses kann zB darin bestehen, dass er mit überhöhter Geschwindigkeit auf einen Fußgängerübergang zugefahren ist und nicht mehr rechtzeitig vor dem Fußgänger, der darauf die Straße überqueren wollte, bremsen konnte.

Am Verschulden des PKW-Lenkers mangelt es jedoch, wenn er nicht mehr rechtzeitig bremsen konnte, weil der Passant unerwartet, abseits eines Fußgängerüberganges, vom Gehsteig auf die Fahrbahn getreten ist.

Eine Bestrafung kann weiters grundsätzlich nur für Handlungsweisen erfolgen, die im Zustand der **Zurechnungsfähigkeit** (§ 11) gesetzt wurden: Ein geistig abnormer Rechtsbrecher, dessen Geisteskrankheit so schwerwiegend ist, dass ihm jegliche Unrechtseinsicht fehlt, könnte nicht bestraft werden. 21

22 **2.** Die **Schuld** des Täters hat im Strafrecht auch noch eine **zweite Bedeutung**: Das Maß der Schuld ist ein wesentliches **Kriterium für die Bemessung der Höhe der Strafe** (§ 32 Abs 1). Neben die Schuld tritt im Rahmen der Strafbemessung als zweite relevante Komponente der Unrechtsgehalt der Tat (ZVR 1980/22). Beide Kriterien hängen eng miteinander zusammen, denn ein höheres Unrecht der Tat ist ein Indiz für eine darauf gerichtete höhere Schuld des Täters (EvBl 1979/208). Man spricht vom sog Tatschuldprinzip.

Der Unrechtsgehalt eines Raubes (§ 142) ist höher einzustufen als der Unrechtsgehalt eines Ladendiebstahls (§ 127), weil beim Raub eine Sache mit dem Mittel der Gewalt oder Drohung weggenommen wird. Für Raub nach § 142 Abs 1 kann daher eine Freiheitsstrafstrafe von 1 bis 10 Jahren verhängt werden. Die Strafdrohung für den Ladendiebstahl ist viel geringer. Die höchstmögliche Freiheitsstrafe nach § 127 beträgt regelmäßig sechs Monate. Meist wird bei einem einfachen Diebstahl sogar nur eine Geldstrafe verhängt.

23 Beide Komponenten, der Unrechtsgehalt der Tat und die individuelle Schuld des Täters, sind Ausgangspunkte für die Bemessung der Strafe (EvBl 1976/40; EvBl 1977/270). Deutlich macht dies ua § 32 Abs 3, wenn als Zumessungskriterien neben der Schuld die Größe der Schädigung oder Gefährdung und die Anzahl der Pflichtverletzungen genannt werden.

C. Maßnahmen an Stelle von Strafen

Eder-Rieder Die freiheitsentziehenden vorbeugenden Maßnahmen (1985); *Medigovic* Freiheitsentziehende vorbeugende Maßnahmen in Österreich (1986).

24 Das StGB sieht eine **Zweispurigkeit** im **Sanktionensystem** vor: Den **Strafen** werden die **Maßnahmen** zur Seite gestellt. Da sich die Strafe an der Schuld orientiert, könnten Täter, die zB aufgrund ihrer geistigen Abnormität Delikte begehen (**§ 21**), nur milder bzw gar nicht bestraft werden. Dieser Konsequenz soll durch das Verhängen von Maßnahmen vorgebeugt werden. **Maßnahmen** orientieren sich nicht an der Schuld, sondern an der **Gefährlichkeit des Täters**. Das Schuldprinzip wird dabei durchbrochen.

Der **geistig abnorme Mörder**, der im Zustand der Zurechnungsunfähigkeit einen Mord begangen hat, könnte nicht zu einer Haftstrafe verurteilt werden. Es besteht nur die Möglichkeit, ihn in eine Anstalt für geistig abnorme Rechtsbrecher einzuweisen und dort festzuhalten (§ 21 Abs 1), um die Gemeinschaft vor ihm zu schützen. Für den Betroffenen macht dies im Ergebnis kaum einen Unterschied. Daher könnte man auch von einem Etikettenschwindel sprechen.

Es wäre jedoch auch hier der Rechtssicherheit abträglich, würde allein die Gefährlichkeit einer Person ausreichen, eine Maßnahme zu verhängen. Auf eine Straftat als **Anlasstat**, kann daher auch beim Verhängen einer Maßnahme nicht verzichtet werden. Maßnahmen sollten ihrer Natur nach keinen Strafcharakter besitzen, wenngleich die damit verbundene Freiheitsbeschränkung in der Wirkung einer Strafe gleichkommt (dazu *Seiler* AT II[7] Rz 430ff). 25

III. Welchem Zweck dient die Strafe?

Bertel Die Generalprävention, in: *Pallin*-FS (1989), 31; *Delle-Karth* Die Fiktion der Generalprävention, RZ 1985, 146; *Hartmann* Prävention und Strafe, RZ 1980, 69; *Hauptmann* Sozialpsychologische Aspekte der Generalprävention, RZ 1977, 113; *ders* Strafzumessung und Sanktionsempfindlichkeit, StPdG 2001, 271; *Huber* Strafzwecke – Vollzugszwecke – Vollzugsziel, RZ 1976, 234; *Miklau* Nochmals: Zur „Fiktion der Generalprävention" bei Trunkenheitsdelikten, RZ 1985, 219; *Miklau/Schroll* (Hrsg) Diversion. Ein anderer Umgang mit Straftaten (1999); *Moos* Positive Generalprävention und Vergeltung, in: *Pallin*-FS (1989), 283; *Nowakowski* Freiheit, Schuld, Vergeltung, in: *Rittler*-FS (1957), 55; *Nurscher/Schmid* Zum Artikel: „Die Fiktion der Generalprävention", RZ 1985, 180; *Platzgummer* Strafe, Schuld und Persönlichkeitsadäquanz, in: *Pallin*-FS (1989), 319; *Sautner/Hirtenlehner* Was wollen Opfer?, RZ 2009, 209; *Schmidhäuser* Vom Sinn der Strafe[2] (1971); *Eb.Schmidt* Vergeltung, Sühne und Spezialprävention, ZStW Bd 67 (1955), 177.

Vergeltung: Die Strafe muss einem bestimmten Zweck dienen, um ihre Verhängung zu rechtfertigen. Man kann den alleinigen Zweck einer Strafe in der Vergeltung für geschehenes Unrecht sehen. Der Strafe würde dann nur die Funktion zukommen, geschehenes Unrecht auszugleichen. Weiterreichende Zielsetzungen, wie zB die Besserung des Täters oder die Abschreckung potenzieller Täter werden dann mit ihrer Verhängung nicht verfolgt. Der reinen Vergeltung haftet viel an **archaischem Rachebedürfnis** an. Dies scheint heutigen Anschauungen nicht mehr zu entsprechen, wenngleich sich kaum leugnen lässt, dass jeder Strafe auch eine Vergeltung für begangenes Unrecht innewohnt und der Täter die Strafe oft auch als bloße Vergeltung empfinden wird (näher dazu *Steininger* AT I[2] Kap 3 Rz 14). 26

Sühne: In Ablehnung des Vergeltungsgedankens wird zum Teil die Funktion der Strafe auch in der gerechten Sühne für die Tatschuld erblickt. Ob der Täter die Strafe als Sühne empfindet, hängt jedoch einzig und allein von seiner 27 individuellen Einstellung ab und kann nicht erzwungen werden. Der Überzeugungstäter wird die Strafe wohl kaum als gerechte Sühne verstehen.

28 Gesetzesentwicklung und Judikatur lassen die Tendenz erkennen, dass der Zweck einer Strafe verstärkt darin gesehen wird, eine **positive Wirkung für die Zukunft** zu entfalten. Die Strafe soll einerseits eine Änderung des Täters dahingehend einleiten, dass er in Zukunft keine weiteren Straftaten mehr begeht (**Spezialprävention**) und andererseits der Allgemeinheit vor Augen führen, dass ein Gesetzesbruch nicht ohne Sanktion bleibt. Damit sollen potenzielle Rechtsbrecher abgeschreckt werden, Straftaten zu begehen (**Generalprävention**):

29 **Spezialprävention:** Wenngleich die **Besserung des Täters** als Zweck der Strafe heute im Vordergrund steht, können rein spezialpräventive Kriterien die Zielsetzung einer Bestrafung nicht hinreichend wiedergeben. Sieht man den Zweck einer Strafe ausschließlich in der Spezialprävention, müsste ein Täter ohne jede Sanktion bleiben, der in einer einmaligen Ausnahmesituation eine schwere Tat begangen hat und inzwischen wieder resozialisiert ist, so dass es keiner Reaktion der Rechtsordnung mehr bedarf, um ihn von weiteren Straftaten abzuhalten. Dies machen vor allem Fälle deutlich, bei denen sich die Situation, welche zur Begehung der Tat geführt hatte, kaum wiederholen wird.

- Ein Kriegsverbrecher, der seit Jahrzehnten, ohne straffällig geworden zu sein, in der Rechtsgemeinschaft lebt, dürfte aus rein spezialpräventiven Gesichtspunkten nicht bestraft werden. Es bedarf bei ihm offensichtlich keiner Bestrafung, um ihn zu resozialisieren. Dennoch erscheint es nicht angebracht, Kriegsverbrecher nach Jahren vollkommener Wiedereingliederung in die Gemeinschaft von jeder Strafe freigehen zu lassen. Die Strafe hat hier einerseits Vergeltungsfunktion, andererseits soll sie auch generalpräventiv wirken.
- Ein pensionierter Bankmanager, der durch Missbrauch seiner Befugnis der Bank einen Schaden in Millionenhöhe zugefügt hat (§ 153), bedarf keiner Strafe zu Besserung, da er nicht mehr in eine berufliche Position kommen wird, in der er vergleichbare Delikte begehen kann. Ihn straffrei gehen zu lassen, könnte jedoch andere Bankmanager zu ähnlichen Taten animieren. Die Strafe hat hier vor allem eine generalpräventive Funktion.
- Bei Straftätern, die keine Besserungsansätze zeigen, würde hingegen das ausschließliche Zugrundelegen spezialpräventiver Zielsetzungen zu unverhältnismäßigen Strafen führen. Ein Kleptomane, der sich als nicht resozialisierbar erweist und auf freiem Fuße immer wieder Ladendiebstähle begehen wird, müsste konsequent auf unbestimmte Zeit eingesperrt werden, was in keinem Verhältnis zum Unrechts- und Schuldgehalt der Tat steht.

Den resozialisierenden Zweck einer Strafe wird der Täter in vielen Fällen auch nicht erkennen können. Gerade der Vollzug von Freiheitsstrafen bewirkt häufig Gegenteiliges. Nach Verbüßung einer Haftstrafe ist dem Straftäter der Weg zurück in ein normales gesellschaftliches Leben meist versperrt, indem ihm zB eine Arbeit und damit verbunden eine redliche Einkunftsquelle verweigert wird. Die Strafe wird dann nicht resozialisieren, sondern aufgrund ihrer Folgewirkungen dem Abgleiten in die Kriminalität eher förderlich sein. Ein Erfolg versprechendes Rezept zur Resozialisierung von Straftätern ist bis heute nicht gefunden worden. Die Betonung der spezialpräventiven Zielsetzung einer Strafe mag zwar in der Theorie überzeugen, die Praxis erweist sich jedoch regelmäßig als ernüchternd. 30

Generalprävention: Der Zweck einer Strafe wird auch noch darin erblickt, potenzielle Täter davon abzuhalten, vergleichbare Delikte zu begehen (negative Generalprävention). Es wäre aber bedenklich, generalpräventiven Kriterien bei der Strafverhängung das Hauptgewicht zuzugestehen, denn damit würde gleichzeitig zum Ausdruck gebracht, dass am Einzelnen ein abschreckendes Beispiel für die Allgemeinheit statuiert werden soll. Die individuelle Schuld des Täters muss immer die oberste Grenze bei der Strafzumessung bilden. Es scheint wohl auch zweifelhaft, ob das Verhängen und der Vollzug einer Strafe überhaupt eine generalpräventive Wirkung entfalten kann. Die Strafrechtsgeschichte hat gelehrt, dass selbst drakonische und öffentlich vollzogene Strafen für vergleichbar harmlose Delikte keine nachweisbar **abschreckende Wirkung** besitzen. Im Zeitpunkt der Tat denkt der Täter in der Regel nicht an die angedrohte Strafe, sondern meist nur daran, wie hoch die Wahrscheinlichkeit ist, als Straftäter überführt zu werden. Eine **effektive Strafverfolgung** kann eine **weitaus höhere generalpräventive Wirkung entfalten als jede Strafe**. 31

Darüber hinaus soll durch die Strafe auch das **Vertrauen** der Allgemeinheit in den Bestand und die Durchsetzungskraft der **Rechtsordnung** gefestigt werden (positive Generalprävention; RZ 1983/75). 32

StGB: Das StGB selbst enthält **keine ausdrückliche Aussage** über Sinn und Zweck der Strafe. Der Gesetzgeber wollte sich in dieser Frage offenbar bewusst nicht festlegen (RV 30.BlgNR 13.GP, 121). Viele Bestimmungen weisen jedoch auf die Relevanz spezial- bzw generalpräventiver Gesichtspunkte hin (§§ 37, 43, 46 etc). Nur eine **Kombination aller angeführten Kriterien** wird als brauchbare Grundlage zur Umschreibung von Ziel und Zweck der Strafe dienen können. 33

Rechtsprechung: Die Rsp weist der **Strafe verschiedene Zwecke** zu, die entsprechend dem jeweiligen konkreten Einzelfall unterschiedliches Gewicht erlangen können. Ihrem Kern nach soll die Strafe Sühne für geschehenes Unrecht sein (ZVR 1980/22). Ob der Täter die Strafe als Sühne empfindet, hängt 34 jedoch von seiner individuellen Einstellung ab. Gezwungen kann er zur Sühne nicht werden. Soweit der Täter die Strafe nicht als Sühne auffasst, wird er darin nur eine Vergeltung für begangenes Unrecht erblicken. Die Rechtsprechung betont weiters, dass die **Strafe dem Schuld- und Unrechtsgehalt der Tat und der Persönlichkeit des Täters entsprechen muss** (EvBl 1976/147), was in Urteilsbegründungen häufig zu einer reinen Floskel verkommt, da es sich dabei um Komponenten handelt, die miteinander nicht vergleichbar sind. Rational lässt sich nicht begründen, wie viele Tage Freiheitsstrafe dem Schuld- und Unrechtsgehalt eines Deliktes, zB eines Raubes, als angemessen entsprechen.

35 **Grundsätzlich** wird bei der Strafbemessung **spezialpräventiven Gesichtspunkten** der **Vorrang** einzuräumen sein (JBl 1990, 462).

36 Im Einzelfall können jedoch bei **speziellen Deliktsbereichen** auch generalpräventive Zielsetzungen überwiegen (ZVR 1982/69; EvBl 1982/71; EvBl 1983/7; EvBl 1983/96; JBl 1990, 462; ÖJZ-LSK 1995/107). Die **Generalprävention** steht zB in Fällen der Bestechlichkeit von Beamten (§ 304, EvBl 1983/7; EvBl 1983/96), bei **Verkehrsunfällen**, welche in **alkoholisiertem Zustand** verursacht worden sind (ZVR 1988/166; ZVR 1988/168; ZVR 1992/134; ZVR 1995/101; ZVR 1995/102) oder bei **Suchtmitteldelikten** (EvBl 1997/117) im Vordergrund. Die Rsp weist dabei darauf hin, dass für geschehenes Unrecht eine Strafe verhängt werden soll, durch die das Rechtsbewusstsein der Bevölkerung gefestigt wird (EvBl 1978/49; RZ 1983/75; ZVR 1995/100).

37 Die Judikatur hat keine allzu großen Bedenken, das Maß der Strafe von generalpräventiven Gesichtspunkten bestimmen zu lassen. Der einzelne Verurteilte würde nach Ansicht der Rsp damit noch nicht zum schuldlosen Prügelknaben werden, da in seiner Schuld auch eine Verletzung gemeinschaftlicher Gesamtinteressen liege (EvBl 1982/71; JBl 1990, 462). Überzeugend ist dieses Argument freilich nicht, da sich das gesamte Strafrecht dadurch legitimiert, dass ein Verstoß gegen die Rechtsordnung, welcher zwangsläufig auch immer einen Verstoß gegen gemeinschaftliche Gesamtinteressen beinhaltet, sanktioniert werden soll. Daher bedarf dieser Standpunkt zumindest der Einschränkung, dass aus Gründen der Generalprävention die Strafe niemals über jenem Maß liegen darf, welches der individuellen Tatschuld des Täters entspricht, denn sonst ist der Verurteilte tatsächlich nur mehr Mittel zum Zweck, potenzielle Straftäter abzuschrecken.

38 Spezialpräventive Gesichtspunkte dürfen nie dazu führen, den Täter in einem Maß zu bestrafen, welches von seiner Schuld nicht mehr gedeckt wäre. Die **Schuld** ist Grundlage der Strafe, hat aber auch **limitierende Funktion,** was das Ausmaß der Strafe betrifft. Alle anderen Gesichtspunkte dürfen nur im Rahmen der individuellen Schuld des Täters Beachtung finden (EvBl 1997/117).

Darüber hinaus betont die Rsp, dass die Höhe der Strafe nicht nur von der Schuld bestimmt wird, sondern dass dem **Unrechtsgehalt** der Tat dabei ebenfalls eine entscheidende Rolle zukommt (ZVR 1980/22). Die Strafe ist nicht nur Mittel der Resozialisierung, sondern dient auch der Kennzeichnung der Unwerthöhe des Delikts und der Missbilligung des Erfolgsunwertes. Die unterschiedlichen Strafrahmen, welche für die einzelnen Tatbestände vorgesehen sind, sollen dies bereits unabhängig vom konkreten Einzelfall dokumentieren. Damit ist die **Strafe** auch **Deklaration eines Unwerturteils über die Tat** und vermag in der Rechtsgemeinschaft der **Wertbildung** und der Festigung des Rechtsbewusstseins zu dienen (**positive Generalprävention**; RZ 1983/75). 39

§ 3. Quellen des Strafrechts

Friedrich Zum Legalitätsprinzip im StGB und seinem Niederschlag in der Rechtsprechung, ÖJZ 1980, 57; *Lewisch* Verfassung und Strafrecht (1993).

I. Das Strafgesetzbuch (StGB)

Zentrales Gesetzeswerk im Bereich des gerichtlichen Strafrechts ist das **Strafgesetzbuch (StGB**, BGBl 1974/60 idgF). Das StGB ist unterteilt in einen **Allgemeinen Teil (AT**, §§ 1-74) und einen **Besonderen Teil (BT**, §§ 75 – 321k). 40

Der Allgemeine Teil wird in zwei Hauptbereiche gegliedert: Der **AT I** setzt sich mit den Grundlagen des Strafrechts auseinander (**Lehre von der Straftat**) und ist Gegenstand des vorliegenden Lehrbuchs. Der **AT II** befasst sich mit den Sanktionen bzw Maßnahmen, die über Straftäter verhängt werden können (**Lehre von den Folgen einer Straftat**; dazu: *Seiler* Strafrecht Allgemeiner Teil II, Strafen und Maßnahmen[7], 2015). 41

In den §§ 75 bis 321 enthält das StGB eine **Auflistung von Straftatbeständen**, die eine Vielzahl unterschiedlicher Rechtsgüter (zB Leib und Leben, Freiheit, Ehre, Vermögen etc) schützen sollen. Man spricht hierbei vom sog **Besonderen Teil**, welcher den Kern des gerichtlichen Strafrechts bildet. Bei den meisten im StGB angeführten strafbaren Verhaltensweisen kann davon ausgegangen werden, dass auch jeder Nichtjurist sich des Unrechts bewusst ist, das mit ihnen unter Strafsanktion gestellt wird. 42

Daneben gibt es auch eine Vielzahl anderer Gesetze (**Nebengesetze**), welche ebenfalls bestimmte Verhaltensweisen unter gerichtliche Strafsanktion stellen (zB Finanzstrafgesetz, BGBl 1958/129 idgF; Verbotsgesetz, StGBl 1945/13 idgF; Waffengesetz, BGBl 1997/12 idgF etc). 43

44 Das **StGB** hat den sog **materiellen Teil des Strafrechts** zum Inhalt. Damit ein Straftäter zur Verantwortung gezogen werden kann, bedarf es der Durchführung eines Strafverfahrens. Die Regelungen dafür finden sich insb in der **Strafprozessordnung (StPO, formelles Strafrecht**, BGBl 1975/631 idgF, dazu *Seiler* Strafprozessrecht[14], 2015). Die Vollziehung der Strafen regelt insb das **Strafvollzugsgesetz (StVG**, BGBl 1969/144 idgF, dazu *Zagler* Strafvollzugsgesetz[2], 2012).

II. Das Problem der Bestimmtheit von Normen

45 **§ 1 StGB** betont, dass eine **Strafe** oder Maßnahme **nur wegen** einer **Tat** verhängt werden darf, welche bereits im **Tatzeitpunkt unter** eine **ausdrückliche gesetzliche Strafdrohung** fiel. Dieser Grundsatz „nullum crimen et nulla poena sine lege" ist auch in **Art 7 EMRK** verankert. Damit ist die Herrschaft der lex scripta klargestellt und jede Bildung von Straftatbeständen durch **Gewohnheitsrecht** oder **Rechtsüberzeugung ausgeschlossen**. Gerade im Strafrecht ist die strenge Bindung an das geschriebene Recht notwendig, denn ein hohes Maß an Rechtssicherheit, wie es von Verboten strafrechtlicher Natur erwartet wird, kann anders nicht erreicht werden.

46 § 1 Abs 1 bezieht sich nur auf den Zeitpunkt des Schuldspruchs. Nach Rechtskraft eines Schuldspruchs sind spätere Gesetzesänderungen auch dann irrelevant, wenn das Gesetz zu Gunsten des Verurteilten geändert wurde (EvBl 2003/182). Wenn eine Strafbestimmung aufgehoben wird, müssen daher nicht alle bis dahin rechtskräftig nach dieser Bestimmung Verurteilten nachträglich freigesprochen werden (RZ 2004/12).

47 Die Forderung, dass strafrechtliche Verbote nur dem geschriebenen Recht zu entnehmen sind, bietet allein noch keine hinreichende Rechtssicherheit. Die **Rechtssicherheit hängt** vor allem auch **von der Art der Gesetzesfassung ab**. Eine positive Norm, die für die Beschreibung eines als verboten erklärten Verhaltens nur vage Formulierungen wählt, schafft Rechtsunsicherheit. Neben die Forderung nach einem geschriebenen Verbot hat auch noch die Forderung nach **Bestimmtheit des Verbotes** zu treten. Der Bestimmtheitsgrundsatz wurde jedoch nicht ausdrücklich im Gesetz verankert. Ein Tatbestand muss immer sämtliche den Unrechtsgehalt einer Deliktsart mitbestimmende Merkmale enthalten (JBl 1998, 328). Ein Merkmal, welches nicht im Tatbestand enthalten ist, darf daher nicht „im Wege der Rechtsauslegung" verlangt werden, um zu einem vermeintlich billigenswerten Anwendungsbereich des Tatbestands zu gelangen.

48 Die Rechtssicherheit hängt vom Grad der Genauigkeit ab, mit dem das Gesetz zum Ausdruck bringt, was verboten ist und was nicht. Der Gesetzgeber

muss bestrebt sein, die **Reichweite** eines **Verbotes** möglichst **klar** zu **formulieren**. Aus dem Wortlaut der Strafnorm muss zum einen immer deutlich der gesetzgeberische Schutzzweck ersichtlich sein. Zudem muss der Wortlaut einer Strafbestimmung so konkret gefasst sein, dass er einer beliebigen Auslegung Grenzen setzt (*Roxin* AT I[4], § 5 Rz 75). Eine Strafnorm, mit der pauschal „sittenwidriges Verhalten" unter Strafe gestellt wird, würde zB dem Bestimmtheitsgrundsatz widersprechen. Viele neuere Tatbestände tragen diesem Bestimmtheitsgrundsatz nur unzureichend Rechnung, da sie keine genauen Grenzen des als strafbar erfassten Bereiches erkennen lassen. Je unbestimmter eine Norm gefasst ist, umso schwerer ist es für den Normadressaten zu beurteilen, wann er sich noch im Bereich des Legalen bewegt und wann er ein bereits strafbares Verhalten setzt. Wer zum Zeitpunkt des Handelns nicht in der Lage war zu erkennen, dass sein Verhalten von den Gerichten später als Unrecht beurteilt werden würde, wird die verhängte Strafe kaum als gerecht akzeptieren.

Wegen **Stalking** macht sich zB strafbar, wer eine Person widerrechtlich beharrlich verfolgt (**§ 107a**). Wann von einem **„beharrlichen" Verfolgen** auszugehen ist, versucht das Gesetz zu definieren (§ 107a Abs 2):

„Beharrlich verfolgt eine Person, wer in einer Weise, die geeignet ist, sie in ihrer Lebensführung unzumutbar zu beeinträchtigen, eine längere Zeit hindurch fortgesetzt

1. *ihre räumliche Nähe aufsucht,*
2. *im Wege einer Telekommunikation oder unter Verwendung eines sonstigen Kommunikationsmittels oder über Dritte Kontakt zu ihr herstellt,"*… etc.

Wenngleich der Gesetzgeber mit dieser Definition versucht, den Bereich strafbaren Handelns einzugrenzen, ist es für den Normadressaten dennoch kaum vorweg bestimmbar, was erlaubt ist und was nicht: Wann ist die Lebensführung einer Person „unzumutbar" beeinträchtigt? Wann spricht man von einer „längeren" Zeit? Wann spricht man von einer „räumlichen Nähe"?

Der glücklose Verehrer weiß damit noch nicht, wie oft er seine Angebetete anrufen, ihr Blumen schicken oder sie aufsuchen darf, ohne vom „lästigen" Verehrer zum „strafbaren" Verehrer zu werden. Noch schwerer wird er sein Verhalten abstimmen können, wenn er mit der Angebeteten im selben Haus wohnt oder am selben Arbeitsplatz tätig ist und aufgrund der räumlichen Nähe (gewollte bzw ungewollte) Berührungsmomente kaum vermeidbar sind.

III. Deskriptive – Normative Gesetzesbegriffe

49 Die Begriffswahl, derer sich der Gesetzgeber bei Fassung einer Norm bedient, ist von entscheidender Bedeutung für die Klarheit einer Bestimmung:

50 **Deskriptive Begriffe:** Bei deskriptiven Gesetzesbegriffen ergibt sich der **Sinngehalt** weitgehend **unmittelbar aus der Anschauung,** der **Lebenserfahrung** oder aus **festliegenden äußeren** (zB gesetzlichen) **Maßstäben**.

Wann von einer „schwangeren Person" (§ 96, Schwangerschaftsabbruch) oder „unmündigen Person" (§ 101 iVm § 74 Abs 1 Z 1, Entführung einer unmündigen Person), einer „beweglichen Sache" (§ 127, Diebstahl) oder einem „Gebäude" (§ 129, Einbruch, JBl 2007, 263) gesprochen werden kann, lässt sich grundsätzlich relativ leicht eindeutig feststellen. Auch Tätigkeiten, wie zB die „Wegnahme" iSd § 127 (Diebstahl), sind für den Laien in ihrem Sinngehalt meist problemlos fassbar.

51 **Normative Begriffe:** Im Gegensatz dazu sind normative Begriffsmerkmale **ausfüllungsbedürftig** und eröffnen den Gerichten einen weiten Auslegungsspielraum. Dieser führt zwangsläufig zu einer nicht unerheblichen Rechtsunsicherheit zu Lasten des Rechtsunterworfenen, da die Beurteilung der Strafbarkeit eines Verhaltens vielfach weitgehend von der individuellen Wertung durch den Richter abhängt:

52 Ob eine Handlung geeignet ist, die „sittliche" oder „seelische Entwicklung" einer Person zu „gefährden" (§ 208, **Sittliche Gefährdung** von Personen unter sechzehn Jahren) lässt sich zB in den meisten Fällen kaum mit hinreichender Eindeutigkeit feststellen. Die eigenen Wertmaßstäbe des Richters werden in diesen Fällen immer zwangsläufig in die Urteilsentscheidung einfließen. Entsprechendes gilt für die Frage, wann ein Verhalten als „unehrenhaft" iSd § 111 (Üble Nachrede) einzustufen ist.

53 Auch die Frage, wann eine **Gemütsbewegung „allgemein begreiflich"** ist (§ 76, Totschlag), wird ein Richter nur unter Zugrundelegung seiner eigenen Sicht beurteilen können. Eine Umfrage unter der „Allgemeinheit der Rechtsunterworfenen" wäre wohl nicht praktikabel. In der Praxis stellt sich dabei ua auch die Frage, in wie weit der jeweilige Kulturkreis, dem der Täter entstammt, bei der rechtlichen Beurteilung zu berücksichtigen ist (vgl Erlass des BMJ JABl 2010/9, 33):

Ein in Österreich lebender Ausländer sticht zB aus Zorn mehrfach mit dem Messer auf seine Ehegattin ein, nachdem diese ihm eröffnet hatte, dass sie sich scheiden lassen möchte, was in seinem Kulturkreis eine große Schmach bedeuten würde. Auch wenn aus dem Blickwinkel des fremden

Kulturkreises eine heftige Gemütsbewegung in diesem Fall verständlich erscheinen mag, ist für die Frage, ob diese Gemütsbewegung auch „allgemein" begreiflich ist, die Sicht von in Österreich lebenden und aufgewachsenen Staatsbürgern maßgeblich. Der ausländische Straftäter wird daher wegen versuchten Mordes (§§ 15, 75) zur Verantwortung zu ziehen sein. Der milder bestrafte Tatbestand des Totschlages (§ 76) kommt bei ihm nicht zur Anwendung, da die heftige Gemütsbewegung nach der herrschenden Sicht der in Österreich lebenden Staatsbürger nicht „allgemein" begreiflich wäre. Ehescheidungen sind in Österreich nämlich alltäglich (EvBl-LS 2011/40).

Angesichts des hohen Anteils an Migranten, die teilweise bereits über eine österreichische Staatsbürgerschaft verfügen, können sich jedoch auch die „herrschenden" Wertvorstellungen der „Inländer" ändern.

Die Rechtsprechung zu Straftatbeständen, welche sich normativer Begriffe 54
bedienen, zeigt, dass es manchmal auch für Juristen kaum abschätzbar ist, wie das Gericht in einem konkreten Fall entscheiden wird. Für den Rechtsunterworfenen verbindet sich damit eine teilweise unerträgliche Rechtsunsicherheit, die dazu führt, dass ein Beschuldigter manchmal selbst bis zum Urteil nicht einmal sagen kann, ob er eine strafbare Handlung gesetzt hat oder nicht. Selbst wenn der Gesetzgeber sich größte Mühe gibt, auslegungsbedürftige Begriffe selbst zu definieren (Legaldefinition), wie das oben angeführte Beispiel des § 107a zeigt (Rz 48), bleibt immer ein Graubereich übrig, der Rechtsunsicherheit schafft.

Hinzu kommt, dass der Inhalt normativer Merkmale vielfach einer Wand- 55
lung unterworfen ist, da sich die Wertauffassungen in einer Gesellschaft fortlaufend ändern. Wann zB eine „sittliche Gefährdung" von Jugendlichen zu befürchten ist (§ 208), wird zweifellos vor 40 Jahren anders beurteilt worden sein als heute. Richter müssen sich diesen geänderten Wertauffassungen in der Rechtsgemeinschaft anpassen, was allein schon aufgrund der unterschiedlichen Altersstruktur innerhalb der Richterschaft nicht leicht realisierbar ist.

Die Grenzziehung zwischen deskriptiven und normativen Begriffsmerkma- 56
len ist fließend (*Kienapfel/Höpfel/Kert* AT[14] Z 8 Rz 17). Auch deskriptive Begriffe können in ihren Randbereichen unscharf und daher auslegungsbedürftig sein.

§ 75 schützt zB das menschliche Leben („wer einen anderen tötet"). Der Embryo im Mutterleib gehört aber offensichtlich noch nicht dazu (§§ 96ff). Er ist noch kein „anderer" und kann daher, selbst wenn sich die Mutter bereits im 8. Schwangerschaftsmonat befindet, nicht iSd § 75 „ermordet" werden, was in großen Gesellschaftskreisen für Unmut sorgt. Das ungeborene Kind ist nur sehr eingeschränkt durch § 96 strafrechtlich geschützt.

57 Auch die Möglichkeit der Höchstgerichte (Oberster Gerichtshof, OGH), bei der Auslegung von Straftatbeständen bindende Richtlinien vorzugeben, ist sehr beschränkt. **Gerichte** sind grundsätzlich an vorangegangene Entscheidungen (**Präjudizien**), selbst wenn diese von einem übergeordneten Gericht stammen, **nicht gebunden**. Dies ermöglicht zwar eine gewisse Weiterentwicklung in der Entscheidungspraxis, trägt aber nicht gerade zur Voraussehbarkeit gerichtlicher Entscheidungen und damit zur Rechtssicherheit bei.

58 Die **eigentliche Gefahr für den Grundsatz nullum crimen sine lege** (§ 1) besteht weniger darin, dass im Wege der Analogie Strafbestimmungen auf Fälle Anwendung finden, die ihrem Wortlaut nach davon nicht erfasst werden. Die Gefahr liegt vielmehr in der **Unbestimmtheit mancher Gesetzesbegriffe,** welche oft dazu führt, dass gar nicht genau gesagt werden kann, welche Verhaltensweisen von einer Strafbestimmung erfasst werden und welche nicht.

59 Dennoch wird sich nie vermeiden lassen, dass es selbst bei klarer Gesetzesformulierung immer wieder zu Auffassungsunterschieden in der juristischen Lehre und Rechtsprechung kommt, was zur Konsequenz hat, dass Uneinigkeit darüber besteht, ob ein konkretes Verhalten als strafbar zu beurteilen ist oder nicht. Die **Rechtswissenschaft** ist eben **keine Naturwissenschaft**.

§ 4. Auslegung von Strafgesetzen

Bydlinski Grundzüge der juristischen Methodenlehre (2005); *Höpfel* Zu Sinn und Reichweite des sogenannten Analogieverbots, JBl 1979, 505, 575; *Schick* Bestimmtheitsgrundsatz und Analogieverbot, in: *Walter*-FS (1991), 625; *Schmidt* Authentische Interpretation und Verfassung, ÖJZ 1987, 428.

60 Im StGB (§§ 75ff) und auch in zahlreichen anderen Gesetzen finden sich sog Straftatbestände. Diese stellen ein bestimmtes Verhalten ausdrücklich unter Strafe. Der **Tatbestand** ist die **gesetzliche Beschreibung eines strafrechtlich verbotenen Verhaltens** (*Kienapfel/Höpfel/Kert* AT[14] Z 3 Rz 1). Er setzt sich aus einzelnen Tatbestandsmerkmalen zusammen, die jeweils einer eigenen Auslegung bedürfen. Der gesetzliche Straftatbestand bildet den **Obersatz.** Durch ihn wird in abstrakter Form ein Verhalten geschildert, welches nach Meinung des Gesetzgebers strafbar ist.

zB § 88 Abs 1 StGB: „Wer fahrlässig einen anderen am Körper verletzt oder an der Gesundheit schädigt".

61 Ein **konkreter Sachverhalt** ist nur dann von strafrechtlicher Relevanz, wenn er diesem Obersatz als **Untersatz subsumiert** werden kann.

zB: A fährt im Ortgebiet mit überhöhter Geschwindigkeit und kann nicht rechtzeitig bremsen, als ein Passant die Straße überquert. Der Passant wird durch das Auto niedergestoßen und erleidet eine Prellung.

Bei einer **Subsumtion müssen alle Merkmale des jeweiligen Tatbestands** (zB § 88 Abs 1) **vom konkreten Sachverhalt erfüllt** werden. Daraus ergibt sich in der Praxis folgende Vorgangsweise: 62

I. Erster Schritt (Sachverhaltsfeststellung)

Damit eine Subsumtion überhaupt vorgenommen werden kann, müssen als erster Schritt alle für den in Betracht gezogenen Straftatbestand **entscheidungsrelevanten Tatsachen prozessordnungsgemäß festgestellt** werden. 63

Wenn im eingangs erwähnten Verkehrsunfallbeispiel der Staatsanwalt einen Strafantrag (Anklage) wegen des Verdachts einer fahrlässigen Körperverletzung (§ 88) einbringt, muss festgestellt werden, mit welcher Geschwindigkeit der PKW-Lenker gefahren ist. Erst auf der Basis dieser Sachverhaltsfeststellung kann in einem zweiten Schritt dann eine rechtliche Beurteilung erfolgen und eine Entscheidung (Urteil) darüber getroffen werden, ob diese Geschwindigkeit überhöht war und der PKW-Lenker sich damit fahrlässig (§ 6) verhalten hat.

Im Rahmen der Sachverhaltsfeststellung wird auch das Ausmaß der Verletzung des Passanten festzustellen sein. Dazu wird das Gericht in der Regel einen medizinischen Sachverständigen beiziehen müssen. Es handelt sich dabei ebenfalls um eine entscheidungsrelevante Tatsache, denn das Gericht wird im Rahmen der rechtlichen Beurteilung zu prüfen haben, ob es sich bei der Verletzung um eine leichte Köperverletzung iSd § 88 Abs 1 oder eine schwere Körperverletzung iSd § 88 Abs 4 handelt. 64

Die **Feststellung** der entscheidungsrelevanten Tatsachen erfolgt **im Strafverfahren**, welches nach den Bestimmungen der Strafprozessordnung (StPO) geführt wird. Was nicht mit einer an Sicherheit grenzenden Wahrscheinlichkeit als erwiesen festgestellt werden kann, darf vom Gericht nach dem Grundsatz **„in dubio pro reo"** (im Zweifel für den Angeklagten) nicht als gegeben angenommen werden (§ 14 StPO). Nur wenn alle relevanten Tatbestandsmerkmale mittels Beweisen festgestellt werden konnten (zB überhöhte Geschwindigkeit des PKW-Lenkers; Prellung des Passanten etc), kann eine Subsumtion unter den Tatbestand (zB § 88 Abs 1) erfolgen. 65

66 In der Praxis erweist sich die richtige Feststellung des entscheidungsrelevanten Sachverhalts regelmäßig als wesentlich schwieriger als die anschließende rechtliche Beurteilung. Das Gericht hat sich dabei vielfach mit einem umfangreichen, teils widersprüchlichen Beweismaterial auseinanderzusetzen (zB divergierende Zeugenaussagen). Im Rahmen der universitären Ausbildung wird dieser erste Schritt bereits in Form eines Klausursachverhalts, der alle entscheidungsrelevanten Tatsachen enthält, vorweggenommen. Im Rahmen der Klausurlösung hat daher nur mehr eine rechtliche Beurteilung dieses Sachverhalts, von dem nicht abgewichen werden darf, zu erfolgen.

II. Zweiter Schritt (rechtliche Beurteilung)

67 Nach Feststellung des rechtlich relevanten Sachverhalts hat als zweiter Schritt eine **Interpretation des Tatbestands (Obersatz)** zu erfolgen, um die Reichweite der Norm erkennen zu können.

Es muss zB im oben geschilderten Fall geklärt werden, wann eine Fahrlässigkeit iSd § 88 Abs 1 iVm § 6 vorliegt. Weiters wird zu beurteilen sein, was unter einer Verletzung am Körper iSd § 88 Abs 1 zu verstehen ist und wann eine Verletzung strafrechtlich sogar als „schwere Körperverletzung" iSd § 88 Abs 4 zu bewerten wäre.

68 Erst nach Interpretation des Straftatbestands kann im Rahmen der rechtlichen Beurteilung geklärt werden, ob das angeklagte Geschehen, dessen rechtlich relevanter Sachverhalt bereits im ersten Schritt festgestellt worden ist, unter den in Betracht gezogenen Straftatbestand subsumierbar ist.

69 Das Gericht hat daher im Urteil zuerst die entscheidungswesentlichen Tatsachen festzustellen und im Anschluss daran, im Wege einer Interpretation des in Betracht gezogenen Tatbestands, eine rechtliche Beurteilung vorzunehmen.

70 Für die Interpretation verwendet die Rechtswissenschaft verschiedene **Methoden**:

- Im **Vordergrund** steht die **Wortlautinterpretation**. Sie geht **rein von der Sprache, der Bedeutung der einzelnen Worte** und ihrem Zusammenhang aus und will so die Reichweite und Bedeutung einer Gesetzesbestimmung einzig aufgrund ihres Wortlauts bestimmen. Der **Wortsinn** bildet immer die **äußerste Grenze** der **zulässigen Interpretation** einer **Strafbestimmung** (RZ 1991/4; *Steininger* AT I^2 Kap 3 Rz 10).
  Es lässt sich natürlich nicht leugnen, dass die Begriffe, die ein Gesetz verwendet, regelmäßig in größerem oder geringerem Ausmaß mehrdeutig sind.

Dies gilt in erster Linie für normative Begriffe, aber auch für deskriptive Begriffe (Rz 49ff). Dennoch wird jede sprachlich mögliche Interpretation einer Strafbestimmung als zulässige Auslegung anzusehen sein. Nur eine extensive Auslegung, die über den allgemein gebräuchlichen Sprachgebrauch hinausgeht, ist unzulässig. Der Anwendungsbereich einer Strafbestimmung darf nicht im Wege der Interpretation über den reinen Wortlaut hinaus ausgedehnt werden. Verhaltensweisen, die unter den Wortlaut einer Strafbestimmung nicht subsumierbar sind, sondern nur Ähnlichkeiten mit den vom Tatbestand erfassten Verhaltensweisen aufweisen, sind nicht strafbar. Eine analoge Anwendung von Strafbestimmungen auch auf ähnliche Fälle würde gegen das Gesetzlichkeitsprinzip des § 1 verstoßen (**Analogieverbot**). Im Strafrecht ist nur eine **Analogie zu Gunsten des Beschuldigten** („in bonam partem") **zulässig** (EvBl 1978/71; JBl 1981, 492; SSt 63/32; *Fabrizy* StGB[11] § 1 Rz 6). Doch auch in diesen Fällen kommt eine Analogie nur in Betracht, wenn eine unbeabsichtigte Lücke im Gesetz angenommen werden kann (RZ 1999/33). Wird im Gesetz eine Ausnahme normiert, gilt der Grundsatz, dass eine solche **Ausnahme immer eng auszulegen** ist (SSt 48/35; RZ 1981/71; JBl 1985, 564; EvBl 1996/68). Auch privilegierende Normen sind immer restriktiv auszulegen (SSt 55/63).

- Die Wortlautinterpretation kann eine Unterstützung in der **systematischen Interpretationsmethode** finden. Dabei wird versucht, den **Bedeutungsgehalt** einer Norm auch **aus** ihrer **Stellung im Gesetz** und im Zusammenhang mit anderen Normen zu eruieren. 71

- Wertvolle Dienste bei der Beurteilung des Bedeutungsgehalts einer Norm leistet die **historische Interpretationsmethode**, welche auf die Entstehung des Gesetzes bzw einzelner Bestimmungen zurückblickt. Dabei werden Gesetzesentwürfe, Erläuterungen zu Regierungsvorlagen, Berichte von Ausschussberatungen (zB Justizausschussbericht) für die Interpretation herangezogen. Diese sog Gesetzesmaterialien leisten wertvolle Dienste, wenn die verwendete Ausdrucksweise einer Gesetzesbestimmung Zweifel aufwirft. Gerade bei neuen Tatbeständen wird die Bedeutung, welche der Gesetzgeber einer Norm geben wollte, besonders relevant sein. **Gesetzesmaterialien** sind jedoch **nicht** als Rechtsquellen oder als **authentische Interpretation** anzusehen (OLG Wien EvBl 1976/130). Sie leisten nur Unterstützung bei der Interpretation des Wortlauts. Die Gesetzesmaterialien verlieren ihre eigenständige Bedeutung als Interpretationsmittel, wenn sich der Sinn einer Gesetzesbestimmung bereits aus ihrem Wortlaut klar ergibt (RZ 1980/51). 72

  Bei älteren Gesetzen bringt diese Vorgangsweise das Problem mit sich, dass sie zu einer Versteinerung der Auslegung einer Bestimmung führt, da der Wille des Gesetzgebers herangezogen wird, wie er sich im Zeitpunkt der Entstehung des Gesetzes dargestellt hatte. Auf diese Weise ist es nicht möglich, im Wege der Interpretation einer Norm auf gesellschaftliche oder sonstige Entwicklungen Rücksicht zu nehmen.

Die **äußerste Interpretationsgrenze** bildet jedoch auch hierbei immer der **Gesetzeswortlaut**. Selbst wenn sich aus den Gesetzesmaterialien ergibt, dass der Gesetzgeber einer Norm eigentlich eine andere oder wesentlich weiter reichende Bedeutung zuschreiben wollte, als sich aus dem reinen Wortlaut erkennen lässt, ist allein der Gesetzeswortlaut maßgebend.

73 • Bei unklarem Gesetzeswortlaut kommt vor allem der **teleologischen Interpretationsmethode** besondere Bedeutung zu. Der Blickwinkel richtet sich dabei auf den **Zweck der Norm**. So kann zB eine teleologische Interpretation zu einer Einschränkung des Anwendungsbereichs eines Tatbestands führen, wenn sonst Fälle strafbar wären, die nicht strafwürdig erscheinen (SSt 56/97). Der Zweck einer Norm ist nicht nur nach den Gesichtspunkten zu prüfen, welche im Zeitpunkt des Entstehens der Bestimmung maßgebend waren, sondern auch danach, welche Ziele der Gesetzgeber mit dieser Norm zum jetzigen Zeitpunkt verbunden hätte. Doch auch bei dieser Interpretationsmethode gilt der Grundsatz, dass bei Strafbestimmungen dadurch **nicht** der Anwendungsbereich **über den reinen Wortlaut hinaus** ausgedehnt werden darf. Eine Interpretation darf nie im Widerspruch zum eigentlichen Gesetzeswortlaut stehen, selbst wenn man glaubt, damit einem vermeintlichen Gesetzeszweck gerecht zu werden.

§ 5. Strafrechtliche Verantwortlichkeit von Verbänden

Frank-Thomasser/Punz (Hrsg) Das neue Unternehmensstrafrecht (2006); *Hilf* Verbandsverantwortlichkeitsgesetz (2006); *dies* Grundlegende Aspekte der neuen Verbandsverantwortlichkeit: Zur subsidiären Anwendung des StGB, JSt 2006, 112; *Hilf/Konopatsch* Strafrechtliche Verantwortlichkeit von Sozialversicherungsträgern, JBl 2011, 545; *Hinterhofer* Die strafrechtliche Verantwortlichkeit von Gemeindeverbänden nach dem VbVG, RFG 2007/45; *Köck* Prozessuale Aspekte der Strafbarkeit von Verbänden, JBl 2003, 496; *Löschnig-Gspandl* Zur Bestrafung von juristischen Personen, ÖJZ 2002, 241; *Sautner* Grundlagen und Herausforderungen der strafrechtlichen Verantwortlichkeit juristischer Personen in Österreich, ÖJZ 2012/58; *Schmoller* Strafe ohne Schuld?, RZ 2008, 8, 453; *ders* Verbandsgeldbußen in Österreich und Deutschland, in *Küper*-FS (2007), 519; *E.Steininger* Verbandsverantwortlichkeitsgesetz (2006); *Venier* Eine Alternative zu einem Strafverfahren gegen juristische Personen, ÖJZ 2002, 718; *Wegscheider* Das Verbandsverantwortlichkeitsgesetz (VbVG), JSt 2005, 193; *Zeder* Ein Strafrecht juristischer Personen: Grundzüge einer Regelung in Österreich, ÖJZ 2001, 630; *ders* VbVG Verbandsverantwortlichkeitsgesetz (2006).

I. Verbände

In der Regel werden nur physische Personen (natürliche Personen) als Beschuldigte strafrechtlich zur Verantwortung gezogen, denn nur ihnen könnte ein strafrechtliches Verschulden zur Last gelegt werden (Schuldprinzip, § 4). Probleme ergeben sich, wenn ein Unternehmen eine Straftat begeht, um sich eine bessere Wettbewerbsposition zu verschaffen. 74

- Ein Unternehmen entsorgt giftige Abwässer auf schnellem und kostengünstigem Wege in einem angrenzenden Bach (§§ 180ff).
- Bei der Produktion von Kindermöbel werden billige Klebestoffe verwendet, die gesundheitsschädliche Dämpfe entwickeln (§ 88).

Selbst wenn in diesen Fällen eine (natürliche) Person, die dafür strafrechtlich zur Verantwortung gezogen werden könnte (zB Geschäftsführer, Abteilungsleiter), ausfindig gemacht werden kann, würde sich die über sie verhängte (Geld)strafe an deren individuellen Einkommens- und Vermögensverhältnissen bemessen und in keiner Relation zu den Beträgen stehen, die sich das Unternehmen durch die strafbare Handlungsweise erspart hat. Dem will man vorbeugen, indem unter den Voraussetzungen des **Verbandsverantwortlichkeitsgesetzes (VbVG**, BGBl I 2005/151) auch Verbände iSd § 1 VbVG und damit **juristische Personen strafrechtlich zur Verantwortung** gezogen werden können.

Das VbVG spricht verallgemeinernd von „Verbänden" und erfasst, entsprechend der Definition des **§ 1 VbVG**: 75

Juristische Personen: Es werden dabei gleichermaßen juristische Personen des Privatrechts wie jene des öffentlichen Rechts erfasst. Juristische Personen des Privatrechts wären zB Kapitalgesellschaften (Gesellschaften mit beschränkter Haftung, Aktiengesellschaften etc), weiters Genossenschaften, Sparkassen, (ideelle) Vereine iSd Vereinsgesetzes 2002, politische Parteien, Sachgesamtheiten (zB Fonds) und Stiftungen (RV 994 BlgNR 22.GP, 16). 76

Juristische Personen des Öffentlichen Rechts sind zunächst die Gebietskörperschaften (Bund, Länder, Gemeinden). Weiters sind darunter auch Einrichtungen der wirtschaftlichen und beruflichen Selbstverwaltung (Kammern), die Sozialversicherungsträger, die Universitäten (UniversitätsG 2002), die Hochschülerschaft und andere Interessensgemeinschaften, öffentlich-rechtliche Stiftungen (ORF) und Fonds und selbständige Anstalten (zB die Österreichische Nationalbank, Finanzmarktaufsicht, Statistik Österreich, Arbeitsmarktservice) zu verstehen (RV 994 BlgNR 22.GP, 16). 77

78 **Personenhandelsgesellschaften – eingetragene Erwerbsgesellschaften:** Diesen Gesellschaften kommt im Außenverhältnis eine der juristischen Person ähnliche Stellung zu. Insbesondere sind sie zivilrechtlich wie diese deliktsfähig. Im Gegensatz zu juristischen Personen haften neben dem Gesellschaftsvermögen die Mitglieder auch persönlich. Derartige Gesellschaften sind unabhängig von den einzelnen Gesellschaftern Träger von Rechten und Pflichten. Es besteht regelmäßig ein Sondervermögen, das vom Vermögen der Gesellschafter getrennt ist (RV 994 BlgNR 22.GP, 17). Personenhandelsgesellschaften sind zB die Offene Handelsgesellschaft (OHG) und die Kommanditgesellschaft (KG). Ebenso werden europäische wirtschaftliche Interessenvereinigungen vom Verbandsverantwortlichkeitsgesetz erfasst.

II. Ausnahmen von der Verbandsverantwortlichkeit (§ 1 Abs 3 VbVG)

79 Aus der Verbandsverantwortlichkeit ausdrücklich ausgenommen ist der **Nachlass** (§ 547 ABGB), obwohl dieser herrschend als juristische Person angesehen wird (RV 994 BlgNR 22.GP, 17).

80 Auch **Bund, Länder, Gemeinden** und andere juristische Personen können nicht als Verbände strafrechtlich zur Verantwortung gezogen werden, soweit sie **hoheitlich** („in Vollziehung der Gesetze") **handeln**.

81 Anerkannte **Kirchen, Religionsgesellschaften** und religiöse Bekenntnisgemeinschaften sind ebenfalls von der Verbandsverantwortlichkeit ausgenommen, soweit sie **seelsorgerisch tätig** sind. Die von einem geistlichen Orden geführten Unternehmen (Gastronomiebetrieb, Weinkellerei etc) fallen hingegen unter das VbVG (*Steininger* VbVG § 1 Rz 32).

III. Voraussetzungen für eine Verbandsverantwortlichkeit

82 In § **3 VbVG** werden die Voraussetzungen umschrieben, unter denen sich ein Verband strafrechtlich zu verantworten hat.

83 Es werden dabei **zwei Fälle** unterschieden:

- **Entscheidungsträger:** Eine Verbandsverantwortlichkeit kann sich einerseits aus der strafbaren Handlung eines Entscheidungsträgers ergeben. Entscheidungsträger ist eine Person, die maßgeblichen Einfluss auf die Geschäftsführung eines Verbandes ausübt. Dies kann zB ein Geschäftsführer, ein Vorstandsmitglied oder der Prokurist sein. Als Entscheidungsträger sind jedoch auch Mitglieder des Aufsichtsrates oder sonstige Personen mit Kontrollbefugnis anzusehen (§ 2 Abs 1 VbVG). Nicht erfasst werden externe

Prüfungsorgane wie zB Wirtschaftsprüfer (*Kern* SWK 2006, W 36). Der Entscheidungsträger muss tatbestandsmäßig, rechtswidrig und schuldhaft gehandelt haben. In welcher Täterschaftsform der Entscheidungsträger die Straftat begangen hat (unmittelbarer Täter, Bestimmungs- oder Beitragstäter, § 12), ist ohne Belang. Strafaufhebungsgründe, wie zB Verjährung, Rücktritt vom Versuch, tätige Reue etc, die den Entscheidungsträger straffrei stellen, kommen auch dem Verband zu Gute.

- **Mitarbeiter:** Andererseits kann ein Verband auch für tatbestandsmäßige und **rechtswidrige Tatbegehungen** seiner Mitarbeiter verantwortlich sein. Den Mitarbeitern braucht **kein Verschulden** bei ihrem Verhalten vorgeworfen werden können. Es hindert daher die Sanktionierung des Verbandes nicht, wenn der Mitarbeiter für sein Verhalten durch entschuldigenden Notstand (§ 10) entschuldigt ist. Mitarbeiter sind zB Personen, die in einem Arbeits-, Lehr oder anderem Ausbildungsverhältnis stehen (§ 2 Abs 2 VbVG). Die Verbandsverantwortlichkeit für Mitarbeiter tritt jedoch nur ein, **wenn** die Begehung der Tat dadurch ermöglicht oder wesentlich erleichtert wurde, dass **Entscheidungsträger des Verbandes** die nach den Umständen gebotenen und zumutbaren **Vorkehrungen zur Verhinderung** derartiger Taten **unterlassen** haben (§ 3 Abs 3 VbVG; zB mangelnde technische, organisatorische oder personelle Maßnahmen zur Überwachung oder Kontrolle).

84 In beiden Fällen muss natürlich ein **Zusammenhang** zwischen der **Tat** und dem **Verband** gegeben sein: Dieser kann entweder darin bestehen, dass die **Tat zu Gunsten des Verbandes** begangen wurde (§ 3 Abs 1 Z 1 VbVG; zB: der Verband wurde durch die Tat bereichert) oder darin, dass durch die **Tat Pflichten verletzt** worden sind, die den **Verband treffen** (§ 3 Abs 1 Z 2 VbVG; zB: ein Unternehmen, das Waren produziert, hat keine Vorkehrungen getroffen, damit Umweltverschmutzungen verhindert werden). Damit wird deutlich, dass Verbände nicht als „Täter" von Straftaten gesehen werden können. Sie werden nur unter bestimmten Voraussetzungen für die Begehung von Straftaten durch natürliche Personen verantwortlich erachtet. **Verbandsgeldbußen** sind daher keine Strafen im individualstrafrechtlichen Sinn, sondern müssen als strafrechtliche Sanktionen eigener Art aufgefasst werden (*Hilf* JSt 2006, 113).

85 Für dieselbe Tat kann demnach sowohl eine natürliche Person (zB der Geschäftsführer) als auch ein Verband (zB die GmbH) strafrechtlich zur Verantwortung gezogen werden (§ 3 Abs 4 VbVG).

IV. Sanktion

86 Über Verbände kann eine Verbandsgeldbuße verhängt werden, welche in Tagessätzen (vgl *Seiler* AT II[7] Rz 87ff) zu bemessen ist (§ 4 VbVG). Die **Höhe**

des Tagessatzes richtet sich grundsätzlich nach der **Ertragslage** des Verbandes. Für Verbände, die Verluste schreiben oder nicht auf Gewinn ausgerichtet sind (zB humanitäre Verbände), sieht das Gesetz Mindesttagessatzhöhen vor (§ 4 VbVG). Bei Unternehmen ist dabei immer darauf zu achten, dass durch die Geldbuße nicht deren wirtschaftliche Existenz gefährdet wird. Eine Verbandsgeldbuße, welche ein Unternehmen in den Konkurs treibt, beinhaltet nur eine „Sanktion" für die beschäftigten Arbeitnehmer, Gläubiger, Lieferanten etc und verfehlt damit gänzlich ihr Ziel. Es wird sich allerdings nicht verhindern lassen, dass Unternehmen versuchen, die Verluste, welche sie durch die Verbandsgeldbuße erlitten haben, im Zuge von Rationalisierungsmaßnahmen auf die Beschäftigten abzuwälzen.

§ 6. Schrifttum und Judikaturfundstellen

87 **Gesetzesausgaben:** Auf jeweils aktuellem Stand befinden sich ua die einschlägigen strafrechtlichen Gesetzessammlungen **Kodex Strafrecht** (bearbeitet von *Fuchs* und *Maleczky*).

88 Österreichische Gesetze können auch kostenlos aus dem Internet in der jeweils aktuellen Fassung abgefragt werden (**Rechtsinformationssystem des Bundes, RIS**). Unter **www.ris.bka.gv.at** findet sich ua ein link „Bundesrecht". Es können dabei auch ältere Fassungen eines Gesetzes abgerufen werden.

89 **Kommentare:** ***Fabrizy*** Strafgesetzbuch, Kurzkommentar, 11.Aufl (2013); ***Höpfel/Ratz*** (Hrsg) Wiener Kommentar zum Strafgesetzbuch, 2.Aufl (WK-StGB, in Teillieferungen); ***Leukauf/Steininger*** Kommentar zum Strafgesetzbuch, 3.Aufl (1992); ***Mayerhofer*** Das österreichische Strafrecht, Erster Teil, Strafgesetzbuch, 6.Aufl (2009) und ***Triffterer/Rosbaud/Hinterhofer*** (Hrsg) Salzburger Kommentar zum Strafgesetzbuch (SbgK, Loseblattausgabe).

90 **Judikaturveröffentlichungen:** Sammlung der Entscheidungen des Obersten Gerichtshofes in Strafsachen (zit: **SSt** Bandzahl/Nummer bzw Jahr/Nummer). Weitere Entscheidungen finden sich in den laufenden juristischen Zeitschriften, insb im Evidenzblatt der Österreichischen Juristenzeitung (zit: **EvBl** Jahr/Nummer); den Juristischen Blättern (zit: **JBl** Jahr, Seite); der österreichischen Richterzeitung (zit: **RZ** Jahr, Seite; ab dem Jahre 1973 zit: **RZ** Jahr/Nummer); der Zeitschrift für Verkehrsrecht (zit: **ZVR** Jahr/Nummer). Bloß die Leitsätze von Entscheidungen finden sich in der Leitsatzkartei (zit: **ÖJZ-LSK** Jahr/Nummer bzw **EvBl-LS** Jahr/Nummer) und der Beilage „Neue Rechtsprechung" (zit: **NRsp** Jahr/Nummer) der Österreichischen Juristenzeitung.

91 **Lehrbücher zum Allgemeinen Teil I:** ***Fuchs*** Österreichisches Strafrecht Allgemeiner Teil I, 8. Aufl (2012); ***Hollaender/Mayerhofer*** Grundlagen des österreichischen Strafrechts (2007); ***Kienapfel/Höpfel/Kert*** Grundriss des Strafrechts, Allgemeiner Teil, 14.Aufl (2012); ***Rebisant*** Kontroversen im österreichischen Strafrecht (2011); ***Steininger*** Strafrecht Allgemeiner Teil, Band I, 2. Aufl (2012); ***Triffterer*** Österreichisches Strafrecht Allgemeiner Teil, 2.Aufl (1994).

2. Kapitel

DIE LEHRE VON DER STRAFTAT

§ 1. Allgemeines

Die Lehre von der Straftat befasst sich mit den **rechtlichen Voraussetzungen der Strafbarkeit eines Verhaltens**. Es sollen **Elemente** gefunden werden, die **allen Straftaten gemeinsam** sind und somit als **Aufbauelemente des Verbrechensbegriffs** herangezogen werden können. Ziel ist es, den konkreten Fall einer Lösung zuzuführen, die rational nachvollziehbar ist und keine von bloßen Gefühlserwägungen diktierte Entscheidung darstellt. Ohne Erkenntnis der Aufbauelemente des Verbrechensbegriffs bliebe die Frage der Strafbarkeit eines Verhaltens mit zu vielen Unsicherheitsfaktoren behaftet. Indem die einzelnen Denk- und Prüfungsschritte in eine logische Abfolge gebracht werden, wird gewährleistet, dass bei der Beurteilung der Strafbarkeit eines Verhaltens wichtige Fragen nicht ungeprüft bleiben. Die Lehre von der Straftat dient somit vor allem der Förderung der Rechtssicherheit. Im Interesse der Rechtssicherheit und der Nachvollziehbarkeit von Entscheidungen darf nicht nur das Ergebnis zählen: 92

Es macht einen Unterschied, ob jemand freigesprochen wird, weil sein Verhalten rechtmäßig ist, oder bloß freigesprochen wird, weil die Tat bereits verjährt ist (§§ 57f). Wenngleich das Ergebnis, der Freispruch, immer gleich ist, ist es dennoch wichtig, dass aus dem Urteil der genaue Grund des Freispruchs ersichtlich wird.

Ein Trafikant wird von einem Räuber mit vorgehaltener Pistole überfallen. Als der Räuber mit der Beute die Flucht ergreifen will, schießt der Trafikant ihm nach und verletzt ihn dabei. Der Trafikant hat dem Räuber die Körperverletzung (§§ 83ff) in Notwehr und damit in gerechtfertigter Weise zugefügt (§ 3). Die Handlungsweise des Trafikanten war damit rechtmäßig. Für ihn wird es daher wichtig sein, dass aus dem Beschluss, mit dem das Strafverfahren eingestellt wird oder aus dem Urteil, mit dem er freigesprochen wird, auch der Grund für diese Einstellung bzw diesen Freispruch ersichtlich ist.

In einem anderen Licht erscheint hingegen der Dieb (§ 127), der vom Vorwurf des Diebstahls nur deswegen freigesprochen wird, weil seine Tat schon sehr lange zurückliegt und daher verjährt ist (§§ 57ff). Der Dieb hat in diesem Fall rechtswidrig und schuldhaft eine Straftat begangen. Nur weil der Gesetzgeber es aus verschiedenen Gründen nicht für sinnvoll erachtet, Straftaten, die schon lange zurückliegen, zu verfolgen bzw die Täter zu bestrafen, wird der Dieb wegen Verjährung seiner Tat freigesprochen (§§ 57ff).

93 Trotz der besonderen Bedeutung des Erkennens des Verbrechensaufbaus und seiner Elemente darf dieser Aspekt nicht überbewertet werden. Die Lehre von der Straftat dient dazu, die Lösung der Sachfrage zu verdeutlichen. In der Vergangenheit wurde das jeweils als herrschend angesehene System des Verbrechensaufbaus wiederholt umgestoßen und modifiziert. Auch heute gehen die Lehrmeinungen zum System des Verbrechensaufbaus teilweise auseinander. Die allein gültige Lehrmeinung gibt es nicht und wird es auch in Zukunft nicht geben. Die folgenden Ausführungen sollen daher auch nur einen von zahlreichen Wegen weisen, die Lösung der Sachfrage, ob ein konkret zu beurteilender Sachverhalt eine gerichtlich strafbare Handlungsweise darstellt, zu verdeutlichen und rational nachvollziehbar zu machen.

§ 2. Die einzelnen Elemente des Verbrechensbegriffs im Überblick

I. Der Tatbestand

94 Gegenstand einer strafrechtlichen Beurteilung sind nicht die Gedanken oder Pläne eines Menschen oder gar dessen Charakter oder Lebensführung. Das StGB umschreibt im sog **Besonderen Teil (BT, §§ 75ff)** nur bestimmte Handlungen und Unterlassungen als **Straftatbestände**. Wird ein dahingehendes Verhalten von einer Person gesetzt, ist zu prüfen, ob sie sich dadurch strafbar gemacht hat.

95 Die Handlung bzw Unterlassung ist damit das erste wesentliche Aufbauelement des Verbrechensbegriffs. Diese Handlung bzw Unterlassung muss im Gesetz genau als strafbar umschrieben sein, damit die Garantiefunktion des Strafgesetzes gewahrt wird. Die im Gesetz in abstrakter Form umschriebene Verhaltensweise stellt den sog Tatbestand dar.

96 Bei der strafrechtlichen Beurteilung eines realen Sachverhalts ist daher zuerst zu prüfen, welchen möglichen gesetzlichen Tatbeständen das von einer Person gesetzte Verhalten subsumierbar sein könnte. Dabei wird auch die **Intention des Täters**, mit der er seine Handlungsweise gesetzt hat, von Relevanz sein.

> Es macht einen Unterschied, ob ein betrogener Ehemann den Liebhaber seiner Ehegattin erschießt oder jemand mit seinem Auto zu schnell unterwegs ist, einen Passanten überfährt und diesen dabei tötet. In beiden Fällen wird eine Person getötet. Der Ehegatte will jedoch den Liebhaber seiner Ehegattin töten. Er handelt somit vorsätzlich (§ 5 Abs 1), was dazu führt, dass er einen Mord (§ 75) zu verantworten hat.

Der Fahrzeuglenker hingegen wollte natürlich keinen Passanten überfahren und töten. Der Tatbestand des Mordes (§ 75) kommt daher erst gar nicht in Betracht. Der Tod des Passanten ist bloß eine Folge der zu schnellen und damit fahrlässigen (§ 6) Fahrweise. Der Fahrzeuglenker könnte daher strafrechtlich nur wegen Verwirklichung des Tatbestands der fahrlässigen Tötung (§ 80) zur Verantwortung gezogen werden.

Bei der Auslegung der einzelnen Tatbestände ist nach den oben genannten Auslegungsregeln vorzugehen (Rz 70ff). 97

II. Die Rechtswidrigkeit

Bei den vom Gesetzgeber in Form von Straftatbeständen (zB im StGB, §§ 75ff) umschriebenen Handlungen bzw Unterlassungen ist **grundsätzlich** davon auszugehen, dass sie ein **strafwürdiges Unrecht** zum Gegenstand haben. Die Verwirklichung eines Tatbestands **indiziert** daher regelmäßig, dass ein solches Verhalten auch ein Unrecht darstellt. Dieser Schluss ist jedoch nicht generell zwingend. In Ausnahmefällen kann ein bestimmtes Verhalten zwar einen Straftatbestand verwirklichen, dennoch aber nicht als Unrecht erscheinen, weil die gesetzte Vorgangsweise als gerechtfertigt angesehen werden muss. Das Unrecht einer Tat kann durch sog **Rechtfertigungsgründe** ausgeschlossen werden (Rz 339ff). 98

Das zweite Aufbauelement des Verbrechensbegriffs ist daher die Rechtswidrigkeit. Sie ist zu prüfen, nachdem die Tatbestandsmäßigkeit eines bestimmten Verhaltens oder Unterlassens festgestellt worden ist. In diesem zweiten Prüfungsschritt wird eine Aussage darüber getroffen, ob eine bestimmte im Gesetz umschriebene tatbestandsmäßige Handlungsweise des Täters im konkreten Fall auch als Unrecht angesehen werden darf. Eine detaillierte Prüfung der Rechtswidrigkeit hat natürlich nur dann zu erfolgen, wenn sich aus dem Sachverhalt Anhaltspunkte für Rechtfertigungsgründe ergeben, welche die Tat des Täters rechtfertigen könnten. 99

Eine **Handlung kann** einen **Straftatbestand erfüllen**, **ohne rechtswidrig zu sein**: 100

Die Tötung eines Menschen ist zB grundsätzlich als strafgesetzwidriges Unrecht anzusehen (§ 75). Tötet jedoch das Opfer eines bewaffneten Raubüberfalls den Täter, um sein Geld und auch sein Leben oder seine körperliche Unversehrtheit zu retten, erfolgt diese Tötungshandlung in Notwehr (§ 3). Die Verteidigungshandlung des Opfers ist nicht als Unrecht zu bewerten. Das Opfer verwirklicht zwar einen Tatbestand des StGB (Mord,

§ 75), handelt jedoch nicht rechtswidrig (§ 3). Im Falle eines Strafverfahrens gegen das Opfer müsste das Gericht dieses vom Vorwurf des Mordes freisprechen.

III. Die Schuld

101 Die Strafe soll aus heutiger Sicht nicht mehr eine bloße Vergeltung für ein geschehenes Unrecht sein. Der historische Grundsatz: „Die Tat tötet den Mann“ ist überholt. Die Strafe beinhaltet ein sozialethisches Unwerturteil über einen Täter, der sich tatbestandsmäßig und rechtswidrig verhalten hat. Es würde dem herrschenden Gerechtigkeitsempfinden widersprechen, wenn über eine Person ein Unwerturteil gefällt wird, obwohl ihr die rechtswidrige Tat gar nicht zum Vorwurf gemacht werden kann. Der **Vorwurf** gegen den Täter hat darin zu bestehen, dass er **gegen ein Gesetz verstoßen** hat, obwohl er sich auch der Rechtsordnung gemäß hätte verhalten können. Darin liegt die Schuld des Täters. Unser Strafrecht ist daher ein sog **Schuldstrafrecht** (vgl §§ 4, 11):

Die zwölfjährige A begeht einen Ladendiebstahl. Sie kann dafür nicht bestraft werden, denn nach dem Gesetz sind **Personen unter 14 Jahren strafunmündig**. Der Gesetzgeber nimmt nämlich an, dass Kinder bis zu diesem Alter das Unrecht ihrer Tat noch nicht erkennen können (§ 1 Z 1 iVm § 4 Abs 1 **Jugendgerichtsgesetz**, JGG, BGBl 1988/599 idgF) und ihnen daher kein strafrechtlich relevanter Schuldvorwurf gemacht werden kann. Es handelt sich dabei um eine **nicht widerlegbare gesetzliche Vermutung**. Dies bedeutet, dass A auch dann nicht bestraft werden könnte, wenn sie – was anzunehmen ist – gewusst hat, dass man in einem Selbstbedienungsladen nicht einfach Dinge ohne zu bezahlen mitgehen lassen darf.

102 Auch erwachsene Personen, die aufgrund einer schweren **Geisteskrankheit** oder ihrer geistigen Entwicklung nicht in der Lage sind, das Unrecht einer Tat zu erkennen, sind nicht zurechnungsfähig (§ 11) und es kann ihnen daher kein Verschulden zur Last gelegt werden (Rz 496ff).

103 Entsprechendes gilt für Personen, die sich im Zustand eines Vollrausches (ab ca 3 Promille Blutalkoholgehalt, *Fabrizy* StGB[11] § 11 Rz 5; *Höpfel* WK-StGB[2] § 11 Rz 7) und damit im Zustand einer **Zurechnungsunfähigkeit** befinden (§ 11, Rz 465).

Wer volltrunken und damit in einem Zustand der Zurechnungsunfähigkeit in einem Lokal randaliert und fremdes Eigentum beschädigt, verwirklicht den Tatbestand einer Sachbeschädigung (§ 125). Die Handlungsweise des

Betrunkenen ist zweifellos als rechtswidrig anzusehen. Dennoch könnte der Randalierer nicht wegen des Deliktes der Sachbeschädigung strafrechtlich zur Verantwortung gezogen werden, weil ein Schuldvorwurf ihm gegenüber nicht erhoben werden kann (in Betracht kommt nur eine Strafbarkeit nach § 287). Den Schaden hat er natürlich dennoch zu ersetzen. Dies ist jedoch keine strafrechtliche sondern eine zivilrechtliche Konsequenz.

Auch ein **Rechtsirrtum** kann dazu führen, dass der Täter die Strafgesetzwidrigkeit seiner Handlungsweise nicht erkennt. Wer das Unrecht seiner Tat nicht erkannt hat, dem kann grundsätzlich kein Schuldvorwurf gemacht werden, es sei denn, der Irrtum ist vorwerfbar (§ 9). 104

Die Schuld ist somit das dritte Element des Verbrechensaufbaus. Sie ist zu prüfen, wenn die Tatbestandsmäßigkeit und Rechtswidrigkeit eines Verhaltens bereits bejaht worden sind. Eine detaillierte Prüfung hat natürlich nur dann zu erfolgen, wenn sich aus dem Sachverhalt Anhaltspunkte für sog **Schuldausschließungsgründe** ergeben, welche die Schuld des Täters im konkreten Fall ausschließen könnten. 105

IV. Die Strafe

Straftatbestände sehen jeweils einen bestimmten Strafrahmen vor (zB Raub, § 142, Freiheitsstrafe von einem bis zu zehn Jahren). Innerhalb dieses Rahmens kann eine Strafe verhängt werden, wenn jemand tatbestandsmäßig, rechtwidrig und schuldhaft gehandelt hat. In der Strafe liegt das vierte Element des Verbrechensaufbaus. 106

Es gibt jedoch Gründe, welche ausnahmsweise trotz Vorliegens aller anderen bisher genannten Elemente (Tatbestand, Rechtswidrigkeit, Schuld) die Strafbarkeit der Tat ausschließen bzw aufheben können. Der Täter wird zB nicht bestraft, wenn er die Tat bloß versucht hat und freiwillig die weitere Ausführung aufgibt (Rücktritt vom Versuch, § 16, Rz 696ff). Auch **tätige Reue** (§ 167, Rz 640ff) hebt bei zahlreichen Delikten (zB Sachbeschädigung, § 125; Diebstahl, § 127) die Strafbarkeit auf. Der Täter muss dazu, noch bevor die Polizei von seiner Tat erfahren hat, den ganzen aus der Tat entstandenen Schaden gutmachen. 107

Ein Jugendlicher stiehlt ein schönes, nicht versperrtes Fahrrad. Am nächsten Tag erkennt er die Dummheit seines Verhaltens und stellt das Fahrrad reumütig wieder an den Ort zurück, von dem er es genommen hat. Seine tätige Reue (§ 127 iVm § 167) führt dazu, dass er wegen des begangenen Diebstahls nicht bestraft werden könnte.

108 Auch die **Verjährung** der Tat kann dazu führen, dass ein Straftäter nicht mehr bestraft werden kann (§ 57). Wenngleich die Tat tatbestandsmäßig, rechtswidrig und schuldhaft gesetzt wurde, hebt die Verjährung die Strafbarkeit auf (**Strafaufhebungsgrund**, vgl *Seiler* AT II[7] Rz 573).

109 Auf dieser vierten Ebene des Verbrechensaufbaus wird daher das mögliche Vorliegen von Strafaufhebungs- und Strafausschließungsgründen (Rz 634ff) geprüft. Eine detaillierte Prüfung hat natürlich auch in diesem Fall nur zu erfolgen, wenn sich aus dem Sachverhalt Anhaltspunkte für das Vorliegen derartiger Gründe ergeben.

V. Zusammenfassung

110 Zusammenfassend lässt sich das **Verbrechen als tatbestandsmäßige, rechtswidrige, schuldhafte und mit Strafe bedrohte Handlung** definieren. Diese vier Elemente müssen bei jedem Delikt in der angeführten Reihenfolge geprüft werden. Nur bei Vorliegen aller darf ein Täter strafrechtlich zur Verantwortung gezogen und bestraft werden. Wenn es bereits an der Tatbestandsmäßigkeit mangelt, erübrigt sich eine Prüfung der Rechtswidrigkeit, Schuld und Strafe. Wird die Tatbestandsmäßigkeit bejaht, jedoch die Rechtwidrigkeit aufgrund des Vorliegens eines Rechtfertigungsgrunds verneint, braucht auf die Frage der Schuld bzw Strafe nicht mehr eingegangen werden. Ein derart systematisches Fallprüfungsschema ist somit vor allem auch der Denkökonomie dienlich.

Grobprüfungsschema Unter Einhaltung der oben geschilderten Reihenfolge ergibt sich folgendes Grundschema bei der Prüfung eines strafrechtlich relevanten Sachverhalts.	→	**I. Tatbestand** **II. Rechtswidrigkeit** **III. Schuld** **IV. Strafe**

§ 3. Der Tatbestand

I. Deliktsgruppen

Die einzelnen Straftatbestände lassen sich anhand ihrer spezifischen Charakteristika in verschiedene Gruppen unterteilen: 111

A. Verbrechen – Vergehen

Das StGB differenziert bei strafbaren Handlungen zwischen Verbrechen und Vergehen. Verbrechen sind vorsätzliche Straftaten, die mit lebenslanger oder mit mehr als dreijähriger Freiheitsstrafe bedroht sind. Alle anderen strafbaren Handlungen sind Vergehen (**§ 17**). In der Praxis spielt diese Unterscheidung vor allem im Strafverfahrensrecht eine Rolle. 112

In Abwesenheit des Angeklagten darf zB nur dann eine Strafverhandlung geführt und ein Urteil gefällt werden, wenn das Delikt, welches ihm zur Last gelegt wird, bloß ein Vergehen ist. Bei schwereren Straftaten muss der Angeklagte regelmäßig bei der Verhandlung und bei der Urteilsfällung anwesend sein (§ 427 StPO; vgl auch §§ 132, 136, 356 StPO). 113

B. Vorsatzdelikte – Fahrlässigkeitsdelikte

Wenn das Gesetz nichts anderes bestimmt, ist nur vorsätzliches Handeln strafbar (§ 7 Abs 1). Die Mehrzahl der Tatbestände verlangt daher ein **vorsätzliches Handeln (§ 5)** des Täters. Einige in der Praxis sehr bedeutende Tatbestände stellen jedoch ausdrücklich bereits die fahrlässige Verhaltensweise einer Person unter gerichtliche Strafe (zB fahrlässige Körperverletzung, § 88). Was unter einer **Fahrlässigkeit** zu verstehen ist, wird in **§ 6** gesetzlich definiert. 114

C. Handlungsdelikte – Unterlassungsdelikte

Handlungsdelikte beziehen sich auf ein Handlungsverbot, Unterlassungsdelikte auf ein Handlungsgebot. 115

1. Handlungsdelikte: Der überwiegende Teil der Straftatbestände sind Handlungsdelikte. Nach der Anzahl der im Tatbestand verlangten Handlungen gibt es **einaktige** und **mehraktige Delikte**. Diese Differenzierung ist in der Praxis von Bedeutung, denn ein zwei- oder mehraktiges Delikt ist regelmäßig erst dann vollendet, wenn alle Akte gesetzt worden sind. 116

- Mord (§ 75) ist ein einaktiges Delikt: „Wer einen anderen tötet …". Die Tathandlung besteht somit in einer Tötungshandlung.
- Zweiaktig ist hingegen der Einbruchsdiebstahl (§§ 127, 129 Abs 1 Z 1): Der erste Akt besteht zB im Einbrechen in das Gebäude (§ 129). Der zweite Akt im anschließenden Wegnehmen der gefundenen Wertgegenstände (§ 127).
  Zweiaktig wäre auch der Raub (§§ 142f). Zuerst wendet der Täter Gewalt an oder schüchtert sein Opfer durch Drohung mit einer Gefahr für Leib und Leben ein, indem er zB diesem eine Waffe vor die Nase hält (1.Akt). Im Anschluss daran nimmt er dem Opfer die Geldtasche weg (2.Akt).

117 **2. Unterlassungsdelikte:** Durch rein passives Verhalten kann sich grundsätzlich niemand strafbar machen, außer das Gesetz stellt das Nichthandeln als eigenes (echtes) Unterlassungsdelikt unter Strafe. Nur sehr selten finden sich im StGB oder in anderen Gesetzen derartige echte Unterlassungsdelikte, bei denen sich die Verwirklichung eines Straftatbestands bereits aus einem bloßen Nichthandeln ergeben kann. In der Praxis am bedeutendsten sind die Straftatbestände des Imstichlassens eines Verletzten (§ 94) und der unterlassenen Hilfeleistung (§ 95 Abs 1).

118 Selbst wenn das Untätigbleiben einer Person zu einem unerwünschten Erfolgseintritt geführt hat, gilt der allgemeine Grundsatz, dass rein passives Verhalten nicht strafbar sein kann. Ein Untätigbleiben, welches zu einem bestimmten Erfolg führt, ist nur dann strafbar, wenn den Täter eine spezielle Pflicht zur Abwendung dieses Erfolges getroffen hat (Garantenstellung). Diese spezielle Pflicht muss sich aus **§ 2** ergeben (Rz 319ff).

119 Zeichnet sich ein Tatverhalten durch eine Mischung von aktiven und passiven Verhaltenselementen aus, gilt der Grundsatz des „Primates des Tuns". Es ist daher vorrangig auf die aktive Tatbegehungskomponente abzustellen (EvBl 1989/96). Nur dort, wo mangels jeglichen zur Anknüpfung geeigneten aktiven Verhaltens die strafrechtliche Haftung ausschließlich und unmittelbar auf das Unterlassen der Erfolgsabwendung gestützt wird, bedarf es einer Garantenstellung iSd § 2 (ZVR 1986/143).

D. Erfolgsdelikte – Tätigkeitsdelikte

120 **1. Erfolgsdelikte:** Bei den meisten Delikten des StGB handelt es sich um Erfolgsdelikte. Erfolgsdelikte setzen eine **durch die Handlung des Täters hervorgerufene Wirkung (Erfolg)** auf der Seite des Deliktsobjekts voraus.

Bei der fahrlässigen Tötung (§ 80) muss die fahrlässige Handlungsweise (zB das Fahren mit überhöhtem Tempo) zum Erfolg (zB der Tötung eines Passanten) geführt haben, damit der Tatbestand verwirklicht ist.

Der vom Straftatbestand jeweils verlangte Erfolg kann in der Verletzung eines Rechtsguts liegen (**Verletzungsdelikt**, zB Körperverletzung, § 83) oder in einer bloßen Gefährdung eines Rechtsguts (**Gefährdungsdelikt**, zB Gefährdung der körperlichen Sicherheit, § 89). Die Gefährdung kann bei letzterem eine abstrakte sein, wenn vom Tatbestand nicht verlangt wird, dass eine bestimmte Person in den vom Täter geschaffenen Gefahrenkreis geraten ist (zB vorsätzliche Beeinträchtigung der Umwelt, § 180 Abs 1). Verlangt der Tatbestand, dass eine bestimmte Person gefährdet worden ist, spricht man von einem konkreten Gefährdungsdelikt (§ 89). Bei manchen Erfolgsdelikten besteht der Deliktserfolg darin, dass ein bestimmter Zustand über längere Zeit aufrechterhalten wird (**Dauerdelikte**, zB Freiheitsentziehung, § 99). 121

Erfolgsqualifizierte Delikte: Eine Sonderform der Erfolgsdelikte stellen Delikte dar, bei denen die Herbeiführung eines bestimmten Erfolges zur Anwendung eines qualifizierten (höheren) Strafrahmens führt. 122

Das Erfolgsdelikt der leichten Körperverletzung (§ 83) ist zB der Grundtatbestand bei den Körperverletzungsdelikten (§§ 83ff). Der Strafrahmen ist jedoch wesentlich höher, wenn die Verletzungshandlung zu einem besonders schwerwiegenden Erfolg (schwere Körperverletzung, § 84) oder gar zum Tod geführt hat (Körperverletzung mit tödlichem Ausgang, § 86). Man spricht daher bei den §§ 84 und 86 von sog erfolgsqualifizierten Delikten.

Der Täter darf aber nur dann für die schwere Folge strenger bestraft werden, wenn der schwerere **Erfolg zumindest fahrlässig** herbeigeführt worden ist (§ 7 Abs 2). Diese Voraussetzung verlangt das Schuldprinzip, welches unserem Strafrecht zugrunde liegt (§ 4). Erfolgsqualifizierte Delikte sind daher Delikte, welche meist durch eine **Vorsatz- Fahrlässigkeits-Kombination** charakterisiert sind. Vielfach wird dies bereits im Tatbestand zum Ausdruck gebracht. Der allgemeinen Regelung des § 7 Abs 2 bedarf es dann gar nicht. Bei einem erfolgsqualifizierten Körperverletzungsdelikt (zB § 84) hat sich der **Vorsatz** auf den **Verletzungserfolg des Grunddelikts** (§ 83) zu beziehen, während der **schwerere Erfolg für den Täter nur voraussehbar gewesen** sein muss. 123

Auch Fahrlässigkeitsdelikte können eine Erfolgsqualifikation vorsehen (zB § 88 Abs 4). Bereits der Grundtatbestand ist hierbei als Fahrlässigkeitsdelikt konzipiert und der qualifizierte Erfolg muss voraussehbar gewesen sein. Es 124 liegt dann eine sog Fahrlässigkeits-Fahrlässigkeits-Kombination vor (im Detail *Triffterer* AT[2] 320f).

125 **2. Tätigkeitsdelikte:** Im Gegensatz zu den Erfolgsdelikten erschöpft sich bei den reinen Tätigkeitsdelikten der Unrechtstatbestand in der Handlung des Täters. Diese kann ein reines Tun oder Unterlassen sein. Es handelt sich hierbei um Formaldelikte, ein **Erfolgseintritt wird nicht gefordert**.

126 Dazu gehören zB die eigenmächtige Heilbehandlung (§ 110), die Kurpfuscherei (§ 184), das Imstichlassen eines Verletzten (§ 94) oder das Unterlassen der Verhinderung einer strafbaren Handlung (§ 286).

E. Allgemeindelikte – Sonderdelikte

127 Grundsätzlich können die im StGB oder anderen Gesetzen enthaltenen Straftatbestände von jeder Person begangen werden. Die Mehrzahl der Straftatbestände sind daher sog Allgemeindelikte. Daneben gibt es vereinzelt sog Sonderdelikte, bei denen als Täter (Deliktssubjekt) nur Personen mit einer bestimmten Qualifikation in Betracht kommen.

- Einen Diebstahl (§ 127) kann jeder begehen (Allgemeindelikt)
- Einen Mißbrauch der Amtsgewalt (§ 302) kann hingegen als unmittelbarer Täter nur ein Beamter (§ 74 Abs 1 Z 4) begehen (Sonderdelikt): Ein Bürgermeister erteilt zB eine Baubewilligung, obwohl ihm bewusst ist, dass es an den dafür nötigen gesetzlichen Voraussetzungen mangelt. Nicht ausgeschlossen ist es natürlich, dass sich ein Nichtbeamter am Amtsmissbrauch des Beamten beteiligt (§§ 12, 14 Abs 1). Der Bauwerber, der den Bürgermeister zum Amtsmissbrauch anstiftet, obwohl ihm ebenso bewusst ist, dass er keine Baugenehmigung bekommen dürfte, macht sich als Bestimmungstäter strafbar (§ 12 zweiter Fall, § 14 Abs 1 iVm § 302, vgl Rz 828ff, 886ff).

128 Kann eine Deliktshandlung überhaupt nur von einer bestimmten Person persönlich ausgeführt werden, spricht man von einem **eigenhändigen Delikt** (zB Blutschande, § 211). Der Täter (zB der leibliche Vater bei § 211) muss hier die Tat (den Beischlaf) unmittelbar selbst vollziehen.

F. Kumulative oder alternative Mischdelikte

129 **1. Alternative Mischdelikte:** Bei der Beschreibung mehrerer strafbarer Handlungsweisen im Gesetz kann unterschieden werden zwischen kumulativen und alternativen Mischdelikten. Werden im Tatbestand mehrere Be-

gehungsformen mit einem „oder“ (alternativ) gleichwertig nebeneinander gestellt, ist die im Urteil konkret festgestellte Begehungsart nur von untergeordneter Bedeutung.

Eine Sachbeschädigung (§ 125) kann zB durch „zerstören“, „beschädigen“, „verunstalten“ oder „unbrauchbar machen“ begangen werden. Es genügt, wenn sich die konkrete Begehungsart erst aus dem Zusammenhang mit den Urteilsgründen ergibt (RZ 1979/79). Der Beschuldigte kann das Urteil nicht bekämpfen, wenn er der Meinung ist, dass von ihm eine andere Begehungsart verwirklicht worden ist (EvBl 2014/76).

2. Kumulative Mischdelikte: Anders ist es hingegen, wenn verschiedene Begehungsarten nur aus gesetzestechnischen Gründen (kumulativ) in einer Bestimmung zusammengefasst werden, weil sie die gleiche Strafdrohung aufweisen, in ihrem sozialen Bedeutungsgehalt jedoch nicht vergleichbar sind: 130

- Eine schwere Körperverletzung liegt vor, wenn jemand einem anderen vorsätzlich einen Arm bricht, weil hierbei bereits nach dem Gewicht der Verletzung eine „an sich schwere Körperverletzung“ anzunehmen ist **(§ 84 Abs 1 bzw 4).**
- Eine schwere Körperverletzung begeht jedoch auch, wer einem Polizisten während der Vollziehung seiner Aufgaben eine Kratzwunde zufügt, welche für sich genommen nur als leichte Körperverletzung zu qualifizieren wäre. Beamte werden nämlich durch die Bestimmung des **§ 84 Abs 2** besonders geschützt, sodass bereits vorsätzliche leichte Körperverletzungen wie schwere Körperverletzungen iSd § 84 behandelt werden.

Bei kumulativen Mischdelikten muss das Gericht im Urteil genau feststellen, welche Begehungsform im konkreten Fall angenommen wird, da sie jeweils einen unterschiedlichen sozialen Sinngehalt haben. 131

G. Blankettstraftatbestände

Eine eigentümliche Tatbestandsgestaltung weisen die sog Blankettstrafgesetze auf. Der Tatbestand ist dabei stark reduziert und wird **erst durch Normen außerstrafrechtlicher Natur** gefüllt und damit **präzisiert**. Hierher zu zählen ist ua die Verwaltungsakzessorietät bei den Umweltdelikten (§§ 180ff). Die Formulierung: „entgegen einer Rechtsvorschrift oder einem behördlichen Auftrag“ lässt zB in diesen Fällen eine Beurteilung der Tatbestandsmäßigkeit erst zu, wenn diese außerstrafrechtlichen Rechtsvorschriften (Gesetze, Verord- 132 nungen) oder behördlichen Anordnungen (Bescheide) herangezogen werden. Vielfach finden sich derartige Blankettstraftatbestände im Nebenstrafrecht (vgl § 33 Finanzstrafgesetz, FinStrG).

II. Die objektive Tatbestandsseite

133 Die einzelnen Tatbestandsmerkmale lassen sich in objektive (äußere) und subjektive (innere) Merkmale einteilen. Die **objektiven Tatbestandsmerkmale** beziehen sich auf alle Tatumstände, die das **äußere Erscheinungsbild** des konkreten Delikts ausmachen. Man spricht daher auch vom sog „**Tatbild**" (*Fuchs* AT I[8] Kap 10 Rz 48). Das Vorliegen der objektiven Tatbestandsmerkmale ist von außen meist leicht erkennbar und daher durch das Gericht auch relativ leicht feststellbar. Das dadurch sich ergebende Tatbild kennzeichnet sich vor allem durch die vom einzelnen Tatbestand umschriebene strafgesetzwidrige Handlungsweise und den verlangten Taterfolg. Einzelne Tatbestände stellen auch an die Person des Täters bestimmte konkrete Anforderungen (Sonderdelikte).

134 Zu den **subjektiven Tatbestandsmerkmalen** zählen jene, meist schwerer feststellbare Umstände, welche vom Tatbestand im Hinblick auf den **inneren, seelischen Bereich des Täters** (seine Vorstellungen, Ziele und Wünsche) verlangt werden (*Kienapfel/Höpfel/Kert* AT[14] Z 8 Rz 8; *Fuchs* AT I[8] Kap 6 Rz 13). Sie bilden die sog subjektive Tatbestandsseite, welche bei den Vorsatzdelikten den **Tatbildvorsatz** und gegebenenfalls einen vom Tatbestand ausdrücklich verlangten erweiterten Vorsatz umfasst (Rz 172ff).

135 Das Vorliegen aller objektiven Tatbestandsmerkmale ist Grundvoraussetzung für eine weitergehende strafrechtliche Prüfung. Die strafrechtliche Beurteilung einer bestimmten Verhaltensweise hat daher mit der objektiven Tatbestandsseite zu beginnen.

A. Der strafrechtliche Handlungsbegriff

136 **1.** Jeder Tatbestand umschreibt eine bestimmte Verhaltensweise, welche nach Meinung des Gesetzgebers so ablehnungsbedürftig ist, dass sie strafbar sein soll. Als **Handlung** bzw **Unterlassung** wird diese **im Tatbestand in abstrakter Form umschrieben**.

137 Die einzelnen Tatbestände beziehen sich dabei nur auf menschliche Verhaltensweisen, welche in irgendeiner Form vom menschlichen Willen hervorgerufen worden sind oder wenigstens von diesem beeinflusst wurden. Auch ein strafrechtlich relevantes Unterlassen muss **vom Willen getragen** sein: Keine Handlung im Sinne des Strafrechts ist eine vom Willen unkontrollierbare Re-

flexbewegung: Ein Autofahrer verreißt zB sein Fahrzeug und verursacht einen Unfall, weil er einen Herzanfall erleidet. Derartige Verhaltensweisen sind nicht vom Willen gelenkt und daher nicht Handlungen im Rechtssinne.

Davon sind **automatisierte Bewegungsabläufe** zu unterscheiden: Wer mehrere tausend Kilometer im Jahr mit seinem PKW zurücklegt, wird die meisten Handlungsweisen im Zuge des Autofahrens halbautomatisch setzen, ohne sich konkret ihrer bewusst zu werden. Derartige automatisierte Bewegungsabläufe sind nicht Reflexbewegungen gleichzustellen. Sie sind rechtlich relevante Handlungen, die einer strafrechtlichen Prüfung unterzogen werden können. 138

2. Nach allgemeinem Sprachgebrauch ist der Handlungsbegriff wertfrei und erfasst bloß einen äußeren Vorgang. Geht man von einem solchen rein **kausalen Handlungsbegriff** aus, ist der Wille des Handelnden nur in seiner den äußeren Vorgang verursachenden Funktion mit einzubeziehen. Mit einem dahingehenden Handlungsbegriff ist jedoch bei einer strafrechtlichen Prüfung noch nicht viel gewonnen: Wer eine Geldtasche an sich nimmt, die er am Boden liegen sieht, kann dies mit einer unterschiedlichen Intention tun: Er kann sie an sich nehmen, weil er darin Geld vermutet und sich dieses zueignen möchte. In diesem Fall würde eine strafbare Handlung, nämlich eine Fundunterschlagung (§ 134 Abs 1) vorliegen. Es kann sich jedoch auch um einen ehrlichen Finder handeln, der die Geldtasche nur deswegen an sich nimmt, um sie bei der Polizei abzugeben. In diesem Fall würde natürlich keine strafbare Handlung vorliegen. Ein und dieselbe Handlungsweise kann demnach, abhängig von der Intention des Täters, einmal ein strafbares Verhalten, das andere Mal eine lobenswerte Tat darstellen. 139

Die **Intention**, von der das Verhalten **einer Person** geleitet wird, kann auch bewirken, dass unterschiedliche Straftatbestände zur Anwendung gelangen. Wie bereits oben ausgeführt, macht es einen Unterschied, ob ein betrogener Ehemann den Liebhaber seiner Ehegattin erschießt oder jemand mit seinem Auto zu schnell unterwegs ist, einen Passanten überfährt und diesen dabei tötet. In beiden Fällen wird eine Person getötet. Der betrogene Ehegatte hätte eine strafrechtliche Verfolgung wegen Mordes (§ 75) zu befürchten, während dem Fahrzeuglenker nur ein Strafverfahren wegen des wesentlich milder bestraften Tatbestands der fahrlässigen Tötung (§ 80) droht. Abhängig von der jeweiligen Fallkonstellation werden die geschilderten Tötungshandlungen daher strafrechtlich unterschiedlich zu beurteilen und verschiedenen Tatbeständen des StGB zu subsumieren sein. 140

Ohne das Einbeziehen der Intention des Handelnden kann vielfach gar nicht gesagt werden, ob sich der Handelnde strafbar gemacht hat bzw welchen Straftatbestand er möglicherweise verwirklicht hat: 141

Wenn jemand mit einer Pistole an einem anderen vorbeischießt, kann dieses von außen wahrnehmbare Verhalten
- ein Mordversuch (§§ 15, 75) oder
- ein Versuch der Körperverletzung (§§ 15, 83ff) oder
- ein unabsichtlich abgegebener Schuss im Zuge des unsachgemäßen Hantierens mit einer Schusswaffe sein.

142 Eine konkrete Tatbestandssubsumtion ist demnach unter Ausklammerung der Intention des Handelnden gar nicht möglich. Legt man bei der Beurteilung der Tatbestandsmäßigkeit einer Handlung einen rein kausalen Handlungsbegriff zugrunde, könnte auf dieser ersten Ebene des Verbrechensaufbaus noch gar nicht genau gesagt werden, in Bezug auf welchen Tatbestand man eine Verhaltensweise einer strafrechtlichen Prüfung unterzieht (vgl *Welzel* Strafrecht[11], 60f). Der kausalen Handlungslehre folgend wäre die konkrete Intention des Täters (sein Tatvorsatz) ein reines Schuldmerkmal und daher erst auf der dritten Ebene des Verbrechensaufbaus zu prüfen. Dies kann sich bei der Strafbarkeitsprüfung mitunter als ziemlich umständlich erweisen.

143 **3. Abweichend** vom allgemeinen Sprachgebrauch erscheint es daher praktikabler von einem engeren, spezifisch strafrechtlichen Verständnis des Handlungsbegriffs auszugehen. Dabei wird von einer strafrechtlich relevanten menschlichen Handlungsweise nicht nur verlangt, dass sie einen vom Willen getragenen Kausalablauf in Gang setzt, sondern darüber hinaus auch, dass dieser Wille zwecktätig gesteuert ist (**Lehre vom Finalismus**). Dieser sog finale Handlungsbegriff geht auf *Welzel* zurück (*Welzel* Strafrecht[11], 33ff). Danach ist die Rechtswidrigkeit immer die Missbilligung einer auf einen bestimmten Täter bezogenen Tat. Das Unrecht ist in gewisser Weise täterbezogen. Man spricht daher bei dieser Sichtweise auch von einem **personalen Handlungsunrecht** (*Welzel* Strafrecht[11], 62).

144 Die zwecktätige Steuerung des Willens liegt bei einer Handlungsweise im gedanklichen Ziel, welches der Handelnde mit seiner Verhaltensweise erreichen will: Nach der Lehre vom Finalismus wird demnach die Intention, die jemand mit seiner Handlungsweise verfolgt (der Vorsatz, § 5), in die Definition des strafrechtlichen Handlungsbegriffs mit einbezogen. Bei der Person, die eine gefundene Geldtasche an sich nimmt, wird bereits bei der Beurteilung der Handlung danach differenziert, welche Absicht sie damit verfolgt und auf diese Weise entschieden, ob eine strafrechtlich relevante Handlung (zB Fundunterschlagung, § 134) vorliegt oder nicht.

145 Geht man von den Grundgedanken der **finalen Handlungslehre** aus, ist der **Vorsatz** des Handelnden ein **Teil des Tatbestands** und demnach auch bereits auf der **Tatbestandsebene zu prüfen** (vgl *Fuchs* AT I[8] Kap 8 Rz 20;

E.Steininger SbgK § 5 Rz 13; *Tipold* WK-StGB[2] § 4 Rz 23; *Triffterer* AT[2] 90ff). Der Tatbestand wird daher in eine **objektive** und eine **subjektive Tatbestandsseite** unterteilt.

4. Zusammenfassend lässt sich daher festhalten, dass der kausale Handlungsbegriff in seiner Einfachheit dem Verständnis wahrscheinlich leichter zugänglich ist, als das juristische Konstrukt des finalen Handlungsbegriffs. Der kausale Handlungsbegriff führt bei der strafrechtlichen Prüfung zu einer sauberen und übersichtlichen Trennung von objektiven Tatumständen (Tatbestand) und subjektiven Tatumständen (Schuld). Die **Praktikabilität spricht** jedoch **für ein Prüfungsschema**, welches sich in diesem Punkt an den **Prinzipien der finalen Handlungslehre orientiert**. Es handelt sich dabei jedoch um eine „reine Systemfrage". In diesem Sinne betont daher auch der **OGH**, dass die **Einordnung des Tatvorsatzes** als psychologisches Schuldelement oder als personales Unrechtselement des Tatbestandes **keinen Einfluss auf** die damit verbundene **Sachfrage** hat. **Beide Auffassungen** sind als **gleichwertig** anzusehen und müssen zum selben Ergebnis führen (SSt 2006/20; zu den verschiedenen Auffassungen im Detail: *Fuchs* AT I[8] Kap 8; *Tipold* WK-StGB[2] § 4 Rz 20ff). 146

Den oben angeführten Praktikabilitätserwägungen folgend wurde daher auch eingangs der Tatbestand in eine objektive (äußere) und eine subjektive (innere) Tatbestandsseite unterteilt. 147

B. Die Kausalität

Engisch Die Kausalität als Merkmal der strafrechtlichen Tatbestände (1931, Nachdruck 1995); *Schmoller* Die Kategorie der Kausalität und der naturwissenschaftliche Kausalverlauf im Lichte strafrechtlicher Tatbestände, ÖJZ 1982, 449, 487; *Wegscheider* Kausalitätsfragen im Umweltstrafrecht, ÖJZ 1983, 90.

1. Abgrenzung Kausalität – Zurechnung

Die große Gruppe der sog **Erfolgsdelikte** ist dadurch charakterisiert, dass die als strafbar umschriebene Handlungsweise einen bestimmten ablehnungsbedürftigen Erfolg herbeiführt. **Handlung** und **Erfolg** werden durch das **Band der Kausalität** miteinander verbunden. Die Frage der Kausalität ist im Rahmen der Prüfung der Tatbestandsmäßigkeit einer Handlung zu klären. Durch das Verhalten des Täters muss der Erfolg herbeigeführt worden sein, den der Tatbestand als Erfolg in seiner Handlungsbeschreibung nennt. Die **Kausalität** ist ein **rein objektiv zu beurteilendes Kriterium**. Die (subjektive) Vorstellung des Täters hat für die Frage der Kausalität keine Bedeutung. 148

149 Jede Bedingung, welche nicht weggedacht werden kann, ohne dass der Erfolg entfiele, ist Ursache und damit kausal für den Erfolg. Es besteht dabei kein Unterschied zwischen nahen und entfernten, typischen oder atypischen, normalen oder zufälligen Ursachen. Alle Ursachen, welche nicht weggedacht werden könnten, ohne dass der Erfolg entfiele, werden als gleichwertig angesehen. Man spricht daher von der sog ***Äquivalenz*theorie** (SSt 47/18, SSt 48/68; SSt 55/86):

Ein angetrunkener Autofahrer verliert auf dem Heimweg von seinem Stammwirtshaus auf der kurvigen Landstraße die Beherrschung über sein Fahrzeug und gerät auf die Gegenfahrbahn, wo er mit einem entgegenkommenden Fahrzeug zusammenstößt:

Im Regelfall wird die den Straßenverhältnissen unangepasste Geschwindigkeit ursächlich für den Unfall sein. Dabei wird auch die vorliegende Alkoholisierung nicht außer Acht gelassen werden dürfen. Sie verringert die Reaktionsfähigkeit des Fahrzeuglenkers und macht die kurvige Landstraße für ihn schwerer beherrschbar. Denkt man diese beiden Ursachen weg, wäre der Lenker wahrscheinlich auf der richtigen Straßenseite weitergefahren, und der Unfall hätte nicht stattgefunden. Kausal für den Unfall sind aber auch der Wirt, der an den Fahrzeuglenker den Alkohol ausgeschenkt hat und der Straßenerbauer, der die Landstraße so kurvig und damit „schwer beherrschbar" angelegt hat. Selbst der entgegenkommende PKW wird als kausal für den Unfall anzusehen sein. Würde man ihn wegdenken, wäre es nicht zu einem Unfall gekommen.

150 Damit wird deutlich, dass mit der Bejahung der Kausalität noch keine Aussage über die strafrechtliche Verantwortlichkeit für einen Erfolg getroffen wird. Die **Kausalität** zwischen einer bestimmten Handlung und einem bestimmten Erfolg ist nur die **Grundvoraussetzung**, die bei jedem **Erfolgsdelikt als erstes zu prüfen** ist. Ein Verhalten, welches für einen bestimmten Erfolg nicht kausal war, ist strafrechtlich irrelevant. Wer für einen Erfolg nicht kausal war, kann für diesen auch nicht strafrechtlich zur Verantwortung gezogen werden.

151 Nach der Äquivalenztheorie kommt ein sehr weiter Personenkreis als Erfolgsverursacher in Betracht. Die Tatsache, dass jemand kausal für einen bestimmten deliktischen Erfolg war, bedeutet noch nicht, dass er dafür auch strafrechtlich zur Verantwortung gezogen werden kann. Dies hängt vielmehr davon ab, ob dem Erfolgsverursacher sein Erfolg auch zurechenbar ist. Bei der strafrechtlichen Beurteilung eines erfolgsbegründenden Verhaltens ist streng **zwischen** der **Kausalität für einen Erfolg** und der **Zurechnung dieses Erfolges** zu **unterscheiden**.

152 Natürlich könnte man bereits bei der Kausalitätsprüfung einengende Momente einfließen lassen und nur jene Umstände einer weiteren strafrechtlichen

Beurteilung unterziehen, die generell geeignet sind, den Erfolg herbeizuführen (Adäquanztheorie). Eine solche rein juristisch verstandene Kausalität würde jedoch zu einer dem Verständnis abträglichen Vermengung von Kausalitäts- und Zurechnungskriterien führen, die logisch nur schwer nachvollziehbar ist.

Die Äquivalenztheorie hat den Vorteil einer reinen Trennung zwischen Kausalitätskriterien und Zurechnungskriterien. Ein Erfolg ist dann durch eine Handlung als verursacht anzusehen, wenn die **Handlung nicht weggedacht werden kann**, **ohne dass damit auch der Erfolg entfiele**. Die Handlung des Täters muss **„conditio sine qua non"** für den am Ende der Kausalkette stehenden Erfolg sein. 153

2. Erfolg in seiner konkreten Gestalt

Maßgeblich ist der konkrete Erfolg in der besonderen Gestalt, wie er eingetreten ist (SSt 57/69; OLG Wien ZVR 1981/46; OLG Wien ZVR 1986/39). Bei der Kausalitätsprüfung sind alle **örtlichen, zeitlichen** und in der konkreten Gestalt ausgeformten **Besonderheiten** des **deliktischen Erfolges mit einzubeziehen:** 154

Die lieben Erben verabreichen dem Erbonkel eine tödliche Überdosis eines Herzmedikamentes, sodass dieser an einem Herzinfarkt stirbt. Bei der Obduktion stellt sich heraus, dass der Onkel spätestens in drei Monaten an einem Bauchspeicheldrüsenkrebs im Endstadium gestorben wäre. Für den vorzeitigen Tod ist jedoch das Verabreichen des Herzmedikaments kausal, denn denkt man sich diese Handlungsweise weg, wäre der Onkel erst drei Monate später gestorben. Würde man nicht streng auf den konkreten Erfolg abstellen, könnte sich jeder Mörder damit entlasten, dass sein Opfer ohnedies zu einem späteren Zeitpunkt gestorben wäre, da sterben einfach menschlich ist.

Die Tathandlung braucht nicht die alleinige Ursache für den Erfolg gewesen zu sein, um die Kausalität bejahen zu können (ZVR 1960/315, ZVR 1961/86). An der Kausalität des Verabreichens von Gift würde sich im oben genannten Beispiel auch nichts ändern, wenn festgestellt wird, dass eine andere vom Täter völlig unbeeinflusste Bedingung, wie zB ein beim Opfer vorhandener Herzfehler, den Erfolgseintritt beschleunigt hat. Auch bei dieser Konstellation wäre das Opfer ohne das Verabreichen des Giftes nicht zu diesem konkreten früheren Zeitpunkt gestorben. 155

Legt man diese Sichtweise zugrunde, hat im Falle der **Euthanasie** (Sterbehilfe) der Arzt den Tod des schwer leidenden Sterbenden verursacht, wenn er die lebenserhaltenden Maschinen abstellt, um dem Patienten die Qualen zu 156 verkürzen, auch wenn der Kranke ohnedies am nächsten Tag an seiner unheilbaren Krankheit gestorben wäre. Umstritten ist freilich die Frage, ob bzw unter welchen Voraussetzungen in dieser Vorgangsweise auch ein strafrechtlich relevantes Unrecht zu erblicken ist. Es verbindet sich damit die Grundsatzentscheidung, wie weit ein Arzt verpflichtet ist, unter Einsatz aller medizinischer Möglichkeiten das Leben eines todkranken Patienten zu verlängern, auch wenn dies nur ein Verlängern der Leiden eines Sterbenden bedeutet.

157 Die Kausalitätsprüfung erfolgt im **Eliminationsverfahren**. Dabei ist eine Bedingung nach der anderen wegzudenken und zu beurteilen, ob sich dadurch am Erfolg in seiner konkreten Gestalt etwas ändern würde. Ergibt sich bei dieser theoretisierenden Vorgangsweise, dass bei **Wegdenken einer bestimmten Bedingung** auch eine **Änderung am Erfolg** eingetreten wäre, kann die Feststellung getroffen werden, dass diese Bedingung Ursache für den konkreten Erfolg war.

158 Dabei ist immer von real vorhandenen Bedingungen auszugehen. Hypothetische Ursachen sind bei der Kausalitätsprüfung nicht einzubeziehen (ZVR 1960/316; EvBl 1962/107; ZVR 1969/326; EvBl 1973/168; RZ 1977/4). Die Frage, welchen Lauf die Dinge bei einem anderen Verhalten des Täters genommen hätten, betrifft nicht die Kausalität (ZVR 1960/316): Hätte der PKW-Lenker den Passanten auch überfahren und getötet, wenn er die erlaubte Geschwindigkeit eingehalten hätte, ist er dennoch kausal für den Tod des Passanten gewesen. In weiterer Folge wird jedoch zu erwägen sein, ob dem PKW-Lenker dieser Tod auch zugerechnet werden kann (rechtmäßiges Alternativverhalten, Rz 267ff). Auch ein allfälliges Mitverschulden des Opfers oder eines Dritten ist für die Kausalkette belanglos (ZVR 1985/146; OLG Wien ZVR 1979/82).

159 Die Frage der Kausalität ist in der **Praxis** teilweise schwer zu klären. Vielfach muss das Gericht dabei auf **Sachverständige** zurückgreifen, deren Gutachten als Beweis im Strafverfahren herangezogen werden.

160 Im Hinblick auf die Schwierigkeit der Beweisführung verzichten einige Tatbestände darauf, einen Kausalzusammenhang zu verlangen: Nach § 81 Abs 2 wird ein Fahrzeuglenker schwerer bestraft, wenn er fahrlässig den Tod eines anderen herbeigeführt hat, nachdem er sich vor der Tat, wenn auch nur fahrlässig, durch den Genuss von Alkohol oder den Gebrauch eines anderen berauschenden Mittels in einen die Zurechnungsfähigkeit nicht ausschließenden Rauschzustand versetzt hatte. Ein Kausalzusammenhang zwischen der Alkoholbeeinträchtigung und dem Unfall ist in der Regel nur schwer nachzuweisen. § 81 Abs 2 fordert diesen Kausalzusammenhang daher nicht (ZVR 1979/188). Es muss nur nachweisbar sein, dass der Fahrzeuglenker zum Unfallzeitpunkt alkoholisiert war, was regelmäßig keine besonderen Probleme aufwirft. Nach § 81 Abs 2 ist daher auch strafbar, wer grundsätzlich mit einem bestimmten

Alkoholpegel noch hervorragend Auto fahren kann, aber dennoch einen Unfall mit Todesfolge verursacht, weil er zB während der Fahrt nach einem läutenden Handy zu greifen versucht und somit gar nicht rauschbedingt auf die Gegenfahrbahn gelangt.

3. Kausalität bei Unterlassungsdelikten

Die „conditio sine qua non"-Formel ist zu modifizieren, wenn die Kausalität bei **unechten Unterlassungsdelikten (§ 2)** geprüft werden soll. Bei dieser Deliktsgruppe muss von einer Kausalität im rechtlichen Sinn zwischen dem Nichthandeln und einem Erfolg ausgegangen werden. Es ist zu prüfen, welche Auswirkungen es auf den Erfolg gehabt hätte, wenn jene **Handlung hinzugedacht würde**, welche man vom Unterlassenden zur Erfolgsabwendung erwartet hätte. Führt dies zum Schluss, dass der Erfolg dann entfallen wäre, kann Kausalität zwischen dem Nichthandeln und dem eingetretenen Erfolg angenommen werden. In einem Strafverfahren muss mit einer an Sicherheit grenzenden Wahrscheinlichkeit festgestellt werden können, dass der Erfolg bei Tätigwerden des Unterlassungstäters nicht eingetreten wäre (SSt 55/46; *E.Steininger* SbgK § 2 Rz 20). Dies kann sehr schwer sein. Bleiben in diesem Punkt Zweifel bestehen, hat nach dem Grundsatz „in dubio pro reo" ein Freispruch zu erfolgen. 161

Bei den **echten Unterlassungsdelikten** erklärt der Gesetzgeber bereits das bloße Untätigbleiben für strafbar, ohne dass der Eintritt eines bestimmten Erfolgs verlangt wird, zB Imstichlassen eines Verletzten (§ 94), unterlassene Hilfeleistung (§ 95). Eine Kausalitätsprüfung erübrigt sich dabei. Die Kausalität ist nur dann zu prüfen, wenn an den Eintritt eines bestimmten Erfolges eine strengere Strafe geknüpft wird (zB Tod des Verletzten aufgrund der nicht sofort geleisteten Hilfe, § 94 Abs 2). 162

4. Alternative Kausalität

Die „conditio sine qua non"-Formel versagt in Fällen alternativer Kausalität, bei denen **mehrere Kausalketten** unabhängig voneinander auf ein und denselben **Erfolg** hinsteuern und diesen **gleichzeitig herbeiführen**: 163

A und B geben unabhängig voneinander in den Wein des C je eine tödliche Menge Gift. In diesem Fall würde sich am Erfolg nichts ändern, würde man die Handlungsweise eines Täters wegdenken. Bei strikter Anwendung der „conditio sine qua non"-Formel wäre weder die Handlung des A noch B kausal für den Tod des C.

164 Um diese unbillige Konsequenz zu vermeiden, behilft man sich einfach damit, dass beide Kausalketten gedanklich zusammengefasst werden. Eine Bedingung wird danach auch dann als Ursache angenommen, wenn sie zusammen mit der rivalisierenden Bedingung nicht weggedacht werden könnte, ohne dass der Erfolg ausbliebe (ÖJZ-LSK 1982/187).

5. Kumulative Kausalität

165 Von einer kumulativen Kausalität ist hingegen zu sprechen, wenn zwei oder mehrere Handlungen für den Erfolg in seiner konkreten Form relevant sind (SSt 57/69):

- A und B verabreichen ihrem Opfer unabhängig von einander eine tödliche Menge Gift. Die doppelte Giftdosis führt zu einem beschleunigten Todeseintritt. Für den Todeseintritt zu einem früheren Zeitpunkt sind beide Täter kausal iSd „conditio sine qua non"-Formel.
- Variiert man die Fallkonstellation dahingehend, dass ein Gift schneller wirkte als das andere, ist der Täter, der das schneller wirkende Gift verabreicht hat, wegen vollendeten Mordes, der andere nur wegen versuchten Mordes strafbar (überholende Kausalität).
- Führte das langsamer wirkende Gift jedoch zu einer beschleunigenden Wirkung des an sich schon schneller wirkenden Giftes, sind beide aufgrund kumulativer Kausalität wegen vollendeten Mordes zu bestrafen.

166 Von einer **überholenden Kausalität** spricht man, wenn mehrere Kausalketten auf einen Erfolg zusteuern, aber eine Kette als die schnellere wirksam wird und damit die andere überholt und allein zum Erfolgseintritt führt:

- A bewirtet B mit einer vergifteten Speise, deren tödliche Wirkung erst am nächsten Tag eintreten soll. Am selben Tag fällt B jedoch einem tödlichen Verkehrsunfall zum Opfer. A ist für den Tod des B nicht kausal, sondern nur der Autolenker, der B überfahren hat. A könnte daher nur wegen versuchten Mordes bestraft werden.
- Die Kausalität ist jedoch zu bejahen, wenn B sich nach den ersten Anzeichen eines Unwohlseins aufgrund der Vergiftung zum Arzt begeben möchte und auf dem Weg dorthin von einem Auto überfahren wird. Dann hat die durch A angelegte Kausalkette auf die konkreten Umstände des Todes eingewirkt und A wäre ursächlich für den Tod.
  Dennoch wird A in diesem Fall der Tod des Opfers nicht zugerechnet werden können. A wird wohl kaum einen derartigen ungewöhnlichen Kausalverlauf vorausgesehen haben. Wird die Zurechnung der Todesfolge verneint, kann A nicht wegen vollendeten Mordes sondern nur wegen

versuchten Mordes, bestraft werden. Es handelt sich dabei jedoch um eine Frage der Zurechnung des Taterfolges und nicht um eine Frage der Kausalität für einen Taterfolg.

C. Die Zurechnung des Taterfolges

Lewisch Erfolgszurechnung bei nachträglichem Opferfehlverhalten, ZVR 1995, 98.

Nach der Äquivalenztheorie wird der Kausalitätsbegriff sehr weit verstan- 167
den und erfasst eine Vielzahl von Bedingungen, welche für den Eintritt eines bestimmten Erfolges ursächlich waren. Damit wird noch keine Aussage darüber getroffen, ob eine bestimmte Bedingung auch von strafrechtlicher Relevanz ist. Erst in einem **zweiten Prüfungsschritt** ist bei den Erfolgsdelikten zu beurteilen, inwieweit einer Person, die eine Bedingung für einen konkreten Erfolgseintritt geschaffen hat, der **bewirkte Erfolg auch zugerechnet** werden kann.

Der **Erfolg**, zu dem eine bestimmte Handlungsweise geführt hat, kann **dem 168
Handelnden** grundsätzlich **nur dann zugerechnet werden, wenn es voraussehbar war, dass die gesetzte Handlung einen derartigen Erfolg herbeiführen werde**. Die Tatbildverwirklichung muss **voraussehbar** gewesen sein. Dies wird immer dann der Fall sein, wenn der Kausalverlauf innerhalb der gewöhnlichen Lebenserfahrung liegt (JBl 1984, 326). Erst daraus ergibt sich eine strafrechtlich relevante Gefährlichkeit des zu beurteilenden Verhaltens. Objektive Voraussehbarkeit des Erfolges bedeutet, dass die Gefährlichkeit eines Verhaltens in Bezug auf den schädlichen Erfolg erkennbar war (SSt 56/12). Diese Gefährlichkeit ist aus der **ex ante Sicht** eines **fiktiven** sachkundigen außenstehenden **Beobachters** in der Situation des Täters zu beurteilen (SSt 61/121).

In diesem Sinne betont **§ 7 Abs 2** in allgemeiner Form, dass bei **erfolgsqua- 169
lifizierten Delikten** dem Täter nur dann ein bestimmter Erfolg zur Last gelegt werden kann, wenn dieser zumindest fahrlässig herbeigeführt worden ist. Die Haftung des Täters setzt in objektiver Hinsicht voraus, dass seine Handlung für den konkreten Erfolg kausal ist. Darüber hinaus ist die (objektive) Zurechenbarkeit der kausalen Tatfolge zu prüfen: Eine Tatfolge ist zurechenbar verursacht, wenn sie nicht bloß die Folge einer Verkettung außergewöhnlicher Umstände ist (EvBl 2010/62).

A schlägt dem B ins Gesicht, wobei dieser stürzt und sich an einer Treppenstufe zwei Schneidezähne ausbricht. Der Verlust von zwei Schneidezähnen wird als „an sich schwere" Körperverletzung gewertet, da diese Verletzung mit einer wesentlichen Beeinträchtigung der Kaufunktion verbunden ist (SSt 59/42). Dass die Handlungsweise des A für diese schwere Verletzungsfolge kausal ist, liegt auf der Hand. Es muss jedoch auch voraussehbar sein, dass der vorsätzlich versetzte Schlag in das Gesicht des B dazu führen werde, dass dieser stürzt und sich an einer Treppenstufe zwei Schneidezähne ausbricht. Nur wenn diese Voraussehbarkeit des Kausalverlaufes gegeben ist, hat A eine schwere Körperverletzung nach § 84 zu verantworten. Mangelt es an dieser Voraussehbarkeit, ist A nur nach dem Grunddelikt (§ 83) strafbar. Im konkreten Fall wird der Sturz des B nicht als Verkettung außergewöhnlicher Umstände gesehen werden können und daher dem A die schwere Körperverletzung des B zuzurechnen sein.

170 Bei Vorsatzdelikten liegt die Zurechnung des Erfolges regelmäßig auf der Hand und verlangt kaum eine nähere Auseinandersetzung (JBl 1994, 556): Wer im Zuge eines heftigen Streites seinem Gegner mit der Faust ins Gesicht schlägt und ihm dabei das Nasenbein bricht, dem wird die herbeigeführte Verletzung problemlos ohne weiteren Begründungsaufwand zugerechnet werden können. Es handelt sich dabei nämlich um eine typische und damit voraussehbare Folge eines auf das Gesicht gerichteten Faustschlags. Bei Vorsatzdelikten wird sich die Zurechnung des Taterfolgs nur bei außergewöhnlichen Fallkonstellationen verneinen lassen:

A schießt mit Mordvorsatz (§ 75) auf B und verletzt diesen dabei schwer, aber nicht lebensgefährlich. Im Krankenhaus wird B von seiner Ehefrau ein Gift verabreicht und getötet, da diese dringend das Geld aus der Lebensversicherung benötigt, die B zu ihren Gunsten abgeschlossen hatte. In diesem Fall könnte A der Taterfolg (der Tod des B) nicht zugerechnet werden. Er hätte strafrechtlich bloß einen versuchten Mord (§§ 15, 75) zu verantworten. Der Taterfolg ist in diesem Fall einzig der Ehefrau des B zuzurechnen, die daher für vollendeten Mord strafbar ist.

171 Bei **Fahrlässigkeitsdelikten** lässt sich die Zurechnung eines Verletzungserfolgs meist nicht so einfach beantworten: Wenn jemand bei der Fahrt mit seinem PKW einen Passanten übersieht, der plötzlich auf die Fahrbahn tritt, diesen niederstößt und dabei am Körper verletzt, stellt sich regelmäßig die Frage, inwieweit der Fahrzeuglenker für diesen Verletzungserfolg auch strafrechtlich zur Verantwortung gezogen werden kann. Dass der PKW-Lenker kausal für den Verletzungserfolg ist, liegt auf der Hand. Fraglich erscheint jedoch, ob für ihn der Unfall und damit der Verletzungserfolg auch voraussehbar waren, wenn der Passant unerwartet auf die Fahrbahn getreten ist. Bei fahrlässigen Verletzungsdelikten (§ 88) verlangt daher die Zurechnung des Erfolges mitunter eine eingehende Prüfung. Auf die dabei relevanten Prüfungskriterien soll im Rahmen der Ausführungen zu den Besonderheiten des Fahrlässigkeitsdelikts näher eingegangen werden (Rz 257ff).

III. Die subjektive Tatbestandsseite – Der Tatvorsatz

Engisch Untersuchungen über Vorsatz und Fahrlässigkeit (1930, Nachdrucke 1964 u 1995); *Hochmayr* Die Vorsatzform bei notwendigen Nebenfolgen, JBl 1998, 205; *Platzgummer* Die Bewußtseinsform des Vorsatzes (1964).

A. Allgemeines

Grundsätzlich sind die Deliktstypen des Besonderen Teils nur vorsätzlich begehbar **(§ 7 Abs 1)**. Ein fahrlässiges Verhalten ist nur dann strafbar, wenn es ausdrücklich vom Gesetz für strafbar erklärt wird (zB § 88). 172

Der Vorsatz muss immer zum **Zeitpunkt der Tat** vorliegen. Ein erst nach Vollendung der Tat gefasster Vorsatz (**dolus superveniens**) **genügt nicht** (ÖSt-ZB 1996, 126). Auch bei mehraktigen Delikten muss der gesamte Tatvorsatz und damit auch der Vorsatz hinsichtlich des zweiten Aktes bereits beim Setzen des ersten Aktes vorliegen (*Fuchs* AT I[8] Kap 14 Rz 32). 173

A entzieht das Auto des B mit dem Vorsatz, es ohne Erlaubnis für eine Probefahrt zu benützen. Beim Fahren mit dem Auto findet er jedoch so großen Gefallen an dem Fahrzeug, dass er beschließt, es zu behalten (sich zuzueignen).

A hat den Zueignungsvorsatz erst nach der Tat (Entziehung) gefasst und könnte daher nicht wegen Diebstahls (§ 127) bestraft werden. Bei einem Diebstahl müsste der Vorsatz, sich durch Zueignung der Sache zu bereichern, bereits beim Wegnahmeakt vorhanden gewesen sein. So bleibt nur mehr die Möglichkeit, A neben § 136 (Unbefugter Gebrauch von Fahrzeugen) auch noch wegen der später stattgefundenen Unterschlagung nach § 134 Abs 2 zu bestrafen.

Der Täter darf nie für mehr zur Verantwortung gezogen werden, als von seinem Vorsatz umfasst war. Auch **Mittäter haften nur im Rahmen des gemeinsam gefassten Vorsatzes**. Geht ein Mittäter bei der Tatausführung über das Geplante hinaus, haften die anderen nicht dafür (SSt 52/7). Wenn ein gemeinsamer Einbruch geplant war und ein Täter dabei eine schlafende Frau in einem Nebenzimmer überrascht und vergewaltigt, haftet der andere Einbrecher nicht dafür. 174

Dasselbe gilt auch für den **excessus mandati** bei der Anstiftung zu einer Tat: Jemand wird zu einem Diebstahl angestiftet (§ 127), der Angestiftete nimmt die Sache jedoch gewaltsam weg und begeht damit einen Raub (§ 142). Der Anstifter ist nur wegen (vorsätzlicher) Anstiftung zum Diebstahl strafbar. Selbst wenn dem Anstifter zum Vorwurf gemacht werden könnte, er hätte voraussehen können, dass der Tatausführende über die aufgetragene Rechtsgutverletzung möglicherweise hinausgehen könnte, genügt dies nicht für die Annahme eines Vorsatzes. Ein Raubvorsatz könnte dem Anstifter nur unterstellt werden, wenn er die von seinem Plan abweichende gewaltsame Wegnahme durch den unmittelbar Tatausführenden ernstlich für möglich gehalten und sich auch damit abgefunden hat (vgl § 5 Abs 1).

B. Wissen und Wollen

Schmoller Das voluntative Vorsatzelement, ÖJZ 1982, 259.

175 **1.** Der Vorsatz setzt sich aus **zwei Komponenten** zusammen: der **Wissenskomponente** und der **Wollenskomponente** (dazu *Steininger* AT I^2 Kap 8 Rz 5ff). Der Täter muss einerseits „intellektuell erfassen" und sich somit bewusst sein, dass er mit seinem Verhalten einen bestimmten deliktischen Sachverhalt verwirklicht (Wissenskomponente). Darüber hinaus muss der Täter einen deliktischen Erfolg anstreben oder sich mit dessen Eintritt zumindest abfinden (Wollenskomponente).

176 Von einem vorsätzlichen Verhalten kann nur gesprochen werden, wenn sich das **Wissen und Wollen** des Täters auf **alle objektiven Merkmale des Tatbestands** erstreckt (SSt 50/4). Beide Komponenten, die Wissenskomponente und die Wollenskomponente, müssen gegeben sein, damit ein Tatvorsatz angenommen werden könnte. Durch den Entschluss (das Wollen), eine kriminelle Tat zu begehen, unterscheidet sich der Vorsatz vom bloßen Hoffen und Wünschen, dass ein deliktischer Erfolg verwirklicht werde. Das Wissen um die zu erwartende Herbeiführung einer Rechtsgutverletzung allein genügt für die Annahme des Vorsatzes nicht, wenn das Wollen fehlt:

> Ein Bauarbeiter, der eine schwere Eisenstange nicht mehr halten kann und weiß, dass sie nun seinem Arbeitskollegen auf den Kopf fallen und ihn schwer verletzen werde, handelt ohne Verletzungsvorsatz. Zwar weiß er, dass sein Verhalten eine Verletzung herbeiführen wird, ihm fehlt jedoch das Wollen zu diesem Verletzungserfolg. Für den Arbeiter käme allenfalls nur eine Strafbarkeit wegen eines Fahrlässigkeitsdelikts (§ 88) in Betracht.

177 Der Vorsatz hat sich **auch** auf die **Höhe des Schadens** zu erstrecken, soweit diese nach dem Wortlaut des Tatbestands von Relevanz ist (zB § 147 Abs 2, JBl 1980, 436). Es genügt nicht, dass der Täter die Höhe des Schadens nur erkennen hätte können.

178 Der Täter muss den Entschluss gefasst haben, den deliktischen Erfolg herbeizuführen. Ein verdeckter Ermittler der Polizei, der sich als scheinbarer Käu-

fer von Suchtmitteln ausgibt (§ 132 StPO), will zwar, dass es zum Versuch eines Suchtmitteldelikts kommt, den Deliktserfolg möchte er jedoch verhindern, indem bei der Übergabe die Polizei eingreift. Der verdeckte Ermittler handelt daher nicht mit dem Vorsatz, ein Suchtmitteldelikt zu begehen und könnte daher für sein, wenn auch rechtsstaatlich bedenkliches, Verhalten nicht bestraft werden.

2. Auf die **eigene Zurechnungsfähigkeit** braucht sich der **Vorsatz nicht zu** 179
erstrecken, sondern nur auf die objektiven Tatbestandsmerkmale. Es ist ohne Relevanz, wenn sich der Täter irrtümlich für volltrunken oder geisteskrank und damit für zurechnungsunfähig und daher strafrechtlich nicht belangbar gehalten hat. Das Vorliegen von Strafausschließungsgründen ist ebenfalls nach der objektiven Sachlage zu beurteilen. Auf die Vorstellung des Täters kommt es nicht an. Der Vorsatz braucht sich daher nicht auf den Strafausschließungsgrund zu erstrecken (JBl 2012, 740 mA *Schütz*).

3. Prozessvoraussetzungen müssen ebenfalls **nicht vom Vorsatz erfasst** 180
sein. Irrt sich der Täter darüber, ist dies rechtlich irrelevant: Der Täter glaubt zB, dass seine Straftat nur auf Antrag des Verletzten verfolgt werden könnte (Privatanklagedelikt, § 71 StPO), tatsächlich hat aber die Staatsanwaltschaft von Amts wegen die Verfolgung einzuleiten (§ 2 StPO). Entsprechendes gilt, wenn der Täter irrtümlich glaubt, als Ausländer in Österreich nicht strafrechtlich verfolgt werden zu können.

4. Objektive Bedingungen der Strafbarkeit: Manche Tatbestände enthal- 181
ten sog objektive Bedingungen der Strafbarkeit. Diese müssen nur objektiv vorliegen, damit der Täter nach dem jeweiligen Tatbestand bestraft werden kann. Objektive Bedingungen der Strafbarkeit sind keine Tatbestandsmerkmale und gehören daher nicht zum Tatbild eines Deliktes. Sie sind eine **Strafbarkeitsvoraussetzung** und müssen **weder** vom **Vorsatz** noch von der **Fahrlässigkeit des Täters umfasst sein.** Das Wissen des Täters um ihr Vorliegen oder auch bloß um die Möglichkeit ihres Eintritts ist daher unbeachtlich (*Leukauf/Steininger* StGB[3] Vorbem § 1 Rz 58):

Wer sich vorsätzlich an einer Schlägerei (**Raufhandel**) beteiligt, ist nur 182
strafbar, wenn die Schlägerei eine schwere Körperverletzung (§ 84) eines anderen verursacht hat. Die schwere Körperverletzung muss als objektive Bedingung der Strafbarkeit gegeben sein. Alle Teilnehmer sind auch dann nach **§ 91** Abs 1 strafbar, wenn sich nicht nachweisen lässt, wer die Verletzung konkret zugefügt hat. Man will damit Beweisschwierigkeiten überwinden. Ist der Urheber der Verletzung ermittelbar, haftet dieser für §§ 84ff, die anderen nach § 91 (*Leukauf/Steininger* StGB[3] § 91 Rz 16). Bei einem Angriff mehrerer iSd § 91 Abs 2 reicht auch eine leichte Körperverletzung aus.

183 Ähnlich ist die Konstellation bei **§ 287 (Begehung einer mit Strafe bedrohten Handlung im Zustand voller Berauschung)**. Das Begehen einer Rauschtat ist hier die objektive Bedingung für eine Strafbarkeit nach § 287: Sich vorsätzlich oder fahrlässig zu berauschen ist grundsätzlich nicht strafbar. Wer in diesem Zustand der Zurechnungsunfähigkeit jedoch eine Handlungsweise setzt, die ihm im zurechnungsfähigen Zustand als Verbrechen oder Vergehen zugerechnet würde (zB Sachbeschädigung beim Randalieren, § 125), kann zwar nicht wegen dieser Rauschtat, aber wegen § 287 zur Verantwortung gezogen werden.

184 Der Täter haftet nicht für die als solche Bedingung statuierte Strafbarkeitsvoraussetzung (die schwere Körperverletzung oder die Rauschtat), sondern nur für das Schaffen einer gefährlichen Lage, aus der dieser Erfolg resultierte (Rz 674ff).

C. Beweis des Vorsatzes

185 Der Vorsatz stellt sich als die zielgerichtete subjektive Einstellung des Täters bei seiner Handlungsweise dar. Im Regelfall wird der Täter dem Gericht nicht seine subjektive Einstellung offenbaren. Vielfach wird er einen deliktspezifischen Vorsatz sogar ausdrücklich leugnen. Das Gericht kann in diesen Fällen auf das Vorhandensein oder Nichtvorhandensein eines deliktspezifischen Tatvorsatzes nur aus dem **nach außen hin in Erscheinung tretenden Verhalten** im Rahmen der Beweiswürdigung schließen. Beim Nachweis des Vorsatzes beruft sich das Gericht dann im Urteil meist darauf, dass das Verhalten des Täters nicht anders erklärt werden kann, als dass es vorsätzlich auf Herbeiführung eines bestimmten Taterfolgs gerichtet war (**dolus ex re**, JBl 2012, 322; EvBl 2010/21; JBl 2007, 462; EvBl 2006/126; OLG Linz ZVR 1983/147).

A steckt in einem Kaufhaus eine CD in seine Manteltasche und geht damit an der Kassa vorbei. Als er nach der Kassa von einem Warenhausdetektiv gestellt wird, behauptet A, dass er nur vergessen hätte, die eingesteckte CD zu bezahlen.

Das Gericht wird in dieser Aussage wahrscheinlich nur eine Schutzbehauptung sehen und A keinen Glauben schenken. Aus dem Verhalten, welches A gesetzt hat, wird nämlich nach allgemeiner Lebenserfahrung regelmäßig auf einen Diebstahlsvorsatz geschlossen werden können.

186 Besonders schwer zu beweisen sind besondere Vorsatzformen wie zB die „Wissentlichkeit“ (§ 5 Abs 3). Eine Untreue (§ 153) bzw einen Missbrauch der Amtsgewalt (§ 302) begeht nur, wer wissentlich seine Befugnis missbraucht. Der Täter wird dies in der Regel natürlich leugnen. Kann das Gericht nur die

Feststellung treffen, dass der Täter aufgrund seiner Ausbildung oder beruflichen Position etwas „wissen hätte müssen“, wäre das zu wenig. Das Gericht muss dem Täter nachweisen, dass er zB von seinem Befugnismissbrauch „gewusst hat“.

Wenn Bankmanager Gelder riskant veranlagen und es zu großen Verlusten kommt, ist es Aufgabe des Gerichts, nachzuweisen, dass die Bankmanager bewusst die ihnen eingeräumten Befugnisse bei der Veranlagung von Geldern missbraucht haben. Gelingt dieser Nachweis nicht, weil die Direktionsetage der Bank nach parteipolitischen und nicht nach den Kriterien fachlicher Kompetenz besetzt wurde, dürften die angeklagten Bankmanager nicht wegen Untreue (§ 153) aufgrund „wissentlichen“ Missbrauchs ihrer Befugnis bestraft werden.

D. Vorsatzarten

Lotheißen Die Schuldformen des StGB aus der Sicht des Praktikers, RZ 1975, 93.

1. Dolus directus

Der **Normalfall** des Vorsatzes ist der dolus directus: Der Täter will einen Sachverhalt verwirklichen, der einem gesetzlichen Tatbild entspricht (**§ 5 Abs 1**). Die **Wollenskomponente** des Tatvorsatzes ist hierbei auf die **Erfolgsherbeiführung** gerichtet. Dazu bedarf es jedoch auch des Sachwissens, dass **durch** die konkrete **Tathandlung** der **Erfolg eintreten** werde (**Wissenskomponente**). 187

2. Abgrenzung dolus directus – dolus eventualis

Dem dolus directus wird in § 5 Abs 1 grundsätzlich der dolus eventualis (auch als „Eventualvorsatz“ oder „bedingter Vorsatz“ bezeichnet) als subjektive Komponente der Tatbestandsverwirklichung **gleichgestellt**. Die Bezeichnung „bedingter Vorsatz“ für den dolus eventualis kann sich mitunter als missverständlich erweisen (*Fuchs* AT I⁸ Kap 14 Rz 49; *Steininger* AT I² Kap 8 Rz 41): Der Vorsatz als Handlungswille, mit dem Ziel einen bestimmten Tatplan umzusetzen, ist gerade nicht „bedingt“. Der Täter ist bereit, die Tatbestandsverwirklichung bei Umsetzen seines Vorhabens in Kauf zu nehmen. Der „bedingt vorsätzlich“ agierende Täter handelt daher nicht mit einem „bedingten Handlungswillen“. Einzig die Erfolgsherbeiführung ist von ungewissen Bedingungen abhängig. 188

189 **Wissenskomponente:** Der dolus directus grenzt sich vom dolus eventualis dadurch ab, dass beim **dolus directus** die **Erfolgsherbeiführung für gewiss** oder zumindest für sehr wahrscheinlich gehalten wird (SSt 49/64). Gewissheit wird im Regelfall nur selten vorliegen. Beim **dolus eventualis** wird hingegen vom Täter nur das Risiko einer **Verletzung** des von ihm angegriffenen Rechtsguts so hoch veranschlagt, dass er diese „**ernstlich für möglich**" hält (JBl 1975, 384; RZ 1979/20). „Ernstlich" für möglich halten bedeutet, dass der Täter aufgrund der konkreten Gegebenheiten mit der Möglichkeit einer Tatbestandsverwirklichung ernsthaft rechnet und diese nicht bloß als für entfernt möglich hält. Die Tatsache, dass der Täter einen Erfolg billigen würde, heißt noch nicht, dass er auch den Eintritt des Erfolges ernstlich für möglich hält (RZ 1981/79).

190 **Wollenskomponente:** Beim **dolus directus** die **Herbeiführung des Erfolges wollen.** Beim **dolus eventualis findet sich** der **Täter** nur **mit** der als ernstlich für möglich erkannten **Rechtsgutverletzung ab**. „Abfinden" bedeutet, dass der Täter den Erfolgseintritt zwar nicht anstrebt, aber wenn er eintritt, denkt er, kann man eben nichts machen. Die bewusste Gleichgültigkeit des Täters ist ein Indiz für ein solches Abfinden, allerdings muss es darüber hinaus auch noch zu einem emotionalen Hinnehmen des Erfolges gekommen sein (SSt 49/18). Das Hinnehmen des Erfolges, das für die Annahme des dolus eventualis ausreicht, **bedeutet nicht** gleichzeitig, **dass der Täter ihn auch billigt** (SSt 54/4; JBl 2003, 399). Ein „billigendes Inkaufnehmen" wäre sogar als schwerwiegender einzustufen, als ein bloßes „sich Abfinden" (SSt 2006/67).

X flüchtet nach einem Banküberfall und schießt dabei auf die ihn verfolgende Polizei. Ein Polizist wird dabei schwer verletzt.

Die Verhaltensweise des X zeigt deutlich, dass er eine schwere Verletzung des Polizisten in Kauf nimmt, da er keine andere Möglichkeit sieht, sonst zu entkommen. Grundsätzlich geht es X natürlich nur um das Entkommen und Sichern der Beute. Die Verletzung von Personen ist für ihn wahrscheinlich sogar eine eher unangenehme Begleiterscheinung der Tat. Dennoch kann er wegen der *vorsätzlichen* Verletzung des Polizisten zur Verantwortung gezogen werden.

191 Vom dolus eventualis werden Situationen erfasst, bei denen der Täter das verbrecherische Übel emotionell zwar nicht anstrebt (Unterschied zum dolus directus), es aber mit einem anderen von ihm angestrebten Erfolg für verbunden hält und sich damit abfindet:

Der Reeder eines Lastschiffes will die Versicherungssumme für sein Schiff und die Ladung kassieren. Er legt eine Sprengladung in dessen Rumpf, die auf hoher See zur Explosion kommt und das Schiff versenkt. Mehrere Besatzungsmitglieder sterben.

Der Täter will nicht die Tötung von Besatzungsmitgliedern. Mit der Verwirklichung seines Zieles (Versicherungsbetrug, §§ 146ff) hält er jedoch diese Konsequenz für verbunden und findet sich damit ab, obwohl sie ihm vielleicht sogar unangenehm ist. Das bloße Begleitwissen in Bezug auf den Eintritt möglicher weiterer (nicht beabsichtigter) Folgen einer Handlungsweise reicht für die Annahme eines dolus eventualis aus (EvBl 1984/105). Der Reeder macht sich daher auch wegen mehrfachen (*vorsätzlichen*) Mordes an den Matrosen strafbar (§ 75).

Für das Vorliegen der Wollenskomponente ist die Wissenskomponente Voraussetzung. Zuerst muss der Täter zumindest die ernste Möglichkeit eines Schadenseintritts erkannt haben und sich dessen bewusst sein. Die Wissenskomponente muss daher immer zuerst geprüft werden. Das bloße Abfinden mit einer gefahrgeneigten Tätigkeit, ohne sich über die möglichen Folgen Gedanken zu machen, genügt nicht, um einen dolus eventualis anzunehmen. Hier bliebe nur die Verantwortung wegen einer möglichen Fahrlässigkeit. 192

Ein **dolus eventualis** genügt grundsätzlich **für alle Delikte. Ausgenommen** sind nur jene, bei denen das **Gesetz** ausdrücklich eine **absichtliche** (zB § 87, absichtliche schwere Körperverletzung) oder **wissentliche Tatbegehung verlangt** (zB § 298, Vortäuschen einer mit Strafe bedrohten Handlung; § 302 Missbrauch der Amtsgewalt). 193

3. Abgrenzung dolus eventualis – Fahrlässigkeit

Wissenskomponente: Dem Täter darf kein dolus eventualis unterstellt werden, wenn er die Gefahr einer **Rechtsgutverletzung** gar **nicht (ernstlich) für möglich angenommen** hatte. In diesem Fall fehlt es bereits am intellektuellen Element für die Annahme eines dolus eventualis. Dem Täter könnte bloß eine **Fahrlässigkeit** zur Last gelegt werden. 194

Im „ernstlich für möglich halten" des Erfolgseintritts liegt beim dolus eventualis die Grenze nach unten zur bewussten Fahrlässigkeit (§ 6 Abs 2). Bei einer bloß als entfernt möglich erkannten Rechtsgutverletzung liegt kein dolus eventualis vor, sondern höchstens eine bewusste Fahrlässigkeit des Täters. Wer das **Risiko** für die Rechtsgutverletzung **nicht richtig oder nur gering einschätzt** und daher leichtfertig an den Nichteintritt des Erfolges glaubt, handelt bloß **fahrlässig** (RZ 1981/79). 195

196 **Wollenskomponente:** In diesem Zusammenhang ist auch der Fall denkbar, dass der Täter den Erfolgseintritt zwar ernstlich für möglich angenommen hatte, aber dennoch auf das **Ausbleiben** dieses **Verletzungserfolgs vertraute**. Bei dieser Konstellation **findet** sich der Täter **nicht mit dem Erfolgseintritt ab**. Die Wissenskomponente des dolus eventualis ist in diesem Fall zwar gegeben, es fehlt jedoch an der Wollenskomponente für den dolus eventualis. Der Abgrenzung dient sehr anschaulich die *Frank'sche* Formel, wonach dolus eventualis dann gegeben ist, wenn sich der Täter sagt, „mag es so oder anders sein, so oder anders werden, auf jeden Fall handle ich" (zit nach *Triffterer* AT² 169). Der bewusst fahrlässig Handelnde hält zwar die Herbeiführung einer Rechtsgutverletzung für möglich. Er hätte jedoch nicht gehandelt, wenn er vorher gewusst hätte, dass der Erfolg auch tatsächlich eintreten werde. Allein das Bewusstsein der nahen Möglichkeit einer Rechtsgutverletzung genügt nicht, um einen dolus eventualis zu unterstellen, wenn der Täter nicht zusätzlich bereit ist, den Erfolg auch hinzunehmen, indem er sich mit diesem abfindet. Daher ist dolus eventualis nur beim Hinnehmen des Erfolgseintritts gegeben. **Vertraut** der **Täter auf** den **Nichteintritt des Erfolges**, kann ihm bloß ein **fahrlässiges Handeln** zur Last gelegt werden (RZ 1978/47; JBl 1982, 437).

197 Vorsätzlich handelt hingegen, wer mit einer Rechtsgutverletzung ernsthaft rechnet, auf ein Ausbleiben der befürchteten Handlungsfolgen jedoch hofft. Wer mit einer Deliktsverwirklichung rechnet, hat von einer beabsichtigten Handlungsweise Abstand zu nehmen. Wer handelt und es „darauf ankommen lässt", handelt nicht fahrlässig sondern vorsätzlich.

198 Einzelne Tatbestände verlangen eine **grobe Fahrlässigkeit** (§ 6 Abs 3) des Täters (zB § 159, grob fahrlässige Beeinträchtigung von Gläubigerinteressen). Unter einer groben Fahrlässigkeit wird eine ungewöhnliche und auffallende Sorgfaltswidrigkeit des Täters verstanden, wobei insbesondere der Eintritt des konkret herbeigeführten Erfolges nicht nur als entfernt möglich, sondern als geradezu wahrscheinlich vorhersehbar war (RZ 2004/7). Soweit dem Täter jedoch nicht nachgewiesen werden kann, dass er den Erfolgseintritt ernstlich für möglich hielt und sich zusätzlich damit abfand, könnte ihm kein dolus eventualis unterstellt werden.

4. Absichtlichkeit (§ 5 Abs 2)

199 **a)** Die Absicht stellt eine **Steigerung** des dolus directus **hinsichtlich der Wollenskomponente** dar. Sie spielt einerseits dort eine Rolle, wo das Gesetz ausdrücklich im Tatbestand für die subjektive Seite Absicht verlangt (zB absichtliche schwere Körperverletzung, **§ 87**). Absichtlichkeit liegt vor, wenn ein bestimmtes Ziel so sehr der Hauptbeweggrund für das Handeln des Täters

ist, dass es ihm auf die Verwirklichung desselben **geradezu ankommt** (EvBl 1976/242). Wo das Gesetz Absicht verlangt, genügt nicht die Wissentlichkeit (SSt 49/11). „Wollen" ist noch nicht „Absicht", da die Wollenskomponente in jeder Vorsatzform enthalten ist (EvBl 2002/140).

b) Andererseits enthalten manche gesetzlichen Tatbestände die **Formulierung *„um zu"*** bzw damit vergleichbare Formulierungen. Der Gesetzgeber bringt auch in diesen Fällen zum Ausdruck, dass der Täter seine Handlung mit einer bestimmten Absicht (§ 5 Abs 2) setzen muss. Man kann in diesen Fällen von sog **Absichtsdelikten** sprechen. 200

- zB **§ 102 Abs 1** (erpresserische Entführung): Wer einen anderen ohne dessen Einwilligung mit Gewalt oder nachdem er die Einwilligung durch gefährliche Drohung oder List erlangt hat, entführt oder sich seiner sonst bemächtigt, ***um*** einen Dritten zu einer Handlung, Duldung oder Unterlassung ***zu*** nötigen, …
- zB **§ 107 Abs 1** (gefährliche Drohung): Wer einen anderen gefährlich bedroht, ***um*** ihn in Furcht und Unruhe ***zu*** versetzen, …

c) Erweiterter Vorsatz: Davon zu unterscheiden sind Delikte, bei denen nur verlangt wird, dass die subjektive Zielrichtung des Täters über das von ihm in der Außenwelt Herbeigeführte hinausgeht. Der Vorsatz muss dabei über die Verwirklichung des reinen objektiven Tatbestandes hinausreichen (zB § 127, Diebstahl; § 144, Erpressung; § 146, Betrug). Derartige Tatbestände verlangen eine sog überschießende Innentendenz bzw einen sog erweiterten Vorsatz: zB der Vorsatz auf unrechtmäßige Bereicherung bei § 127 (Diebstahl), § 144 (Erpressung), § 146 (Betrug). 201

§ 127 (Diebstahl): Wer eine fremde bewegliche Sache einem anderen *mit dem Vorsatz wegnimmt, sich oder einen Dritten durch deren Zueignung unrechtmäßig zu bereichern, …*

Zum einen muss sich der Vorsatz auf die Verwirklichung aller objektiven Tatbestandsmerkmale (Wegnahme einer fremden beweglichen Sache) erstrecken. Der Täter muss es zumindest ernstlich für möglich halten und sich damit abfinden (§ 5 Abs 1), dass er eine *„fremde bewegliche Sache wegnimmt"*.

Darüber hinaus (erweiterter Vorsatz) muss der Täter mit dem Vorsatz handeln, *„sich oder einen Dritten durch deren Zueignung unrechtmäßig zu bereichern"* (Bereicherungsvorsatz).

Ein Diebstahl ist demnach nicht erst vollendet, wenn es zu einer tatsächlichen Bereicherung des Täters gekommen ist. Bereits mit der Wegnahme einer fremden beweglichen Sache, mit dem Vorsatz, sich durch deren Zueignung unrechtmäßig zu bereichern, ist der Diebstahl vollendet.

Andererseits hat keinen Diebstahl zu verantworten, wer einem anderen eigenmächtig 100 Euro wegnimmt, die dieser ihm schuldet. Der Täter hat in diesem Fall zwar den Vorsatz, eine fremde bewegliche Sache wegzunehmen (100 Euro-Schein), er handelt jedoch ohne den Vorsatz, sich dadurch unrechtmäßig zu bereichern.

202 Der bei diesen Tatbeständen zu verlangende erweiterte Vorsatz bedeutet nicht, dass der Täter auch absichtlich iSd § 5 Abs 2 handeln muss. Regelmäßig **genügt** für den erweiterten Vorsatz ein **dolus eventualis.** Der erweiterte Vorsatz muss immer zum Zeitpunkt der Tathandlung vorliegen (*Fuchs* AT I[8] Kap 14 Rz 61).

5. Wissentlichkeit (§ 5 Abs 3)

203 Während ein bedingt vorsätzlich handelnder **Täter** die (von ihm gewollte) Rechtsgutverletzung nur ernstlich für möglich hält und sich mit ihr abfindet, **hält** ein wissentlich handelnder Täter den **Umstand** oder **Erfolg** nicht bloß für möglich, sondern sein Vorliegen oder Eintreten **für gewiss** (ÖStZB 1998, 79). Ein wissentlicher Missbrauch der amtlichen Befugnis (§ 302) liegt daher nicht vor, wenn der Beamte es nur für möglich gehalten hat, dass sein Handeln rechtwidrig sein könnte (SSt 48/78). Die vom Gesetz geforderte Vorsatzform der Wissentlichkeit kann nicht durch die Feststellung einer darauf gerichteten Absicht des Täters ersetzt werden (ÖJZ-LSK 1996/237). Eine wissentliche Tatbegehung wird nur bei wenigen Tatbeständen ausdrücklich verlangt (zB § 298, Vortäuschen einer mit Strafe bedrohten Handlung; § 302, Missbrauch der Amtsgewalt). Jeder Rechtsirrtum schließt die Wissentlichkeit aus (SSt 60/77).

E. Der Tatbildirrtum

Felnhofer-Luksch Irrtümer über privilegierende Deliktsmerkmale, JBl 2004, 703; *Kucsko-Stadlmayer* Korruptionsstrafrecht und Dienstrecht, JBl 2009, 742; *Reindl-Krauskopf* Korruptionsstrafrecht neu – ein Überblick, ecolex 2009, 732; *E.Steininger* Der Irrtum über normative Tatbestandsmerkmale, JBl 1987, 205, 287; *Wegscheider* Der Vorsatz bei normativen Tatbestandsmerkmalen, JBl 1974, 192.

1. Kehrseite des Vorsatzes

Der Vorsatz muss sich auf alle Merkmale des objektiven Tatbestands (das Tatbild) erstrecken. Fehlt der Vorsatz hinsichtlich eines Merkmals, ist die Tat insgesamt nicht vorsätzlich begangen. Diese Konsequenz ergibt sich direkt aus § 5 Abs 1, der dann nicht erfüllt ist. Entsprechendes gilt, wenn bei Tatbeständen, die einen erweiterten Vorsatz verlangen, dieser nicht gegeben ist: Wegen Diebstahls (§ 127) kann nicht bestraft werden, wer einem anderen eigenmächtig 100 Euro aus der Geldtasche nimmt, da dieser ihm 100 Euro schuldet und bis jetzt noch keine Anstalten gemacht hat, seine Schulden zu begleichen. Der Täter eignet sich zwar eigenmächtig eine fremde Sache zu, handelt jedoch nicht mit dem Vorsatz, sich unrechtmäßig zu bereichern. 204

Das StGB sieht für den Tatbildirrtum **keine eigene Regelung** vor. Negativ ergibt sich nämlich bereits aus § 5 Abs 1, dass der Vorsatz fehlt, wenn jemand etwas verwirklichen will, was nicht zur Gänze den einzelnen Merkmalen des gesetzlichen Tatbilds entspricht. 205

Beim Tatbildirrtum werden vom Täter bestimmte Tatumstände falsch wahrgenommen, was zu einem Irrtum über das Vorliegen einzelner Tatbestandsmerkmale führt. Der **Tatbildirrtum betrifft** daher **die Wissenskomponente des Vorsatzes.** Der Grund für den Irrtum ist ohne Belang. Relevant ist daher auch ein Tatbildirrtum, der auf eine die Zurechnungsfähigkeit des Täters ausschließende geistige und seelische Abnormität höheren Grades zurückzuführen ist (JBl 2009, 394 mA *Zerbes*): 206

A entnimmt dem Schirmständer eines Gasthauses einen Schirm, der aussieht wie sein eigener, tatsächlich aber ein fremder ist. A will damit zwar einen Schirm an sich nehmen, irrt jedoch darüber, dass es nicht sein eigener, sondern eben ein fremder Schirm ist. In Bezug auf das Tatbestandsmerkmal „fremd" des § 127 fehlt A der erforderliche Vorsatz. Obwohl A eine fremde Sache entzogen hat und damit alle objektiven Tatbestandsmerkmale des § 127 vorliegen, könnte A mangels deliktspezifischen Vorsatzes kein (vorsätzlicher) Diebstahl zur Last gelegt werden. Mit dem Tatbildirrtum entfällt regelmäßig auch der erweiterte Vorsatz. Wer sich darüber irrt, eine „fremde" Sache wegzunehmen (§ 127), hat auch nicht den Vorsatz, sich durch eine Zueignung unrechtmäßig zu bereichern. Zweifellos hätte A genauer schauen müssen, als er den Schirm aus dem Schirmständer genommen hat. Darin liegt eine Fahrlässigkeit des A. Einen „fahrlässigen Diebstahl" kennt das StGB jedoch nicht. A kann daher strafrechtlich nicht zur Verantwortung gezogen werden.

Einen Tatbildirrtum nimmt die Rsp auch an, wenn jemand glaubt, dass der Eigentümer einer Sache mit deren Zerstörung einverstanden ist. Der Tatbe- 207 stand der Sachbeschädigung setzt nämlich voraus, dass die Zerstörung der fremden Sache ohne Einverständnis des Sacheigentümers erfolgt. Irrt der Täter über das Vorliegen eines Einverständnisses zur Sachbeschädigung, könnte er für die Zerstörung der Sache nicht strafrechtlich zur Verantwortung gezogen werden, da er ohne Sachbeschädigungsvorsatz handelte (§ 125). Eine fahrlässige Sachbeschädigung ist nicht gerichtlich strafbar (EvBl 1986/50).

208 Einem Tatbildirrtum in Bezug auf § 207a (Pornographische Darstellungen Minderjähriger) unterliegt zB, wer das Alter seiner „Aktmodelle" falsch einschätzt, weil er auf deren Angaben, volljährig zu sein, vertraut.

209 Gleichbedeutend dem Irren über das Vorliegen eines Tatbestandsmerkmals ist, wenn sich der Täter überhaupt keine Vorstellung von einem Tatumstand macht: Ein Hobbyschütze nimmt mit seiner Waffe Schießübungen vor und achtet überhaupt nicht darauf, ob jemand in seine Schusslinie gerät.

210 Wer in der Dämmerung nicht bemerkt, dass die vermeintliche Vogelscheuche, auf die er schießt, ein Mensch ist, will nicht vorsätzlich töten. Wer hingegen zweifelt, ob er einen Menschen oder eine Vogelscheuche vor sich hat, es aber darauf ankommen lässt und trotzdem schießt, nimmt zumindest die Möglichkeit einer Tötung in Kauf. Es wäre damit die Wissenskomponente des dolus eventualis gegeben. Findet der Täter sich zusätzlich mit der Möglichkeit der Tötung eines Menschen ab (Wollenskomponente), haftet er für vorsätzlichen Mord (§ 75).

2. Konsequenzen eines Tatbildirrtums

211 Fehlt dem Täter wegen eines Tatbildirrtums der Vorsatz und ist sein Irrtum auf Fahrlässigkeit zurückzuführen, könnte er **nur wegen** der entsprechenden **Fahrlässigkeitstat bestraft werden.** Dies hat jedoch zur Voraussetzung, dass eine solche vom StGB normiert worden ist: Der Täter, der einen fremden Schirm in der Meinung wegnimmt, es sei sein eigener, begeht keinen vorsätzlichen Diebstahl. Er hat sich unter Umständen vorwerfbar geirrt, aber da der „fahrlässige Diebstahl" keinen Straftatbestand darstellt, geht er straffrei. Hat hingegen der Jäger auf einen Gegenstand geschossen, den er für ein Wild hielt, der aber ein Wanderer war, und hat er diesen verletzt, fehlt ihm zwar der Vorsatz zur Körperverletzung (§§ 83ff), aber er könnte wegen fahrlässiger Körperverletzung bestraft werden (§ 88), wenn er erkennen hätte können, dass das anvisierte Objekt ein Mensch ist.

3. Parallelwertung in der Laiensphäre

212 Hinsichtlich des Tatvorsatzes wird kein Unterschied gemacht zwischen deskriptiven Tatbestandsmerkmalen, bei denen der Sinngehalt leicht für jeden

erfassbar ist und **normativen Tatbestandsmerkmalen**, welche auslegungsbedürftig sind. Auch der Irrtum über das Vorliegen eines normativen Tatbestandsmerkmals ist daher ein Tatbildirrtum und schließt den Vorsatz aus (EvBl 1987/40; EvBl 2008/99).

Die normativen Tatbestandsmerkmale werfen jedoch oft Probleme auf, da es sich dabei um Merkmale handelt, welche vielfach eine spezifisch rechtliche Auslegung verlangen, wie zB der Begriff der „üblen Nachrede" (§ 111) oder der „Urkunde" (§ 223). Auch bei der Betätigung „im nationalsozialistischen Sinne" (§ 3g VG) handelt es sich um ein normatives Tatbestandsmerkmal, auf welches sich der Vorsatz des Täters erstrecken muss. Auf die „Gesinnung" kommt es nicht an (ÖJZ-LSK 1998/261). 213

Werden Tatbestandsmerkmale rechtlich falsch beurteilt, so dass der Täter davon ausgeht, dass sie nicht gegeben sind, entfällt der Vorsatz. Es liegt in diesem Fall kein Rechtsirrtum vor, der nach § 9 zu beurteilen wäre (RZ 1980/6). Bei der Auslegung von normativen Begriffen wird es immer Grenz- oder Zweifelsfälle geben, bei denen verschiedene Meinungen vertretbar sind. Grenz- oder Zweifelsfälle sind immer zugunsten des Beschuldigten auszulegen und fallen daher aus dem Bereich der Strafbarkeit heraus (SSt 46/50). 214

Rechtsbegriffe, welche als Tatbestandsmerkmal verwendet werden (zB „fremde Sache", § 127; „beschädigen", § 125), müssen jedoch nicht in ihrer juristischen Bedeutung verstanden werden. Für den Vorsatz kommt es auf das Erfassen der konkreten Gegebenheiten in ihrer tatbestandsrelevanten Bedeutung an (Anm *Schütz* zu JBl 1997, 542). Es **genügt**, wenn sich der Laie aufgrund eines richtigen Erkennens des Sachverhalts darüber eine wertende Vorstellung machen konnte. Zur strafrechtlichen Subsumtion genügt eine parallel zum Recht verlaufende **laienmäßige Einschätzung** der einzelnen **Tatumstände** im Hinblick auf ihre **soziale und rechtliche Bedeutung** durch den Täter. Es kommt dabei auf eine Einzel- und nicht auf eine Gesamtbewertung an. Man spricht hierbei von einer sog **Parallelwertung in der Laiensphäre** (JBl 2003, 592): 215

- A lässt seinem Spezi B zur Gaudi die Luft aus dessen Autoreifen. Als ihm als Antwort eine Anzeige wegen Sachbeschädigung (§ 125) zugestellt wird, wehrt sich A mit dem Einwand, er habe gedacht, nur eine Substanzverletzung sei eine Sachbeschädigung. Mit dieser Verteidigung wird A jedoch keinen Erfolg haben. Es genügt, dass er sich bewusst war, mit seiner Handlung zumindest kurzfristig das Auto des B unbrauchbar gemacht zu haben. A braucht nicht explizit zu wissen, dass auch das Unbrauchbarmachen einer Sache ohne Substanzverletzung den Tatbestand des § 125 verwirklicht.
- X stiehlt eine Handtasche, nimmt das Geld an sich und wirft die Handtasche mit den Ausweispapieren weg, weil er sie nicht braucht. X ist

neben Diebstahl (§ 127) auch wegen Urkundenunterdrückung (§ 229) strafbar. Hinsichtlich der Ausweispapiere muss der Täter nur laienhaft erkennen, dass es sich dabei um eine Gedankenerklärung in schriftlicher Form handelt, deren Aussteller erkennbar ist und die zu Beweiszwecken im Rechtsverkehr dient (*Leukauf/Steininger* StGB[3] § 74 Rz 30). Diese Grunderkenntnis wird einem Täter regelmäßig unterstellt werden können, wenn er bewusst fremde Ausweispapiere wegwirft. Dem Täter muss nicht nachgewiesen werden, dass er im Detail gewusst hat, was unter einer Urkunde im strafrechtlichen Sinne (definiert in § 74 Abs 1 Z 7) zu verstehen ist.

4. Tatbildirrtum – Motivirrtum

216 **a)** Der Vorsatz des Täters muss auf alle Tatbestandsmerkmale gerichtet sein. Die **Motivation** für das Handeln ist strafrechtlich **irrelevant**. Die Unterscheidung zwischen einem den Vorsatz ausschließenden Tatbildirrtum und einem bloßen Motivirrtum ist daher besonders wichtig.

217 Ein error in persona und ein error in objecto (EvBl 2014/76) sind strafrechtlich **ohne Bedeutung**:

error in persona: A will auf den mit ihm verfeindeten Nachbarn B schießen. In der Dunkelheit verkennt er die Person und schießt auf C, der dabei getötet wird. Dieser Irrtum ist unbeachtlich, denn A war sich im Klaren darüber, dass er auf das Deliktsobjekt Mensch schießt. Auf das Motiv, welches ihn zu diesem Schussattentat veranlasst hat, nämlich auf seinen verfeindeten Nachbarn zu schießen und nicht auf einen unbeteiligten Dritten, kommt es nicht an. Dieser sog error in persona ist daher belanglos. A hat einen vollendeten Mord (§ 75) zu verantworten.

error in objecto: Entsprechendes gilt, wenn A glaubt, das Auto des B mit einem Nagel zu zerkratzen, das beschädigte Fahrzeug jedoch in Wirklichkeit dem C gehört. Auch dieser sog error in objecto ist strafrechtlich belanglos. Entscheidend ist, dass A erkennt, dass er mit seinem Tun eine fremde Sache beschädigt (§ 125).

218 **b)** Vom error in persona bzw error in objecto ist die **aberratio ictus** („Fehlgehen des Hiebes“, von *aberratio* „das Abirren“ und *ictus* „des Hiebes“ oder „des Wurfes) zu unterscheiden:

A schickt einem Politiker eine Briefbombe. Der Brief wird jedoch nicht vom Politiker persönlich, sondern von seiner Sekretärin geöffnet, die dabei getötet wird. Bei dieser Konstellation liegt eine aberratio ictus vor. Der Erfolg tritt bei einem anderen Objekt ein als jenem, gegen welches sich der Angriff des Täters gerichtet hatte. A zielt auf ein Objekt (Politiker), trifft jedoch ein anderes (Sekretärin). A ist daher wegen eines Mordversuchs am Politiker (§§ 15, 75) und einer fahrlässigen Tötung der Sekretärin (§ 80) zur Verantwortung zu ziehen.

Der Unterschied zum error in persona bzw error in objecto liegt darin, dass 219
bei jenem der Erfolg an dem Tatobjekt (eine Sache oder eine Person) eintritt, gegen das sich der Angriff des Täters real gerichtet hatte. Der Täter hat nur das Rechtsgut einem anderen zugeordnet. Bei der aberratio ictus hingegen tritt der Erfolg bei einem anderen Objekt als jenem ein, gegen welches sich der Angriff des Täters gerichtet hatte.

5. Dolus generalis

Seiler Der dolus generalis in Lehre und Rechtsprechung, ÖJZ 1994, 85.

Grundvoraussetzung für die Wissenskomponente des Vorsatzes ist ein **gro-** 220
bes Wissen über den Kausalverlauf. Weicht die **Vorstellung** des Täters **wesentlich vom realen Kausalverlauf ab, schließt dies den Vorsatz aus**. Der dolus generalis wird bei mehraktigen Geschehensabläufen herangezogen, bei denen der Täter der Meinung ist, den Erfolg schon mit dem ersten Handlungsakt herbeigeführt zu haben, während dieser in Wirklichkeit erst durch einen zweiten Handlungsschritt eintritt. Derartige Fallkonstellationen mögen auf den ersten Blick realitätsfern erscheinen, die Rsp hatte sich jedoch schon mehrfach damit auseinanderzusetzen (KH 2305; KH 2968; EvBl 1974/46; EvBl 1982/88):

X glaubt sein Opfer bereits durch Würgen am Hals und Versetzen von Schlägen mit einem Hammer getötet zu haben. In Wirklichkeit ist das Opfer jedoch nur bewusstlos. Um die Tat zu verschleiern, zündet X das Haus, in dem sich das bewusstlose Opfer befindet, an. Das Opfer stirbt erst an den Folgen einer Rauchgasvergiftung (EvBl 1982/88).

Bei derartigen Fallkonstellationen ist danach zu differenzieren, ob ein ein- 221
heitliches Handlungsgeschehen oder zwei getrennt zu beurteilende Tätigkeitsakte vorliegen. Bei dieser Unterscheidung ist als subjektive Komponente zu berücksichtigen, ob dem Handeln des Täters nur ein Willensentschluss zugrunde liegt oder mehrere, woraus ersichtlich ist, ob der Täter sein Vorgehen als Einheit geplant hatte oder nicht. Hat der Täter nur einen einheitlichen Hand-

lungsentschluss gefasst, der sowohl das Töten als auch das darauf folgende Beseitigen der Leiche enthält, so ist von einem einheitlichen Handlungsgeschehen zu sprechen, welches aus zwei oder mehreren Tätigkeitsakten besteht. Der gesamten Vorgangsweise liegt dann ein Mordvorsatz zugrunde, der sich auch auf jeden einzelnen Teilakt erstreckt. Nur bei derartig gelagerten Fällen darf eine unwesentliche Abweichung des Geschehensverlaufes angenommen werden. Es ist dann von einem Sonderfall des Irrtums über den Kausalverlauf zu sprechen und der Täter hat eine vollendete vorsätzliche Deliktsbegehung zu verantworten.

222 Sind die Voraussetzungen für die Annahme eines einheitlichen Handlungsgeschehens nicht gegeben, weil den einzelnen Tätigkeitsakten jeweils ein eigener Handlungsentschluss, meist zeitlich getrennt, zugrunde liegt, ist eine wesentliche Abweichung des Kausalverlaufs anzunehmen. Beide Handlungsakte erfordern in diesem Fall eine getrennte Beurteilung. Im angeführten Beispiel wäre dann das Würgen des Opfers nur als versuchter Mord zu bewerten, da dieses dabei nicht zu Tode kam (§§ 15, 75). Die nachfolgende Brandlegung, die erfolgte, um die Spuren zu beseitigen, hat zwar den Tod des Opfers herbeigeführt, doch erfolgte diese nicht mit Mordvorsatz. Die durch das Feuer bewirkte Tötung des Opfers ist dem Täter nur als fahrlässige Tötung zur Last zu legen (§ 80). Bei Vorliegen eines getrennten Handlungsgeschehens könnte dann versuchter Mord in Realkonkurrenz mit fahrlässiger Tötung zusammentreffen.

IV. Zusammenfassendes Schema zur Tatbestandsmäßigkeit bei Vorsatzdelikten

223 Nachfolgend werden die Punkte, welche bei der Prüfung der Tatbestandsmäßigkeit beim Vorsatzdelikt zu beachten sind, in einem Schema zusammengefasst. Eine leichte **Modifikation** des angeführten Schemas ergibt sich beim vorsätzlichen **echten Unterlassungsdelikt**: Statt der Tathandlung ist beim echten Unterlassungsdelikt das Unterlassen eines vom Tatbestand gebotenen Tuns zu prüfen. Soweit das Unterlassungsdelikt einen Erfolg verlangt, könnte auch nur eine hypothetische Kausalität unterstellt werden.

224 Bei der strafrechtlichen Beurteilung eines konkreten Sachverhalts verlangen vor allem jene Kriterien ein näheres Eingehen, bei denen sich aufgrund der gegebenen Fallkonstellation ein Begründungsbedarf ergibt:

225 Wenn A dem B im Streit mit der Faust ins Gesicht schlägt und ihm dabei das Nasenbein bricht, wird zB die Annahme eines Körperverletzungsvorsatzes keine nähere Begründung verlangen. Es wird jedoch näher zu begründen sein, ob das gebrochene Nasenbein und damit der Taterfolg eine schwere (§ 84)

oder nur eine leichte Körperverletzung (§ 83) darstellt. Ein Nasenbeinbruch ist nämlich nach der Rsp nur dann eine schwere Körperverletzung, wenn es zu einer Dislokation der Bruchenden gekommen ist (SSt 55/40; EvBl 1977/224).

I. Tatbestand →

A. Objektive Tatbestandsseite
1. Tatsubjekt (insb bei Sonderdelikten, zB Beamteneigenschaft, § 302 iVm § 74 Abs 1 Z 4)
2. Tatobjekt (zB Werteigenschaft der gestohlenen Sache, § 127)
3. Tathandlung (zB Gewahrsamsbruch bei der Wegnahme einer Sache, § 127) bzw Unterlassen (zB § 94)
4. Taterfolg (bei Erfolgsdelikten, zB schwere Körperverletzung, §§ 83ff)
   a) Kausalität bzw hypothetische Kausalität bei Unterlassungsdelikten
   b) Zurechnung des Taterfolgs

B. Subjektive Tatbestandsseite
1. Tatvorsatz (zB wissentlicher Befugnismissbrauch, § 302)
2. erweiterter Vorsatz (zB Bereicherungsvorsatz, § 127)
3. Tatbildirrtum (zB Alter des Aktmodells, § 207a)

II. Rechtswidrigkeit

III. Schuld

IV. Strafe

V. Besonderheiten beim Tatbestand von Fahrlässigkeitsdelikten

Bernat Entwicklungslinien des Medizinrechts, RdM 2014/49; *Burgstaller* Das Fahrlässigkeitsdelikt im Strafrecht (1974); *ders* Spezielle Fragen der Erfolgszurechnung und der objektiven Sorgfaltswidrigkeit, in: *Pallin*-FS (1989), 39; *Engisch* Untersuchungen über Vorsatz und Fahrlässigkeit (1930, Nachdrucke 1964 u 1995); *Gaisbauer* Medikamentenbedingte Fahruntüchtigkeit und Fahrlässigkeit, ZVR 1999, 38; *Gidl* Strafrechtliche Aspekte von Bergunfällen, ZVR 1978, 289; *Hörburger* Zur Frage der strafrechtlichen Beurteilung von Bergunfällen, ÖJZ 1971, 57; *ders* Zum Begriff der Fahrlässigkeit des § 6 StGB, ÖJZ 1974, 562; *Kienapfel* Die Fahrlässigkeit unter besonderer Berücksichtigung des Straßenverkehrs, ZVR 1977, 129, 162; *Messner* Strafrechtliche Verantwortung bei riskantem Zusammenwirken von Täter und „Opfer", ZVR 2005, 43; *Michitsch* Die FIS-Pistenregeln im Vergleich zur StVO, ZVR 2007/21; *Pichler* Die FIS-Regeln für Skifahrer, ZVR 1991, 353; *Rzeszut* Zur Problematik strafbarer Fahrlässigkeit im Wintersport, in: *Steininger*-FS (2003), 185; *ders* Die Pistentourengeher, ZVR 2010, 194; *R.Seiler* Die Bedeutung des Handlungsunwertes im Verkehrsstrafrecht, in: *Maurach*-FS (1972), 75; *ders* Die Aufbauelemente des Fahrlässigkeitsdeliktes, in: *Wesener*-FS (1992), 447; *Schick* Die „einleitende Fahrlässigkeit", ÖJZ 1974, 257, 281; *H.Steininger* „Freiwillige Selbstgefährdung" als Haftungsbegrenzung im Strafrecht. Zur Bedeutung der Eigenverantwortlichkeit für die strafrechtliche Beurteilung von Schi- und Bergunfällen, ZVR 1985, 97.

A. Allgemeines

226 Nach § 7 Abs 1 ist grundsätzlich nur eine vorsätzliche Tatbegehung strafbar. Das StGB enthält jedoch auch eine Reihe von Fahrlässigkeitsdelikten, welche in der Praxis eine große Rolle spielen (zB §§ 80, 88, fahrlässige Tötung bzw Körperverletzung im Zuge eines Verkehrsunfalls). Das Fahrlässigkeitsdelikt ist im Verhältnis zum Vorsatzdelikt nicht bloß ein minus, sondern ein aliud.

227 Keine Besonderheit stellt die Frage der **Kausalität** zwischen einem (fahrlässigen) Verhalten und dem eingetretenen Erfolg im Vergleich zu Vorsatzdelikten dar. Es gilt daher auch bei Fahrlässigkeitsdelikten die bereits ausgeführte **Äquivalenztheorie** (Rz 149; ZVR 1979/82; ZVR 1981/47). Auch bei den Fahrlässigkeitsdelikten ist die Kausalitätsfrage am Anfang einer strafrechtlichen Prüfung zu klären. Eine Handlungsweise, die für einen bestimmten deliktischen Erfolg nicht kausal war, scheidet nämlich von einer weiteren strafrechtlichen Untersuchung von vornherein aus.

228 Wird die Kausalität zwischen der zu prüfenden Handlungsweise und dem eingetretenen Erfolg bejaht, ist im Anschluss daran zu untersuchen, ob das vom Täter gesetzte Verhalten als „fahrlässig" iSd § 6 Abs 1 zu bewerten ist. Der **Fahrlässigkeitsbegriff** des **§ 6 Abs 1** setzt sich aus **objektiven** und **subjektiven Kriterien** zusammen. Der gesetzlichen Formulierung folgend sind dies (Gesetzestext kursiv gedruckt):

Fahrlässig handelt,

- *wer die Sorgfalt außer acht läßt, zu der er nach den Umständen verpflichtet* (objektive Sorgfaltspflicht)
- *und nach seinen geistigen und körperlichen Verhältnissen befähigt ist* (subjektive Befähigung)
- *und die ihm zuzumuten ist,* (Zumutbarkeit)
- *und deshalb nicht erkennt, daß er einen Sachverhalt verwirklichen könne, der einem gesetzlichen Tatbild entspricht* (objektive und subjektive Voraussehbarkeit).

Nach der Legaldefinition des Begriffes der Fahrlässigkeit in § 6 Abs 1 kann 229
der Vorwurf einer fahrlässigen Handlungsweise demnach grundsätzlich nur gegenüber jemandem erhoben werden, der die gebotene Sorgfalt außer Acht lässt, zu der er nach den Umständen verpflichtet ist (**objektive Sorgfaltswidrigkeit**). Wird gegen diesen objektiv gebotenen Sorgfaltsmaßstab verstoßen, wird als zweiter Schritt zu prüfen sein, ob der eingetretene Deliktserfolg auch objektiv voraussehbar war und damit dem Täter zugerechnet werden könnte (**objektive Voraussehbarkeit** bzw **objektive Zurechnung**).

Werden diese beiden objektiven Kriterien als gegeben angesehen, ist auf den 230
konkreten Täter einzugehen. Ein Fahrlässigkeitsvorwurf kann gegenüber diesem nur erhoben werden, wenn er aufgrund seiner geistigen und körperlichen Verhältnisse überhaupt befähigt war, die an ihn gestellten Sorgfaltsanforderungen zu erfüllen (**subjektive Sorgfaltswidrigkeit** bzw **subjektive Befähigung**) und mögliche Folgen seines sorgfaltswidrigen Verhaltens vorauszusehen (**subjektive Voraussehbarkeit** des Erfolges). Weiters muss ihm die sorgfaltsgemäße Handlungsweise auch zumutbar gewesen sein (**Zumutbarkeit**; SSt 20/113; EvBl 1972/265; ZVR 1986/53; OLG Wien ZVR 1983/214). Die in § 6 Abs 1 genannten Kriterien sind daher in folgender Reihenfolge zu prüfen:

- Objektive Sorgfaltswidrigkeit
- Objektive Voraussehbarkeit des Taterfolges
- Subjektive Sorgfaltswidrigkeit
- Subjektive Voraussehbarkeit des Taterfolges
- Zumutbarkeit

Zu den im Rahmen des **Tatbestandes** zu prüfenden Kriterien zählen die 231
objektive Sorgfaltswidrigkeit und die **objektive Voraussehbarkeit** des Erfolges. Die übrigen Kriterien beziehen sich auf die geistigen und körperlichen Verhältnisse des Täters und die Zumutbarkeit eines sorgfaltsgemäßen Verhaltens. Es handelt sich dabei um Umstände, welche die individuelle Schuld des Täters einschränken bzw ausschließen können (*Burgstaller* WK-StGB[2] § 6 Rz 26 mwN). Diese Kriterien sind daher erst auf der Schuldebene zu prüfen (subjektive Sorgfaltswidrigkeit, Rz 590ff; subjektive Voraussehbarkeit, Rz 599ff; Zumutbarkeit, Rz 607ff):

B. Objektive Sorgfaltswidrigkeit

232 Fahrlässig handelt, wer die Sorgfalt außer Acht lässt, zu der er nach den Umständen verpflichtet ist (§ 6 Abs 1). Unter dem Begriff der objektiven Sorgfaltswidrigkeit ist ein Verstoß gegen allgemein verbindliche Verhaltensanforderungen zu verstehen, deren Einhaltung in der jeweiligen Situation zur Vermeidung ungewollter Tatbildverwirklichungen verlangt ist (SSt 61/121). Es betrifft dies regelmäßig sog „sozial inadäquate“ Verhaltensweisen (EvBl 1995/185).

233 Die Sorgfaltswidrigkeit eines Verhaltens stellt grundsätzlich ein Werturteil dar, was eine erhebliche Rechtsunsicherheit mit sich bringt. Soweit es an konkreten gesetzlichen Bestimmungen mangelt, die einen bestimmten Sorgfaltsmaßstab vorschreiben, wird es in vielen Fällen kaum möglich sein, vorweg abzuschätzen, welches Verhalten von einem Gericht als objektiv sorgfaltswidrig bewertet werden könnte. Der Rechtsprechung gelingt es immer wieder auch Juristen zu überraschen, wenn über die Frage entschieden wird, was als (strafbare) Fahrlässigkeit zu beurteilen ist und was nicht. Der objektive Sorgfaltsmaßstab kann sich aus verschiedenen Kriterien ergeben.

1. Normverstoß

234 Das Maß der erwarteten Sorgfalt ist am leichtesten abzuschätzen, wenn eine positive Norm ein bestimmtes Verhalten vorschreibt bzw verbietet:

- Nach § 20 Abs 2 Straßenverkehrsordnung (StVO, BGBl 1960/159 idgF) darf zB der Lenker eines Fahrzeuges grundsätzlich im Ortsgebiet nicht schneller als 50 km/h fahren. Fährt jemand im Ortsgebiet schneller, liegt darin eine objektive Sorgfaltswidrigkeit. Bei einem Unfall mit Personenschaden kann eine Geschwindigkeitsübertretung somit strafrechtliche Folgen für den Fahrzeuglenker haben (zB § 88).
- Von einem Vermieter wird erwartet, dass er sich laufend vom Zustand der Baulichkeit überzeugt und sich von den geltenden Rechtsvorschriften Kenntnis verschafft. Dies gilt insb für Bestimmungen, die den Mietern ein gefahrloses Benützen des Hauses ermöglichen sollen. In einem Treppenhaus müssen zB Handläufe an den Stiegenaufgängen angebracht sein. Der Vermieter eines alten Zinshauses sollte sich bewusst sein, dass auch bei Altbauten auf diese Weise Bestimmungen für die Beurteilung des Sorgfaltsmaßstabes herangezogen werden, die zum Zeitpunkt der Errichtung des Hauses noch gar nicht gegolten haben (EvBl 1998/160).

2. Allgemein anerkannte Regeln

Wenngleich der Gesetzgeber mit großem Fleiß darum bemüht ist, alle Bereiche des täglichen Lebens einer positivrechtlichen Normierung zu unterwerfen, was in einer kontinuierlich wachsenden Gesetzesflut zum Ausdruck kommt, werden sich „ungeregelte Lücken" nie gänzlich vermeiden lassen. Der von der Gemeinschaft erwartete Sorgfaltsmaßstab kann sich jedoch auch aus allgemein anerkannten Regeln ergeben, die **nicht positivrechtlich** (zB in einem Bundesgesetzblatt) **festgelegt** sind. 235

- Für den Bereich des Schifahrens bestehen diese Verhaltensvorschriften zB in Form der sog **FIS-Regeln** (EvBl 1987/21; EvBl 1987/171). Diese sind zwar den meisten Pistenbenützern nur bruchstückhaft geläufig, doch wird von den Gerichten im Falle der Kollision zweier Schifahrer mit Verletzungsfolgen danach die Frage beurteilt, ob einem Schifahrer ein Sorgfaltsverstoß zur Last gelegt werden kann.
- Ebenso gibt es allgemein **anerkannte Regeln ärztlicher Kunst** (allgemein anerkannte medizinische Standards). Kommt es zB bei einer Blinddarmoperation zu Komplikationen mit nachhaltigen Folgen für den Patienten, wird ein Sachverständiger zu beurteilen haben, ob der Chirurg bei der Operation die allgemein anerkannten ärztlichen Grundregeln eingehalten hat.
- In einem Unternehmen können auch **Betriebsvorschriften**, die einen sicheren Arbeitsablauf (zB beim Hantieren an Maschinen) gewährleisten sollen, ein maßgebliches Kriterium für den objektiven Sorgfaltsmaßstab sein (NRsp 1992/59).

Die Beurteilung der Sorgfaltsanforderungen nach diesem Kriterium ist natürlich wesentlich unsicherer, als wenn es bindende Rechtsnormen gibt: Meist wird es zB allgemein anerkannte medizinische Standards geben, nach denen eine bestimmte Operation oder Behandlung durchzuführen ist. Gleichzeitig verlangt der medizinische Fortschritt, dass auch neue Operations- und Behandlungsmethoden erprobt werden. Aus strafrechtlicher Sicht ist dies für den behandelnden Arzt riskant. Er könnte sich der Gefahr einer strafrechtlichen Verfolgung aussetzen, wenn die neu angewandte Operations- oder Behandlungsmethode nicht den gewünschten und erwarteten Erfolg bringt und mit nachteiligen Konsequenzen (§ 88) für den Patienten verbunden ist. Die Behandlungsmethode eines Arztes kann grundsätzlich nur so lange als fachgerecht angesehen werden, wie sie von einer anerkannten Schule medizinischer Wissenschaft vertreten wird (RZ 1989/101). In einem Strafverfahren ist der behandelnde Arzt der dahingehenden Begutachtung des medizinischen Sachverständigen ausgeliefert, der sich an den herrschenden medizinischen Stan- 236 dards orientieren wird. Das Gericht wird in seinem Urteil dem Gutachten des Sachverständigen regelmäßig folgen, da es nicht über die Sachkunde verfügt, dieses in Zweifel zu ziehen.

Andererseits werden die medizinischen Standards auch fortlaufend geändert und neuen wissenschaftlichen Erkenntnissen angepasst. Was gestern noch anerkannter medizinischer Standard war, kann morgen schon veraltet und damit sorgfaltswidrig sein (*Bernat* RdM 2014, 39). Die jeweils einzuhaltenden Sorgfaltsmaßstäbe sind vielfach einer fortlaufenden Verschärfung unterworfen, was für die davon Betroffenen mit immer größeren strafrechtlichen Risiken verbunden ist.

3. Die Sorgfalt des maßstabgerechten Dritten

a) Allgemeines

237 Im vollkommen rechtsunsicheren Bereich befindet sich jemand, dessen Verhalten einer strafrechtlichen Prüfung unterzogen wird, wenn es für sein konkretes Verhalten nicht einmal allgemein anerkannte Verhaltensregeln gibt. § 6 begnügt sich mit der allgemein gehaltenen Formulierung, dass fahrlässig handelt, wer jene Sorgfalt außer Acht lässt, zu der er *„nach den Umständen verpflichtet“* ist. Diese Umstände werden legistisch nicht näher umschrieben. Der Gesetzgeber musste eine derart unscharfe Definition des Fahrlässigkeitsbegriffs wählen, da keine Rechtsordnung alle möglichen Verhaltensweisen normativ erfassen kann. Die Formulierung des § 6 gewährt jedoch den Gerichten einen nur schwer abschätzbaren Ermessensspielraum, wodurch der Bestimmtheitsgrundsatz in Gefahr gerät.

238 Wird durch Rechtsvorschriften oder anerkannte Verkehrsnormen im konkret zu beurteilenden Fall kein allgemein gültiger Sorgfaltsmaßstab vorgegeben, muss eine Objektivierung der für die Sorgfaltsanforderungen relevanten Kriterien auf anderem Wege versucht werden. Die Rsp beruft sich dabei auf den fiktiven und mit vielen Unsicherheitsfaktoren behafteten **Maßstab eines mit den rechtlich geschützten Werten angemessen verbundenen, besonnenen und einsichtigen Menschen.** Um einen praktikablen Maßstab kreieren zu können, wird diese Person aus dem **Verkehrskreis** zu entnehmen sein, **dem der Täter angehört** (OLG Wien ZVR 1981/175). Ein Verhalten wird als sorgfaltswidrig angesehen, wenn es nicht jenem fiktiven Verhalten entspricht, das von einer dahingehend spezifizierten Modellfigur in der konkreten Tatsituation gesetzt worden wäre (SSt 56/12; ZVR 1985/166; OLG Innsbruck ZVR 1981/245; *Burgstaller* Fahrlässigkeitsdelikt, 54ff).

Diese Prüfungsmethode stellt freilich meist nur eine scheinbare Objektivierung dar, da der sog „maßstabgerechte Mustermensch“ vom jeweils mit der Entscheidung befassten Gericht erst kreiert wird. Regelmäßig erhebt der urteilende Richter einen von ihm gedachten Sorgfaltsmaßstab zum Sorgfaltsmaßstab des sog maßstabgerechten Menschen: Der Richter muss sich darüber Gedanken machen, was man billigerweise in der konkreten Situation zB von einem Autofahrer verlangen kann. Die individuelle Strenge oder Großzügigkeit des Richters darf dabei nicht einfließen. Es ist natürlich nicht auszuschließen, dass ein anderer Richter im Zuge dieser Gedankengänge zu einem anderen Ergebnis kommt. 239

Die Rsp ist sich zumindest bewusst, dass die Sorgfaltsanforderungen nicht überspannt werden dürfen und hinsichtlich des maßstabgerechten Mustermenschen nicht von einem zur maximalen Leistung Befähigten ausgegangen werden darf (OLG Wien ZVR 1980/136; ZVR 1988/9). Als Maßstab hat eine Person aus dem Verkehrskreis des Täters mit durchschnittlichem Können und Wissen zu dienen: 240

- Maßstab für die objektive Sorgfaltspflicht eines Arztes ist der ordentliche, gewissenhafte und pflichtgetreue Durchschnittsarzt der in Betracht kommenden Facharztgruppe (zB ein durchschnittlicher Zahnarzt). Dabei wird erwartet, dass sich ein Arzt durch ständige Fort- und Weiterbildung Kenntnisse über den jeweiligen Stand der medizinischen Wissenschaft verschafft (SSt 61/121). Eine medizinisch vertretbare Diagnose, welche sich dennoch nachträglich als falsch herausstellt, zählt zu den Risiken des Arztberufes und des Patienten. Soweit sich der Arzt bei Erstellung seiner Diagnose anerkannter Untersuchungsmethoden bedient hat, kann ihm kein Sorgfaltsverstoß zur Last gelegt werden (SSt 61/121).
- Bei der Beurteilung der objektiven Sorgfaltspflicht von Mitgliedern einer Lawinenkommission wird von einer fiktiven Maßfigur auszugehen sein, welche aus einem Personenkreis zu entnehmen ist, der sich aus Experten auf dem Gebiet der Lawinenkunde zusammensetzt (OLG Innsbruck ZVR 1981/245).
- Einem Hilfsarbeiter, der nur den Anweisungen eines Fachmannes Folge leistet, kann keine Sorgfaltswidrigkeit zum Vorwurf gemacht werden, wenn er die mögliche Gefährlichkeit seiner Handlungsweise nicht hinterfragt. Er darf auf die Richtigkeit der Anordnungen seines Vorgesetzten vertrauen (JBl 1996, 193).

b) Besondere persönliche Kenntnisse oder Fähigkeiten

241 Im **Rahmen** der Prüfung der ***objektiven*** **Sorgfaltswidrigkeit kommt es auf die persönlichen Kenntnisse und Fähigkeiten des Einzelnen nicht an** (*Leukauf/Steininger* StGB³ § 6 Rz 12).

242 **Unterdurchschnittliche Fähigkeiten** und **Kenntnisse** führen, da es sich hierbei nur um individuelle Umstände handelt, nicht zu einer Minderung der allgemeinen (objektiven) Sorgfaltsanforderungen. Eine individuelle Unkenntnis des Täters in Bereichen, die zum allgemeinen Erfahrungs- und Wissensstand eines ordnungsgemäß ausgebildeten und verantwortungsbewussten Angehörigen seines Berufskreises oder Tätigkeitsbereiches gehören, hat grundsätzlich keine entlastende Wirkung (JBl 1992, 398 mA *Burgstaller*). Geistige und körperliche Mängel, Verstandeslücken, Wissens- und Erfahrungsmängel können nur die subjektive Sorgfaltswidrigkeit ausschließen (Rz 590ff).

243 In gleicher Weise wie unterdurchschnittliche Fähigkeiten und Kenntnisse den objektiven Sorgfaltsmaßstab nicht mindern können, können überdurchschnittliche Fähigkeiten und Kenntnisse ihn auch nicht erhöhen. Der objektive Sorgfaltsmaßstab ist eine von individuellen Fähigkeiten und Kenntnissen losgelöste Konstante. Seine Festlegung hat sich nur am Verkehrskreis des jeweiligen Täters zu orientieren. Wenngleich die Bestimmung dieses Verkehrskreises im Einzelfall schwierig sein kann, ist der angenommene Verkehrskreis nie gleichzusetzen mit dem individuellen konkreten Täter.

244 Wer sich daher zusätzliches Wissen oder Können aneignet, welches ihn über den von der Rechtsgemeinschaft erwarteten Durchschnitt abhebt, ist umso leichter im Stande, den allgemeinen Sorgfaltsanforderungen zu entsprechen. **Keinesfalls darf** die Aneignung eines **Sonderkönnens** oder **Sonderwissens** für den Täter eine Erhöhung des objektiven Sorgfaltsmaßstabes zur Folge haben und ihn dadurch **belasten**. Ansonsten wäre jedem Rechtsunterworfenen dringend abzuraten, sich durch weiterbildende Eigeninitiative vom Durchschnitt abzuheben (zB einen Fahrtrainingkurs zur besseren Fahrzeugbeherrschung bei winterlichen Straßenverhältnissen oder Fortbildungsseminare zu besuchen).

> Ein Patient wird zwar erwarten, dass sein Arzt die besonderen Kenntnisse und Fähigkeiten, die er anderen Berufskollegen voraus hat, auch bei seiner Behandlung einsetzt, eine bloß durchschnittliche ärztliche Leistung beinhaltet dennoch nie einen Fahrlässigkeitsvorwurf (aM JBl 1990, 48). Niemand ist in der Lage immer eine Spitzenleistung zu erbringen. Ein besonders fähiger Chirurg würde sonst mit jeder erfolgreichen Operation den eigenen Sorgfaltsmaßstab erhöhen und damit sein Haftungsrisiko vergrößern.

Ein Arzt, der aufgrund seiner privaten Forschungstätigkeit vermutet, dass ein bestimmtes Medikament unerwünschte Nebenwirkungen haben könnte, dieses aber dennoch verschreibt, weil es ärztlich zugelassen ist und Nebenwirkungen nach der herrschenden Fachmeinung ausgeschlossen sind, handelt nicht fahrlässig. Dem Arzt könnte kein Fahrlässigkeitsvorwurf gemacht werden, wenn er auf die Richtigkeit der herrschenden wissenschaftlichen Meinung vertraut hat, bei seinem Patienten jedoch die Nebenwirkungen eintreten, die er aufgrund seiner privaten Forschungstätigkeit für möglich gehalten hatte. Der Sorgfaltsmaßstab eines Arztes richtet sich nur nach dem durchschnittlichen Wissen eines Arztes des jeweiligen Fachbereichs. 245

Durch individuelles **Sonderkönnen** bzw **Sonderwissen darf nicht** der **objektive Sorgfaltsmaßstab zu einem rein subjektiven Maßstab werden**, der sich an den konkreten Fähigkeiten und Kenntnissen des Täters orientiert. 246

Wer als Kraftfahrer im Rahmen einer üblichen Schrecksekunde reagieren muss, wird nicht an den Fähigkeiten eines Rennfahrers gemessen. Dies gilt natürlich auch in umgekehrter Weise. Einem Berufsrennfahrer, der mit seinem privaten PKW zum Einkaufen fährt, wird ebenso die übliche Schrecksekunde zuzugestehen sein.

Davon zu **unterscheiden sind Fälle**, in denen jemand **bewusst** von seinem **Sonderkönnen** bzw **Sonderwissen keinen Gebrauch macht**, weil ihm der Eintritt eines bestimmten Erfolges ganz recht ist: Jemand setzt zB bewusst sein Sonderkönnen oder Sonderwissen zur Verhinderung eines Schadenseintritts nicht ein, weil er im Schadensfalle mit einer hohen Versicherungssumme rechnet. Bei dahingehenden Fallkonstellationen wäre jeweils nicht die Verwirklichung eines Fahrlässigkeitstatbestandes, sondern eines entsprechenden Vorsatzdeliktes (zB § 151 iVm § 2) zu prüfen. 247

c) Eigenverantwortung des Verletzten

Auch das Verhalten des Verletzungsopfers wird bei einer Fahrlässigkeitsprüfung **nicht gänzlich unbeachtet** bleiben dürfen: Das Maß der von einem Pistenerhalter zu beachtenden objektiven Sorgfalt wird zB durch die Eigenverantwortlichkeit des Pistenbenützers begrenzt. Fährt ein Schiläufer abseits der ausgewiesenen Pisten, dann handelt er eigenverantwortlich und trägt allein das Risiko einer daraus resultierenden Verletzung (EvBl 1998/89). Auch wenn der Pistenerhalter indirekt die Selbstgefährdung veranlasst, gefördert oder ermöglicht hat, kann er dafür nicht strafrechtlich zur Verantwortung gezogen werden, wenn er sich bei der Pistenabsicherung an die allgemein anerkannten Sorgfaltsregeln gehalten hat. 248

4. Vertrauensgrundsatz

Lewisch Mitverschulden im Fahrlässigkeitsstrafrecht, ÖJZ 1995, 296; *ders* Erfolgszurechnung bei nachträglichem Opferfehlverhalten, ZVR 1995, 98; *ders* Funktion und Reichweite des Vertrauensgrundsatzes im Fahrlässigkeitsstrafrecht, ZVR 2000, 146; *H.Steininger* Vertrauensgrundsatz und Fahrlässigkeit, ZVR 1963, 57, 120.

249 **a)** Ein allfälliges **Mitverschulden des Verletzten** ist **grundsätzlich** für die Frage, ob ein sorgfaltswidriges Handeln des Verletzungsverursachers vorliegt, **ohne Bedeutung**. Wird gerichtlich festgestellt, dass jemand objektiv sorgfaltswidrig gehandelt hat, kann sich ein Mitverschulden des Opfers nur im Rahmen der Strafbemessung mildernd auswirken.

250 Ein sehr wesentlicher Bestimmungsfaktor für die Sorgfaltswidrigkeit im Verkehrsstrafrecht ist jedoch der Vertrauensgrundsatz. Der in § 3 StVO verankerte **Vertrauensgrundsatz begrenzt die objektiven Sorgfaltspflichten**. Ein PKW-Lenker kann darauf vertrauen, dass sich ein Passant ordnungsgemäß verhält (OLG Innsbruck ZVR 1978/57; OLG Wien ZVR 1985/71), auf den Verkehr achtet und an einer geregelten Kreuzung nicht bei Rotlicht die Straße überquert. Ein Autofahrer muss daher nicht sofort bremsen, wenn er einen Fußgänger am Straßenrand erblickt, der die Straße an einer Stelle ohne Schutzweg überqueren möchte (ZVR 1982/23). Der Fahrer muss nicht damit rechnen, dass Passanten taub, betrunken oder blind sind (ZVR 1959/129). Der Vertrauensgrundsatz gilt auch gegenüber älteren Personen (JBl 1968, 43). Wurde ein Auto in der dazu befugten Werkstatt repariert, kann der Fahrer darauf vertrauen, dass es ihm verkehrssicher übergeben wird (ZVR 1988/9).

Die eigene Sorgfaltspflicht hat sich daher grundsätzlich am **Vertrauen darauf** zu orientieren, **dass sich die anderen Verkehrsteilnehmer ebenfalls ordnungsgemäß verhalten** (RZ 1995/17).

251 Dies **gilt** jedoch **nur so lange, als nicht** das konkrete Verhalten eines Verkehrsteilnehmers ein **Indiz gegen diese Erwartung** darstellt (ZVR 1992/144):

- Ein PKW-Lenker, der wahrnimmt, dass ein betrunkener Radfahrer vor ihm in einer Schlangenlinie fährt, hat sein Fahrverhalten darauf einzustellen. Er darf den Radfahrer nicht mit dem üblichen Seitenabstand überholen, sondern muss eine Gelegenheit abwarten, zu der ein Überholen gefahrlos möglich ist.
- Wer als Autofahrer erkennt, dass jemand, ohne zu schauen, versucht, eine mehrspurige Straße zu überqueren, hat sich auf dieses vorschriftswidrige Verhalten einzustellen und bremsbereit zu fahren.

Der Vertrauensgrundsatz gilt daher **nicht** mehr, **sobald das unrichtige** oder zumindest bedenkliche **Verhalten eines anderen Verkehrsteilnehmers erkannt** wird. Jeder Verkehrsteilnehmer hat in diesem Fall seinen Sorgfaltsmaßstab auf das wahrgenommene verkehrswidrige Verhalten des anderen und die damit gegebene unklare Verkehrssituation einzustellen (ZVR 1992/144). Ein Kraftfahrer, der das verkehrswidrige Verhalten eines anderen (zB Zufahren zum linken Fahrbahnrand ohne ein Zeichen zu geben) wahrgenommen hat, muss jedoch nicht damit rechnen, dass dieser in der Folge auch gegen weitere Verkehrsvorschriften verstoßen werde (ZVR 1992/144). 252

Der Vertrauensgrundsatz gilt auch im **Pistenschilauf** (JBl 1991, 742 mA *Pichler*; OLG Innsbruck ZVR 1989/205): Wenn ein Schifahrer in kurzen Schwüngen eine Piste hinunterfährt, muss ein nachfolgender Schifahrer, der zum Überholen ansetzt, nicht damit rechnen, dass der vor ihm fahrende Schifahrer plötzlich einen weitausholenden Linksschwung vornimmt. Der voranfahrende Schifahrer hat zwar grundsätzlich Vorrang gegenüber nachfolgenden Pistenbenützern. Dies bedeutet jedoch nicht, dass alle nachfolgenden Pistenbenützer mit jedem nur denkbaren spontanen Fahrmanöver eines voranfahrenden Schifahrers rechnen müssen. 253

Solange ein regelwidriges Verhalten des anderen nicht erkennbar ist, darf der Benützer einer Skipiste auch darauf vertrauen, dass ein Skifahrer, der aus dem freien Skiraum in die Piste einfahren will, der ihm obliegenden Wartepflicht entsprechen werde (EvBl 1987/171). 254

Bei arbeitsteiligem Zusammenwirken – zB innerhalb eines Operationsteams – orientiert sich das Maß der Sorgfaltspflicht am Vertrauen darauf, dass sich alle Beteiligten pflichtgemäß verhalten. Der Chirurg kann sich darauf verlassen, dass alle an der Operation Beteiligten die von ihnen erwartete Leistung ordnungsgemäß erbringen. Seine Sorgfaltspflicht steigert sich allerdings, wenn er Anlass hat, anzunehmen, dass ein beteiligter Assistenzarzt unkonzentriert handelt, weil er durch seine Nachtdienste vollkommen übermüdet ist. 255

b) Der **Vertrauensgrundsatz gilt nicht bei Kindern**, die, offenbar ohne auf den Verkehr zu achten, am Straßenrand spielen (ZVR 1959/160). Ein Kind muss jedoch für den Autofahrer wahrnehmbar gewesen sein. Ausgenommen sind spezielle Umstände, wie zB die Nähe einer Schule, bei der die Anwesenheit von Kindern angenommen werden kann und daher generell eine unklare Verkehrssituation indiziert ist, welche vom Autofahrer eine erhöhte Sorgfaltspflicht verlangt (RZ 1995/17). 256

C. Objektive Voraussehbarkeit des Taterfolges (Objektive Zurechnung des Taterfolges)

Triffterer Die „objektive Voraussehbarkeit“ (des Erfolges und des Kausalverlaufs) – unverzichtbares Element im Begriff der Fahrlässigkeit oder allgemeines Verbrechenselement aller Erfolgsdelikte?, in: *Bockelmann*-FS (1979), 201; *ders* Die Theorie der objektiven Zurechnung in der österreichischen Rechtsprechung, in: *Klug*-FS II (1983), 419.

257 Die objektive Voraussehbarkeit der Tatfolgen (des Taterfolges) ist die zweite Komponente des § 6, welche auf der Tatbestandsebene zu prüfen ist. Der Taterfolg kann in einer Verletzung oder Gefährdung bestehen. Nur ein voraussehbarer Erfolg kann dem Täter zugerechnet werden. Man spricht daher auch vielfach von der objektiven Zurechnung des Taterfolges.

258 Die Beurteilung der Zurechnung eines Taterfolges wird sich vor allem im Bereich der Fahrlässigkeitsdelikte im Einzelfall als problematisch erweisen. Bei Vorsatzdelikten liegt die Zurechnung des Erfolges regelmäßig auf der Hand und verlangt kaum eine nähere Auseinandersetzung (Rz 167ff).

259 Die ältere Rsp unterschied oft noch nicht genau zwischen Kausalität und Zurechnung (ZVR 1962/200; EvBl 1969/293). In älteren Entscheidungen des OGH findet sich meist die Formulierung, dass unter bestimmten Voraussetzungen der „Kausalzusammenhang unterbrochen“ bzw „abgebrochen“ wurde. Die Kriterien, welche dabei für die Frage des unterbrochenen bzw nicht unterbrochenen Kausalzusammenhanges herangezogen wurden, stimmen jedoch weitgehend mit den heute verwendeten Kriterien im Rahmen der Zurechnungsprüfung überein. Unter diesem Aspekt ist daher auch die ältere Judikatur noch heute von Wert.

260 Ein Blick in die Rechtsprechung macht deutlich, dass sich die Frage der Zurechnung eines Taterfolges vielfach nicht eindeutig überzeugend beantworten lässt. Es eröffnet sich in diesem Bereich ein weiter Ermessensspielraum, der letztlich mit einer Rechtsunsicherheit verbunden ist, die zu Lasten der Rechtsunterworfenen geht. Zwischen der sorgfaltswidrigen Handlungsweise und dem herbeigeführten Erfolg müssen ein **Adäquanzzusammenhang, ein Rechtswidrigkeitszusammenhang** und ein **Risikozusammenhang** bestehen, damit der Erfolg dem Handelnden auch strafrechtlich zugerechnet werden kann. Es handelt sich dabei um drei Argumentationsschienen, nach denen die Rsp die Zurechnung eines Erfolges begründet bzw verneint:

1. Adäquanzzusammenhang

261 **Voraussehbar** sind **typische Kausalverläufe**. Das Zurechnungserfordernis des Adäquanzzusammenhanges und damit die objektive Voraussehbarkeit

eines Erfolges ist dann zu bejahen, wenn der konkrete Kausalverlauf und der eingetretene Erfolg nicht völlig außerhalb der allgemeinen täglichen Lebenserfahrung liegen (EvBl 1977/103; EvBl 1985/133). Der Ablauf des Geschehens braucht dabei nicht in allen Einzelheiten vorhersehbar gewesen zu sein (SSt 57/49; RZ 1996/5). Ein Erfolg ist zurechenbar, wenn er eine typische Folge einer bestimmten Handlungsweise darstellt. Die Rsp sieht es zB als nicht atypisch an, dass bei einem schleudernden Auto der Beifahrer in die Lenkung eingreift (OLG Innsbruck ZVR 1979/29).

Der Handelnde muss wenigstens eine grobe Vorstellung von der Kausali- 262
tät seines Verhaltens im Hinblick auf einen bestimmten Erfolg gehabt haben. Der **Kausalverlauf** muss daher zumindest **in groben Zügen voraussehbar gewesen** sein. Die objektive Voraussehbarkeit eines Erfolges entfällt nur bei Fallkonstellationen mit einem gänzlich außerhalb des Rahmens der gewöhnlichen Erfahrung liegenden (atypischen) Kausalverlauf. Gemeint sind damit Fälle, in denen es zu einer geradezu schicksalhaften Verkettung unglücklicher Umstände gekommen ist (RZ 1996/5). Der Erfolg kann dann dem Täter nicht zugerechnet werden.

Typischer Kausalverlauf: A fährt mit seinem Auto mit 60 km/h durch das Ortsgebiet. Als ein Passant die Straße überquert, kann A nicht rechtzeitig bremsen. Er stößt den Passanten nieder, wobei dieser schwer verletzt wird. Es handelt sich dabei um einen alltäglichen typischen Kausalverlauf. Für jeden Autolenker muss es vorhersehbar sein, dass eine überhöhte Geschwindigkeit einen längeren Bremsweg nach sich zieht.

Atypischer Kausalverlauf: Beim Opfer des Verkehrsunfalls wird eine Speiseröhrenspiegelung vorgenommen. Diese führt zu einer Perforierung der Speiseröhre und damit zusammenhängenden Komplikationen (Luftansammlung im Bauchraum, operative Öffnung des Bauches, Herzstillstand während der Operation, Lungenentzündung), welche letztlich den Tod des Unfallopfers zur Folge haben (OLG Wien ZVR 1980/172). In diesem Fall hat das Geschehen nach dem Unfall eine atypische, nicht vorhersehbare Entwicklung genommen. Für die Ausgangsverletzung (zB fahrlässig herbeigeführte Körperverletzung, § 88) könnte der Fahrzeuglenker zur Verantwortung gezogen werden, nicht jedoch für den Todeseintritt (§ 80).

Mit dem Zurechnungskriterium des Adäquanzzusammenhanges können Er- 263
folge von der strafrechtlichen Zurechnung ausgenommen werden, welche nur durch eine unglückliche, nicht vorhersehbare und daher völlig atypische Verkettung von Umständen zustande kamen, mögen sie auch durch die vom Täter in Gang gesetzte Kausalkette herbeigeführt worden sein (OLG Wien ZVR 1985/15). Erfolge, welche außerhalb des Rahmens gewöhnlicher Erfahrung liegen, können trotz Bestehens einer Kausalkette zwischen dem Verhalten des

Täters und dem eingetretenen Erfolg diesem nicht zugerechnet werden. Er hat diese strafrechtlich nicht zu verantworten (OLG Wien ZVR 1985/117).

2. Rechtswidrigkeitszusammenhang

a) Schutzzweck der Norm

264 Die Zurechenbarkeit eines Erfolges setzt weiters voraus, dass zwischen der Handlung des Täters und dem eingetretenen Erfolg ein Rechtswidrigkeitszusammenhang besteht. Wird durch eine Rechtsnorm ein bestimmtes Verhalten untersagt, ist zu fragen, welche nachteiligen Konsequenzen (Erfolge) damit verhindert werden sollen (Schutzzweck der Norm). Wurde durch die rechtswidrige Vorgangsweise des Täters gerade ein solcher Erfolg herbeigeführt, besteht zwischen dem Verhalten und dem Erfolg ein Rechtswidrigkeitszusammenhang. Der Erfolg kann dem Täter daher zugerechnet und er kann dafür strafrechtlich zur Verantwortung gezogen werden.

265 An der Zurechnung mangelt es, wenn jemand ein erlaubtes Risiko eingeht: Das Lenken eines Fahrzeuges unter Einhaltung aller Regeln des Straßenverkehrs stellt ein solches erlaubtes Risiko dar, obwohl die dadurch bewirkten Gefahren für Leben, Gesundheit und Sachgüter nicht geleugnet werden können. Das Gemeinwohlinteresse überwiegt jedoch in diesen Fällen. Die einschlägigen Straßenverkehrsbestimmungen sollen das Unfallrisiko zu einem tolerablen Maß minimieren. Durch das Überschreiten von Geschwindigkeitsvorschriften schafft ein PKW-Lenker ein nicht mehr erlaubtes Risiko.

266 Selbst wenn einschlägige Verkehrsvorschriften verletzt werden, ist jedoch zu **prüfen**, ob der eingetretene **Erfolg innerhalb oder außerhalb des Schutzbereiches der Norm liegt** und daher eine Haftung für diesen Erfolg besteht oder nicht. Gerade bei den Fahrlässigkeitsdelikten ergibt sich immer wieder die Notwendigkeit zu prüfen, ob der **Sorgfaltsverstoß spezifische Voraussetzung für** den eingetretenen **Erfolg** war:

Rechtswidrigkeitszusammenhang: Ein Vater leiht seinem Sohn das Auto, obwohl dieser noch keinen Führerschein besitzt. Auf der kurvigen Landstraße verliert der Sohn die Herrschaft über sein Fahrzeug und landet im Straßengraben. Er wird dabei schwer verletzt. Für diese Verletzung kann der Vater strafrechtlich zur Verantwortung gezogen werden (§ 88). Das Erfordernis eines Führerscheins soll gewährleisten, dass nur Personen ein Auto lenken, die es auch beherrschen. Der Vater darf sein Auto daher nur jemandem leihen, der einen Führerschein besitzt.

Kein Rechtswidrigkeitszusammenhang: Der Sohn wird auf der Autobahn Opfer eines Geisterfahrers, ohne dass ihn am Unfall ein Verschulden trifft. Der Vater kann für die Verletzung seines Sohnes nicht haftbar gemacht werden. Dem Sohn wurde zwar unerlaubterweise das Auto geliehen, da er keinen Führerschein besitzt, doch soll das Erfordernis eines Führerscheinbesitzes nur gewährleisten, dass Personen am Straßenverkehr teilnehmen, die formell das Lenken eines Kraftfahrzeuges beherrschen. Die Bestimmung soll nicht verhindern, dass jemand durch das vorschriftswidrige Fahren eines anderen zu Schaden kommt. Es fehlt daher am notwendigen Rechtswidrigkeitszusammenhang, um dem Vater die Verletzung seines Sohnes zuzurechnen. Der Vater hat die Verletzung seines Sohnes strafrechtlich nicht zu verantworten. Die strafrechtliche Verantwortlichkeit liegt hier allein beim Geisterfahrer (ZVR 1974/90).

b) Rechtmäßiges Alternativverhalten

Wenn vom Einzelnen die Einhaltung gewisser Sorgfaltsregeln verlangt 267
wird, geschieht dies deshalb, weil dadurch erreicht werden soll, dass Gefahren einer Verletzung von Dritten vermieden werden. Ein Erfolg kann daher nicht zugerechnet werden, wenn sich feststellen lässt, dass selbst **bei Beachtung der verletzten Gesetzesbestimmung** (rechtmäßiges Alternativverhalten) **derselbe Erfolg** eingetreten wäre:

Ein PKW-Lenker fährt mit 110 km/h auf einer Bundesstraße, für welche die übliche Geschwindigkeitsbegrenzung von 100 km/h gilt. Plötzlich läuft ein Fußgänger, ohne auf den Verkehr zu achten, über die Straße, wird vom PKW niedergestoßen und getötet. Kann der KFZ-Sachverständige im Zuge des Gerichtsverfahrens feststellen, dass selbst bei Einhaltung der erlaubten Geschwindigkeit der PKW-Lenker nicht rechtzeitig bremsen hätte können und den plötzlich auf die Straße getretenen Passanten ebenso erfasst und getötet hätte, kann der Autofahrer trotz seiner Geschwindigkeitsüberschreitung nicht für die Tötung des Passanten bestraft werden (vgl OLG Wien ZVR 1980/48).

Die Rsp relativiert diese Grundregel jedoch teilweise, indem sie auf eine 268
„**Risikoerhöhung**" abstellt und diese genügen lässt (ZVR 1986/143; OLG Wien ZVR 1980/48; OLG Wien ZVR 1985/116). Danach reicht es für die Zurechnung eines Erfolges aus, wenn das rechtswidrige Verhalten des Täters zumindest das Risiko für das Opfer erhöht hatte, obwohl feststeht, dass dieser Erfolg bei Einhaltung der geforderten Sorgfalt genauso eingetreten wäre. Eine Risikoerhöhung gegenüber rechtmäßigem Alternativverhalten ist jedoch

zu verneinen, wenn auch rechtmäßiges Verhalten ex post betrachtet das Risiko des tatbildmäßigen Erfolges nicht wesentlich herabgesetzt hätte (ÖJZ-LSK 1999/239). Zu einer Risikoerhöhung gegenüber rechtmäßigem Alternativverhalten kann es auch kommen, wenn ein Autolenker eine Fahrgeschwindigkeit wählt, die im Hinblick auf seine alkoholbedingt verminderte Aufmerksamkeit als relativ überhöht einzustufen ist (OLG Wien ZVR 1992/108).

269 Die Berücksichtigung des rechtmäßigen Alternativverhaltens, verbunden mit der Risikoerhöhungstheorie, ist jedoch nur dann einleuchtend, wenn mit an Sicherheit grenzender Wahrscheinlichkeit festgestellt werden kann, dass bei sorgfaltsgemäßem Verhalten zwar derselbe Erfolg herbeigeführt worden wäre, durch das Verhalten des Täters aber das Risiko gesteigert worden ist (ZVR 1986/143), was sich oft schwer feststellen lassen wird. Die Normübertretung allein reicht noch nicht als Hinweis für eine Risikoerhöhung aus. Die Risikoerhöhung muss sich aus der Sachlage ergeben. Es muss von der tatsächlichen Situation ausgegangen werden und dabei feststellbar sein, dass für das Opfer durch das Verhalten des Täters eine höhere Gefahr der Rechtsgutverletzung geschaffen worden ist, als es der Fall gewesen wäre, hätte der Täter zB die ordnungsgemäße Geschwindigkeit eingehalten (*R.Seiler* in *Wesener*-FS, 461).

270 Mit Hilfe der Risikoerhöhungstheorie die Zurechnung eines Erfolges zu begründen, erscheint dennoch bedenklich. Es darf nämlich nicht übersehen werden, dass damit streng genommen aus Verletzungsdelikten Gefährdungsdelikte gemacht werden. Mit der Risikoerhöhungstheorie wird dem Täter die eingetretene Verletzung zugerechnet, obwohl ihm eigentlich nur der Vorwurf eines gefährlichen Fehlverhaltens, welches zu einer Erhöhung der Gefahr für das Rechtsgut geführt hat, angelastet werden könnte (*R.Seiler* in *Wesener*-FS, 461).

271 **Davon** sind Fallkonstellationen **zu unterscheiden**, bei denen sich die Feststellung treffen lässt, dass durch die **überhöhte Geschwindigkeit** das **Opfer schwerer verletzt** wurde, als es bei Einhaltung der erlaubten Geschwindigkeit der Fall gewesen wäre. Hierbei bedarf es gar nicht des Heranziehens der Risikoerhöhungstheorie, denn der Täter hat den konkreten Erfolg durch seine höhere Geschwindigkeit verwirklicht, während er bei Einhaltung der zulässigen Geschwindigkeit einen anderen Erfolg, nämlich eine geringere Verletzung zugefügt hätte. Für diese geringere Verletzung wäre der Täter allerdings strafrechtlich nicht verantwortlich gewesen, wenn sie bei Beachtung der gebotenen Sorgfalt in diesem Ausmaß unvermeidbar gewesen wäre.

3. Risikozusammenhang

Lambauer Der „tätige" und der „untätige" Arzt, RZ 1997, 82; *Pirker* Die Wegehalterhaftung im alpinen Gelände, ZVR 1991, 193; *Schmoller* Fremdes Fehlverhalten im Kausalverlauf, in *Triffterer*-FS (1996), 223.

a) Vielfach wird es nicht möglich sein, genau zu sagen, welche nachteiligen Erfolge der Gesetzgeber mit der Schaffung einer Gesetzesbestimmung verhindern wollte. Soweit der Wille des Gesetzgebers nicht aus den Gesetzesmaterialien eindeutig ersichtlich ist, würde eine Argumentation, welche sich auf den Rechtswidrigkeitszusammenhang stützt, auf Unterstellungen hinauslaufen. Die Rechtsprechung zeigt die Tendenz, den **Begriff** des **Rechtswidrigkeitszusammenhangs durch** jenen des **Risikozusammenhangs** zu **ersetzen**, womit nicht der normative sondern der rein sachliche Aspekt in den Vordergrund gerückt wird (ZVR 1985/166; ZVR 1989/207; OLG Wien ZVR 1985/15; *Pirker* ZVR 1991, 199). Es wird dabei geprüft, ob das Risiko, welches der Täter durch sein Verhalten geschaffen hat, sich auch im Erfolg verwirklicht hat. Im Ergebnis sind Risikozusammenhang und Rechtswidrigkeitszusammenhang deckungsgleich (SSt 56/12; ZVR 1985/146; ZVR 1985/166; OLG Innsbruck ZVR 1989/142). 272

b) Folgeunfälle: Die Rsp nimmt einen Risikozusammenhang an, wenn ein Fahrzeuglenker zu Beginn der Grün-Phase in eine Kreuzung mit „fliegendem Start" gleichsam blindlings und mit überhöhter Geschwindigkeit einfährt und dabei einen Fußgänger verletzt, der die Kreuzung noch schnell bei bereits bestehendem Rotlicht am Schutzweg überqueren will (EvBl 1992/47). 273

Wer einen Verkehrsunfall verursacht, dem werden von der Rsp in der Regel auch Verletzungen, welche durch daran anschließende Folgeunfälle passieren, zugerechnet. Der **Risikozusammenhang** zwischen Ausgangsunfall und Folgeunfall ist immer zu bejahen, **wenn** es sich beim Folgeunfall um ein Ereignis handelt, welches nach den Erwartungen des täglichen Lebens **nicht** als **atypisch** anzusehen ist (OLG Wien ZVR 1977/84; OLG-Wien ZVR 1984/127): 274

X bringt durch zu knappes Überholen einen Radfahrer zu Sturz. Ein unmittelbar nachfolgendes Auto kann nicht rechtzeitig bremsen und überfährt den gestürzten Radfahrer, wodurch dieser getötet wird. Im Rahmen der Zurechnung ist zu prüfen, ob der Folgeunfall unmittelbar aus der vom Täter des Ausgangsunfalls (X) geschaffenen Gefahr resultierte und die dabei geschaffenen Risikomomente weiter bestanden haben. Im geschilderten Fall wird dies zu bejahen sein, obwohl der Tod eigentlich durch einen Dritten unmittelbar herbeigeführt worden ist (ZVR 1976/305; ZVR 1985/146; OLG Wien ZVR 1980/171).

Bei der Prüfung des Risikozusammenhanges ist es belanglos, ob den Verursacher des Folgeunfalls auch ein Verschulden trifft oder nicht. Es kommt nur darauf an, dass das vom Täter des Ausgangsunfalls geschaffene Risiko noch real aufrecht bestanden hat, als es zum Folgeunfall kam. Ein mögliches Verschulden des Verursachers des Folgeunfalls ist getrennt davon zu prüfen. 275

276 Der Täter des Ausgangsunfalls hat nach der Rsp sogar für einen **Unfall** einzustehen, den ein **Helfer** erlitten hat, der, veranlasst durch den Ausgangsunfall, zum Opfer geeilt ist, um diesem Hilfe zu leisten. Der Risikozusammenhang wird hier zu bejahen sein, da bei jedem Unfall, allein aufgrund der bestehenden gesetzlichen Verpflichtungen (vgl § 95), damit zu rechnen ist, dass Helfer zu Hilfe kommen. Soweit sich der Helfer bei seiner Rettungsaktion nicht in grob unvernünftiger und damit nicht voraussehbarer Weise einer Selbstgefährdung ausgesetzt hat, wird eine Verletzung des Helfers dem Unfallverursacher zurechenbar sein. Unter Betonung eines Rechtswidrigkeitszusammenhanges ließe sich auch unterstellen, dass der Zweck von Verkehrsvorschriften, die Unfälle vermeiden sollen (zB Geschwindigkeitsbegrenzungen) nicht nur darin besteht, Unfälle mit unmittelbar dadurch verursachten Personenschäden zu verhindern. Der Zweck erstreckt sich auch darauf, die durch einen Unfall regelmäßig verursachte Gefahr für herbeieilende Helfer auszuschalten (vgl JBl 1959, 164; EvBl 2008/135; aM *Burgstaller* Fahrlässigkeitsdelikt, 112ff; *Fuchs* AT I[8] Kap 13 Rz 49f; *Kienapfel/Höpfel* AT[14] Z 27 Rz 13).

277 Wenn die Unfallstelle abgesichert ist und die Unfallopfer in Sicherheit gebracht worden sind, ist das Risiko eines Folgeunfalls regelmäßig beseitigt. Dem Täter des Ausgangsunfalls ist es dann nicht mehr zuzurechnen, wenn ein Autofahrer in der Folge von der Straße abkommt, weil er aus reiner Sensationsgier nicht mehr auf die Fahrbahn achtet und dabei das auf der Straßenböschung in Sicherheit gebrachte Unfallopfer überfährt. Sobald das Opfer von der Straße weg aus der Gefahrenzone gebracht worden ist, endet das Risiko weiterer Verletzungen durch Folgeunfälle. Ein Risikozusammenhang zwischen Ausgangsunfall und Folgeunfall ist hier zu verneinen. Der Schaulustige, der seinen Wagen verreißt und von der Straße abkommt, schafft ein neues Risiko, welches dem Verursacher des Ausgangsunfalls nicht mehr zugerechnet werden kann.

278 **c) Besondere persönliche Eigenschaften des Opfers**, wie zB der schlechte Gesundheitszustand, welche den Erfolg mitbestimmten, **belasten den Täter.** Verletzungsfolgen, die bei einem älteren oder bereits kränklichen Menschen naturgemäß weitreichender sind, als bei einem jugendlichen Organismus, sind daher dem Täter voll zuzurechnen. Es kommt nämlich immer auf den jeweils konkret eingetretenen Erfolg an. Vergleiche mit anderen Personen, bei denen die Heilung möglicherweise besser verlaufen wäre, sind nicht zulässig (OLG Wien ZVR 1981/46; aM *Fuchs* AT I[8] Kap 13 Rz 41).

279 **d) Grob fahrlässiges Verhalten des Opfers bzw eines Dritten:** Die Grenze des voraussehbaren Kausalverlaufes wird von der Rsp zum Teil in unrealistischer Ferne angenommen:

A stößt mit seinem Auto den Passanten B nieder und verletzt diesen dabei leicht am Bein. B sucht keinen Arzt auf, da er die Verletzung bagatellisiert. In der Folge kommt es zu schwerwiegenden Komplikationen und B hat mit dauerhaften Bewegungseinschränkungen zu rechnen. A werden als Unfallverursacher auch diese schweren Verletzungsfolgen zugerechnet, obwohl diese eigentlich auf das grob fahrlässige Verhalten des Verletzten zurückzuführen sind (ZVR 1962/200; RZ 1987/71).

Die Rsp macht dabei keinen Unterschied, ob der Verletzte selbst oder ein 280
Dritter durch eine leichte oder grob fahrlässige Handlungsweise (zB der Arzt durch eine unsachgemäße Behandlung) in den Kausalverlauf eingegriffen hatten (OLG Wien ZVR 1985/15). Ohne Unterschied werden die daraus resultierenden **Folgen dem Unfallverursacher zugerechnet**. Nur die Folgen aus einer vorsätzlichen Heilungsverzögerung des Unfallopfers, um möglichst viel von der Versicherung an Schadenersatz und Schmerzengeld zu bekommen, werden nicht mehr dem Unfallverursacher zugerechnet (EvBl 1969/293).

Die Rechtsprechung rechnet dem Unfallverursacher den Tod seines Un- 281
fallopfers zu, wenn dieses das Krankenhaus trotz Mahnung des behandelnden Arztes, dass eine erhöhte Emboliegefahr bestünde, vorzeitig verlässt und in der Folge außerhalb der Klinik an einer Embolie stirbt. Trotz des unvernünftigen Verhaltens des Unfallopfers wird der Tod des Opfers nicht als atypische Unfallfolge gesehen und der Adäquanzzusammenhang bejaht. Zwischen dem eigentlichen Unfall und einem späteren Fehlverhalten des Unfallopfers wird daher vielfach noch Risikozusammenhang angenommen (OLG Innsbruck ZVR 1989/142; aM zutreffend *Burgstaller* WK-StGB^2 § 6 Rz 72; *Fuchs* AT I^8 Kap 13 Rz 47f; *Triffterer* SbgK § 6 Rz 68).

Dem Unfallverursacher wird zugerechnet, wenn das Unfallopfer bei einer Knieverletzung nach ambulanter Behandlung nicht ständig Bettruhe hält, sondern versucht, seiner Arbeit nachzugehen, wodurch eine Verschlechterung der Knieverletzung und eine längere Heilungsdauer eintritt (OLG Wien ZVR 1985/117).

Zutreffend tritt die Lehre überwiegend dafür ein, den Risikozusammen- 282
hang bereits zu verneinen, wenn die spezifische Unfallfolge auf ein nachträgliches, grob sorgfaltswidriges Fehlverhalten eines Dritten zurückzuführen ist (*Burgstaller* WK-StGB^2 § 6 Rz 72; *Fuchs* AT I^8 Kap 13 Rz 42).

Die **Grenze** für die Zurechnung wird auch nach der **Rsp** jedenfalls immer 283
dort zu ziehen sein, wo Verhaltensweisen des Verletzten in das Kausalgeschehen eingreifen, welche vernünftigerweise von niemandem zu erwarten sind (grob unvernünftig, EvBl 2010/62) und die Tatfolge ohne das Fehlverhalten

des Verletzten mit sehr hoher Wahrscheinlichkeit nicht eingetreten wäre (RZ 1987/71; ZVR 1992/14). Ein nachträgliches **Fehlverhalten des Verletzten** vermag daher nach der Rsp nur dann den Risikozusammenhang zwischen dem Täterverhalten und dem eingetretenen Enderfolg zu verhindern, wenn es **im Bewusstsein eigenverantwortlicher Selbstgefährdung** gesetzt wurde und **für jeden vernünftig denkenden Menschen** in der Lage des Betroffenen unter den gegebenen Umständen **schlechthin unbegreiflich** war (JBl 1992, 464; ZVR 1992/14; RZ 1996/5; *Kienapfel/Höpfel* AT[14] Z 27 Rz 9).

284 Eine Zurechnung des Erfolges wird zu verneinen sein, wenn sich der Verletzte trotz einer lebensbedrohlichen Verletzung bewusst keiner weiteren ärztlichen Behandlung unterzieht. Allgemein begreiflich ist jedoch, wenn ein Vergewaltigungsopfer auf der Flucht vor dem Täter aus dem Fenster springt. Die Verletzungen, welche sich das Opfer dabei zuzieht, sind dem Täter zuzurechnen (JBl 1996, 804). Dem Verursacher eines Verkehrsunfalls sind sogar Verletzungen zuzurechnen, die ein unter Schock stehender Unfallbeteiligter bei dem Versuch erleidet, aus dem brennenden Auto ohne Beachtung des Risikos und trotz warnender Zurufe seine KFZ-Papiere zu bergen (ZVR 1992/14).

285 **Bedenklich** erscheint es, wenn dem **Verursacher eines Verkehrsunfalls** sogar die **Folgen** aus einer **fahrlässig falschen ärztlichen Behandlung des Unfallopfers zugerechnet** werden (ZVR 1976/178; ZVR 1981/65; EvBl 1991/206). Es ginge wohl etwas zu weit, anzunehmen, dass fahrlässiges Verhalten eines Arztes bei der Behandlung eines Verletzten nach der Erfahrung des täglichen Lebens nicht ungewöhnlich ist. Folgt man der Rsp, geht eine unsachgemäße Behandlung, die den Heilungsverlauf verzögert, im Regelfall immer zu Lasten des Verursachers der Ausgangsverletzung (EvBl 1969/293). Alle adäquaten Komplikationen im Zuge der ärztlichen Behandlung eines Unfallopfers fallen in die Risikosphäre des Verursachers der Primärverletzung. Selbst ein als grob fahrlässig zu beurteilender Verstoß des Arztes gegen die Regeln der ärztlichen Kunst schließt den Risikozusammenhang zwischen dem Enderfolg und dem Täterverhalten nicht aus:

> Ein Arzt erkennt nicht die Tiefe eines Bauchstichs und das Opfer verstirbt daraufhin an den inneren Verletzungen. Der Täter, der den Bauchstich zugefügt hat, kann in diesem Fall auch für die Tötung seines Opfers zur Verantwortung gezogen werden (JBl 1992, 464).

286 **e) Zurechnung aufgrund einer Risikosteigerung:** Die Rechtsprechung lässt es für die Zurechnung genügen, wenn das vom Täter herbeigeführte Geschehen von gefahrerhöhender Wirkung war: Jemand lässt seinen LKW unbeleuchtet am Straßenrand einer Landstraße stehen, so dass er einen Meter in die Fahrbahn hineinragt. Ein nachfolgender PKW-Lenker kollidiert mit dem abgestellten LKW und wird dabei verletzt. Der Verletzungserfolg wird dem

LKW-Lenker auch dann zugerechnet, wenn anzunehmen ist, dass der PKW-Lenker mit dem LKW auch kollidiert wäre, wenn dieser beleuchtet abgestellt worden wäre. Durch Unterlassen des Beleuchtens wurde jedoch zumindest die Gefahr einer Kollision erhöht (SSt 47/36; OLG Innsbruck ZVR 1975/121).

Entsprechendes gilt, wenn ein LKW einen betrunkenen Radfahrer mit zu geringem Seitenabstand überholt und dieser zu Sturz kommt und überrollt wird. Auch wenn angenommen werden kann, dass dieser selbst bei Einhaltung des notwendigen Seitenabstandes zu Sturz gekommen und getötet worden wäre, wurde durch das zu knappe Vorbeifahren die tolerierbare Unfallgefahr erhöht, wodurch ein verbotenes Risiko geschaffen wurde. Eine Risikosteigerung genügt nach Meinung der Rsp, weil sie eine erhöhte Wahrscheinlichkeit für den Erfolgseintritt schafft (ZVR 1975/276).

Berücksichtigt wird nur eine **rechtlich relevante Erhöhung des Risikos**: 287
Ein Neffe schenkt seinem reichen Erbonkel eine Billigflugreise, in der Hoffnung, das Flugzeug werde abstürzen. Tritt das „erhoffte Ereignis" tatsächlich ein und das Flugzeug mit dem Erbonkel an Bord stürzt ab, ist der Neffe zweifellos kausal für den Tod seines Onkels, doch könnte ihm dieser Tötungserfolg nicht zugerechnet werden. Es handelt sich dabei um ein Ereignis, welches im Normalfall wohl außerhalb der möglichen Einflussnahme des Neffen liegt und daher auch nicht ernsthaft vorhersehbar ist. Der Tod durch einen Flugzeugabsturz stellt kein Ereignis dar, welches typisch mit einer Flugreise verbunden ist. Die Todesherbeiführung kann im Regelfall nur einem technischen Gebrechen und den dafür Verantwortlichen zugerechnet werden. Die Tatsache, dass der habgierige Neffe auf ein solches Ereignis gehofft hat, ist ohne Relevanz. Das reine Hoffen, dass ein anderer Schaden erleidet (jemandem Böses wünschen) mag zwar moralisch nicht korrekt sein, ist jedoch nicht strafbar.

f) Bei einer **Risikoverringerung** erfolgt hingegen immer ein Ausschluss der 288
Zurechnung: Wer bei einer Klettertour einen Felsblock, den er in bedrohlicher Weise auf den Kopf eines anderen zufallen sieht, zwar nicht ablenken kann, aber den anderen zur Seite stößt, um ihn aus der Falllinie des Felsbrockens zu bringen, wobei dieser verletzt wird, ist zwar kausal für die Körperverletzung, diese kann ihm aber nicht strafrechtlich zugerechnet werden.

D. Grobe Fahrlässigkeit (§ 6 Abs 3)

Bei manchen Tatbeständen wird ausdrücklich eine „grobe" Fahrlässigkeit 289
des Täters verlangt (zB § 81, § 159), die dann regelmäßig mit einem höheren Strafrahmen verbunden ist. Eine grobe Fahrlässigkeit ist nur anzunehmen, wenn eine **auffallende und ungewöhnliche Vernachlässigung einer Sorgfaltspflicht** vorliegt. Der Eintritt des tatbildmäßigen Erfolges muss als wahr-

scheinlich und nicht bloß als entfernt möglich vorhersehbar sein (RZ 2004/07). Dabei ist immer die Lage des konkreten Falles, insbesondere der in der Tat verwirklichte Handlungs- und Gesinnungsunwert in Betracht zu ziehen. Ein objektiv besonders schwerer Sorgfaltsverstoß muss auch subjektiv schwerstens vorzuwerfen sein. Eine grobe Fahrlässigkeit liegt nicht bereits vor, wenn bloß das durchschnittliche Maß einer Fahrlässigkeit überschritten wird. Das Verhalten des Täters muss vielmehr eine das durchschnittliche Maß einer Fahrlässigkeit beträchtlich übersteigende Sorglosigkeit erkennen lassen.

VI. Zusammenfassendes Schema zur Tatbestandsmäßigkeit bei Fahrlässigkeitsdelikten

290 Nachfolgend werden die Punkte, welche bei der Prüfung der Tatbestandsmäßigkeit beim Fahrlässigkeitsdelikt zu beachten sind, in einem Schema zusammengefasst. Bei der strafrechtlichen Beurteilung eines konkreten Sachverhaltes verlangen vor allem jene Kriterien ein näheres Eingehen, bei denen sich aufgrund der gegebenen Fallkonstellation ein Begründungsbedarf ergibt:

I. Tatbestand →

A. Kausalität zwischen Handlung und Erfolg

B. Objektive Sorgfaltswidrigkeit der Handlung
1. Verstoß gegen Rechtsvorschriften (zB StVO)
2. Verstoß gegen allgemein anerkannte Regeln (zB FIS Regeln)
3. Sorgfaltsmaßstab eines maßstabgerechten Dritten aus dem Verkehrskreis des Täters

C. Objektive Voraussehbarkeit des Erfolges
(Objektive Zurechnung des Erfolges)
1. Adäquanzzusammenhang (typischer – atypischer Kausalverlauf)
2. Rechtswidrigkeitszusammenhang (erlaubtes Risiko, rechtmäßiges Alternativverhalten)
3. Risikozusammenhang

II. Rechtswidrigkeit

III. Schuld

IV. Strafe

VII. Kombination von Vorsatz und Fahrlässigkeit

A. Bei **erfolgsqualifizierten Delikten** ist gem § 7 Abs 2 zu prüfen, ob die besondere (qualifizierende) Folge fahrlässig herbeigeführt worden ist. Vielfach wird dies bereits im Tatbestand zum Ausdruck gebracht. Der allgemeinen Regelung des § 7 Abs 2 bedarf es dann gar nicht. Bei der Körperverletzung mit tödlichem Ausgang (§ 86) muss zB die Verletzungshandlung selbst vorsätzlich erfolgen. Die Todesfolge der Verletzungshandlung braucht hingegen nur fahrlässig bewirkt worden zu sein. Kann dem Täter hinsichtlich der Todesfolge nicht einmal eine Fahrlässigkeit zur Last gelegt werden, ist er nur für das Grunddelikt (§ 83) strafbar. In der Regel wird die vorsätzliche Verletzungshandlung die Fahrlässigkeit in Bezug auf die Folge natürlich indizieren (*Fuchs* AT I[8] Kap 12 Rz 21). Hat der Täter die Todesfolge sogar ernstlich für möglich gehalten und in Kauf genommen, liegt Mordvorsatz (§ 5 Abs 1, dolus eventualis) vor und der Täter macht sich wegen Mordes strafbar (§ 75). 291

Die Haftung des Täters für die qualifizierte Tatfolge setzt in objektiver Hinsicht voraus, dass seine **Handlung** für den konkreten Erfolg **kausal** war (**Äquivalenztheorie**, EvBl 1983/176; Rz 149). Die Tathandlung muss eine nicht wegzudenkende Bedingung für die Tatfolge gewesen sein (conditio sine qua non; EvBl 2010/62). 292

Darüber hinaus ist die (objektive) **Zurechenbarkeit** der kausalen Tatfolge nach der **Adäquanztheorie** zu prüfen: Eine Tatfolge ist adäquat verursacht, wenn sie nicht bloß als Folge einer Verkettung außergewöhnlicher Umstände eintrat (EvBl 2010/62). Die qualifizierende Tatfolge muss **nach alltäglicher Lebenserfahrung voraussehbar** gewesen sein (ZVR 1976/115; RZ 1976/52). Ist das Geschehen atypisch verlaufen und die Tatfolge auf ungewöhnliche Art und Weise eingetreten, kann der Täter nicht für diese zur Verantwortung gezogen werden (ZVR 1976/154; EvBl 1979/71; SSt 46/67; SSt 47/1; 50/22). Eine Begrenzung ergibt sich auch daraus, dass zwischen der Tathandlung und der Tatfolge ein **Risikozusammenhang** bestehen muss. 293

- A schlägt mit wuchtigen Faustschlägen auf B ein. Dieser kommt zu Sturz und erleidet einen tödlichen Schädelbruch (§ 86 Abs 1; SSt 47/1). Dass die Handlungsweise des A für den Tod des B kausal ist, liegt auf der Hand. Es muss jedoch auch voraussehbar gewesen sein, dass die Faustschläge B zu Sturz bringen und er sich dabei einen Schädelbruch zuziehen könnte. Nur wenn diese Voraussehbarkeit des Kausalverlaufs gegeben ist, hat A den tödlichen Ausgang seiner Verletzungshandlung zu verantworten (§ 86). Im konkreten Fall wird angesichts der „wuchtigen" Faustschläge der Sturz des B eine typische Folge sein und A kann daher der Tod des B zugerechnet werden.

• Wenn ein Faustschlag ins Gesicht hingegen so zurückhaltend erfolgt, dass er nicht einmal ein Umfallen des alkoholisierten Opfers bewirkt, ist eine Tötung durch diesen Schlag nicht voraussehbar (JBl 1989, 395).

294 Die Voraussehbarkeit ist nach den **individuellen Fähigkeiten** zu beurteilen, wobei jedoch emotionale Mängel wie zB **Aggressivität oder Alkoholmissbrauch nicht zu beachten** sind (EvBl 1983/145). Es ist keine Voraussehbarkeit des konkreten Kausalverlaufs nötig. Der Täter muss bloß allgemein voraussehen können, dass die qualifizierende Tatfolge in einer Weise zustande kommt, die den Anforderungen des Adäquanz- und Risikozusammenhanges genügt (EvBl 1983/145; Rz 261ff). So wird es nach der Rsp zB als voraussehbar angesehen, dass nach einem Schlag eine Fettembolie zum Tod führt (EvBl 1983/145). Hingegen ist nicht voraussehbar, dass eine Gasbrandinfektion nach einem Unfall eintreten könnte, da eine solche Infektion äußerst selten ist (ZVR 1976/154; OLG Wien ZVR 1981/176).

295 **B. Deliktsqualifikationen:** Von den erfolgsqualifizierten Delikten sind die sog Deliktsqualifikationen zu unterscheiden: Bei manchen Tatbeständen muss auch der qualifizierende **Erfolg vom Vorsatz umfasst** werden. Dies ist zB bei der Sachbeschädigung der Fall. Der Vorsatz des Täters muss sich auch auf die Höhe des Schadens richten, damit dieser nach § 126 Abs 1 Z 7 bestraft werden kann (ÖJZ-LSK 1984/23). Beim qualifizierten Diebstahl (§ 128 Abs 1 Z 4 bzw Abs 2) handelt es sich ebenfalls nicht um eine Erfolgsqualifikation iSd § 7 Abs 2, sondern um eine Deliktsqualifikation, wobei der höhere Schaden auch eine Tatmodalität ist und daher vom Vorsatz des Täters umfasst sein muss (SSt 54/83).

Deliktsqualifikationen sind auch die Tatmodalitäten des § 84 Abs 2, bei deren Vorliegen der Täter wegen schwerer Körperverletzung bestraft wird, soweit sich sein Vorsatz darauf richtet (SSt 60/35; SSt 50/64; *Fabrizy* StGB[11] § 84 Rz 24; *Kienapfel/Schroll* BT I[5] § 84 Rz 70).

§ 4. Die Rechtswidrigkeit

I. Der Begriff des strafrechtlichen Unrechts

A. Formell rechtswidrig – materiell rechtswidrig

296 **1. Formell rechtswidrig:** Zur Wahrung der Ordnung und des Friedens innerhalb einer Rechtsgemeinschaft stellt der Gesetzgeber Verhaltensvorschriften auf. Bestimmte Verhaltensweisen werden entweder verboten (zB Tötung

eines Menschen, § 75) oder geboten (Hilfeleistung nach einem Unfall, §§ 94, 95). In Form von Tatbeständen sind diese Verbote und Gebote unter anderem im Besonderen Teil des StGB (§§ 75ff) zu finden. Der Gesetzgeber erfasst darin wertwidrige Verhaltensweisen bzw Unterlassungen. Ein Verstoß gegen derartige Verbote bzw Gebote bedeutet, dass darunter subsumierbares Verhalten formell als rechtswidrig anzusehen ist. Die **Rechtswidrigkeit** ist damit eine **Eigenschaft der tatbestandsmäßigen Handlung** bzw **Unterlassung**.

Ob eine formell rechtswidrige Handlungsweise auch ein strafrechtliches 297
Unrecht darstellt, ist damit jedoch noch nicht gesagt. Es gibt zahlreiche Gründe, aus denen selbst ein tatbestandsmäßiges Verhalten nicht als Verletzung der Gemeinschaftsordnung angesehen wird (sog **Rechtfertigungsgründe**):

> Wenn A den B vorsätzlich am Körper verletzt, handelt A formell rechtswidrig (zB §§ 83ff). Das Verhalten des A ist jedoch gerechtfertigt, wenn er in Notwehr gehandelt hat, weil er von B mit brutaler Gewalt überfallen wurde und dieser ihn berauben wollte. A verteidigt sich in diesem Fall nur gegen einen Raubüberfall und handelt somit materiell nicht rechtswidrig. Im Hinblick auf den Rechtfertigungsgrund der Notwehr (§ 3) ist sein Verhalten (die vorsätzliche Verletzung des B) im konkreten Fall (materiell) als rechtmäßig zu bewerten.

2. Materiell rechtswidrig: Inhaltlich rechtswidrig (materiell rechtswid- 298
rig) ist ein Normverstoß erst dann, wenn eine Verhaltensweise durch **keinen Rechtfertigungsgrund** gerechtfertigt ist. **Strafrechtliches Unrecht** liegt erst vor, wenn eine **tatbestandsmäßige und rechtswidrige Handlung** gesetzt wird.

3. Nur **menschliche Verhaltensweisen** können rechtswidrig sein. Von Tie- 299
ren oder Naturereignissen kann kein rechtswidriger Eingriff in fremde Rechtsgüter ausgehen (vgl jedoch Rz 398ff).

Die **Rechtswidrigkeit** eines Verhaltens **muss tatsächlich gegeben sein**. 300
Glaubt der Täter nur, rechtswidrig zu handeln, während sein Verhalten strafrechtlich gar nicht relevant ist, begeht er ein **Putativdelikt**, für das er nicht bestraft werden kann.

B. Erfolgsunwert – Handlungsunwert

Strafrechtliche Normen dienen jeweils dem Schutz bestimmter Rechtsgüter. 301
In der **Verletzung eines Rechtsgutes** liegt der **Erfolgsunwert** der Tat. Zum Unrecht der Tat gehört auch die **Art und Weise** ihrer **Begehung**. Darin liegt der **Handlungsunwert** der Tat.

302 Das Unrecht eines vollendeten Tatgeschehens setzt sich demnach regelmäßig aus dem Handlungsunwert und dem Erfolgsunwert zusammen. Strafrechtlich zu beurteilendes Unrecht kann auch bereits durch den Handlungsunwert allein verwirklicht werden. Dies macht der Gesetzgeber deutlich, wenn er bereits den Versuch einer Straftat und damit eine Verhaltensweise, die noch keine Rechtsgutverletzung zur Folge hatte, unter Strafe stellt (§ 15, Rz 686ff).

C. Schutzzweck der übertretenen Norm

303 Es verbindet sich nicht mit jedem Normverstoß zugleich ein strafgesetzwidriges Unrecht. Das Verhalten des Täters wird auch dahingehend zu prüfen sein, ob dadurch der Schutzzweck der übertretenen Norm verletzt wurde:

304 Wenn jemand entgegen den Bestimmungen des Waffengesetzes (BGBl I 1997/12 idgF) eine Pistole mit sich führt und diese im Rahmen von Notwehr zu seiner Verteidigung bei einem Raubüberfall gebraucht, hat er gegen das Waffengesetz verstoßen, weil er keine Waffe mit sich führen durfte. Dieser Normverstoß berührt jedoch nicht die Notwehr als möglichen Rechtfertigungsgrund für eine Tötung des Angreifers. Der Zweck der einschlägigen Normen des Waffengesetzes besteht nicht darin, zu verhindern, dass jemand in Notwehr einen Angreifer abwehren kann. Es mangelt am **Rechtswidrigkeitszusammenhang** zwischen der Übertretung der Normen des Waffengesetzes und der Tötung des Angreifers aus Notwehr. Die Tötung des Angreifers kann unabhängig vom rechtswidrigen Führen der Waffe nach dem Waffengesetz durch Notwehr (§ 3) gerechtfertigt sein.

Die Kennzeichentafel des Autos von X ist vollkommen verschmutzt und damit unleserlich. Dennoch nimmt X das Auto in Betrieb. Auf der Fahrt zur Arbeit überfährt er einen Passanten, der vollkommen unerwartet plötzlich über die Fahrbahn läuft, sodass der Unfall für X unvermeidbar war. Zwar hätte X sein Fahrzeug gar nicht in Betrieb nehmen dürfen, weil sein Kennzeichen unleserlich ist (§ 102 Abs 2 Kraftfahrgesetz 1967, BGBl 1967/267 idgF; ZVR 1999/8), doch ist dieses rechtswidrige Fahren mit dem Auto ohne Einfluss auf die Beurteilung des Verkehrsunfalls. Das Verbot, ein Auto mit einem verschmutzten Kennzeichen in Betrieb zu nehmen, hat nicht den Zweck, Unfälle zu verhindern.

II. Soziale Adäquanz und erlaubtes Risiko

Höllwerth „Hals- und Beinbruch" beim Sporttraining, JBl 2006, 568; *Schmoller* Verletzung oder Tötung des Gegners im Kampf- und Wettkampfsport: (k)ein Fall des Strafrechts?, in: Sport und Gesundheit in Wirtschaft und Gesellschaft, Hrsg *Urnik* (2007), 191.

A. Soziale Adäquanz: Viele Handlungsweisen, die aus unserem heutigen Leben nicht mehr wegzudenken sind, bringen eine Gefährdung von Menschen und Sachen mit sich und führen immer wieder zu Verletzungserfolgen. Der alltägliche Autoverkehr, der Betrieb von Atomkraftwerken, die Ausübung von Sport in seinen vielfältigen Erscheinungsformen etc stellen Gefahrenquellen dar, die von einer Rechtsgemeinschaft bis zu einem gewissen Grad in Kauf genommen werden müssen. Der Gesetzgeber beschränkt sich hierbei nur darauf, durch einschlägige Regelungen die aus den Handlungsweisen resultierenden Gefährdungen oder Verletzungen zu minimieren. Kommt es unter Einhaltung dieser einschränkenden Bestimmungen dennoch zu Verletzungen oder Gefährdungen, sind diese hinzunehmen. **Handlungen**, die **im Rahmen solcher Vorschriften** gesetzt werden, sind als **sozialadäquat** zu bezeichnen und damit rechtmäßig. Gleiches gilt für **Verhaltensweisen,** bei denen ein **erlaubtes Risiko** eingegangen wird. 305

Die Lehre von der sozialen Adäquanz geht auf *Welzel* zurück (Strafrecht[11], 306
55ff). Bis heute ist strittig, ob es bei sozialadäquaten Verhaltensweisen bereits an der Tatbestandsmäßigkeit mangelt, oder ob diese zwar tatbestandsmäßig, aber nicht rechtswidrig sind (für Rechtfertigung *Leukauf/Steininger* § 3 Rz 60; *Fabrizy* StGB[11] § 80 Rz 11; für Tatbestandsausschluss SSt 55/1; SSt 56/12; SSt 61/121; *Kienapfel/Schroll* BT I[5] § 80 Rz 102; *Triffterer* AT[2] 146). Für jede Sichtweise lassen sich einleuchtende Beispiele anführen:

Es ließe sich einerseits argumentieren, dass ein nicht nur ausnahmsweise 307
im Einzelfall, sondern von vornherein und generell **gebilligtes Verhalten** kein Unrecht und damit keinen Deliktstyp verkörpert. Eine „erlaubte Handlungsweise" kann **niemals tatbestandsmäßig** sein:

> X fährt mit 40 km/h im Ortsgebiet. Er fährt sein Auto damit in sozialadäquater Weise und das mögliche Unfallrisiko, welches dadurch entsteht, wird als sog „erlaubtes Risiko" von der Gemeinschaft in Kauf genommen. Da sogar 50 km/h im Ortsgebiet gesetzlich erlaubt sind, kann man das Verhalten des X gar nicht als sorgfaltswidrig ansehen, was die Strafbarkeit im Falle eines Unfalles (zB fahrlässige Körperverletzung, § 88) bereits auf der Tatbestandsebene ausschließt.

Die **Rsp** vertritt daher die Auffassung, dass ein Handeln im Rahmen des 308
erlaubten bzw sozialadäquaten Risikos die objektive Sorgfaltswidrigkeit ausschließt (SSt 55/1; SSt 56/12; SSt 61/121).

Für die **Einordnung in die Rechtswidrigkeit spricht hingegen**, dass die 309
Einschränkungen durch die soziale Adäquanz im Tatbestand gar nicht genannt sind. Die Tatbestände der Fahrlässigkeitsdelikte beinhalten keine Aussage darüber, wann ein bestimmtes gefährliches Verhalten nicht strafbar ist:

X tritt beim Fußballspiel versehentlich einem Mitspieler gegen das Schienbein, weil er den Ball verfehlt. Es steht in diesem Fall außer Zweifel, dass X sorgfaltswidrig gehandelt hat, denn beim Fußballspiel darf nur auf den Ball und nicht die Mitspieler getreten werden. X hat damit fahrlässig eine Verletzungshandlung gesetzt, welche dem Tatbestand des § 88 zu subsumieren wäre. Die Tatsache, dass diese Verletzungshandlung im Rahmen eines Fußballspiels erfolgt ist, hat jedoch Einfluss auf die rechtliche Bewertung dieser Handlung. Es wird als sozialadäquat angesehen, dass im Rahmen eines Fußballspiels mehrere Mitspieler um einen Ball streiten. Die Art und Weise, in der dieser Streit um den Ball ausgetragen wird, ist mit einem gewissen Verletzungsrisiko verbunden. Von den Mitspielern wird dieses Risiko in Kauf genommen und im Hinblick auf die Umstände, in deren Rahmen die Verletzung passiert ist (beim Fußballspiel), als nicht rechtswidrig bewertet. Außerhalb des Fußballspiels würde dieselbe Handlung (der Tritt gegen das Schienbein) als tatbestandsmäßig und rechtswidrig bewertet werden.

310 Das angeführte Beispiel zeigt, dass es in manchen Fällen überzeugender sein kann, in der Sozialadäquanz einer Handlung einen Umstand zu sehen, der nicht die Tatbestandsmäßigkeit, sondern nur die Rechtswidrigkeit ausschließt. Dabei ist zu beachten, dass Rechtsgutverletzungen, welche durch solche gefährliche Handlungsweisen herbeigeführt werden, nur dann gerechtfertigt sind, wenn alle Regeln, die der Minimierung von Verletzungserfolgen dienen, eingehalten wurden.

311 **Sozialadäquate Sportausübung:** Die Rsp zeigt sich im Bereich der Sportausübung verhältnismäßig tolerant, wenn es sich um Kampfsportarten im weitesten Sinne handelt, bei denen ein notwendiges körperliches Naheverhältnis zwischen den einzelnen Teilnehmern besteht (JBl 2005, 313): Auch Verletzungen, die auf **typische** oder **leichte**, **bei der Sportausübung unvermeidbare Verstöße gegen die Spielregeln** zurückzuführen sind, werden **noch nicht** als **rechtswidrig** bewertet. Die Rsp sieht in derartigen Regelverstößen nicht einmal einen Sorgfaltsverstoß (JBl 2005, 313). Letzteres ist nur schwer nachvollziehbar. Wenngleich bestimmte Spielregelverstöße in typischer Weise mit einer Sportausübung verbunden sind, hat dennoch jeder Sportler grundsätzlich darauf zu achten, die vorgegebenen Spielregeln einzuhalten. Ein Regelverstoß beinhaltet daher immer auch einen Sorgfaltsverstoß (aM *Steininger* AT I[2] Kap 9 Rz 13). Außerhalb des Bereiches der sozialen Adäquanz liegen jedenfalls schwere Regelverstöße, die nicht mehr als typisch mit der Sportausübung oder der Wettkampfsituation verbunden angesehen werden können. Verletzungen, die daraus resultieren, sind als rechtswidrig zu bewerten. Dabei wird insbesondere zu berücksichtigen sein, inwieweit die Einhaltung einer Regel der Verletzungsprävention dient (*Höllwerth* JBl 2006, 574).

In gleicher Weise würde zB die Einhaltung aller Regeln der Straßenverkehrsordnung beim Windschattenrennen anlässlich eines Radkriteriums dieses ad absurdum führen (ZVR 1987/65). Bei Wettkämpfen dieser Art wird das typische Risiko, welches eine Gefährdung darstellt, als sozialadäquat angesehen. Dies gilt nur soweit, als es üblicherweise damit verbunden ist. Auch praktisch unvermeidbare Fehlleistungen wie Schleudern oder Querstellen eines Autos bei einer Autorallye infolge überhöhter Geschwindigkeit werden von der Rsp hingenommen (RZ 1990/36). Ebenso können Rechtsverletzungen in Ausübung eines anerkannten Brauchtums (zB Misshandlungen durch einen „Krampus") unter dem Gesichtspunkt sozialadäquaten Verhaltens straflos sein, wenn es sich bloß um eine unerhebliche Verletzung handelt. Die Ausübung eines Brauchtums darf jedoch nicht nur als Vorwand für eine tatbestandsmäßige Handlungsweise dienen (JBl 1984, 618). 312

B. Erlaubtes Risiko: Die Begriffe soziale Adäquanz und erlaubtes Risiko decken sich inhaltlich (vgl *Triffterer* AT² 145). Von einem sozialadäquaten Verhalten wird vorrangig bei Handlungsweisen gesprochen, die regelmäßig als kaum gefährlich einzustufen sind (zB Autofahren unter Einhaltung der Bestimmungen der StVO oder Fußballspielen), aber dennoch eine nicht gänzlich vermeidbare Gefährdung für bestimmte Rechtsgüter beinhalten. Kommt es unter Einhaltung aller Vorschriften, die der Gefahrenminimierung dienen, dennoch zu einer Rechtsgutverletzung, bleibt der Verursacher straflos, da sein Verhalten nicht tatbestandsmäßig bzw rechtswidrig ist. Der Handelnde geht hierbei ein (gesetzlich) „erlaubtes Risiko" ein. 313

Bei **Verhaltensweisen**, denen eine **erhebliche Gefährdung von Rechtsgütern immanent** ist und die daher auch im Regelfall verboten sind, erscheint es hingegen treffender, eine Rechtfertigung unter dem Aspekt des erlaubten Risikos zu prüfen. Derartige Handlungsweisen und das damit verbundene Eingehen eines Verletzungs- oder Gefährdungsrisikos können von der Gemeinschaft nur bei Ausnahmekonstellationen in Kauf genommen werden. Vor allem **Rettungshandlungen** bergen teilweise ein erhebliches Risiko in sich. Die jeweilige Situation erlaubt und verlangt hier vielfach das Setzen risikoreicher Handlungen. Das Eingehen eines Risikos ist dabei „sozialadäquat": 314

- Ein Polizist schießt auf einen Kampfhund, der gerade ein Kleinkind angefallen hat und es zu töten droht. Es liegt darin eine sehr risikoreiche Handlung. Auch unter Einhaltung maximaler Sorgfalt kann der Schuss sein Ziel verfehlen und das Kind treffen. Dennoch wird man unter Berücksichtigung der Ausnahmesituation das Eingehen dieses Risikos als erlaubt und nicht rechtswidrig ansehen müssen.
- Gleiches gilt, wenn ein Vater sein Kleinkind aus dem Fenster eines brennenden Hauses in das Sprungtuch der Feuerwehr wirft. Auch wenn das

Kind dabei verletzt wird, hat der Vater im Rahmen des erlaubten Risikos und damit nicht rechtswidrig gehandelt.

315 Eine misslungene Rettungshandlung ist demnach nicht rechtswidrig, wenn der Helfer alle Umstände gewissenhaft geprüft hat und zur Überzeugung kam, dass es zur Rettung eines Rechtsguts unbedingt erforderlich war, dieses kalkulierte Risiko einzugehen. In den einschränkenden Kriterien liegt jedoch auch die **große Gefahr für den übereifrigen Helfer**. Kommt später ein Gericht (ex post betrachtet) zur Erkenntnis, dass eine Rettung auch unter Eingehen eines geringeren Risikos möglich gewesen wäre, kann der Helfer, der eigentlich nur Gutes tun wollte, strafrechtlich zur Verantwortung gezogen werden. Es erscheint daher verständlich, dass im Hinblick auf dieses „juristische Risiko" die Zivilcourage abnimmt und die meisten sich nur auf jene Hilfeleistung beschränken, zu der sie gesetzlich verpflichtet sind, und sich darüber hinaus mit der Zuseherrolle begnügen.

III. Tatbestandsmäßigkeit – Rechtswidrigkeit

A. Indizwirkung

316 Der Tatbestand fungiert als Träger des Unrechtsgehalts einer bestimmten Verhaltensweise. Daraus ergibt sich, dass ein tatbestandsmäßiges Verhalten regelmäßig auch rechtswidrig ist. Die **Tatbestandsmäßigkeit indiziert** die **Rechtswidrigkeit**. Im Hinblick auf den Verbrechensaufbau wird daher bei der strafrechtlichen Beurteilung einer bestimmen Handlungsweise im Rahmen der Rechtswidrigkeit grundsätzlich nur mehr geprüft, ob im konkreten Fall Umstände vorliegen, welche die Rechtswidrigkeit ausschließen und damit das tatbestandsmäßige Verhalten rechtfertigen (sog Rechtfertigungsgründe; zB Notwehr, § 3).

317 Das **Indiz**, dass tatbestandsmäßiges Verhalten auch rechtswidrig sei, **gilt bei Handlungsdelikten** und **echten Unterlassungsdelikten** (zB unterlassene Hilfeleistung, § 95). Bei diesen Deliktskategorien ist bereits aus dem Tatbestand ein bestimmtes wertwidriges Verhalten ersichtlich.

318 Bei bloß unechten Unterlassungsdelikten ergibt sich die Rechtswidrigkeit nicht unmittelbar aus der Untätigkeit einer Person. Es sind hierbei noch weitere Kriterien zu prüfen, um die Frage der Rechtswidrigkeit eines Unterlassens beantworten zu können.

B. Keine Indizwirkung bei unechten Unterlassungsdelikten

Hinterhofer Strafbarkeit infolge Nichteinhaltung wohnrechtlicher Verkehrssicherheitspflichten, immolex 2010, 109; *Kienapfel* Die Garantenpflichten (§ 2 StGB): System, Voraussetzungen und Grenzen, JBl 1975, 13, 80; *ders* Zur Abgrenzung von Tun und Unterlassen, ÖJZ 1976, 281; *Proske* Zur Gleichstellungsproblematik beim unechten Unterlassungsdelikt, in: *Wilburg*-FS (1975), 203.

Das bloße Unterlassen einer Tätigkeit, welches in weiterer Folge den Eintritt eines unerwünschten Erfolges ermöglicht, wird nur in Ausnahmefällen als rechtswidriges, strafbares Verhalten angesehen. Auszugehen ist vom Grundsatz, dass sich in der Regel niemand mit einem rein passiven Verhalten strafbar machen kann, soweit das Gesetz nicht ausdrücklich das Nichthandeln als eigenes (echtes) Unterlassungsdelikt unter Strafe stellt. Ein Untätigbleiben, welches zu einem bestimmten Erfolg führt, ist nur dann strafbar, wenn den Täter eine spezielle Pflicht zur Abwendung dieses Erfolges getroffen hat (Garantenstellung). Diese spezielle Pflicht muss sich aus § 2 ergeben. Erst in **Kombination mit § 2** werden die im StGB genannten (fahrlässigen oder vorsätzlichen) Erfolgsdelikte zu sog **unechten Unterlassungsdelikten**. § 2 ist schon dem klaren Wortlaut nach nur auf Erfolgsdelikte anzuwenden (EvBl 2015/71). 319

Soweit sich das Tatverhalten durch eine Mischung von aktiven und passiven Verhaltensweisen auszeichnet, ist vorrangig von der aktiven Herbeiführung des Erfolges auszugehen („Primat des Tuns"; EvBl 2007/77). Nur dort, wo es an einer strafrechtlich relevanten aktiven Verhaltensweise mangelt und eine strafrechtliche Haftung daher nur auf das Unterlassen einer Erfolgsabwendung gestützt werden könnte, bedarf es des Nachweises einer Garantenstellung des Täters zur Erfolgsabwendung (SSt 57/1). Das bloße Untätigbleiben indiziert in diesen Fällen noch nicht die Rechtswidrigkeit. Es müssen erst noch die zusätzlichen Kriterien des § 2 erfüllt sein, damit die Rechtswidrigkeit des Unterlassens angenommen werden kann. Es handelt sich dabei um folgende **Voraussetzungen**: 320

1. Garantenstellung

Bei einem unechten Unterlassungsdelikt kommt als (Unterlassungs)**täter** nur in Frage, wer als **Garant** verpflichtet ist, einen deliktsrelevanten Erfolg abzuwenden. Für die Herbeiführung eines bestimmten Erfolges durch Unterlassen kann nur verantwortlich gemacht werden, wen **aufgrund** seiner **Garantenstellung** eine **Garantenpflicht trifft**. Die Garantenstellung ist ein **objektives Tatbestandsmerkmal**, denn sie ist zu prüfen, wenn es um die Frage geht, ob eine bestimmte Person als Täter eines konkreten Tatbestandes in Betracht kommt (EvBl 1990/106). Der **Vorsatz** des Täters muss sich daher **auf** die **Garantenstellung** erstrecken. Hingegen betrifft die Frage, ob sich daraus 321 im konkreten Fall auch eine Garantenpflicht ableitet, die Rechtswidrigkeit. Die Rechtswidrigkeit eines Untätigbleibens ist erst zu prüfen, nachdem das Vorliegen einer Garantenstellung bejaht worden ist:

322 § 2 spricht ganz allgemein davon, dass sich die **Garantenpflicht** „aus der **Rechtsordnung**" ergeben muss. Mit dieser allgemein gehaltenen Formulierung werden nicht nur ausdrückliche gesetzliche Rechtspflichten erfasst, sondern auch Pflichten, die sich aus Gesetzes- oder Rechtsanalogie ergeben (*Fabrizy* StGB[11] § 2 Rz 2). Eine Garantenstellung und die daraus abgeleitete Garantenpflicht kann durch **Gesetz, Vertrag** oder ein **vorangegangenes Tun, welches eine Gefahr für den Erfolgseintritt geschaffen hat (Ingerenz)** begründet werden. Sittliche oder moralische Verpflichtungen allein begründen noch keine Garantenpflicht und sind daher nicht von strafrechtlicher Relevanz.

a) Gesetz

Ein **Vater** beobachtet, wie seine minderjährige **Tochter** sich durch eine Überdosis Schlaftabletten aus Liebeskummer das Leben nehmen will. Der Vater hat alles zu unternehmen, um den beabsichtigten Selbstmord seiner Tochter zu verhindern, da er für das Wohl seines Kindes zu sorgen hat (§ 137 ABGB). Er besitzt in Bezug auf seine Tochter eine Garantenstellung, mit der zahlreiche Garantenpflichten verbunden sind, welche sich ua aus den Regeln des Familienrechts ergeben.

Hingegen: Ein **Passant**, der beobachtet, wie ein **Unbekannter** sich von der Brücke stürzen und das Leben nehmen will, darf tatenlos zusehen. Wenngleich es moralisch geboten wäre, einzugreifen, könnte der untätige Passant mangels Garantenstellung nicht strafrechtlich zur Verantwortung gezogen werden.

323 **Ehegatten** kommt immer gegenseitige **Garantenstellung** zu (§§ 44, 90 ABGB). Die aus dem bürgerlichen Recht resultierende Pflicht eines Ehegatten zur Hilfeleistung, um eine drohende Lebensgefahr vom Ehepartner abzuwenden, wird auch durch ein ehewidriges Verhalten des bedrohten Ehepartners nicht aufgehoben (JBl 1980, 162).

324 Auch ein **Dienstgeber** hat die Pflicht, alle erforderlichen Maßnahmen zur Gewährleistung der Sicherheit, Gesundheit und Sittlichkeit eines jugendlichen Ferialpraktikanten zu treffen (§ 23 Abs 1a des Kinder- und Jugendlichen-Beschäftigungsgesetzes 1987, BGBl 1987/599 idgF). Es trifft ihn insoweit eine **Garantenstellung**. Wenn der Dienstgeber beobachtet, wie andere Arbeitskollegen in diese geschützten Interessen eines jugendlichen Ferialpraktikanten eingreifen, hat er einzuschreiten und dies zu verhindern (EvBl 2004/104).

Eine außereheliche, noch nicht festgestellte und auch nicht anerkannte Vaterschaft vermag hingegen keine Garantenstellung iSd § 2 StGB zu begründen (JBl 2007, 743). Zwischen **Geschwistern** und **Lebensgefährten** besteht ebenfalls **keine** gegenseitige gesetzliche **Garantenstellung** (*Fuchs* AT I[8] Kap 37 Rz 48). 325

Für die Annahme eines vorsätzlichen Unterlassens muss sich der Unterlassungstäter seiner Garantenstellung bewusst ein. Er muss zB erkennen, dass er der Vater des Kindes ist, das gerade einen Selbstmordversuch unternimmt. Für das Unrechtsbewusstsein und damit die Schuldfrage ist es in weiterer Folge von Relevanz, ob der Vater auch wusste, dass aus seiner Vaterstellung die Pflicht zur Verhinderung des Selbstmordes erwächst. Auf der Schuldebene ist daher zu prüfen, ob die Rechtswidrigkeit eines Unterlassens vom Unrechtsbewusstsein des Täters erfasst ist. 326

b) Vertrag

Eine Garantenstellung kann auch durch Vertrag begründet werden. Dabei ist nicht die Rechtsgültigkeit des Vertrages für die Entstehung der Garantenstellung maßgebend. Bereits die tatsächliche **Übernahme der Schutzposition** reicht aus, um eine Garantenstellung mit daraus resultierenden Garantenpflichten zu begründen. 327

- Eltern engagieren eine Studentin als Babysitter für ihr Kind, um am Abend auf eine Party gehen zu können. Die Studentin übernimmt damit eine Garantenstellung für das Wohl des Kindes. Die Studentin könnte in eine strafrechtliche Haftung geraten, wenn das Kind Unfug treibt und sich dabei verletzt, sie davon aber nichts mitbekommt, weil sie gerade ausgiebig mit ihrem Freund telefoniert.
- Ein Hausbesitzer beauftragt einen Hausbetreuer mit der Schneeräumung auf seinem Gehsteig. Der Hausbetreuer übernimmt in diesem Fall ebenfalls eine Garantenstellung und könnte strafrechtlich zur Verantwortung gezogen werden, wenn ein Passant auf dem eisigen Gehsteig stürzt und sich verletzt, weil dieser unzureichend geräumt war.

c) Ingerenz

Wenn jemand durch sein Verhalten eine Gefahrenquelle geschaffen hat (**gefahrbegründendes Vorverhalten**), ist er verpflichtet, dafür zu sorgen, dass daraus kein tatbestandsmäßiger Erfolg resultiert. 328

Ein Erwachsener hilft Kindern bei der Herstellung besonders effizienter Knallkörper. Der Erwachsene hat dafür Sorge zu tragen, dass die angefertigten Knallkörper nur ohne Gefährdung der Kinder gezündet werden. Er darf die Kinder nicht mit den gemeinsam angefertigten Knallkörpern auf sich alleine gestellt lassen (EvBl 1979/92).

329 Eine Haftung aus Ingerenz wird nur für typisch mit dem gefährlichen Tun verbundene Gefahren anzunehmen sein. Keine Haftung aus Ingerenz besteht, wenn jemand einen anderen zu einem Spaziergang in einem abgelegenen Wald mitnimmt, wo dieser Opfer eines Raubüberfalls wird (vgl JBl 1983, 494).

330 Die Garantenstellung, die jemand durch ein gefahrbegründendes Vorverhalten schafft, kann sehr weit gehen:

A lässt seine schwer alkoholisierte Freundin wegen Übelkeit auf dem Pannenstreifen der Autobahn bei Nacht aussteigen. A trifft in diesem Fall die Verpflichtung, alles zu unternehmen, um von seiner Freundin Gefahren für Leib oder Leben abzuwenden. Selbst wenn seine alkoholisierte Freundin sich unter wüsten Beschimpfungen weigern sollte, wieder in das Auto zu steigen, darf A nicht einfach weiterfahren und sie auf dem Pannenstreifen der Autobahn zurücklassen. Aufgrund des körperlichen Zustandes seiner Freundin und der Gefährlichkeit des Ortes ist eine erhöhte Schutzbedürftigkeit der Freundin gegeben, welcher A Rechnung zu tragen hat. Im Falle der Weigerung, wieder in das Auto zu steigen, hat A die Polizei zu verständigen und dürfte sogar (maßvolle) Gewalt einsetzen, um seine alkoholisierte Freundin wieder in das Auto zu schaffen (OLG Wien ZVR 1992/29).

331 Als **problematisch** erweist sich die Antwort auf die Frage, ob eine Garantenpflicht auch dann entstehen kann, wenn die **gefahrschaffende Handlungsweise rechtmäßig** war (befürwortend SSt 54/21; *Leukauf/Steininger* StGB[3] § 2 Rz 24): Soll jemand, der in Notwehr (§ 3) einen Einbrecher angeschossen hat, verpflichtet sein, einen Arzt herbeizuholen, um zu verhindern, dass der Einbrecher verblutet? Es wäre nicht ganz einzusehen, wenn die Rechtsordnung einerseits ein Verhalten als rechtmäßig billigt, wie im angeführten Beispiel die Verletzung des Einbrechers aus Notwehr und gleichzeitig dieses Verhalten als konstituierend für eine Straftat missbilligt, indem daraus das Entstehen einer Garantenstellung mit einer damit verbundenen Garantenpflicht abgeleitet wird. Auf diese Weise könnte von einem rechtswidrig handelnden Angreifer dem Angegriffenen eine Garantenstellung aufgezwungen werden.

332 Um allzu unbillige Ergebnisse zu vermeiden, werden derartige Fälle nach **§ 94** zu beurteilen sein (*Kienapfel/Höpfel/Kert* AT[14] Z 30 Rz 21; *Fuchs* AT I[8]

Kap 37 Rz 62). Ein Imstichlassen eines Verletzten (§ 94) liegt ausdrücklich auch dann vor, wenn die Verletzung des Opfers **nicht widerrechtlich** erfolgt war. Das Einbruchsopfer, das den Einbrecher in Notwehr verletzt hat, könnte sich daher wegen Imstichlassens eines Verletzten zu verantworten haben, wenn es keinen Arzt verständigt. Hierbei wird man jedoch genau prüfen müssen, inwieweit dem Einbruchsopfer überhaupt eine Hilfeleistung zumutbar erscheint (§ 94 Abs 3).

d) Konkrete nahe Lebensbeziehung oder Gefahrengemeinschaft

Konkrete nahe Lebensbeziehung: Da sich aus einer Garantenstellung weitreichende strafrechtliche Konsequenzen ergeben können, bedarf § 2 einer restriktiven Auslegung. Allein aus einer bloßen engen Lebensbeziehung oder einer langjährigen Freundschaft lässt sich **noch keine gegenseitige Garantenstellung** ableiten (*Leukauf/Steininger* StGB[3] § 2 Rz 19; *Fuchs* AT I[8] Kap 37 Rz 48; *Triffterer* AT[2] 339). Wenn hingegen die Lebensgefährtin ihren alkoholisierten Lebenspartner aus dem Gasthaus abholt, da dieser nicht mehr alleine nach Hause findet, übernimmt sie für den Heimweg eine Garantenstellung. Sie darf ihren betrunkenen Lebensgefährten nicht auf halbem Weg in der Nacht zurücklassen (faktische Übernahme von Schutzpflichten; SSt 31/1). Eine bloße Gelegenheitsbekanntschaft zwischen Mann und Frau oder das Zusammensein bei einem Zechgelage genügt dazu nicht. Die **Zechgenossen** sind nicht verpflichtet, einen alkoholisierten Trinkkumpanen von einer Autofahrt abzuhalten. Die Beteiligten werden hier noch nicht gegenseitig zu Garanten, wenn einem von ihnen eine Rechtsgutverletzung droht. Zwar scheint es moralisch geboten, einen Alkoholiker von der Inbetriebnahme seines Autos abzuhalten, weil dieser auch eine unabschätzbare Gefahr für andere unschuldige Verkehrsteilnehmer darstellt, der Verstoß gegen bloß allgemein anerkannte Moralvorstellungen besitzt jedoch keine strafrechtliche Relevanz. Auch einen **Hüttenwirt**, der Touristen nicht von einem gefährlichen Weitermarsch bei einbrechender Dunkelheit abhält, trifft keine strafrechtliche Verantwortung (SSt 45/24). 333

Gefahrengemeinschaft: Weitgehend abgelehnt wird eine Garantenstellung aufgrund bloßer Gefahrengemeinschaft (*Triffterer* AT[2] 339; *Leukauf/Steininger* StGB[3] § 2 Rz 29). Zwei Personen, die gemeinsam eine Bergtour unternehmen, weil es gemeinsam mehr Spaß macht, werden allein dadurch **grundsätzlich** noch **nicht** zu **gegenseitigen Garanten**. Eine gegenseitige Garantenstellung kann nur in **Ausnahmefällen** angenommen werden, in denen das gemeinschaftliche Vorgehen Voraussetzung für das Gelingen eines Unternehmens ist. Wenn zwei Bergsteiger im Vertrauen auf die gegenseitige Unterstützung Gefahren auf sich nehmen, denen sie alleine nicht gewachsen gewesen wären, ist das **gemeinschaftliche Vorgehen zwingend.** Bei einer Kletterpartie kommt 334 daher jedem Einzelnen der Seilschaft eine Garantenstellung gegenüber dem anderen zu (vgl *Fuchs* AT I[8] Kap 37 Rz 56).

2. Gleichwertigkeit von Tun und Unterlassen

Kienapfel Zur Gleichwertigkeit von Tun und Unterlassen, JBl 1976, 197.

335 Im Regelfall erscheint es unbillig, jemanden für einen Erfolg zur Verantwortung zu ziehen, der bloß auf sein Untätigbleiben zurückzuführen ist. Durch § 2 darf nicht der Anwendungsbereich der einzelnen Begehungsdelikte überdehnt werden. Eine strafrechtliche Verantwortlichkeit bei einem Unterlassen erscheint nur in jenen Ausnahmefällen vertretbar, in denen das Unrecht des Unterlassens einer Erfolgsabwendung von gleichem Gewicht ist, wie das Unrecht der Verwirklichung des gesetzlichen Tatbildes durch ein aktives Tun (EvBl 2000/101, **Gleichwertigkeitskorrektiv**). Das Unterlassen muss zumindest gleichwertig der Strafwürdigkeit des leichtesten Falles einer Tatbegehung durch aktives Tun sein (RZ 2004/29). Nur unter dieser Voraussetzung darf eine Gleichstellung von Handlungsdelikt und Unterlassungsdelikt erfolgen. Darüber hinaus erscheint der Unrechtsgehalt der Tat geringer, wenn der Taterfolg nicht durch aktives Tun, sondern durch Unterlassen herbeigeführt worden ist, worauf der Gesetzgeber mit dem ausdrücklichen Strafmilderungsgrund des § 34 Abs 1 Z 5 Rücksicht nimmt.

336 Die Gleichwertigkeitsklausel des § 2 eröffnet jedoch einen weiten Ermessensspielraum. Bei reinen Verursachungstatbeständen, bei denen das Gesetz keine näheren Handlungsmerkmale nennt, kann mangels einschlägiger Anhaltspunkte die Gleichwertigkeit zwischen Handlungsunrecht und Unterlassungsunrecht nicht geprüft werden (EvBl 2015/71):

- Einen Mord (§ 75) begeht, „Wer einen anderen tötet, …“. Es macht dabei keinen Unterschied, ob die Tötungshandlung in einem aktiven Tun (X erschießt den Y) oder in einem Unterlassen (eine Mutter lässt ihr Kind verhungern) besteht.
- Der Missbrauch der Amtsgewalt iSd § 302 besteht darin, dass ein Beamter wissentlich seine Befugnis missbraucht. Es macht dabei ebenfalls keinen Unterschied, ob ein Beamter in missbräuchlicher Weise einen Antrag nicht bearbeitet und keinen Bescheid erlässt (Befugnismissbrauch durch Unterlassen), oder missbräuchlich einen gesetzwidrigen Bescheid erlässt (Befugnismissbrauch durch aktives Tun; EvBl 2015/71).

337 Anders ist es bei **Erfolgsdelikten**, bei denen das Gesetz **besondere Handlungsmerkmale** nennt (zB Betrug, § 146: „Wer … jemanden durch Täuschung

über Tatsachen …“). Hier muss zum bloßen Nichthandeln (Unterlassen) noch ein gravierendes Moment hinzukommen, wodurch die fehlenden Handlungsmerkmale aufgewogen werden. Erst dann könnte zB ein Täuschen durch Unterlassen (zB durch Nichtaufklären eines Irrtums, § 2 iVm § 146) als gleichwertig einem Täuschen durch aktives Tun (Hervorrufen eines Irrtums, § 146) angesehen werden (RZ 2013/5).

A möchte sein Geld gewinnbringend für seine spätere Pension anlegen. Nach einem längeren Gespräch mit seinem Vermögensberater entscheidet er sich für eine Anlage in Aktien. Der Vermögensberater unterlässt es, seinen Kunden darauf hinzuweisen, dass es sich bei den vom Kunden ausgewählten Aktien um eine hochriskante Investition handelt, die für eine langfristige Pensionsvorsorge eher ungeeignet ist. Wenig später verliert A sein gesamtes Erspartes.

Ein Vermögensberater hat seine Kunden über die Risiken der jeweiligen Geldanlage aufzuklären. Für den Betroffenen macht es dabei keinen Unterschied, ob die Täuschung über die Anlagerisiken dadurch erfolgt, dass diese Risiken bewusst vom Vermögensberater verneint werden (Täuschung durch aktives Tun) oder es unterlassen wird, darauf hinzuweisen, dass derartige Risiken überhaupt bestehen (Täuschung durch Nichtaufklärung). Beide Formen der Täuschung sind im gegenständlichen Fall als gleichwertig anzusehen. Im Schadensfalle und bei entsprechendem Tatvorsatz wäre bei beiden Konstellationen ein möglicher Betrug (§ 146 bzw § 146 iVm § 2) des Vermögensberaters zu prüfen.

3. Zusammenfassendes Schema zum unechten Unterlassungsdelikt

338 Auf Tatbestandsebene werden beim unechten Unterlassungsdelikt insb folgende Punkte einer näheren Prüfung zu unterziehen sein:

a) Vorsätzliches unechtes Unterlassungsdelikt

I. Tatbestand →

A. Objektive Tatbestandsseite

1. Tatsubjekt (Garantenstellung aus Gesetz, Vertrag od Ingerenz)
2. Unterlassen der gebotenen Handlung (Gleichwertigkeit zwischen Tun und Unterlassen)
3. Taterfolg (Kausalität zwischen dem Unterlassen und dem Erfolg)

B. Subjektive Tatbestandsseite

1. Tatvorsatz (insb hinsichtlich der Garantenstellung)
2. erweiterter Vorsatz

II. Rechtswidrigkeit

III. Schuld

IV. Strafe

b) Fahrlässiges unechtes Unterlassungsdelikt

I. Tatbestand →	**A. Kausalität zwischen dem Unterlassen und dem Erfolg** **B. Tatsubjekt (Garantenstellung aus Gesetz, Vertrag od Ingerenz)** **C. Objektive Sorgfaltswidrigkeit des Unterlassens** 1. Verstoß gegen Rechtsvorschriften (zB StVO) 2. Verstoß gegen allgemein anerkannte Regeln 3. Sorgfaltsmaßstab eines maßstabgerechten Dritten aus dem Verkehrskreis des Täters **D. Objektive Voraussehbarkeit des Erfolges** (Objektive Zurechnung des Erfolges) 1. Adäquanzzusammenhang (typischer – atypischer Kausalverlauf) 2. Rechtswidrigkeitszusammenhang (erlaubtes Risiko, rechtmäßiges Alternativverhalten) 3. Risikozusammenhang **E. Gleichwertigkeit zwischen Tun und Unterlassen**
II. Rechtswidrigkeit	
III. Schuld	
IV. Strafe	

IV. Rechtfertigungsgründe

A. Allgemeines

339 **1.** Die Rechtswidrigkeit ist bei den Erfolgsdelikten und echten Unterlassungsdelikten bereits durch die Verwirklichung des Tatbestands indiziert, bei den unechten Unterlassungsdelikten müssen darüber hinaus noch die genannten Kriterien des § 2 gegeben sein, damit eine Rechtswidrigkeit des Unterlassens angenommen werden kann.

340 Selbst wenn die Verwirklichung des Tatbestands durch Tun oder Unterlassen die Rechtswidrigkeit des gesetzten Verhaltens nahelegt, kann im Einzelfall das Vorliegen eines sog Rechtfertigungsgrunds die Rechtswidrigkeit ausschließen. **Rechtfertigungsgründe** beschreiben **Voraussetzungen, unter denen** eine **tatbestandsmäßige Handlung von der Rechtsordnung gebilligt wird** (*Kienapfel/Höpfel/Kert* AT^{14} Z 5 Rz 2).

341 Das Vorliegen derartiger **Rechtfertigungsgründe** ist, soweit dafür Anhaltspunkte vorliegen, nach Bejahen der Tatbestandsmäßigkeit auf der **zweiten Stufe des Verbrechensaufbaus – der „Rechtswidrigkeit" – zu prüfen**. Auch wenn eine Rechtsgutverletzung durch einen Rechtfertigungsgrund ihre Rechtswidrigkeit verliert, bleibt sie dennoch tatbestandsmäßig.

342 Rechtfertigungsgründe für tatbestandsmäßiges Handeln **finden sich** nicht nur im StGB, sondern **in vielen Bereichen der Rechtsordnung.** Die gesamte Rechtsordnung ist dabei als Einheit anzusehen.

343 Es ist zB grundsätzlich zulässig, Verstorbenen einzelne Organe oder Organteile zu entnehmen, um durch deren Transplantation das Leben eines anderen Menschen zu retten oder dessen Gesundheit wiederherzustellen, soweit nicht der Verstorbene vor seinem Tod eine Organspende ausdrücklich abgelehnt hat (Widerspruchslösung, § 6 Organtransplantationsgesetz, BGBl I 2012/108). Diese in der Allgemeinheit nur wenig bekannte Bestimmung stellt somit für den jeweiligen Arzt einen Rechtfertigungsgrund bezüglich des § 190 Abs 1 StGB (Störung der Totenruhe) dar.

344 Teilweise werden von Rsp und Lehre auch rechtfertigende Umstände angenommen, die im **Gesetz** gar **nicht** als Rechtfertigungsgrund **verankert** sind (zB **rechtfertigender Notstand)**. Auch die Ausübung eines anerkannten Brauchtums kann rechtfertigen, wenn dabei bloß eine strafbare Handlung im Bagatellbereich verwirklicht wird (RZ 1986/12).

345 Im Bereich der Rechtfertigungsgründe lässt sich am deutlichsten die Dynamik sozialer Veränderungen erkennen. Die Gründe, aus denen es gestattet ist, Menschen festzunehmen (§§ 170ff StPO), ihr Privatleben zu überwachen (zB Lauschangriff, § 136 StPO), zwangsweise körperliche Eingriffe durchzuführen (zB Blutabnahme, § 123 StPO), in Wohnungen einzudringen (zB

Hausdurchsuchung, §§ 119ff StPO) oder personenbezogene Daten zu erheben (zB Rasterfahndung, § 141 StPO), werden tendenziell immer mehr erweitert. Änderungen der Strafprozessordnung (StPO), des Sicherheitspolizeigesetzes (SPG) oder sonstiger Materien des Verwaltungsrechts schaffen immer wieder neue Rechtfertigungsgründe.

2. Die **Rechtswidrigkeit** ist immer eine **objektiv zu beurteilende Komponente**. In jedem Rechtsstaat muss sich objektiv feststellen lassen, ob ein bestimmtes Verhalten oder Unterlassen, ohne Ansehung der Person des Täters, rechtswidrig oder rechtmäßig ist. Subjektive Umstände auf der Seite des Täters, wie zB eine Kenntnis oder Unkenntnis vom Vorliegen eines Rechtfertigungsgrundes, können im Hinblick auf eine möglicherweise verminderte Schuld des Täters Relevanz erlangen (§§ 8 u 9, Rz 546ff, 572ff). Die subjektive Sicht des Täters (sein Wille, seine Vorstellung) kann jedoch nicht ein rechtmäßiges Verhalten zu einem rechtwidrigen machen oder umgekehrt ein rechtswidriges Verhalten rechtfertigen. **Rechtfertigungsgründe** sind **rein objektiver Natur. Ihr Vorliegen ist daher allein anhand der objektiven Sachlage zu beurteilen**. 346

Dies hat zur Konsequenz, dass allein das (objektive) **Vorliegen** eines Rechtfertigungsgrunds **genügt**, **um** den Täter **freizusprechen**, unabhängig davon, ob er zum Zeitpunkt der Tat von der Existenz dieses Rechtfertigungsgrunds Kenntnis hatte oder nicht (im Ergebnis gleich *Leukauf/Steininger* StGB[3], § 3 Rz 8f; *Lewisch* WK-StGB[2] § 3 Rz 157; treffend zur gesamten Problematik *Spendel* in *Oehler*-FS, 197ff; aM *Fuchs* AT I[8] Kap 19 Rz 2ff, der bei fehlender Kenntnis für eine Strafbarkeit wegen Tatversuchs eintritt): 347

- Ein Schwangerschaftsabbruch wegen drohender und nicht anders abwendbarer Gefahr für das Leben der Schwangeren (§ 97 Abs 1 Z 2) erfolgt auch dann rechtmäßig, wenn der operierende Arzt die vorliegende Gefahr nicht erkannt hatte und daher nicht wusste, dass seine Handlungsweise gerechtfertigt ist (JBl 1960, 392).
- Ebenso ist gerechtfertigt, wer in einer Notwehrsituation den rechtswidrigen Angriff im Reflex abwehrt (§ 3). Ein spezifischer (subjektiver) Verteidigungswille des Opfers als Motivation für seine Abwehrreaktion muss nicht vorliegen (JBl 1980, 494 mA *Burgstaller*).

Ein Teil der Lehre will bei fehlender Kenntnis des Täters von der objektiv gegebenen rechtfertigenden Situation diesen wegen versuchter Tatbegehung bestrafen. Begründet wird dieser Standpunkt ua damit, dass der Täter vorsätzlich ein verbotenes Verhalten vornehmen wollte und damit zumindest ein Handlungsunwert gegeben sei (*Fuchs* AT I[8] Kap 19 Rz 2). Dieser Handlungsunwert ist aber allein in der Vorstellung des Täters gegeben, objektiv liegt er nicht vor. Es wäre unzulässig, jemanden zu bestrafen, nur weil er glaubte, eine 348 unrechte Handlung zu setzen, dies jedoch objektiv gar nicht der Fall war. Ein rein „subjektives Handlungsunrecht" reicht für eine Bestrafung nicht aus. Bestraft würde in diesem Fall nur der kriminelle Wille des Täters. Bezogen auf das oben angeführte Beispiel bedeutet das: Der Schwangerschaftsabbruch, um eine drohende und nicht anders abwendbare Gefahr für das Leben der Schwangeren abzuwehren, stellt laut Gesetz (§ 97 Abs 1 Z 2) eine rechtmäßige Handlung dar, gleich was der behandelnde Arzt glaubt oder meint. Ein Täter, der nur (subjektiv) Unrecht setzen möchte, dies ihm aber objektiv nicht gelingt, bleibt immer straffrei. Es ist und darf nie Aufgabe des Strafrechts sein, eine bloße kriminelle Gesinnung zu sanktionieren (unzulässiges Gesinnungsstrafrecht).

349 Entsprechend ist auch die umgekehrte Konstellation zu beurteilen, bei der der Täter fälschlich vom Vorliegen einer rechtfertigenden Sachverhaltslage ausgeht, diese jedoch objektiv nicht gegeben ist. Die Tat bleibt unabhängig vom Irrtum des Täters rechtswidrig.

350 Die **irrige Vorstellung des Täters** über das **Vorliegen einer rechtfertigenden Situation** führt jedoch dazu, dass der Täter nicht mehr wegen vorsätzlicher sondern bloß wegen fahrlässiger Tatbegehung zur Verantwortung gezogen werden könnte (**§ 8**, siehe Rz 572ff). Der in dieser Hinsicht irrende Täter wird daher bei seiner strafrechtlichen Verantwortlichkeit vom Gesetz günstiger gestellt. An der objektiv gegebenen Rechtswidrigkeit der Tat ändert sich dadurch natürlich nichts. Die irrtümliche Annahme einer rechtfertigenden Sachverhaltskonstellation und damit die subjektive Vorstellung des Täters kann darauf keinen Einfluss nehmen.

351 **3.** Den meisten Rechtfertigungsgründen liegt ein **Güter- und Interessenabwägungsgedanke** zugrunde. Höherwertige Güter sollen auf Kosten geringerwertiger Güter gerettet werden dürfen. Der Interessenabwägungsgedanke kommt auch zum Tragen, wenn die Rechtfertigung darin liegt, dass auf der Seite des Opfers das Schutzinteresse fehlt, weil dieses in die Verletzung seines Rechtsgutes eingewilligt hat:

> Wer in eine Schönheitsoperation, die eine Verletzung am Körper darstellen würde, einwilligt, erklärt damit, dass er in dieser Hinsicht kein Interesse am Schutz seiner körperlichen Integrität hat. Der operative Eingriff des Chirurgen wäre durch die Einwilligung des Patienten gerechtfertigt (Einwilligung in eine Körperverletzung, § 90 Abs 1).

352 Teilweise spielen bei der Rechtfertigung auch der Gedanke der Bewährung der Rechtsordnung und der Grundsatz, dass das Recht nicht dem Unrecht zu weichen brauche, eine Rolle (zB Notwehr, § 3). Allen Rechtfertigungsgründen gemeinsam ist, dass sie eine Regulierung kollidierender Interessen bezwecken.

4. Rechtfertigungsgründe erlauben immer nur Eingriffe in Rechtsgüter jener Personen, denen gegenüber der Erlaubnissatz eine Rechtsverletzung gestattet (zB Notwehr gegen Rechtsgüter des Angreifers). Werden im Zuge einer Notwehr auch **Rechtsgüter Dritter verletzt**, geschieht dies rechtswidrig: 353

Der Polizist schießt einem flüchtenden Bankräuber nach. Er verletzt dabei nicht nur den Bankräuber, sondern auch einen unbeteiligten Passanten. Die Verletzung des Bankräubers ist durch Notwehr(hilfe) gerechtfertigt (§ 3), nicht jedoch die Verletzung des unbeteiligten Passanten.

Die Verletzung von Rechtsgütern dritter Personen, gegenüber denen keine Rechtfertigung besteht, wird nur unter dem Aspekt eines Schuldausschlusses wegen **Unzumutbarkeit rechtmäßigen Verhaltens** auf der **Schuldebene** (Rz 602ff) zu prüfen sein: 354

Im oben zitierten Beispiel wird man dem Polizisten für die Verletzung des Passanten einen Schuldvorwurf machen können (fahrlässige Körperverletzung, § 88). Es ist ihm zumutbar, nur dann auf einen flüchtenden Bankräuber zu schießen, wenn eine Verletzung von unbeteiligten Dritten ausgeschlossen werden kann.

Anders sieht es aus, wenn man das oben zitierte Beispiel dahingehend abändert, dass der flüchtende Bankräuber sich eines fremden Fluchtautos bemächtigt, welches bei der Verfolgung durch Schüsse der Polizei beschädigt werden könnte. Ein möglicher Schaden am Fluchtauto wird nicht als so gravierend einzustufen sein, wie eine mögliche Verletzung von unbeteiligten Passanten. Dem Polizisten könnte daher in diesem Fall nicht zugemutet werden, den Bankräuber so lange nur zu verfolgen, bis er problemlos festgenommen werden kann.

B. Einzelne Rechtfertigungsgründe

1. Amtliche Befugnis

Aus amtlichen Befugnissen ergeben sich eine Reihe von Rechtfertigungsgründen, welche einen Eingriff in die Rechtsgutsphäre des Einzelnen für rechtmäßig erklären. 355

Wer einer strafbaren Handlung verdächtig ist, darf unter den Voraussetzungen der §§ 170ff StPO festgenommen und damit seiner Freiheit beraubt werden. Gesetzliche Voraussetzung für eine Festnahme ist nur, dass sich jemand einer strafbaren Handlung verdächtig gemacht hat und ein gesetzlich normierter Haftgrund vorliegt (zB Fluchtgefahr). Lagen die gesetzlichen Voraussetzungen 356 zum Zeitpunkt der Festnahme vor, bleibt die Freiheitsbeschränkung auch dann formell gerechtfertigt, wenn sich später herausstellt, dass der wirkliche Täter ein anderer war. Dem Staat kommt in dieser Hinsicht ein **Irrtumsprivileg** zu.

357 Entsprechendes gilt für behördlich durchgeführte **Hausdurchsuchungen** (§§ 119ff StPO), **Sicherstellungen** und **Beschlagnahmungen** (§§ 110ff StPO) etc, soweit die gesetzlichen Voraussetzungen dafür vorliegen. Auf diese Weise schafft zB die StPO eine Reihe von Rechtfertigungsgründen, die in der Praxis von hoher Bedeutung sind. Rechtfertigungsgründe für amtliche Befugnisse sind jedoch auch in zahlreichen anderen Gesetzen zu finden, wie zB der Exekutionsordnung (EO, RGBl 1896/79), welche unter bestimmten Voraussetzungen Eingriffe in das Vermögen eines Schuldners rechtfertigt.

2. Handeln auf Befehl oder Weisung

358 Das Handeln aufgrund eines Befehls oder einer **Weisung** seitens einer **vorgesetzten Person** kann **hingegen nie ein strafgesetzwidriges Verhalten rechtfertigen**.

359 Ein Buchhalter darf der Weisung seines Arbeitgebers, falsche Angaben gegenüber dem Finanzamt zu machen und damit eine Abgabenhinterziehung zu bewirken, keine Folge leisten: Der Buchhalter macht sich ebenso wie sein Arbeitgeber eines Finanzvergehens schuldig (§ 33 FinStrG), wenn er zB Unterlagen für Umsatzsteuervoranmeldungen (vgl § 21 Umsatzsteuergesetz, UStG) in gesetzwidriger Weise derart erstellt, dass sich ein Gesamtrechnungsbetrag nur in jener Höhe ergibt, wie er zum betreffenden Zeitpunkt auch jeweils bezahlt werden kann. Die auf Weisung des Arbeitgebers gemachten falschen Umsatzsteuervoranmeldungen sind auch dann nicht gerechtfertigt, wenn der Buchhalter bei Zuwiderhandeln eine Entlassung befürchtet hatte (JBl 1984, 619).

360 Auch der Weisung eines **übergeordneten Behördenorgans** kommt keine rechtfertigende Wirkung zu, wenn deren Befolgung einen Verstoß gegen strafgesetzliche Vorschriften (zB Missbrauch der Amtsgewalt, § 302 StGB) bedeuten würde (Art 20 Abs 1 Bundes-Verfassungsgesetz, B-VG). Nach dem Wortlaut des Art 20 Abs 1 B-VG „kann" das untergeordnete Organ die Befolgung einer derartigen Weisung ablehnen. Vielmehr wird das untergeordnete Organ eine solche **Weisung ablehnen müssen**, will es nicht gegen strafgesetzliche Vorschriften verstoßen.

361 Zu einer solchen Situation kann es zB kommen, wenn ein Staatsanwalt von seinem vorgesetzten Leitenden Staatsanwalt die Weisung erhält, ein Verfahren einzustellen, obwohl alle gesetzlichen Voraussetzungen für eine Verfolgung gegeben sind. Der Staatsanwalt unterliegt dem Legalitätsprinzip (§ 2 Abs 1 StPO). Durch Befolgung der gesetzwidrigen Weisung wäre das Recht des Staates auf Verfolgung einer konkreten tatverdächtigen Person verletzt. Die

Vorgangsweise des Staatsanwalts würde daher einen **Missbrauch der Amtsgewalt (§ 302 StGB)** darstellen. Die **Weisung** bietet in diesem Fall **keinen Rechtfertigungsgrund** für den Staatsanwalt. Dem Legalitätsprinzip unterliegt auch der Justizminister. § 302 StGB wird daher auch verwirklicht, wenn ein Staatsanwalt auf dessen Weisung hin das Verfahren gegen einen politischen Günstling einstellt, ohne dass der Tatbestand unter Heranziehung aller zweckdienlichen Beweismittel so weit als möglich aufgeklärt worden ist (EvBl 1987/72).

3. Notwehr (§ 3)

Fuchs Grundfragen der Notwehr (1986); *Harbich* Ausgewählte Themen aus dem Allgemeinen Teil des Finanz- und Justizstrafrechts, RZ 1979, 1; *Nowakowski* Zur subjektiven Tatseite der Rechtfertigungsgründe, ÖJZ 1977, 573; *Piskernigg* Zur Lage des staatlichen Gewaltmonopols, JBl 2010, 137; *Spendel* Notwehr und „Verteidigungswille“ objektiver Zweck und subjektive Absicht, in *Oehler*-FS (1985), 197; *Triendl* Notwehr und Kampfsport, RZ 2006, 140.

a) Allgemeines

Einer der geläufigsten, wenngleich, wie aus den bisherigen Beispielen ersichtlich, bei weitem nicht der in der Praxis am häufigsten vorkommende Rechtfertigungsgrund ist die Notwehr. Nach § 3 handelt nicht rechtswidrig, wer sich 362

- bei der **Abwehr eines gegenwärtigen** oder **unmittelbar drohenden rechtswidrigen Angriffs** auf
- die Rechtsgüter **Leben**, **Gesundheit**, **körperliche Unversehrtheit**, **Freiheit** oder **Vermögen**
- der **notwendigen Verteidigung** bedient.

Der Notwehrübende muss nicht selbst Objekt des Angriffs sein. Er kann sich auch als sog **Notwehrhelfer** bei einem Angriff, der eigentlich gegen einen Dritten gerichtet ist, hervortun (SSt 53/69). 363

Der Grundgedanke des Rechtfertigungsgrunds der Notwehr ist, dass das Recht nicht vor dem Unrecht zu weichen brauche (SSt 58/15; JBl 1990, 388). Das Bedürfnis nach Selbstschutz und der Gedanke der Rechtsbewährung führten zur Ausgestaltung eines Notwehrrechts, welches grundsätzlich **nicht** von einer **Güterabwägung** ausgeht. Einzig, wenn dem Angegriffenen bloß ein geringfügiger Nachteil droht und er diesen nur durch eine unverhältnismäßig schwerere Verletzung des Angreifers abwehren könnte, tritt der Gedanke der Rechtsbewährung in den Hintergrund und schließt die Rechtfertigung dieser Abwehrhandlung aus. Die **Verteidigungshandlung** soll nur bewirken, dass 364 der Angegriffene seine Rechtsgutsphäre wahrt. Sie darf **nicht Strafcharakter** erlangen.

365 Wenn man davon ausgeht, dass der Rechtfertigung durch Notwehr der Gedanke zugrunde liegt, dass das Recht vor dem Unrecht nicht zu weichen brauche, bedeutet dies, dass sich der **Angegriffene** dem Angreifer entgegenstellen darf und **nicht ausweichen oder gar fliehen muss** (EvBl 1986/15; EvBl 1986/42; SSt 56/28; SSt 57/78). Sein volles Notwehrrecht bleibt selbst dann erhalten, wenn der Angegriffene sich leicht durch Flucht dem Angriff entziehen hätte können (EvBl 2008/98).

366 Die Tendenz in der Rsp, eine **sozialethische Einschränkung** des Notwehrrechtes vorzunehmen, führte jedoch dazu, dass in bestimmten Fällen dem Angegriffenen ein Ausweichen zugemutet wird. Dies kann gegebenenfalls bei Angriffen von Kindern, Unreifen oder Geisteskranken der Fall sein (EvBl 1986/15; RZ 1989/85; SSt 56/28). Es besteht jedoch keine Pflicht, bei Angriffen von Betrunkenen auszuweichen (EvBl 1987/158; RZ 1989/85).

367 Wurde der **Angriff schuldhaft provoziert**, ändert dies grundsätzlich nichts am Entstehen von Notwehr auf der Seite des Angegriffenen. Hier wird allerdings von der Rsp die Einschränkung getroffen, dass der vom Angriff Betroffene primär auszuweichen hat (EvBl 1978/45; SSt 48/82; *E.Steininger* SbgK § 3 Rz 78ff; *Triffterer* AT^2 222). Die Rsp spricht einer Person sogar überhaupt ihr Notwehrrecht ab, wenn diese eine Provokationshandlung einzig mit dem Ziel gesetzt hat, in eine Notwehrsituation zu geraten und bei dieser Gelegenheit dem Angreifer eine Rechtsgutverletzung zuzufügen (Absichtsprovokation; JBl 1982, 101; EvBl 1987/190; JBl 1990, 388; SSt 51/58; SSt 58/15). Diese restriktive Rsp zum Schutz des rechtswidrig handelnden Angreifers erscheint unbillig und schafft einen unüberschaubaren Ermessensspielraum, was alles als „notwehrausschließende Provokation“ verstanden werden kann. Grundsätzlich darf niemand auf reine Provokationen mit einer Verletzung fremder Rechtsgüter reagieren (*Fuchs* AT I^8 Kap 17 Rz 41). Keine Notwehrprovokation liegt vor, wenn sich ein Gast durch einen alkoholisierten Angreifer zuerst aus dem Lokal vertreiben lässt und danach doch wieder in die Gaststätte zurückkehrt, weil er seinen bestellten Kaffee trinken und sich nicht vertreiben lassen möchte (JBl 1990, 388). Das Recht braucht nämlich vor dem Unrecht nicht zu weichen (SSt 58/15).

b) Gegenwärtiger oder unmittelbar drohender Angriff

368 Grundvoraussetzung für das Entstehen eines Notwehrrechts ist, dass sich jemand in einer **Notwehrsituation** befindet. Diese liegt nur bei einem gegenwärtigen oder unmittelbar drohenden rechtswidrigen Angriff auf notwehrfähige Rechtsgüter (Leben, Gesundheit etc) vor. Bei der Frage, ob sich der Täter

in einer Notwehrsituation befindet, kommt es nicht auf dessen Vorstellung an, sondern auf den effektiven Geschehensablauf (RZ 1984/71).

aa) Angriff: Unter einem Angriff iSd § 3 versteht man ein menschliches Verhalten, das die Beeinträchtigung von notwehrfähigen Rechtsgütern (Leben, Gesundheit, Vermögen etc) befürchten lässt. Es muss sich dabei um ein **aktives Vorgehen** handeln. Ein rein passives Verhalten ist noch kein Angriff: Polizisten, die jemanden verhaften wollen, der sich aus Protest dagegen flach auf den Boden legt, ohne sich zu rühren, werden von diesem nicht angegriffen. Entsprechendes gilt bei einer Straßenblockade durch Umweltaktivisten, wenn diese sich auf die Straße legen und warten, bis man sie wegträgt. Eine Gewaltanwendung seitens der Polizei wäre nicht gerechtfertigt. Anders ist **passives Verhalten** nur dann zu beurteilen, **wenn** das **Nichthandeln gegen eine Pflicht zum Tätigwerden verstößt**: 369

Eine Mutter lässt im Hochsommer ihr Kleinkind im verschlossenen Auto auf dem sonnigen Parkplatz eines Einkaufzentrums zurück. Sie schafft damit eine unmittelbare Gefahr für das Leben und die Gesundheit des Kindes. Da ihr in Bezug auf das Kind Garantenstellung zukommt, ist ihr Zurücklassen als Angriff auf das Leben und die gesundheitliche Unversehrtheit des Kindes zu werten. Jeder Dritte wäre berechtigt, zu Gunsten des Kindes in Nothilfe die Autoscheibe einzuschlagen (gerechtfertigte Sachbeschädigung, § 125), um das Kind zu retten.

bb) Gegenwärtiger Angriff: Gegenwärtig ist ein Angriff, wenn die Beeinträchtigung des Rechtsgutes, auf das der Angriff abzielt, bereits im Gang ist: Der Einbrecher fasst in der fremden Wohnung nach dem Schmuckstück, als er vom Eigentümer überrascht wird. Da niemand gezwungen werden kann zu warten, bis sein Rechtsgut verletzt worden ist, stellt das Gesetz dieser Situation **gleich**, dass der **Angriff** bloß **unmittelbar droht**: 370

- Der Einbrecher betritt mit der Leiter das Grundstück, um durch das geöffnete Fenster im ersten Stock in die Villa einzusteigen.
- Ein alkoholisierter Wirtshausgast krempelt die Ärmel auf, um einem Andersdenkenden, dem er zuvor Schläge angedroht hatte, seinen Standpunkt zu „erklären“.

Diese Situationen berechtigen denjenigen, der den Angriff unmittelbar zu erwarten hat, bereits jetzt, seinen Gegner durch Gegenmaßnahmen an der Verwirklichung seines Vorhabens zu hindern, um sein bedrohtes Rechtsgut nicht erst dem Angriff aussetzen zu müssen. Eine solche **offensive Notwehr** ist jedoch nur zulässig, wenn der drohende Angriff nicht anders gebannt werden kann (EvBl 1978/106). Das Zuwarten mit der Verteidigungshandlung kann den 371

Angegriffenen nämlich in eine Situation bringen, in der keine Abwehr mehr möglich ist oder weniger aussichtsreich erscheint, um seine Rechtsgüter angemessen zu schützen. Wird ein Angriff erst für den nächsten Tag in Aussicht gestellt, kann er nicht mehr als unmittelbar bevorstehend bezeichnet werden. Der Bedrohte hat sich in diesem Fall polizeilichem Schutz anzuvertrauen und darauf zu hoffen, dass dieser auch gewährt wird.

372 **Solange der Angriff andauert**, darf Notwehr geübt werden. Es ist dabei auch eine offensive Gegenwehr zulässig (JBl 1991, 196). Ein Angriff ist so lange als „gegenwärtig" zu bezeichnen, als er nicht aufgegeben oder bezwungen wurde oder misslungen ist (EvBl 2008/98). Ein Angriff iSd § 3 kann selbst nach formeller Vollendung des Angriffsdelikts noch angenommen werden: Gegen einen Einbrecher darf im Wege der **Nacheile** Notwehr geübt werden, wenn dieser bereits wieder das Haus verlassen hat und nun mit der Diebesbeute das Weite sucht (SSt 30/49). Entdeckt der Bestohlene erst am nächsten Tag den mutmaßlichen Dieb, ist keine Notwehr mehr zulässig. Der Dieb könnte nur bis zum Eintreffen der Polizei festgehalten werden (§ 80 Abs 2 StPO).

373 Am Entstehen des Notwehrrechts im Falle eines aktuellen Angriffs ändert sich auch nichts, wenn zB durch Installieren einer Selbstschussanlage oder eines Hochspannungszaunes für eventuelle Notwehrsituationen Vorsorge getroffen worden ist. Das Risiko, welches damit verbunden ist, dass auch Unschuldige Opfer dieser Abwehreinrichtungen werden könnten, muss jedoch jener tragen, der sich eines solchen Weges der (vorausschauenden) Verteidigung bedient. Auch eine **vorsorgliche unberechtigte Bewaffnung** vermag an der Rechtfertigung später geübter Notwehr nichts zu ändern (SSt 43/50; JBl 1982, 101; JBl 1990, 388):

> Eine Frau führt zu ihrem Schutz eine gesetzlich nicht erlaubte Waffe mit sich. Als sie Opfer eines Vergewaltigungsversuchs wird, tötet sie damit den Angreifer. Auch wenn das Mitführen der Waffe gesetzwidrig war, ist die Tötung des Sittlichkeitsverbrecher durch Notwehr gerechtfertigt.

374 **cc) Rechtswidriger Angriff:** Der Angriff muss rechtswidrig sein. Ein Angriff, gegen den Notwehr zulässig ist, muss daher von einer menschlichen Verhaltensweise ausgehen. Tiere oder juristische Personen können keinen rechtswidrigen Angriff iSd § 3 führen (Rz 398ff). „Rechtswidrigkeit" des Angriffes bedeutet nicht, dass der Angriff einen Tatbestand des StGB verwirklicht (zB Körperverletzung, § 83).

375 **Ob** der Angreifer **schuldhaft** handelt, ist **belanglos**. Notwehr ist grundsätzlich auch gegen Handlungen von **Kindern** oder **Alkoholisierten** zulässig (RZ 1989/85; SSt 58/15). Notwehr kann ebenso gegenüber jemandem geübt werden, dem bloß eine Fahrlässigkeit vorgeworfen werden könnte oder der irrtümlich glaubt, rechtmäßig zu handeln. Mangels Notwendigkeit einer

Rechtsbewährung bzw aus sozialethischen Gesichtspunkten wird man jedoch in derartigen Fällen teilweise Einschränkungen treffen müssen und vom Angegriffenen verlangen, dem Angriff auszuweichen, soweit dies gefahrlos möglich ist. Dies gilt insb bei Fällen, in denen jemand von einem Geisteskranken oder einem Kind attackiert wird (RZ 1989/85; SSt 56/28). Besitzt der Angegriffene jedoch keine verlässliche Fluchtmöglichkeit, kann sich der Angegriffene auf sein Notwehrrecht berufen. Dem Angriff eines aggressiven Betrunkenen muss nicht ausgewichen werden (EvBl 1987/158; RZ 1989/85).

dd) Gegen rechtmäßiges Vorgehen ist keine Notwehr zulässig: 376

Beabsichtigt die Polizei, eine gerichtlich bewilligte und von der Staatsanwaltschaft angeordnete Festnahme durchzuführen (§ 171 Abs 1 StPO), darf sich der Betroffene nicht durch Gewalt dagegen zur Wehr setzen. Dies gilt auch für den unschuldig Verdächtigten. Liegt ex ante betrachtet ein Tatverdacht und ein Festnahmegrund (§ 170 StPO) vor, ist die Verhaftung formell rechtmäßig und damit selbst dann kein rechtswidriger Angriff auf die persönliche Freiheit, wenn sie einen Unschuldigen trifft.

Setzt sich der Betroffene gegen die Festnahme durch Anwendung von Ge- 377
walt zur Wehr, hätte selbst der zu Unrecht in den Verdacht geratene „Widerstand gegen die Staatsgewalt" (§ 269 StGB) zu verantworten. Auch der Unschuldige muss die Einschränkung seiner Freiheit vorläufig dulden und kann nur versuchen, im Rechtsmittelweg seine Enthaftung zu erwirken. Fahrlässig gesetzwidrig handelnde Strafverfolgungsorgane können jedoch nach § 303 StGB strafrechtlich zur Verantwortung gezogen werden. In der Judikatur spielt § 303 StGB keine Rolle, da fahrlässig gesetzwidrig handelnde Beamte „offenbar kaum vorkommen". Notwehr ist zulässig, wenn vom zuständigen Amtsorgan in einer Weise vorgegangen wird, wie dies nie die Art einer Amtshandlung sein darf. Ein Polizist versucht zB durch Schläge den Tatverdächtigen geständnisbereit zu machen. Die Möglichkeit der Notwehr wird in diesen Fällen meist nur eher theoretischer Natur sein. Eine Verletzung des Polizisten im Zuge der Gegenwehr wäre jedoch gerechtfertigt.

Der Angreifer darf sich gegen die Verteidigungshandlung des Angegriffe- 378
nen nicht wehren, da die Abwehrhandlung rechtmäßig erfolgt.

c) Notwehrfähige Rechtsgüter

Nur die **Rechtsgüter Leben, Gesundheit, körperliche Unversehrtheit,** 379
Freiheit und Vermögen dürfen gegenüber rechtswidrigen Angriffen durch Notwehr verteidigt werden. Es fehlt zB die Ehre (§ 111) als notwehrfähiges

Rechtsgut. § 115 letzter Fall gehört zwar zur Gruppe der Delikte gegen die Ehre, betrifft aber auch die körperliche Unversehrtheit, daher wird man gegen eine Misshandlung Notwehr üben dürfen (*Leukauf/Steininger* StGB[3] § 3 Rz 78; aM *Steininger* AT I[2] Kap 11 Rz 11). Tiere als Vermögensbestandteil des Eigentümers sind notwehrfähig. Nicht gerechtfertigt wäre jedoch eine Nothilfe zugunsten eines Tieres (*Lewisch* WK-StGB[2] § 3 Rz 35).

Ein Tierschützer, der in Käfigen gehaltene Wildtiere befreit, weil die Tierhaltung nicht artgerecht ist, die Tiere darunter leiden und Schaden nehmen, handelt daher rechtswidrig. Der Tierhalter könnte gegen diesen Angriff auf sein Vermögen sogar Notwehr üben.

Kein notwehrfähiges Rechtsgut ist die öffentliche Ordnung. Dem Einzelnen steht daher kein Notwehrrecht gegen eine Kinoaufführung zu, die er für sittlich gefährdend hält. Andernfalls könnte sich jeder Bürger zum Hilfspolizisten aufschwingen und das staatliche Gewaltmonopol außer Kraft setzen. **Individualrechtsgüter des Staates** können hingegen sehr wohl durch Notwehrhilfe geschützt werden: Jemand verhindert zB, dass Jugendliche die Reifen eines Polizeiautos durchstechen.

d) Notwendige Verteidigung

380 **aa)** Die Verletzung von Rechtsgütern des Angreifers ist nur soweit gerechtfertigt, als dies **zur Abwehr des Angriffs notwendig** ist. Diese Notwendigkeit ist **ex ante** aus der Situation und Sicht des Angegriffenen nach objektiven Kriterien zu beurteilen (SSt 55/60; SSt 58/20; JBl 1981, 444; JBl 1990, 388; EvBl 2008/98). Maßgebliche Umstände sind die Art und Intensität des Angriffs, die Gefährlichkeit des Angreifers und die zur Abwehr zur Verfügung stehenden Mittel (EvBl 1979/16; SSt 57/63; SSt 58/20). Auch die körperliche Unterlegenheit des Angegriffenen ist ein entscheidendes Kriterium (EvBl 1987/158). Es ist immer jenes Mittel zur Abwehr zu wählen, welches gerade noch zielführend den Angriff abwehren könnte. Dabei sollte es sich nach der Rsp um das schonendste Mittel handeln, welches dem Angegriffenen zur Verfügung steht (RZ 1989/57). Das Gesetz hingegen kennt keine Verpflichtung, gegenüber dem rechtswidrigen Angreifer möglichst schonend vorzugehen. Vom Opfer wird keine subtile Abwägung bei der Dosierung seiner Verteidigungshandlung verlangt werden können (EvBl 1987/158). Vielfach wird der Angegriffene in Sekundenschnelle zum Handeln genötigt sein, was eine detaillierte Berücksichtigung der Folgen seiner Verteidigung oder gar ein Abwägen verschiedener Verteidigungsmittel unmöglich macht (EvBl 1986/42).

Es wäre lebensfremd, einen graduellen Einsatz von Abwehrmitteln zu verlangen (EvBl 1986/42; EvBl 1987/158; SSt 58/15; SSt 58/20). Man kann nicht erwarten, dass der Angegriffene schrittweise probiert, ob nicht ein gelinderes Mittel auch noch den Angriff abwehren könnte (EvBl 1983/134). Der Angegriffene darf daher immer **jenes Mittel** wählen, **welches ex ante betrachtet** den Angriff **verlässlich sofort** und **endgültig abwehrt** (SSt 57/78; EvBl 1983/134; EvBl 2008/98). 381

Bei einem Raubüberfall in der Nacht ist es naheliegend, dass die Pistole, die der Angreifer in der Hand hält, echt ist. Der Angegriffene ist daher gerechtfertigt, wenn er den Angreifer im Zuge der Gegenwehr tötet, obwohl sich im Nachhinein herausstellt, dass der Angreifer nur eine Spielzeugpistole in der Hand hatte. Wird jemand in der Nacht von mehreren Schlägern angegriffen, darf er sofort von der Schusswaffe Gebrauch machen. Man kann in dieser Situation von niemandem verlangen, dass er das Risiko eingeht, beim bloßen Einsatz brachialer Abwehr in eine ausweglose Lage zu kommen, in der er seine Schusswaffe dann gar nicht mehr benutzen kann. Vom Angegriffenen kann keine gelindere Abwehr verlangt werden, wenn sich dadurch seine Deckung mit der Waffe verschlechtern würde. Ein Taxifahrer wäre befugt, von der Waffe Gebrauch zu machen, wenn ihm ein Angriff mit einem Schlagring droht, selbst wenn er sich auch zurückziehen könnte, denn es ist ungewiss, ob er bei Aufgabe der persönlichen Deckung später noch in der Lage sein würde, von der Waffe Gebrauch zu machen (JBl 1979, 270 mA *Liebscher*). Bei einem rücksichtslosen Angriff kann auch das Zustechen mit einem Messer als Notwehrhandlung gerechtfertigt sein (ÖJZ-LSK 1996/206). 382

bb) Der **Angreifer** hat das **Risiko zu tragen**, wenn sich im Nachhinein herausstellen sollte, dass selbst eine etwas gelindere Abwehr weitere Angriffe unterbunden hätte (SSt 30/48). 383

Eine Frau verteidigt sich gegen eine Vergewaltigung (§ 201) dadurch, dass sie dem Angreifer mit einer Nagelfeile ins Auge sticht. Selbst wenn in der Gerichtsverhandlung der Sexualverbrecher angibt, ihm wäre bereits bei einer leichten Gegenwehr seines Opfers die Lust vergangen, ist die gesetzte Verteidigungshandlung gerechtfertigt. Nicht nur bei Angriffen auf das Leben, sondern auch bei schwerwiegenden Angriffen gegen die körperliche Integrität könnte sogar die Tötung des Angreifers als Verteidigung gerechtfertigt sein (SSt 55/60).

Es darf jedoch nicht verschwiegen werden, dass letztlich das Gericht darüber entscheidet, welches Maß an Verteidigung notwendig gewesen wäre. Leicht kann sich das Opfer strafbar machen, wenn der Täter seinen Angriff bagatellisiert und ihn das Gericht daher als harmlos einstuft und in der Vertei- 384 digungshandlung des Opfers eine Überreaktion sieht. So wird oft vom Gericht im Nachhinein das Opfer zum Täter gemacht.

Die Polizei kommt zu einem nächtlichen Einbruch in einen Supermarkt. Die Täter versuchen sich zwischen den Regalen im Dunkeln zu verstecken. Als sie sich von den Polizisten ertappt glauben, versuchen sie in Panik zu fliehen. Die Polizisten machen von der Schusswaffe Gebrauch und töten dabei einen Einbrecher. Später stellt sich heraus, dass der getötete Einbrecher ein 14-jähriger, unbewaffneter Jugendkrimineller ist. Wenngleich dies in der Dunkelheit für den Polizisten kaum erkennbar war, könnte das Gericht, abhängig von der konkreten Tatsituation, in der Handlungsweise des Polizisten möglicherweise eine nicht gerechtfertigte strafbare Überreaktion sehen (§ 3 Abs 2).

385 **cc)** Ob die Abwehrhandlung des Angegriffenen von einem **Verteidigungswillen** geleitet ist oder nicht, ist **unerheblich** (JBl 1980, 494 mA *Burgstaller; Fabrizy* StGB[11] § 3 Rz 4). Die Rechtswidrigkeit einer Handlungsweise muss sich immer objektiv beurteilen lassen, ohne Rücksicht auf die Motive oder sonstigen subjektiven Vorstellungen auf der Seite des Handelnden. Es muss daher nicht der Nachweis erbracht werden, dass der Angegriffene die Notwehrsituation erkannt hatte (*Harbich* RZ 1979, 3f; aM *Burgstaller* in Anm zu JBl 1980, 494; *Triffterer* AT[2] 216). Wer eine straftatbestandsmäßige Handlung setzt, ohne zu wissen, dass er sich im konkreten Fall in einer rechtfertigenden Notwehrsituation befindet, hat entweder Glück oder einen guten Instinkt gehabt, der ihn unbewusst die richtige Handlung setzen ließ. Ein potenzielles Tatopfer zu bestrafen, nur weil es nicht wusste, dass es sich rechtmäßig verteidigt hatte, wäre unverständlich. Gerechtfertigte Notwehr kann sogar angenommen werden, wenn jemand in einer objektiv vorliegenden Notwehrsituation seine Abwehrhandlung mit Misshandlungs- oder Verletzungsvorsatz setzt (SSt 53/69; JBl 1991, 196; JBl 1980, 494 mA *Burgstaller*; *Fabrizy* StGB[11] § 3 Rz 4).

e) Güterabwägung

386 **aa)** Eine Güterabwägung ist bei der Notwehr **grundsätzlich nicht erforderlich** (SSt 57/63). Zur Rettung von Vermögenswerten darf auch in das Rechtsgut Leben oder körperliche Unversehrtheit des Angreifers eingegriffen werden, wenn dies der einzige Weg ist, sein Vermögen mit der Aussicht auf Erfolg zu verteidigen. Hier zeigt sich deutlich, dass der Grundsatz, dass das Recht vor dem Unrecht nicht zu weichen brauche, einer Güterabwägung vorgeht.

387 § 3 trifft jedoch eine sehr deutliche **Einschränkung** des Notwehrrechts, wenn dem **Angegriffenen nur ein geringer Nachteil droht** und die not-

wendige Verteidigung zu einer **unangemessen schweren Verletzung** eines Rechtsguts des Angreifers führen würde. Es betrifft dies Fälle, in denen jemand **Nachteile mit typischem Bagatellcharakter** durch eine massive Verteidigungshandlung verhindern will (SSt 57/63). Eine Abwehrhandlung wird jedoch in diesen Fällen nur dann von vornherein als unangemessen anzusehen sein, wenn auf den ersten Blick leicht erkennbar und damit offensichtlich war, dass der Angreifer nur einen Nachteil von Bagatellcharakter zufügen wollte (RZ 1991/9): Der gelähmte Eigentümer eines Obstgartens, der sich gegen einen Obstdieb nur mit einem gezielten Gewehrschuss wehren könnte, ist nicht berechtigt, wegen des Diebstahls eines Apfels von seiner Waffe Gebrauch zu machen. Bei solchen Fällen eines krassen Missverhältnisses der einander gegenüberstehenden Rechtsgüter würde die Ausübung eines Notwehrrechts eine Unfugabwehr darstellen, welche nicht rechtmäßig ist.

Nur bei **krassen Wertunterschieden** zwischen dem Rechtsgut des Ange- 388
griffenen und dem im Zuge der Abwehr zu verletzenden Rechtsgut des Angreifers kann eine **Güterabwägung** zum Ausschluss der Notwehr führen. Ansonsten erlauben auch geringfügige Rechtsverletzungen, wie zB eine leichte Körperverletzung (§ 83), sich im Rahmen der notwendigen Verteidigung zu wehren (SSt 57/63).

bb) Der Begriff des „**geringen Nachteils**" ist **objektiv zu bestimmen** und 389
nicht im Hinblick auf die Vermögensverhältnisse des Angegriffenen (aM *Marschall* ÖJZ 1975, 463; *Steininger* AT I^2 Kap 11 Rz 40; *Triffterer* AT^2 218). Auch ein Millionär darf sich uneingeschränkt der notwendigen Verteidigung bedienen, wenn ein Straßenräuber ihn zur Herausgabe von 500 Euro zwingen will. Objektiv betrachtet handelt es sich dabei nicht mehr um einen geringfügigen Betrag mit Bagatellcharakter. Jeder muss die gleichen Rechte haben, seine Vermögenswerte zu verteidigen, unabhängig davon, ob er viele oder nur wenige besitzt.

Als Richtlinie für die Frage der „Geringfügigkeit" des drohenden Nachteils 390
kann der „geringe Wert" iSd § 141 dienen (*Fabrizy* StGB^{11} § 3 Rz 7 mit Verweis auf § 141). Von einem „geringen Nachteil" mit Bagatellcharakter (RZ 1991/9) wird man nur bei einem drohenden Vermögensverlust von unter 100 Euro sprechen können (vgl EvBl 1989/112; JBl 2006, 807 mA *Burgstaller*; aM *Fuchs* AT I^8 Kap 17 Rz 38). Bei höheren Vermögensverlusten steht dem Opfer im Rahmen der notwendigen Verteidigung die uneingeschränkte Notwehrbefugnis zu. Der Bestohlene dürfte daher auch gegebenenfalls dem Einbrecher nachschießen, wenn er keine andere Möglichkeit besitzt, ein Entkommen mit der Beute zu verhindern.

cc) Art 2 Abs 2 EMRK trifft die Einschränkung, dass eine Tötung des An- 391
greifers als Verteidigung nur bei rechtswidrigen Gewaltangriffen gegen die

Person zulässig ist. Die Verteidigung von Sachangriffen könnte danach nie die Tötung eines Menschen rechtfertigen. Nach überwiegender Ansicht soll die Einschränkung des Art 2 Abs 2 MRK jedoch nur für behördliche Abwehrmaßnahmen gelten (*Kienapfel/Höpfel/Kert* AT[14] Z 13 Rz 16, 27; *Triffterer* AT[2] 224; eingehend dazu *Roxin* AT I[4] § 15 Rz 86ff). Dies deckt sich mit § 7 Z 1 Waffengebrauchsgesetz (BGBl 1969/149 idgF): Für die Polizei ist ein mit Lebensgefährdung verbundener Gebrauch der Waffe ua nur dann zulässig, wenn er der gerechten Notwehr zur Verteidigung eines Menschen dient. Einem flüchtenden Einbrecher darf die Polizei daher nicht in (vorsätzlich) lebensgefährlicher Weise nachschießen, da es hierbei regelmäßig nur um die Verteidigung von bloßen Sachwerten geht.

f) Notwehrüberschreitung (§ 3 Abs 2)

E.Steininger Der Fahrlässigkeitsbegriff bei der Notwehrüberschreitung, in: *Triffterer*-FS (1996), 257.

392 Eine Notwehrhandlung, welche die umschriebenen Grenzen einhält, rechtfertigt die Verletzung des Angreifers. Jede darüber hinausgehende Verletzung von Rechtsgütern des Angreifers wäre als sog **Notwehrexzess rechtswidrig**.

393 **aa)** Die Situation, in der sich ein Angegriffener befindet, lässt es jedoch unter Umständen verständlich erscheinen, dass er über das ex ante als objektiv für notwendig erachtete Maß der Verteidigung hinausgeht. Hat das Tatopfer die Grenzen gerechter Notwehr bloß aus **Bestürzung, Furcht** oder **Schrecken überschritten**, kann es für die dabei erfolgte Verletzung des Angreifers nur bestraft werden, wenn die Überschreitung auf Fahrlässigkeit beruhte. **Fahrlässige Notwehrüberschreitung** wird dabei nur jener zu verantworten haben, der das **Missverhältnis** der Rechtsgüter **erkennen hätte können** (SSt 49/39).

Unterstellt man im oben angeführten Einbruchsbeispiel (Rz 384), dass die Polizisten erkennen hätten können, dass es sich bei den Einbrechern um jugendliche Straftäter handelt, die auf der Flucht sind, erscheint eine so weitreichende Verteidigungshandlung nicht gerechtfertigt. Die Polizisten haben dann die Lage aus Schrecken falsch beurteilt und überreagiert. Diese Notwehrüberschreitung aus einem asthenischen Affekt heraus kann zu einer Strafbarkeit der Polizisten wegen fahrlässiger Tötung führen.

394 Dem Notwehrübenden wird in diesem Fall vorgeworfen, dass er erkennen hätte können, dass mit seiner in Abwehr eines Angriffes vorgenommenen Rechtsgutverletzung die Grenzen der gerechtfertigten Notwehr überschritten werden (§ 3 Abs 2). Er haftet nur für eine fahrlässige Tatbegehung. Als Fahr-

lässigkeitsdelikt kann diese Überschreitung allerdings nur bestraft werden, soweit sie eine Rechtsgutverletzung betrifft, die als Fahrlässigkeitsdelikt unter Strafe gestellt ist. Das ist zB bei der Körperverletzung der Fall, nicht aber bei der Sachbeschädigung. Kann die Fehleinschätzung der notwendigen Abwehr nicht zum Vorwurf gemacht werden, darf der Angegriffene nicht wegen des Notwehrexzesses zur Verantwortung gezogen werden.

bb) Überschreitet der Angegriffene hingegen die Grenzen **zulässiger Notwehr** aus **Hass, Zorn** oder **Rache**, hat er für die im Bereich der Überschreitung der Notwehr unternommene Rechtsgutverletzung als **Vorsatzdelikt** einzustehen (SSt 55/88; SSt 55/79). Die Handlung erfolgt dann aus einem sog sthenischen Affekt heraus: 395

Das angegriffene Raubopfer X versetzt dem bereits offensichtlich kampfunfähig am Boden liegenden Räuber Y noch ein paar Fußtritte „zur Strafe" und bricht diesem dabei mehrere Rippen. Das Brechen der Rippen hat X als vorsätzliche Körperverletzung zu verantworten.

Entsprechendes gilt, wenn der Angegriffene sich aus Zorn einer offensichtlich unangemessenen Verteidigung bei einem geringfügigen Angriff bedient: Jemand versetzt dem Taschendieb, der ihm gerade einen 10-Euro-Schein aus der Hosentasche stehlen wollte, einen Bauchstich, weil er über die Dreistigkeit des Diebstahls erbost ist. 396

cc) Die genannten Fallkonstellationen sind von den Fällen der **Putativnotwehr (§ 8)** zu unterscheiden, bei denen **irrtümlich eine Notwehrsituation angenommen** wurde. Bei einer Putativnotwehr verletzt der vermeintlich Angegriffene rechtswidrig fremde Rechtsgüter, um einen nicht bestehenden Angriff abzuwehren (zu den dabei auftauchenden Irrtumsfragen siehe Rz 572ff). 397

4. Sachwehr

Notwehr darf nach § 3 nur gegenüber rechtswidrigen Angriffen geübt werden. Der Angreifer muss daher eine Person sein. Dem Wortlaut nach umfasst § 3 nicht Fälle, in denen Rechtsgüter **durch nicht rechtswidrige Angriffe** in Gefahr gebracht werden: 398

- Ein Wachhund stürzt sich auf den Postboten, da er „pflichtgemäß" Haus und Grundstück verteidigt.
- Ein Wanderer wird von einer Kuh attackiert als er gerade über eine Weide geht.

399 Die Angriffe eines Wachhundes oder einer Kuh können natürlich nicht rechtswidrig im juristischen Sinne sein. Dennoch wird man dem Postboten und auch dem Wanderer in **Analogie zur Notwehr** die gleichen Rechte zur Abwehr einräumen müssen, wie bei der Notwehr (SSt 26/7). Man spricht in diesen Fällen von einer sog Sachwehr. Die analoge Anwendung des § 3 auf Fälle der Sachwehr widerspricht nicht dem Analogieverbot des § 1, da sich die Erweiterung der Rechtfertigungsmöglichkeiten zugunsten des Handelnden auswirkt und den Kreis strafbaren Verhaltens einschränkt.

400 Keiner Analogie bedarf es, wenn der Hund den Postboten angreift, weil er von seinem Herrn auf diesen gehetzt wurde. In diesem Fall liegt ein rechtswidriger Angriff des Hundeeigentümers auf den Postboten vor und der Hund ist nur die „Tatwaffe" des Angreifers. § 3 kann direkt angewendet werden.

401 Auch bei der Sachwehr sind immer nur Maßnahmen gerechtfertigt, die zur Abwendung der Gefahr bzw des Angriffes notwendig sind: Wenn Schläge gegen den Hund genügen, darf er nicht erschossen werden. Die Abwehrhandlung darf sich nur gegen den Angreifer bzw die Sache, von der die Gefahr ausgeht, richten und nicht gegen Dritte. Analog der Notwehr muss auch die Proportionalität der Rechtsgüter bei der Sachwehr nicht beachtet werden. Eine **Güterabwägung** findet demnach regelmäßig **nicht** statt:

Ein Hundebesitzer ist daher berechtigt, einen wertvollen Rassehund zu töten, wenn dieser sich zähnefletschend auf seine aus dem Tierheim erstandene Promenadenmischung stürzt. Analog der Notwehr wird eine Rechtfertigung nur bei **krassen Wertunterschieden** zwischen dem angegriffenen Rechtsgut und dem im Zuge der Abwehr zu verletzenden Rechtsgut zu verneinen sein.

402 Ein Teil der Lehre sieht in der Sachwehr bloß einen Unterfall des rechtfertigenden Notstands (*Fuchs* AT I^{8} Kap 17 Rz 63; *Leukauf/Steininger* StGB^{3} Rz 73; *Steininger* AT I^{2} Kap 11 Rz 67; *Triffterer* AT^{2} 234). Der grundlegende Unterschied dieser Sichtweise liegt darin, dass dies eine Güterabwägung bedingen würde (Rz 414ff). Bereits anhand des oben genannten Beispiels ist jedoch zu sehen, dass damit unbillige Ergebnisse verbunden wären: Der Besitzer des Promenadenmischlings müsste danach tatenlos zusehen, wenn der wertvolle Rassehund sich auf seinen lieb gewonnenen Vierbeiner stürzt und ihn zu zerfleischen droht. Zur Verteidigung seines Hundes dürfte er den angreifenden Rassehund nicht einmal verletzen, denn selbst eine Verletzung des Rassehundes würde regelmäßig einen höheren materiellen Schaden bedeuten als der Tod des Mischlingshundes.

5. Rechtfertigender Notstand

Cordides Zur Haftung des Arztes bei fehlerhafter pränataler Diagnose, JBl 2007, 137; *Hohenecker* Der Notstand und das Amtsgeheimnis, ÖJZ 1993, 500; *Kienapfel* Der rechtfertigende Notstand, ÖJZ 1975, 421; *Köck* Der (straf)rechtliche Schutz des Embryos, ÖJZ 2006/40.

a) Allgemeines

Es gibt Notsituationen, in denen die **Verletzung fremder Rechtsgüter** 403
aufgrund einer Interessenabwägung **sachlich zu billigen** ist und damit **gerechtfertigt** erscheint. Bei diesen Sachverhaltskonstellationen scheidet eine strafrechtliche Verantwortlichkeit aus, weil die gesetzte Handlung rechtmäßig erfolgte (rechtfertigender Notstand). Der sog rechtfertigende Notstand ist im Gesetz nicht ausdrücklich geregelt. Von der Rsp wird er jedoch allgemein anerkannt (SSt 47/75), weil damit eine gravierende Lücke im geltenden Recht geschlossen werden kann.

Im Gegensatz zur Notwehr bzw Sachwehr basiert der rechtfertigende Not- 404
stand auf einer **Güterabwägung**. Auf rechtfertigenden Notstand kann sich nur derjenige berufen, dem ein Nachteil droht, der von größerem Gewicht ist als der Schaden, der durch die Abwehr des drohenden Nachteils angerichtet wird.

Viele vom Gesetzgeber ausdrücklich geregelte Rechtfertigungsgründe ba- 405
sieren auf dem Gedanken eines rechtfertigenden Notstands (zB **Straflosigkeit des Schwangerschaftsabbruchs**, § 97 Abs 1 Z 2):

> Der Schwangerschaftsabbruch ist gerechtfertigt, wenn er zur Abwendung einer nicht anders abwendbaren ernsten Gefahr für das Leben oder die Gesundheit der Schwangeren erforderlich ist. Er ist auch gerechtfertigt, wenn die Gefahr besteht, dass das Kind körperlich schwer behindert sein wird oder die Schwangere zur Zeit der Schwängerung unmündig gewesen ist.

In allen diesen Fällen lässt das Gesetz eine Interessenabwägung erkennen, 406
bei der man natürlich unterschiedlicher Auffassung sein kann. Um Rechtsunklarheiten zu vermeiden, werden daher kontroverse Bereiche, wie zB die Rechtfertigung eines Schwangerschaftsabbruches gesetzlich geregelt. Entsprechendes gilt für die Straflosigkeit der Offenbarung eines **Berufs- oder Geschäftsgeheimnisses** (§§ 121 Abs 5, 122 Abs 4) aus berechtigten öffentlichen oder privaten Interessen.

Der rechtfertigende Notstand ging aus einer notwendigen Differenzie- 407
rung hervor. Eine gesetzliche Regelung erfahren in **§ 10** nur Notsituationen, in denen die Verletzung fremder Rechtsgüter zur Rettung eigener menschlich verständlich und damit verzeihlich ist. Das Handeln des in Not Befindlichen

ist damit zwar rechtswidrig, jedoch zu entschuldigen (**entschuldigender Notstand**). Der Entschuldigungsgrund des § 10 führt zwar nur zum Ausschluss der Schuld, aber letztlich ebenfalls zur Straflosigkeit des Handelnden.

b) Voraussetzungen für die Annahme eines rechtfertigenden Notstandes

aa) Gegenwärtige Gefahr

408 Rechtfertigender Notstand ist gegeben, wenn jemand sein Rechtsgut aus der Gefahr einer Verletzung nur dadurch retten kann, dass er in ein fremdes Rechtsgut eingreift. Diese Gefahr muss gegenwärtig sein: Der fremde Feuerlöscher darf nicht zur Weihnachtszeit vorbeugend für den Fall eines möglichen Christbaumbrands weggenommen werden, sondern erst dann, wenn tatsächlich der Christbaum Feuer gefangen hat. Wird der Feuerlöscher zur Löschung eines fremden Brandes weggenommen, spricht man von **Notstandshilfe**, welche ebenfalls rechtfertigen kann.

409 Die Gefahr für das eigene Rechtsgut muss nicht von jenem Rechtsgut ausgehen, in das zur Rettung des eigenen eingegriffen wird. Im Gegensatz zur Notwehr können durch rechtfertigenden Notstand auch **Eingriffe in nicht störende fremde Rechtsgüter gerechtfertigt** sein:

Ein PKW-Lenker vermeidet einen Frontalzusammenstoß mit einem LKW nur dadurch, dass er in den Gartenzaun eines angrenzenden Grundstückes fährt.

410 Bei Notwehr ist nur ein Eingriff in die Rechtsgüter des Angreifers erlaubt. Daher ist es verständlich, dass für den rechtfertigenden Notstand strengere Voraussetzungen verlangt werden müssen, als für die Notwehr oder Sachwehr.

bb) Notwendiger Eingriff

411 Die Verletzung des fremden Rechtsguts muss notwendig sein. Dies bedeutet, dass gerade der Eingriff in dieses fremde Rechtsgut geeignet erscheint, die Gefahr der Verletzung des eigenen Rechtsguts zu bannen. Die Verletzung des fremden Rechtsguts darf auch nur unter Bedacht auf **möglichste Schonung** desselben erfolgen.

cc) Rechtsgüter

412 Bei der Auswahl der Rechtsgüter, welche durch rechtfertigenden Notstand geschützt werden dürfen, wird über den Kreis notwehrfähiger Rechtsgüter hi-

nausgegangen. Privatsphäre und Ehre sind daher in einer Notstandssituation ebenfalls schutzfähige Rechtsgüter. Es muss sich jedoch immer um ein Individualrechtsgut handeln, zu dessen Schutz eine Notstandshandlung gesetzt wird.

Rechtsstaatlich bedenklich wäre es, aus einem **Staatsnotstand** heraus für 413
Organe des Staates Eingriffe in die Rechtsgüter des Einzelnen zu gestatten. Die Folterung eines Terroristen, damit dieser mögliche weitere Anschlagpläne preisgibt, kann daher nicht unter Berufung auf rechtfertigenden Notstand gerechtfertigt werden. Durch Folter erlangtes Beweismaterial darf auch nicht zur Rechtfertigung eines Strafurteils dienen, wenn der Beschuldigte mit legalem, nach den Grundsätzen eines fairen Verfahrens erlangtem Beweismaterial der Tat nicht überführt werden könnte (vgl § 166 StPO).

dd) Güterabwägung

Die Verletzung eines Rechtsguts zur Rettung eines anderen kann nur dann 414
gebilligt und als gerechtfertigt angesehen werden, wenn damit ein **höherwertiges Rechtsgut auf Kosten** eines **geringerwertigen** gerettet wird (SSt 47/75).

Der Bankbeamte ist gerechtfertigt, wenn er das Geld der Bank zur Rettung seines Lebens an den Bankräuber, der ihn mit einer Pistole bedroht, ausfolgt. Das Leben wird als höchstrangiges Rechtsgut anzusehen sein.

Danach folgen die Rechtsgüter körperliche Integrität, Freiheit, Privatsphä- 415
re, Vermögen. Es handelt sich dabei jedoch um keine starre Abstufung, denn als Bewertungskriterien müssen auch das **Ausmaß der drohenden Rechtsgutverletzung**, die **Schutzwürdigkeit im konkreten Fall** und die **Rettungschancen** berücksichtigt werden. Eine aussichtsreiche Vorgehensweise, um ein bedrohtes Rechtsgut zu retten, stellt eher einen Rechtfertigungsgrund dar, als eine kaum Erfolg versprechende Panikreaktion.

Vor allem bei **Vermögensdelikten** hat die **Quantität der drohenden** 416
Rechtsgutverletzung entscheidende Bedeutung bei der Güterabwägung. Ein sehr großer Vermögensschaden darf durch Zufügung einer wesentlich geringeren Vermögensschädigung abgewendet werden. Eine solche Quantifizierung zur Bewertung einander gegenüberstehender Rechtsgüter ist jedoch **nicht zulässig** beim **Rechtsgut Leben**:

Bei einem Verkehrsunfall werden mehrere Personen lebensgefährlich verletzt. Der am Unfallort eintreffende Notarzt entscheidet sich dafür, zuerst jene Schwerverletzten zu versorgen, die noch am ehesten eine Überlebenschance haben. Es kann nicht rechtmäßig sein, einen Schwerverletzten zu behandeln und den anderen seinem Schicksal zu überlassen (daher kein *rechtfertigender* Notstand). Die Vorgangsweise des Notarztes ist jedoch die einzig vernünftige. Ein anderes Vorgehen ist ihm nicht zuzumuten und daher trifft ihn für sein Handeln keine Schuld (*entschuldigender* Notstand, § 10, Rz 610ff; *Leukauf/Steininger* StGB[3], § 3 48).

417 Die umfangreiche Verletzungsgefahr eines weniger gewichtigen Rechtsguts kann auch die geringe Verletzung eines höherwertigen Rechtsguts rechtfertigen. Eine sehr umfangreiche Vermögensverletzung darf zB durch Zufügen einer geringen Körperverletzung vermieden werden, obwohl das Rechtsgut körperliche Integrität grundsätzlich höher als das Rechtsgut Vermögen einzustufen ist. Das Rechtsgut Leben wird jedoch aus dieser Abwägung auszuscheiden sein.

418 Sind die einander gegenüberstehenden Rechtsgüter gleichwertig, kann niemals die Verletzung des einen Rechtsguts zur Rettung des anderen gerechtfertigt sein. Der in Bergnot geratene Bergsteiger, der zur Rettung seines eigenen Lebens vor dem drohenden Absturz nur mehr die Alternative hat, das Seil, an welchem sein Gefährte hängt, durchzuschneiden, wodurch der andere in die Tiefe stürzt, handelt nicht gerechtfertigt. Bei dieser Situation könnte nur seine Schuld ausgeschlossen werden (Entschuldigungsgrund, § 10, Rz 610ff).

419 Treffen jemanden mehrere Pflichten, welche gleichzeitig nicht wahrgenommen werden können (**Pflichtenkollision**), wird immer von den Rechtsgütern auszugehen sein, welche jeweils durch die einzelnen Pflichten geschützt werden sollen:

Einen Arzt trifft zB eine ärztliche Verschwiegenheitspflicht (§ 54 Ärztegesetz 1998, BGBl I 1998/69) und die Pflicht, Leben und Gesundheit zu schützen bzw zu retten. Trotz seiner Geheimhaltungspflicht wird ein Arzt daher befugt sein, die AIDS-Erkrankung eines Kindermädchens, das seine Patientin ist, den Eltern der Kinder, die von diesem Kindermädchen betreut werden, mitzuteilen, um auf diese Weise die Gesundheit der Kinder zu schützen.

Grundsätzliche Voraussetzung zur Annahme einer Rechtfertigung ist natürlich auch in diesem Fall, dass die Information der Eltern der einzige Weg ist, um die Gefahr einer Ansteckung zu bannen.

420 Bei der Güterabwägung ist es oft nicht leicht zu beurteilen, ob ein qualitativer oder ein quantitativer Unterschied zwischen den Rechtsgütern besteht. Gesetzliche Regelungen versuchen teilweise dahingehende Unklarheiten bei einzelnen Notstandskonstellationen ausdrücklich zu regeln. Der Gesetzgeber offenbart unmissverständlich seine Wertauffassung, wenn er zB einen

Schwangerschaftsabbruch zur Abwendung eines schweren Schadens für die körperliche und seelische Gesundheit der Schwangeren für straflos und damit gerechtfertigt erklärt (§ 97 Abs 1 Z 2). Es wird offenbar ein qualitativer Unterschied zwischen geborenem und ungeborenem Leben angenommen. Wie problematisch dieser gesetzliche Standpunkt ist, zeigt sich, wenn das Gesetz gleichzeitig auch eine quantitative Abstufung bei der Rechtfertigung des Schwangerschaftsabbruches vornimmt, indem ein solcher innerhalb der ersten drei Monate der Schwangerschaft grundsätzlich immer gerechtfertigt ist (§ 97 Abs 1 Z 1). Ein qualitativer Unterschied zwischen einem drei oder vier Monate alten Embryo, der eine solche Differenzierung rechtfertigen würde, wird trotz zahlreicher Begründungskunststücke kaum ernsthaft behauptet werden können.

Pflichtenkollision bei gleichwertigen Rechtsgütern: Problematisch er- 421
weisen sich Konstellationen, bei denen offenbar gleichwertiger Rechtsgüter aufeinander treffen und der Gesetzgeber keinen Vorrang für den Schutz eines Rechtsguts einräumt. Man könnte zwar zur Annahme neigen, dass es in jeder Situation eine rechtmäßige Handlungsalternative für den Betroffenen geben müsse, doch würde dies die Vollkommenheit des Gesetzgebers voraussetzen. Es ist unrealistisch, dass der Gesetzgeber jede mögliche Pflichtenkollision, welche sich aus seinen Bestimmungen ergeben könnte, im Voraus bedenkt und jeweils einer Pflicht einen entsprechenden Vorrang einräumt. Diese naturgemäß unvermeidbare Lückenhaftigkeit des gesetzlichen Regelungswerks darf aber nicht zu Lasten des Rechtsunterworfenen gehen. Daher ist dieser in den vereinzelten Ausnahmefällen, in denen gleichwertige Pflichten aufeinandertreffen, entschuldigt, wenn er rechtswidrig die Erfüllung einer Pflicht hintanstellt.

Ein Dienstgeber ist zahlungsunfähig. Er darf in dieser Situation nicht durch Zahlungen an einzelne ausgewählte Gläubiger diese begünstigen (§ 158), er darf aber auch nicht fällige Dienstnehmerbeiträge zur Sozialversicherung dem Sozialversicherungsträger vorenthalten (§ 153c). Würde er diese Beiträge bezahlen, wäre das jedoch eine Gläubigerbegünstigung iSd § 158. In diesem Fall treffen tatsächlich zwei gleichwertige Pflichten aufeinander und der Dienstgeber würde mit der Erfüllung einer Pflicht in rechtswidriger Weise die andere Pflicht verletzen. Da ihm aber ein anderes Verhalten nicht zumutbar ist, trifft ihn im Hinblick auf den jeweils verwirklichten Tatbestand kein Schuldvorwurf.

Im Regelfall werden jedoch nur sehr selten vollkommen gleichwertige Pflichten aufeinandertreffen: Der noch unerfahrene Notarzt, der am Unfallort zuerst lieber die leicht Verletzten versorgt und die schwer Verletzten liegen lässt, bis weitere Hilfe eintrifft, handelt daher rechtswidrig und schuldhaft.

6. Selbsthilferecht

422 **a)** Ein Rechtsstaat kann es nicht gestatten, dass seine Rechtsunterworfenen ihr Recht auf eigene Faust durchzusetzen versuchen. § 19 ABGB statuiert die Pflicht, sich der Hilfe der Behörden zur Rechtsdurchsetzung zu bedienen. Ein Gläubiger darf nicht zu seinem Schuldner gehen und ihn mit Gewalt zur Zahlung des geschuldeten Betrages zwingen, sondern hat den ordnungsgemäßen Rechtsweg einzuschlagen und vor einem Zivilgericht seinen Schuldner auf Zahlung zu klagen. Befürchtet er, dass die Realisierung seiner Forderung in Gefahr ist, bietet die Exekutionsordnung (EO, RGBl 1896/79) in Form der **einstweiligen Verfügung** (§§ 378ff EO) die Möglichkeit eines raschen Schutzes. In vielen Fällen ist jedoch ein Betroffener zur Durchsetzung oder Sicherstellung seiner Ansprüche zur Selbsthilfe gezwungen, da eine unmittelbare behördliche Hilfe gar nicht vorgesehen ist oder es an der tatsächlichen Erreichbarkeit der Behörde mangelt (*Fuchs* AT I[8] Kap 17 Rz 78ff).

423 Grundsätzlich sollte es Aufgabe des Staates sein, für den Schutz seiner Bürger zu sorgen. Ein funktionierendes rechtsstaatliches System bietet jedem Einzelnen hinreichende Möglichkeiten, seine Rechte mit Hilfe der staatlichen Behörden und der Justiz auf geordnete und effiziente Weise durchzusetzen. Das Bestreben eines jeden Staates muss natürlich auch dahin gehen, bei seinen Rechtsunterworfenen das Vertrauen in diese Durchsetzungsmöglichkeiten zu schaffen. Je mehr Rechtsunterworfene das Vertrauen in die Justiz und den Rechtsstaat verlieren, umso mehr wird der Selbsthilfe Tür und Tor geöffnet.

424 **b)** Nur vereinzelt räumen Gesetzesbestimmungen den Rechtsunterworfenen die Befugnis ein, eigenmächtig ihre rechtlichen Interessen zu sichern, wenn staatliche Hilfe zu spät käme. So darf sich zB jeder zur Erhaltung seines Besitzstandes angemessener Gewalt bedienen, wenn sonst **richterliche Hilfe zu spät** käme (§ 344 ABGB).

425 Selbsthilfe rechtfertigt auch das maßvolle und kurzfristige Anhalten eines ertappten „**Schwarzfahrers**" bis zum Eintreffen der Polizei zur Klärung der Identität. Die Kenntnis der Identität ist nämlich Grundvoraussetzung, um in weiterer Folge prozessuale Maßnahmen zur Durchsetzung zivilrechtlicher Ansprüche gegen den Schwarzfahrer einleiten zu können. Den Kontrollorganen eines öffentlichen Verkehrsmittels muss es daher möglich sein, den Schwarzfahrer bis zum Eintreffen der Polizei festzuhalten, selbst wenn damit der Tatbestand einer Freiheitsentziehung (§ 99 Abs 1) bzw der Nötigung (§ 105) verwirklicht wird. Soweit die Anhaltung durch die Kontrollorgane der öffentlichen Verkehrsbetriebe die tatbestandliche Mindestdauer einer Freiheitsentziehung iSd § 99 Abs 1 StGB erreicht (länger als 10 Minuten), was regelmäßig kaum der Fall sein wird, wird diese Freiheitsbeschränkung – bei Vorliegen der

übrigen Voraussetzungen – als Selbsthilfe iSd §§ 19, 344 ABGB gerechtfertigt sein (JBl 2008, 123 mA *Burgstaller*).

Regelmäßig wird es sich bis zum Eintreffen der Polizei bloß um eine kurzfristige Anhaltung handeln, welche die tatbestandliche Erheblichkeitsschwelle des § 99 StGB nicht überschreitet. Bei Anhaltung ertappter Schwarzfahrer durch Kontrollorgane der öffentlichen Verkehrsbetriebe kommt daher primär eine Tatbegehung iSd § 105 Abs 1 StGB (und nicht § 99 Abs 1 StGB) durch die Kontrollorgane in Betracht. Solche Nötigungen können jedoch nach § 105 Abs 2 StGB gerechtfertigt sein: Eine maßvolle kurzfristige Anhaltung ertappter Schwarzfahrer bis zum Eintreffen der Polizei zur Klärung deren Identität als Voraussetzung für die Durchsetzung eines bestehenden zivilrechtlichen Anspruchs ist idR nicht als sozial unerträglich anzusehen. Gegen diese Form der erlaubten Selbsthilfe (§§ 19, 344 ABGB) ist keine Notwehr zulässig (JBl 2008, 123 mA *Burgstaller*). 426

§ 80 Abs 2 StPO räumt jedem das **Recht** ein, eine **Person anzuhalten**, **wenn hinreichende Gründe** für die Annahme bestehen, dass diese eine **gerichtlich strafbare Handlung** gerade **ausführt**, unmittelbar vorher **ausgeführt hat** oder nach ihr wegen einer solchen Handlung **gefahndet** wird. 427

Ertappt der Detektiv in einem Supermarkt einen Kunden bei der Begehung eines Ladendiebstahls, kann er diesen bis zum Eintreffen der Polizei festhalten. Die Sicherheitsbehörden sind unverzüglich zu verständigen. Mit der sofortigen Verständigung darf nur zugewartet werden, wenn sonst der Festhaltezweck vereitelt werden würde: Könnte zB der Festgehaltene nicht adäquat beaufsichtigt werden, während sich der Warenhausdetektiv zum Telefon begibt, um die Polizei zu alarmieren, darf mit der Verständigung solange gewartet werden, bis die Gefahr der Flucht ausgeschaltet worden ist.

Bei § 80 Abs 2 StPO geht es nicht nur um die Wahrung eigener Rechte, sondern hier darf sogar stellvertretend anstelle der sonst zu spät einschreitenden Behörde vorgegangen werden. Das **Anhalterecht** steht auch Personen zu, die durch das Delikt gar nicht betroffen sind. Die private Anhaltung bleibt jedoch immer **nur gerechtfertigt**, wenn die **Behörde** unter Wahrung des Festhaltezweckes **unverzüglich benachrichtigt** wird. Gegen eine rechtmäßige Privatfestnahme gibt es keine Notwehr (EvBl 1973/223). Das private Anhalterecht ist aber insofern eingeschränkt, als nicht jedes Mittel zur Durchsetzung angewendet werden darf (Verhältnismäßigkeitsprinzip). Dem flüchtenden Ladendieb darf nicht nachgeschossen werden, um seine Flucht zu stoppen (NRsp 1988/321). 428

7. *Die Einwilligung*

Beulke Opferautonomie im Strafrecht, in: *Otto*-FS (2007), 207; *Burgstaller* Zur Einwilligung im Strafrecht, RZ 1977, 1; *Hinterhofer* Die Einwilligung im Strafrecht (1998); *Kunst* Ärztliche Heilbehandlung und Einwilligung des Verletzten, RZ 1975, 33; *Loebenstein* Die strafrechtliche Haftung des Arztes bei operativen Eingriffen, ÖJZ 1978, 309; *Lotheissen* Das ärztliche Aufklärungsproblem nach dem Strafgesetzbuch, RZ 1975, 2; *Maleczky* Unvernünftige Verweigerung der Einwilligung in die Heilbehandlung, ÖJZ 1994, 681; *H.Steininger* „Freiwillige Selbstgefährdung" als Haftungsbegrenzung im Strafrecht. Zur Bedeutung der Eigenverantwortlichkeit für die strafrechtliche Beurteilung von Schi- und Bergunfällen, ZVR 1985, 97; *Zipf* Die Bedeutung und Behandlung der Einwilligung im Strafrecht, ÖJZ 1977, 379.

a) Einverständnis – Einwilligung

429 Es ist grundsätzlich zwischen einem **tatbestandsausschließenden Einverständnis** und einer **rechtfertigenden Einwilligung** zu unterscheiden. Vielfach setzt die Fassung eines Tatbestands bereits begrifflich ein Handeln ohne den Willen des Verletzten voraus. Der Tatbestand kann daher nur verwirklicht werden, wenn gegen den Willen des Rechtsgutträgers gehandelt wurde:

430 Ein Diebstahl (§ 127) kann zB schon dem Tatbestand nach nur verwirklicht werden, wenn die Sache gegen den Willen ihres Gewahrsamsträgers weggenommen wurde. Liegt ein Einverständnis vor, fehlt es am Tatbestandsmerkmal der „Wegnahme". „Wegnehmen" iSd § 127 setzt nämlich den „Bruch" fremder Gewahrsame voraus. In gleicher Weise mangelt es bereits am Tatbestand der Sachbeschädigung (§ 125), wenn der Eigentümer der Sache mit deren Zerstörung bzw Beschädigung einverstanden ist (SSt 56/37):

Ein Aktionskünstler ist zB mit dem „Verunstalten" seiner öffentlich ausgestellten modernen Skulptur durch Dritte einverstanden, weil er gerade diese Reaktion bei den Betrachtern provozieren möchte und darin sogar eine „Fertigstellung" seines Kunstwerkes sieht. Es ist dabei ohne Relevanz, ob eine ausdrückliche Aufforderung an das Publikum vorliegt, aktionistisch an die Skulptur Hand anzulegen. Die Skulptur wäre ein absolut untaugliches Tatobjekt (§ 15 Abs 3) für eine „Verunstaltung" iSd § 125 und ein provozierter Betrachter, der das Kunstwerk mit Farbe überschüttet, könnte nicht wegen Sachbeschädigung belangt werden (OLG Wien MR 2000, 220).

431 Das Einverständnis schließt demnach die Tatbestandsmäßigkeit und damit in weiterer Folge die Strafbarkeit aus, **gleichgültig**, ob der **Täter** von dem **Vorliegen des Einverständnisses Kenntnis hatte** oder nicht. Allein wegen seines Vorsatzes zur Tat (zB zur Sachbeschädigung, § 125) kann niemand

strafbar sein. Dies würde nämlich auf ein unzulässiges Willensstrafrecht hinauslaufen (OLG Wien MR 2000, 220).

Ein Hauseigentümer, der mit einem Besuch einverstanden ist, kann seinem Gast ebenfalls keinen Hausfriedensbruch (§ 109) vorwerfen, wenn sich dieser trotz vorgerückter Stunde nicht mehr verabschieden möchte. Da der Hauseigentümer mit dem Eintritt seines Besuchers einverstanden war, fehlt es am „Erzwingen des Eintritts" iSd § 109. Auch die Verwirklichung des Tatbestands der Vergewaltigung (§ 201) ist nur ohne Einverständnis des „Opfers" denkbar. Kommt das „Opfer" nach vollzogenem Liebesakt zur Erkenntnis, dass es damit nicht einverstanden gewesen wäre, wenn es vorher gewusst hätte, wie unbefriedigend dieser sein würde, wird daraus dennoch nicht ex post eine Vergewaltigung. 432

In der Regel ergibt sich bereits implizit aus der Gestaltung des Typus des Deliktes, dass ein Handeln gegen den Willen des Verletzten notwendig ist. Der Tatbestand muss nicht ausdrücklich ein Handeln „gegen den Willen des Verletzten" verlangen. **Im Sinne einer begrifflichen Klarheit** ist daher **zwischen** einem **tatbestandsausschließenden Einverständnis** und einer **rechtfertigenden Einwilligung zu differenzieren**: 433

Ein **Einverständnis des** Betroffenen **schließt** bereits die **Verwirklichung des Tatbestandes aus**. In den oben genannten Beispielen (Rz 430) mangelt es bereits an der Tatbestandsmäßigkeit des jeweils in Betracht gezogenen Deliktes. 434

Demgegenüber kann die **Einwilligung** einen **Rechtfertigungsgrund** darstellen. Durch die Einwilligung des Verletzten ändert sich aber nichts an der Tatbestandsmäßigkeit der Handlung. Das Verhalten des Täters ist nur durch die Einwilligung gerechtfertigt (SSt 47/19). Die Einwilligung als Rechtfertigungsgrund ist vielfach nicht ausdrücklich im Gesetz genannt, sondern ergibt sich erst aus der herrschenden Judikatur oder Lehrmeinungen. Eine Ausnahme bildet **§ 90**, mit dem ein Rechtfertigungsgrund eigener Art für die **Körperverletzung** oder die **Gefährdung** der körperlichen Sicherheit geschaffen wurde. 435

b) Einwilligungsfähige Rechtsgüter

Eine rechtfertigende Einwilligung kommt nur bei **Rechtsgütern** in Betracht, über die der Verletzte die alleinige Dispositionsbefugnis hat (**disponible Rechtsgüter**). Eingriffe in persönliche Rechtsgüter, die auch im Interesse der Allgemeinheit geschützt sind, bleiben trotz Einwilligung des Betroffenen rechtswidrig (ÖJZ-LSK 1995/119). Stehen **private Interessen neben solchen der Gemeinschaft**, bildet die **Zustimmung keinen Rechtfertigungsgrund**: 436

Der Einwilligung in eine Verleumdung (§ 297) kommt zB keine rechtfertigende Wirkung zu, da durch die Verleumdung nicht nur private Interessen betroffen sind. Die Rechtspflege wird in die Irre geführt, wenn durch die Verleumdung gegen eine falsche Person Ermittlungshandlungen gesetzt werden. Die Einwilligung tangiert damit in nachteiliger Weise auch staatliche Interessen, über die der Einzelne nicht disponieren kann (*Kienapfel/Höpfel/Kert* AT[14] E 1 Rz 81; aM *Fuchs* AT I[8] Kap 16 Rz 27).

437 Teilweise nehmen der Gesetzgeber bzw die Rsp in bestimmten Bereichen sogar ausdrücklich ein Allgemeininteresse an und schränken dadurch die individuelle Dispositionsbefugnis in bedenklicher Weise ein: So wird zB in der Körperintegrität nur ein beschränkt disponibles Rechtsgut des Einzelnen gesehen, bei welchem sich die Rechtsgemeinschaft trotz vorliegender Einwilligung eine Mitsprache vorbehält, wenn sie die Verletzung als „sittenwidrig" erachtet (§ 90; EvBl 1978/184). Auch am **Leben des Einzelnen** besteht nicht nur ein Individualinteresse, sondern auch ein Allgemeininteresse. Der erfolglose Selbstmörder ist zwar nicht strafbar, aber die Einwilligung zur Tötung ändert nichts an deren Rechtswidrigkeit, wie aus **§ 77 (Tötung auf Verlangen)** deutlich ersichtlich ist. Über sein eigenes Leben darf daher niemand in der Weise frei verfügen, dass er in die Tötung durch einen anderen oder die Unterstützung der eigenen Selbstmordhandlung einwilligt (§ 78). Rechtsirrtümer in diesem Bereich werden von der Rsp unter Hinweis auf die Erkundigungspflicht nach § 9 Abs 2 nicht anerkannt (JBl 2007, 670).

438 Unter diesem Gesichtspunkt erscheint auch die Bestimmung des § 90 Abs 3 verwunderlich. Danach kann in eine Verstümmelung oder sonstige Verletzung der Genitalien, die geeignet ist, eine nachhaltige Beeinträchtigung des sexuellen Empfindens herbeizuführen, nicht eingewilligt werden. Am sexuellen Empfinden einer Person wird wohl kaum ein Allgemeininteresse bestehen. Es handelt sich dabei um ein ausschließliches Individualinteresse, über das eigentlich jeder vollkommen uneingeschränkt disponieren dürfen sollte. Das Strafrecht kann kein geeignetes Mittel sein, um der freiwilligen Unterwerfung unter bestimmte abartige religiöse oder anders motivierte Traditionen in fremden Kulturkreisen entgegenzuwirken. Der Staat sollte grundsätzlich erst dann einschreiten dürfen, wenn Anhaltspunkte dafür vorliegen, dass die Einwilligung erzwungen worden sein könnte. Die Bestimmung dokumentiert jedoch deutlich, dass derartige Praktiken, gleich aus welcher Motivation heraus sie erfolgen, in einer zivilisierten Gesellschaft keinen Platz haben.

c) Einwilligungserklärung

aa) Allgemeines

Eine Einwilligungserklärung entfaltet nur dann eine rechtfertigende Wirkung, wenn der **Erklärende** in der Lage war, die **Tragweite des Verzichts** auf den Schutz seines Rechtsguts zu **erfassen**. Dies hängt auch von der Schwere des jeweiligen Eingriffs ab: Eine 16-Jährige wird zB in eine Tätowierung rechtfertigend einwilligen können, nicht jedoch in eine schwerwiegende Operation, wie zB einen Schwangerschaftsabbruch. 439

Die Willenserklärung muss **frei von Zwang, Täuschung** oder **Irrtum** sein. Eine erlistete Zustimmung ist keine rechtlich relevante Einwilligung (RZ 1980/54). Vor allem muss der Einwilligende die Prämissen für die Rechtsgutverletzung und die Bedeutung ihrer Folgen – zB den Schweregrad einer Operation – vollständig erfassen. Diese Problematik stellt sich vor allem im Bereich der ärztlichen Aufklärungspflicht. Eine erteilte Einwilligung kann jederzeit widerrufen werden, sie bindet nicht für alle Zukunft. 440

Im Einzelfall kann die Einwilligung aufgrund einer Güterabwägung auch durch das Gericht ersetzt werden, wenn zB Eltern aus reinem Glaubensfanatismus eine lebensrettende Operation an ihrem Kind verbieten (§ 176 ABGB). Der Arzt, der die Operation gegen den Willen der Eltern durchführt, übt Notwehrhilfe, da die Eltern die Garantenpflicht für das Wohl des Kindes haben und ein Untätigbleiben hier als Angriff auf das Leben des Kindes zu werten wäre. 441

Die **Einwilligung** muss **vor der Rechtsgutverletzung** gegeben werden. Wird eine Verletzung vom Betroffenen im Nachhinein gebilligt, indem er sich damit einverstanden erklärt, stellt dies keine nachträgliche Rechtfertigung des strafgesetzwidrigen Verhaltens dar. Der Rechtfertigungsgrund der Einwilligung muss nämlich zum Zeitpunkt der Tat vorliegen. Mit der Tat ist bereits das ius puniendi des Staates entstanden und daran vermag die Einwilligung des Betroffenen nach der geschehenen Rechtsgutverletzung nichts mehr zu ändern. 442

bb) Ausdrückliche oder konkludente Einwilligung

Die Einwilligung kann **ausdrücklich** oder **konkludent** durch eine schlüssige Verhaltensweise erfolgen. Eine konkludente Einwilligung darf nur angenommen werden, wenn sich der Rechtsgutverzicht aus ganz **konkreten Umständen** ergibt, welche den Rückschluss auf eine (unausgesprochene) Einwilligungserklärung plausibel machen: Das **Mitfahren mit einem Betrunkenen** ist noch nicht als konkludente Einwilligung in eine fahrlässige Körperverletzung (§ 88) im Falle eines Unfalles anzusehen (SSt 52/55). Dies 443 wäre eine unzulässige Einwilligungsfiktion. Der Mitfahrer bringt durch sein Verhalten in der Regel nur zum Ausdruck, dass er gewillt ist, freiwillig ein gewisses Unfallrisiko (Gefährdung) auf sich zu nehmen. Beim Mitfahren mit einem Betrunkenen ließe sich daher nur eine konkludente **Einwilligung** in eine **bloße Gefährdung** annehmen, nicht aber gleichzeitig eine Einwilligung in eine aus der Gefährdung resultierende Verletzung. Im bloßen Einsteigen ist noch keine konkludente Einwilligung in eine solche Gefährdung zu erblicken (ZVR 1982/421; ZVR 1988/21). Es bedarf dazu weiterer Umstände, die auf eine solche Einwilligung schließen lassen. Nimmt man eine (konkludente) Einwilligung in eine Gefährdung an, könnte der betrunkene Fahrer für eine allfällige Gefährdung seines Beifahrers durch seine beeinträchtigte Fahrweise nicht belangt werden (§ 89). Passiert jedoch ein Unfall, ist der Lenker für die daraus resultierende Verletzung seines Beifahrers strafrechtlich verantwortlich (§ 88, ÖJZ-LSK 1980/103; ZVR 1982/421, näher zur Problematik *Fuchs* AT I^{8} Kap 16 Rz 11ff).

444 **Fremdgefährdung mit Einverständnis:** Von einer „einverständlichen Fremdgefährdung" spricht man, wenn die zur Gefährdung, Verletzung oder Tötung führende Handlung von einem Dritten gesetzt wird, das Opfer sich jedoch bewusst der von diesem drohenden Gefährdung ausgesetzt hat (dominierende Rolle des Dritten). Straflosigkeit ist in diesem Fall nur anzunehmen, wenn der Gefährdete das Risiko im selben Ausmaß überblicken konnte, wie der Gefährdende (ZVR 2004/110). Das **Prinzip** der **Eigenverantwortlichkeit,** wonach bei einverständlicher Fremdverletzung der Täter durch die Einwilligung des Verletzten gerechtfertigt ist, kommt nicht zum Tragen, wenn der Täter im Verhältnis zum Opfer über ein überlegenes Sachwissen verfügt (EvBl 2003/79).

445 **Mitwirkung an der Selbstgefährdung eines anderen:** Von einer Mitwirkung an der freiwilligen Selbstgefährdung eines anderen spricht man, wenn das Opfer zwar selbst bewusst eine riskante Handlung vornimmt, die seine Gefährdung, Verletzung oder Tötung zur Folge hat, aber ein Dritter für die riskante Handlung mitursächlich wurde, indem er diese veranlasst, ermöglicht oder gefördert hat (dominierende Rolle des Opfers). Der Mitwirkende geht in diesem Fall nur dann straffrei, wenn ihm keine spezifische Schutzpflicht gegenüber dem Opfer zukommt. Eine solche Pflicht kann sich insbesondere aufgrund von Unterschieden der Verstandesreife, der körperlichen Kräfte oder der Einsichtsfähigkeit hinsichtlich des riskanten Unternehmens ergeben: Zwei Jugendliche, von denen einer wesentlich älter ist, unternehmen gemeinsam eine waghalsige Rodelabfahrt (EvBl 2003/174). Das Überlassen einer Wohnung zum „ungestörten" Suchtgiftkonsum ist hingegen bloß als straflose Mitwirkung an eigenverantwortlicher Selbstgefährdung zu sehen (EvBl 2015/92).

Im Rahmen der Ausübung einer **Sportart**, welche häufig mit Verletzungsfolgen verbunden ist, könnte den einzelnen Teilnehmern nur eine Einwilligung in eine Gefährdung der körperlichen Sicherheit, nicht aber eine Einwilligung in eine Körperverletzung unterstellt werden. Bei leichten Verletzungen, welche im Rahmen der Sportausübung durch einen anderen zugefügt werden, kann nur unter dem Aspekt der Sozialadäquanz der sportlichen Betätigung die Rechtswidrigkeit verneint werden (Rz 309ff). 446

cc) Willenserklärungstheorie – Willensrichtungstheorie

Probleme hat teilweise die Frage aufgeworfen, in welcher Form die Einwilligung zu erfolgen hat. Man unterscheidet zwischen der Willenserklärungstheorie und der Willensrichtungstheorie. 447

Die **Willenserklärungstheorie** verlangt, dass die Einwilligung **ausdrücklich** oder zumindest durch ein **konkludentes Verhalten**, welches ebenfalls Erklärungswert hat, erfolgen muss. Danach würde die Einwilligung nur dann einen Rechtfertigungsgrund darstellen, wenn sie nach außen hin in Erscheinung getreten ist (*Burgstaller* WK-StGB[2] § 90 Rz 30; *Kienapfel/Höpfel/Kert* AT[14] E 1 Rz 57; *Fabrizy* StGB[11] § 90 Rz 5; *Triffterer* AT[2] 241). Eine zwar vorhandene, aber nicht geäußerte und zumindest konkludent zum Ausdruck gebrachte Einwilligung wäre danach nicht ausreichend. Im Hinblick auf die Rechtssicherheit mag es angebracht erscheinen, vom Vorliegen einer Einwilligung nur dann auszugehen, wenn diese ausdrücklich erklärt wurde oder aus einem konkludenten Verhalten unzweifelhaft ableitbar ist. Es darf jedoch nicht die Lösung der Rechtsfrage, ob eine rechtfertigende Einwilligung anzunehmen ist oder nicht, von möglichen Beweisführungsproblemen abhängig gemacht werden. Zudem eröffnet auch die Frage, wann von einer konkludenten Einwilligungserklärung zu sprechen wäre, einen breiten, mit Unsicherheiten behafteten Ermessensspielraum. Dem Problem des eindeutigen Nachweises einer Einwilligung wird man daher nie gänzlich entkommen können. 448

Teilweise wird sogar gefordert, dass die nach außen hin ausdrücklich oder konkludent zum Ausdruck gebrachte Einwilligungserklärung dem Täter auch zugegangen ist und dieser in Kenntnis der Einwilligung gehandelt hat (*Kienapfel/Schroll* BT I[5] § 90 Rz 26; *Leukauf/Steininger* StGB[3] § 90 Rz 9; *Triffterer* AT[2] 243). 449

Vertritt man den Standpunkt, dass der Täter Kenntnis vom Vorliegen einer Einwilligung haben muss, impliziert dies die Annahme, dass in der Einwilligung ein subjektives, das Unrecht ausschließendes Element liegt. Diese Annahme würde jedoch dem auch von der Rsp geteilten Grundsatz widersprechen, dass sich die Rechtswidrigkeit eines Handelns immer objektiv be- 450 urteilen lassen muss. Nach **hRsp** reicht allein das **objektive Vorliegen einer rechtfertigenden Situation** aus, die Handlung des Täters als nicht rechtswidrig erscheinen zu lassen (SSt 53/69; SSt 61/30; JBl 2013, 193 mA *Hinterhofer/Müller*). Die Kenntnis oder Unkenntnis des Täters von der Existenz eines Rechtfertigungsgrunds kann nicht über die Rechtmäßigkeit oder Rechtswidrigkeit eines Verhaltens entscheiden. Die Kenntnis oder Unkenntnis des Täters vom Vorliegen einer rechtfertigenden Einwilligung ist gleich zu behandeln, wie die Kenntnis oder Unkenntnis des Täters vom Vorliegen eines tatbestandausschließenden Einverständnisses (vgl Rz 430).

451 Es darf in diesem Zusammenhang nicht außer Acht gelassen werden, dass der Grund für die Rechtfertigung durch Einwilligung im Selbstbestimmungsrecht des Verletzten liegt und demnach allein dessen (innerer) Wille maßgeblich sein muss (*Fuchs* AT I[8] Kap 16 Rz 10; *Hinterhofer* Einwilligung, 84). Ob dieser Wille nach außen hin in Form einer Erklärung oder konkludent zum Ausdruck gebracht wird, ist für die Rechtsfrage, ob eine rechtfertigende Einwilligung vorliegt oder nicht, ohne Belang. Es erscheint daher überzeugender, von der Willensrichtungstheorie auszugehen. Nach der Willensrichtungstheorie genügt es, wenn der von der Rechtsgutverletzung Betroffene überhaupt mit der Verletzung seines Rechtsguts einverstanden war. Danach könnte eine Einwilligung sogar auch dann wirksam sein, wenn der Handelnde davon gar keine Kenntnis hatte.

452 Bei Vorliegen einer Einwilligung hat der Täter objektiv kein rechtswidriges Verhalten gesetzt (vgl SSt 53/69; SSt 61/30). Für die rechtfertigende Wirkung einer Einwilligung ist es **gleichgültig**, ob das **Vorliegen der Einwilligung** aufgrund einer ausdrücklichen oder konkludenten Erklärung **für** den **Täter** bzw **Dritte** auch **erkennbar** war.

453 Die Rsp folgt ebenfalls dieser rein objektiven Sichtweise und nimmt daher gerechtfertigte Notwehr selbst dann an, wenn der Angegriffene in einer objektiv vorliegenden Notwehrsituation seine Abwehrhandlung mit Misshandlungs- oder Verletzungsvorsatz gesetzt hat (SSt 53/69; JBl 1991, 196; JBl 1980, 494 mA *Burgstaller*; *Fabrizy* StGB[11] § 3 Rz 4). Allein die Tatsache, dass einem Tun eine unredliche Gesinnung oder Motivation zugrunde lag, darf nicht zur Strafbarkeit führen. Nur Taten und nicht das Denken oder Wissen eines Täters dürfen strafbar sein (vgl JBl 1960, 392; OLG Wien MR 2000, 220).

454 Es gelten daher hinsichtlich der Publizität der Erklärung und der damit zusammenhängenden Kenntnis des Täters vom Vorliegen einer rechtfertigenden Einwilligung die **gleichen Grundsätze**, wie für das bereits ausgeführte **tatbestandausschließende Einverständnis** des Betroffenen in die Rechtsgutverletzung (vgl Rz 429ff): Auch wenn das Einverständnis weder ausdrücklich noch konkludent zum Ausdruck gebracht wurde, kann die Verwirklichung des jeweiligen Tatbestands unter gar keinen Umständen mehr eintreten (absolute Untauglichkeit des jeweiligen Tatobjektes, § 15 Abs 3; Rz 740ff): Wenn

der Eigentümer einer Sache mit der Beschädigung dieser einverstanden ist, ist die Sache kein taugliches Objekt einer Sachbeschädigung (§ 125) mehr (OLG Wien MR 2000, 220; SSt 56/37).

dd) Mutmaßliches Einverständnis bzw mutmaßliche Einwilligung

Vom bisher Ausgeführten sind jene Fälle zu unterscheiden, bei denen der Betroffene aktuell selbst gar keinen zustimmenden Willen entwickeln kann. **Unter bestimmten Voraussetzungen kann** selbst die **bloße Mutmaßung**, dass der in seinem Rechtsgut Verletzte sein **Einverständnis** bzw seine **Einwilligung** zur Rechtsgutverletzung **gegeben hätte**, den Täter **rechtfertigen**: 455

> Ein bewusstloses Unfallopfer muss rasch operiert werden, um dessen Leben zu retten. In dieser Situation kann der Arzt von einer mutmaßlichen Einwilligung in die Operation ausgehen. Dieser wird man dann rechtfertigende Kraft beimessen müssen, wenn der Eingriff in das fremde Rechtsgut im Interesse des Betroffenen geschieht und daher angenommen werden kann, dass dieser bei entsprechender Erklärungsmöglichkeit eingewilligt hätte. Daher normiert § 110 Abs 2 (Eigenmächtige Heilbehandlung) für diesen Fall auch ausdrücklich einen Rechtfertigungsgrund.

Wichtig ist das Kriterium der **Dringlichkeit** des Eingriffs zur Wahrung der Interessen des Betroffenen. Relevanz wird auch die Bedeutung des drohenden Schadens haben, der durch den Eingriff abgewehrt werden soll. Der Arzt ist nur strafbar, wenn er fahrlässig (§ 6) irrtümlich eine Gefahr für Leben und Gesundheit des behandelten Patienten angenommen hat, die keinen Aufschub der Behandlung erlaubt hätte (§ 110 Abs 2). 456

In § 110 Abs 2 spielen die Gedanken der **Geschäftsführung ohne Auftrag** hinein, welche auch in anderen Bereichen eine Rechtfertigung abgeben können. Merkt zB jemand, dass im Haus seines Nachbarn, der sich auf Urlaub befindet, ein Wasserrohrbruch passiert ist und durch die Überschwemmung ein schwerer Schaden am Gebäude droht, ist er gerechtfertigt, wenn er die Türe des Nachbarhauses aufbrechen lässt, um einen größeren Wasserschaden zu verhindern. Der umsichtige Nachbar kann von der Annahme ausgehen, dass der verreiste Hausbesitzer damit einverstanden gewesen wäre, hätte er von der Situation gewusst. Obwohl keine ausdrückliche Einverständniserklärung zum Aufbrechen der Türe vorliegt, könnte der ohne Einwilligung handelnde Nachbar nicht wegen Sachbeschädigung (§ 125) belangt werden, da diese aufgrund der mutmaßlich anzunehmenden Einwilligung als gerechtfertigt anzusehen wäre. Eine Rechtfertigung wäre auch dann anzunehmen, wenn sich der Nachbar nach Rückkehr vom Urlaub dahingehend äußert, dass er nicht 457 einverstanden gewesen wäre, sondern lieber den Schaden getragen hätte, weil er gut versichert ist und damit eine umfassende Renovierung auf Kosten der Versicherung durchführen lassen hätte können.

458 Bei der Geschäftsführung ohne Auftrag ist immer auch das **Ausmaß des zu erwartenden Schadens** relevant. Das Aufbrechen der Wohnungseingangstüre des Nachbarn, um einen tropfenden Wasserhahn abzudrehen, wäre nicht gerechtfertigt. Bei dem nur geringen drohenden Schaden dürfte nicht von einem mutmaßlichen Einverständnis zum Aufbrechen der Türe ausgegangen werden.

459 Dies sind Extremfälle, in denen die Entscheidung einfach ist. Vielfach ist jedoch das mögliche Ausmaß eines Schadens nicht ersichtlich und wird vom übereifrigen Helfer allzu rasch überbewertet. Der fürsorgliche Helfer läuft so leicht Gefahr, zur Haftung herangezogen zu werden. Daher ist es meist besser, sich in fremde Angelegenheiten nicht einzumischen. Wer den Wasserrohrbruch „nicht bemerkt" hat, kann auch nicht zur Haftung herangezogen werden. Soweit es an einer Garantenstellung mangelt und auch keine sonstigen gesetzlichen Hilfeleistungspflichten bestehen, macht das Nichtabwenden eines Schadens von einem anderen nicht strafbar.

d) Einwilligung des Verletzten nach § 90

460 Eine Körperverletzung oder eine Gefährdung der körperlichen Sicherheit erfolgt grundsätzlich nicht rechtswidrig, wenn der Verletzte bzw Gefährdete darin eingewilligt hat (§ 90). Der Einwilligung in die Tötung kommt hingegen keine rechtfertigende Kraft zu, wie sich aus § 77 (Strafbarkeit der Tötung auf Verlangen) deutlich ergibt. Die Einwilligung in eine Verletzung bzw Gefährdung kann daher nur rechtfertigen, wenn der Erfolg nicht letztlich der Tod ist (ZVR 1979/240). Auch wenn der schwer leidende, todkranke Patient seinen Arzt oder seine Verwandten bittet, ihm beim Sterben zu „helfen", wäre eine solche aktive Sterbehilfe nicht gerechtfertigt.

461 Der ausdrückliche Rechtfertigungsgrund des § 90 schränkt den Grundsatz der rechtfertigenden Wirkung der Einwilligung wesentlich ein, indem verlangt wird, dass die **Verletzung** oder Gefährdung **nicht gegen die guten Sitten** verstoßen darf (**Sittenwidrigkeitskorrektiv**). Die Motivation der Verletzung muss nach der Rsp einen „wertorientierten" oder zumindest „allgemein verständlichen Grund" haben und darf nicht aus bloßem Mutwillen erfolgen (JBl 1978, 385). Ob die Verletzung vorsätzlich oder fahrlässig zugefügt wird, macht keinen Unterschied. Das Kriterium der Sittenwidrigkeit bezieht sich nur auf die Verletzung bzw Gefährdung selbst, nicht aber auf die Einwilligung. Ohne Belang ist die Frage, ob die Einwilligung selbst als sittenwidrig anzusehen wäre (zB Verkauf einer Niere an den Meistbietenden, *Kienapfel/Schroll* BT I^5 § 90 Rz 50). § 90 eröffnet damit der Rsp einen uferlosen Ermessensspielraum,

der auch mit einer erheblichen Rechtsunsicherheit für den „Täter" verbunden ist.

Bei **schweren Verletzungen** kann es erforderlich sein, den Einzelnen gegen den unbedachten und voreiligen Gebrauch der Freiheit vor sich selbst zu schützen. Solche Verletzungen sind demnach trotz Einwilligung grundsätzlich sittenwidrig und verboten, sofern sie nicht zu einem ethisch wertvollen Zweck erfolgen (EvBl 2003/79). 462

Auch die Einwilligung in bestimmte Handlungsweisen kann als sittenwidrig und damit nicht rechtfertigend bewertet werden. Die Sittenwidrigkeit hängt hierbei einerseits von der Schwere und Wahrscheinlichkeit der drohenden Verletzung und andererseits vom Beweggrund ab. Gefährliche Handlungen, bei denen die Möglichkeit oder gar die Wahrscheinlichkeit einer schweren Verletzung oder des Todes besteht, können nur dann durch eine Einwilligung gerechtfertigt sein, wenn sie einem allgemein anerkannten, ethisch wertvollen Zweck dienen. Die **Gefährlichkeit der Handlung** ist dabei aus der **ex ante Sicht** zu beurteilen (EvBl 2003/79). 463

Die Einwilligung eines Arbeitnehmers in die Gefährdung seiner Gesundheit oder körperlichen Sicherheit unter Missachtung von **Arbeitsschutzvorschriften** hat keine rechtfertigende Wirkung. Einerseits handelt es sich hierbei um öffentliche Interessen, auf deren Wahrung der einzelne Betroffene nicht verzichten kann, weil ihm dazu die Dispositionsbefugnis fehlt, andererseits wäre eine dahingehende Einwilligung unter dem Aspekt der Sittenwidrigkeit ungültig. 464

Ein Arbeiter beschwert sich nicht, dass die überalterten Maschinen im Betrieb gravierende Sicherheitsmängel aufweisen und Arbeitsschutzvorschriften nicht eingehalten werden, weil er Angst um seinen Arbeitsplatz hat und daher gegenüber seinem Arbeitgeber nicht negativ auffallen möchte. Der Arbeitgeber könnte sich in diesem Fall nicht auf eine rechtfertigende konkludente Einwilligung des Arbeiters in eine Gefährdung seiner körperlichen Sicherheit berufen.

Gegen die guten Sitten verstößt jedenfalls auch die Einwilligung in eine Gesundheitsschädigung durch Suchtmittelkonsum. Dies ergibt sich ua daraus, dass Suchtmittel bloß im Rahmen einer ärztlichen Behandlung eingesetzt werden dürfen (EvBl 2003/79). 465

Nicht sittenwidrig wäre es, wenn jemand bei seiner Freundin Mitleid erregen will und sich daher von seinem Sportskameraden mit einem Baseballschläger eine Prellung am Ellbogen zufügen lässt (EvBl 1997/14). Sittenwidrig wäre jedoch das vorsätzliche Zufügen einer Verletzung, damit der Verletzte eine Versicherungsleistung erwirken kann. 466

467 Der körperliche Eingriff im Zuge einer **kosmetischen Operation** ist ebenfalls selbst bei fehlender medizinischer Notwendigkeit grundsätzlich rechtmäßig, soweit er mit Zustimmung des Betroffenen vorgenommen wird. Wenn sich jedoch ein geflüchteter Verbrecher von einem Chirurgen ein anderes Aussehen geben lassen möchte, damit er der behördlichen Verfolgung entkommt, ist die Operation sittenwidrig. Erfolgt der körperliche Eingriff des Arztes in Kenntnis des Operationsgrundes, handelt er trotz Einwilligung des Betroffenen rechtswidrig.

468 Bei der Frage der **Sterilisation** waren die Ansichten über deren Sittenwidrigkeit umstritten, daher hat der Gesetzgeber ausdrücklich in **§ 90 Abs 2** erklärt, dass die mit Zustimmung des Betroffenen von einem Arzt vorgenommene Sterilisation nur rechtmäßig erfolgt, wenn die betroffene Person das 25. Lebensjahr bereits vollendet hat. Die Motivation zur Sterilisation ist dabei belanglos, weil der Betroffene ab diesem Alter eigentlich in der Lage sein sollte, die Tragweite seiner Entscheidung zu erkennen. Bei Personen unter 25 Jahren wird zu prüfen sein, ob der Eingriff nicht gegen die guten Sitten verstößt.

469 Der Einwilligung in eine **Verstümmelung** oder **sonstige Verletzung der Genitalien**, die geeignet ist, eine nachhaltige Beeinträchtigung des sexuellen Empfindens herbeizuführen, versagt der Gesetzgeber ausnahmslos eine rechtfertigende Wirkung (**§ 90 Abs 3**). Wenngleich es sich beim sexuellen Empfinden einer Person wohl kaum um ein schützenswertes Allgemeininteresse handeln kann, erscheint dem Gesetzgeber diese Bestimmung offenbar angebracht, um religiösen oder anders motivierten Traditionen, die von einer zivilisierten Gesellschaft nicht toleriert werden können, entgegen zu treten.

V. Zusammenfassendes Schema zum Punkt „Rechtswidrigkeit"

470 Grundsätzlich ist davon auszugehen, dass ein tatbestandsmäßiges Handeln auch rechtswidrig ist. Die Tatbestandsmäßigkeit indiziert die Rechtswidrigkeit. Vereinzelt können jedoch Rechtfertigungsgründe die Rechtswidrigkeit eines tatbestandsmäßigen Verhaltens ausschließen, so dass dieses als rechtmäßig anzusehen ist. Auf der **Ebene der „Rechtswidrigkeit"** ist daher nicht die grundsätzlich indizierte Rechtswidrigkeit eines tatbestandsmäßigen Verhaltens (Rz 316f) zu prüfen, sondern **nur** das mögliche **Vorliegen von Rechtfertigungsgründen**, soweit die Sachverhaltskonstellation Anhaltspunkte dafür erkennen lässt. Zusammenfassend werden insb nachfolgende Punkte eine nähere Auseinandersetzung verlangen:

I.
Tatbestand

II.
Rechtswidrigkeit

→

Vorliegen von Rechtfertigungsgründen
(zB Notwehr, § 3; rechtfertigender Notstand; Einwilligung, zB § 90; amtliche Befugnis, zB Festnahmerecht, §§ 170ff StPO)

A. Rechtfertigende Situation
(zB: Angriff, notwehrfähiges Rechtsgut bei § 3; gegenwärtige Gefahr beim rechtfertigenden Notstand; Einwilligung, einwilligungsfähiges Rechtsgut; Festnahmevoraussetzungen, §§ 170ff StPO)

B. Rechtfertigende Handlung
(zB: notwendige Verteidigung, § 3; ev Notwehrüberschreitung, § 3 Abs 2; Güterabwägung beim rechtfertigenden Notstand; Sittenwidrigkeit bei § 90)

III.
Schuld

IV.
Strafe

§ 5. Die Schuld

I. Allgemeines

Ein **Schuldvorwurf** kann grundsätzlich nur **gegenüber einer physischen Person** erhoben werden. Das Verbandsverantwortlichkeitsgesetz (VbVG) ermöglicht es darüber hinaus, auch juristische Personen (zB eine Aktiengesellschaft) strafrechtlich zur Verantwortung zu ziehen, obwohl diesen gegenüber eigentlich kein Schuldvorwurf erhoben werden kann (Rz 74ff). 471

Strafrechtliche Schuld ist zu unterscheiden von **sittlicher Schuld**. Eine Tat, die jemanden moralisch schuldig macht, muss nicht strafbar sein: Jemand sieht, wie sich ein anderer, für dessen Wohlergehen er nicht zu garantieren hat (keine Garantenstellung nach § 2), aus Dummheit oder Unerfahrenheit in eine lebensbedrohliche Situation bringt. Er warnt ihn jedoch nicht und hält ihn auch nicht davon ab, da Einmischen nicht seine Sache ist. 472

A. Schuldbegriff

Zipf Der strafrechtliche Schuldbegriff, JBl 1980, 186.

473 **1. Psychologischer Schuldbegriff:** Geht man von einem rein psychologischen Schuldbegriff aus, besteht die Schuld nur in der psychischen (subjektiven) Beziehung des Täters zu der von ihm begangenen Straftat. Dieser Ansicht liegt der Gedanke zugrunde, dass alle objektiven Elemente des Deliktes dem Unrecht und alle subjektiven der Schuld zuzuordnen sind. Dabei ist der Vorsatz die eine und die Fahrlässigkeit die andere Schuldform (dazu *Fuchs* AT I[8] Kap 21 Rz 3; *Roxin* AT I[4] § 7 Rz 15). Während sich der Vorsatz auf die Verwirklichung des kriminellen Erfolges richtet, ist dieser bei Vorliegen von Fahrlässigkeit für den Täter nur voraussehbar. Mit einem rein psychologisch verstandenen Schuldbegriff kann jedoch der Wesensgehalt der strafrechtlich relevanten Schuld nicht voll erfasst werden. So fehlt zB bei der unbewussten Fahrlässigkeit die psychische Beziehung zum deliktischen Erfolg (vgl *Welzel* Strafrecht[11], 139f). Demnach könnte diese gar keine Schuld darstellen. Andererseits würde auch derjenige schuldhaft handeln, der mit vorgehaltener Pistole gezwungen wird, einen anderen zu verletzen, denn er wollte den Verletzungserfolg herbeiführen, wenn auch nicht freiwillig. Die Schuld des Täters erschöpft sich demnach nicht allein in der psychischen Beziehung des Täters zur Tat, was eine Erweiterung des strafrechtlichen Schuldbegriffs bedingt.

474 **2. Normativer Schuldbegriff:** Der psychologische Schuldbegriff wurde erweitert zum normativen Schuldbegriff. Dieser setzt sich aus **drei Elementen** zusammen: Einem **biologischen** Element, der Schuldfähigkeit oder Zurechnungsfähigkeit, einem **psychologischen** Element in der Form des Vorsatzes oder der Fahrlässigkeit und einem **normativen** Element, welches die Zumutbarkeit betrifft.

475 **3. Finale Handlungslehre:** Der normative Schuldbegriff erfuhr eine Modifizierung durch die finale Handlungslehre, indem diese den Vorsatz bereits dem Tatbestand zuordnete (*Welzel* Strafrecht[11], 140; *Roxin* AT I[4] § 7 Rz 18). Vom Wortsinn des Begriffes „Schuld“ her kann dies mitunter verwirren. Dennoch sprechen zahlreiche Argumente, wie sie bereits zum finalen Handlungsbegriff ausgeführt wurden, für eine dahingehende Sichtweise (Rz 140ff). Es handelt sich dabei um eine „reine Systemfrage“. In diesem Sinne betont auch der **OGH**, dass die **Einordnung** des Tatvorsatzes als psychologisches Schuldelement oder als personales Unrechtselement des Tatbestands **keinen Einfluss auf** die damit verbundene **Sachfrage** hat. **Beide Auffassungen** sind als **gleichwertig** anzusehen (RZ 2007/3 = SSt 2006/20).

Die vorangehende Systematik hat sich an den Grundgedanken der finalen Handlungslehre orientiert. Auf der Ebene der **Schuld** verbleiben damit nur noch die Kriterien **Zurechnungsfähigkeit** (Rz 484ff), **Unrechtsbewusstsein** (Rz 521ff) und **Zumutbarkeit** normgemäßen Verhaltens (Rz 602ff, Schuldausschließungsgründe) zu prüfen. 476

B. Schuldstrafrecht

Bestraft werden darf nur, wer schuldhaft gehandelt hat (§ 4). Neben der Tatbestandsmäßigkeit und Rechtswidrigkeit stellt die **Schuld** ein weiteres **Element im Verbrechensaufbau** dar. Mit § 4 wird deklariert, dass unser Strafrecht ein Schuldstrafrecht und kein Erfolgsstrafrecht ist. Der Grundsatz „die Tat tötet den Mann", der lange Zeit in der Rechtsgeschichte gültig war, gilt nicht mehr. Allein die **Tat als objektives Ereignis macht** den Verursacher eines strafgesetzwidrigen Erfolges noch **nicht strafbar.** Die tatbestandsmäßige und rechtswidrige Verwirklichung eines Deliktes muss vielmehr auch noch verschuldet gewesen sein (Rz 20ff). 477

C. Schuld und Entscheidungsfreiheit

Roeder Die Lehre von der Willensfreiheit in der strafrechtsphilosophischen Doktrin der Gegenwart, JBl 1964, 229.

Der Schuldvorwurf besteht darin, dass dem Täter vorgeworfen wird, in einer bestimmten Weise gehandelt zu haben. Ein dahingehender Vorwurf hat zur Voraussetzung, dass der Täter eine Entscheidungsfreiheit besaß und auch anders hätte handeln können. Bei einem Geisteskranken kann zB diese Voraussetzung fehlen. 478

Das StGB geht grundsätzlich von der Fähigkeit des Menschen aus, über seine Taten mehr oder minder frei zu entscheiden (näher dazu *Steininger* AT I² Kap 12 Rz 6ff). In der Regel wird der Entscheidungsspielraum für eine menschliche Verhaltensweise im Augenblick der Tat durch zahlreiche kausal wirkende Faktoren eingeschränkt und beeinflusst (zB die drückende finanzielle Notlage des Diebes; die rasende Eifersucht des betrogenen Ehemannes). Der Mensch ist diesen Kausalfaktoren jedoch grundsätzlich nicht vollkommen willenlos ausgeliefert. Im Regelfall besitzt jeder die Fähigkeit, die auf ihn einwirkenden Antriebe orientiert an den Wertungen der Gesellschaft und den Normen, denen er unterworfen ist, zu kontrollieren und damit Entscheidungen für oder gegen ein strafbares Verhalten zu treffen. Kausalfaktoren, wie zB das soziale Umfeld, Arbeitslosigkeit und die Familienverhältnisse können 479 zwar sehr bestimmend für ein kriminelles Verhalten sein, sie rufen jedoch nicht zwingend Kriminalität hervor.

D. Einzeltatschuld – Lebensführungsschuld

480 **1.** Strafbar sind bestimmte Verhaltensweisen einer Person, welche vom Gesetz für strafbar erklärt werden (Tatstrafrecht). Das Tatstrafrecht bildet den Ausgangspunkt dafür, dass im Bereich der Schuld auch nur von einer Einzeltatschuld auszugehen ist (Tatschuldprinzip). Maßgeblich ist jene Schuld des Täters, die unmittelbar mit einer bestimmten Tat verbunden ist. Der Täter dürfte nicht für seine Lebensführung verantwortlich gemacht werden. Einem Dieb dürfte nicht als schulderschwerend zum Vorwurf gemacht werden, dass er sich nie um eine redliche Erwerbsquelle bemüht und sich daher in eine finanzielle Notlage gebracht hat, welche auslösend für den Diebstahl war.

481 Das Tatschuldprinzip geht von einem **maßstabgerechten Menschen** aus. Man versucht damit ein objektives Kriterium zu schaffen. Dem Täter wird vorgeworfen, dass er hinter der vom Gericht fiktiv angenommenen Rechtsgesinnung und Willenskraft eines durchschnittlichen Rechtsunterworfenen zurück geblieben ist. Der Interpretationsspielraum des Gerichtes ist dabei natürlich sehr groß. Es wäre zweifellos kriminalpolitisch nicht sinnvoll, einem Schwerkriminellen, dem jegliche Verbundenheit mit den Pflichten gegenüber der Gemeinschaft fehlt, einen geringeren oder gar keinen Schuldvorwurf zu machen. Der zugrunde gelegte Maßstab macht aber vor allem auch deutlich, dass eine Gesellschaft nicht emotionale Auswüchse von religiösen Fanatikern akzeptieren kann. Gegenüber jemandem, der einen Mord zur Erhaltung der „Familienehre" als entschuldigt oder gar gerechtfertigt ansieht, kann ein uneingeschränkter strafrechtlicher Schuldvorwurf erhoben werden. Keine Gesellschaft darf sich damit abfinden, dass einzelne Gesellschaftsgruppen nur nach ihren eigenen Maßstäben leben, wenn dadurch andere in ihrer strafrechtlich geschützten Sphäre beeinträchtigt werden. In diesem Sinne bringt § 32 Abs 2 für die Strafbemessung deutlich zum Ausdruck, dass eine **ablehnende oder gleichgültige Einstellung** des Täters gegenüber rechtlich geschützten Werten sogar **erschwerend** wirkt.

482 **2.** Teilweise verschwimmen jedoch die Grenzen: Die **Lebensführungsschuld** kann in Form der Tatsache eines **Rückfalls** belastend wirken (§ 33 Abs 1 Z 2 bzw § 39, Strafverschärfung bei Rückfall; vgl *Seiler* AT II[7] Rz 237ff). Die darin enthaltene Täterschuld ist zu berücksichtigen, selbst wenn der Täter für die vorher begangene Tat bereits bestraft worden ist. Meist wird die Schuld bei jenem höher sein, den vorherige Verurteilungen nicht von weiteren strafbaren Handlungen abhalten konnten. Es erscheint daher einleuchtend, innerhalb des vom jeweiligen Tatbestand vorgegebenen Strafrahmens die

Strafe höher zu bemessen als bei einem Ersttäter. Bedenken kommen jedoch auf, wenn unter den Voraussetzungen des § 39 bei rückfälligen Straftätern sogar ein höherer Strafrahmen zur Anwendung kommt. Durch die Rückfälligkeit des Täters ändert sich nämlich nichts am Unrechtsgehalt des jeweiligen Deliktes, welcher vom Gesetzgeber vorweg in Form eines Strafrahmens zum Ausdruck gebracht wird.

Auch beim **Rechtsirrtum (§ 9)** kann die Lebensführungsschuld relevant 483
werden, wenn dem Täter jegliches Unrechtsbewusstsein fehlte, ihm aber vorgeworfen wird, es unterlassen zu haben, sich über die für seine Verhaltensweise einschlägigen strafrechtlichen Vorschriften zu informieren.

II. Die Zurechnungsfähigkeit

Bertel Die Zurechnungsfähigkeit, ÖJZ 1975, 622; *Brandstetter* Grundfragen der Deliktsverwirklichung im Vollrausch (1992); *Eder-Rieder* Die freiheitsentziehenden vorbeugenden Maßnahmen (1985); *Juhász* Die strafrechtliche Schuldfähigkeit (2013); *Laubichler* Die Problematik der forensisch psychiatrischen Beurteilung des erweiterten Selbstmordversuches, ÖJZ 1980, 653; *ders* Über die Diskretionsfähigkeit und Dispositionsfähigkeit bei tiefreichenden Bewußtseinsstörungen, ÖJZ 1981, 37; *Medigovic* Freiheitsentziehende vorbeugende Maßnahmen in Österreich (1986).

A. Diskretionsfähigkeit – Dispositionsfähigkeit

1. Die Zurechnungsfähigkeit ist das biologische Element der Schuld. Das 484
Strafgesetz geht im Normalfall von der Zurechnungsfähigkeit eines jeden Menschen **aus**. Vom Gesetz werden nur jene Gründe angeführt, welche ein Fehlen der Zurechnungsfähigkeit im Einzelfall annehmen lassen. Auch ein Zurechnungsunfähiger kann eine Willensbetätigung setzen. Die **Zurechnungsfähigkeit** ist daher immer **unabhängig** vom **Vorsatz** bzw der **Fahrlässigkeit** zu **prüfen** (EvBl 1977/8; EvBl 1978/209).

2. Eine Voraussetzung für die Annahme der Zurechnungsfähigkeit ist die 485
Diskretionsfähigkeit. Der Täter darf nur dann strafrechtlich zur Verantwortung gezogen werden, wenn er zum Zeitpunkt der Tat in der Lage war, das Unrecht seines geplanten Verhaltens zu erkennen (**intellektuelles Element**).

Die Diskretionsfähigkeit allein reicht jedoch nicht für die Annahme ei- 486
ner Zurechnungsfähigkeit aus. Der Täter muss darüber hinaus als zweite Voraussetzung auch noch in der Lage gewesen sein, dieser Unrechtseinsicht entsprechend sein Verhalten zu bestimmen. Man spricht hierbei von seiner **Dispositionsfähigkeit (emotionales Element)**. In jeder dieser beiden Komponenten können Störungen auftreten, welche unter entsprechenden Bedingun-

gen zu einer Verneinung der Zurechnungsfähigkeit führen (vgl § 4 Abs 2 Z 1 JGG).

487 Die Zurechnungsfähigkeit eines Täters ist daher nur anzunehmen, wenn dieser die Fähigkeit hatte, das Unrecht seiner Tat einzusehen und entsprechend dieser Einsicht zu handeln (*Kienapfel/Höpfel/Kert* AT[14] Z 16 Rz 3). Die Zurechnungsfähigkeit muss **im Moment der Tat** (Handlung bzw Unterlassung) vorliegen. Der Zeitpunkt des Erfolgseintrittes oder des Strafverfahrens ist ohne Relevanz. Die **Zurechnungsunfähigkeit** ist ein **Schuldausschließungsgrund** für den Täter und daher ohne Einfluss auf andere Tatbeteiligte. Das Tatopfer kann gegen die rechtswidrige Tat Notwehr (§ 3) üben.

B. Gesetzliche Annahme des Fehlens der Zurechnungsfähigkeit

Horak Der Rechtsirrtum des Jugendlichen im Strafrecht, JBl 1963, 245.

488 **1.** Nach **§ 4 Abs 1 JGG** können **unmündige** Personen für eine strafbare Handlung nicht bestraft werden. Es sind dies Kinder, die das 14. Lebensjahr noch nicht vollendet haben (§ 1 Z 1 JGG; § 74 Abs 1 Z 1). Der Grund hierfür liegt in der biologischen Entwicklung von Personen dieser Altersstufe. Bei Personen, die das 14. Lebensjahr noch nicht vollendet haben, wird ex lege angenommen, dass ihnen die Diskretions- oder Dispositionsfähigkeit bzw beides fehlt, unabhängig davon, wie weit ihre psychische Entwicklung tatsächlich gediehen ist:

Ein 13-Jähriger begeht einen Ladendiebstahl. Aufgrund der gesetzlich angenommenen Zurechnungsunfähigkeit kann er nicht bestraft werden, wenngleich zweifellos ein 13-Jähriger regelmäßig das Unrecht eines Ladendiebstahls erkennen kann.

489 Auch eine besondere Bosheit bei der Tat, die darauf hindeutet, dass der Täter bewusst eine Straftat begehen wollte, ersetzt nicht das fehlende Alter. Ist das Delikt zweiaktig und wurde der erste Akt vor und der zweite Akt nach Vollendung des 14. Lebensjahres gesetzt, ist nach der Rsp das Delikt als Einheit aufzufassen und von der Straftat eines Zurechnungsfähigen auszugehen (EvBl 1960/61).

490 Auf einen Erwachsenen, dessen geistiger Entwicklungsstand dem eines minderjährigen Kindes entspricht, findet die gesetzliche Vermutung des § 4 Abs 1 JGG keine Anwendung. Bei einem Erwachsenen ist immer auf den jeweiligen konkreten Einzelfall bezogen die Zurechnungsunfähigkeit iSd § 11 StGB zu prüfen (JBl 2007, 335).

2. Bei **Jugendlichen**, worunter Personen zu verstehen sind, die zwar das 14. Lebensjahr, aber **noch nicht** das **18. Lebensjahr vollendet** haben (§ 1 Z 2 JGG), wird grundsätzlich angenommen, dass sie **zurechnungsfähig** sind. Bei **verzögerter Reife (Retardierung)** kann jedoch auch bei Jugendlichen dieser Altersgruppe im Einzelfall die Zurechnungsfähigkeit fehlen (§ 4 Abs 2 Z 1 JGG; vgl ZVR 1973/50). Von der gesetzlichen Einschränkung des § 4 Abs 2 Z 1 JGG werden Spätentwickler erfasst, die aus besonderen Gründen nicht reif genug sind, das Unrecht der Tat einzusehen oder der Einsicht entsprechend zu handeln (RZ 1961, 118; EvBl 1963/455). 491

Die besonderen Gründe der Unreife Jugendlicher können in **ererbten Defekten, Verwahrlosung, Krankheit** ua liegen. Die Fähigkeit, das Unrecht zu erkennen, kann gerade bei Jugendlichen je nach der **Art des Deliktes** verschieden sein. 492

- Jeder Jugendliche wird in der Regel das Unrecht eines Ladendiebstahls erkennen können. Hingegen wird für einen 16-Jährigen das Unrecht des Verwendens eines gefälschten Reisepasses nicht unbedingt erkennbar sein (JBl 1972, 436).
- Einem Jugendlichen von 16 Jahren ist auch das Unrecht eines Schmuggels von Suchtmitteln kaum einsichtig (EvBl 1982/175).

Um Unrechtskenntnis annehmen zu können, genügt es nicht, dass der Täter das Sittenwidrige seines Verhaltens erkannt hat, sondern er muss wissen, dass er mit seiner Handlung **gegen die Rechtsordnung verstößt** (EvBl 1980/184). Die Einsicht in das moralisch Unerlaubte bedeutet noch nicht das Wissen um die soziale Untragbarkeit, aus der dann von der Rechtsprechung die strafrechtliche Relevanz abgeleitet wird (SSt 50/14; EvBl 1978/46). Relevant ist nur eine strafrechtliche Schuld, nicht eine sittliche Schuld. Der Täter muss nicht genau wissen, dass er gegen Normen des StGB verstößt. Es muss für ihn nur zumindest erkennbar sein, dass er ein strafbares Verhalten setzt. Wer das Unrecht eines Raubes (§ 142) erkennen kann, wird sich auch bewusst sein, dass bereits das Verabreden eines Raubes ein strafbares Unrecht (§ 277) darstellt (EvBl 1960/376). Entsprechendes gilt, wenn jemand vor einem Fußgängerübergang wegen zu hoher Geschwindigkeit nicht rechtzeitig bremsen kann und einen Passanten niederstößt, wobei dieser leicht verletzt wird. Selbst wenn der Fahrzeuglenker glaubte, damit nur gegen Verwaltungsbestimmungen zu verstoßen und eine bloße Verwaltungsstrafe befürchtet hat, erkennt er das strafbare Unrecht. Der PKW-Lenker muss sich nicht bewusst sein, dass fahrlässige Körperverletzungen im Zuge eines Verkehrsunfalls einen Tatbestand des StGB bilden (§ 88) und ein gerichtliches Nachspiel haben können. 493

Soweit die fehlende Unrechtseinsicht nicht auf besondere Gründe zurückgeführt werden kann, welche zu einer Verzögerung des Reifeprozesses geführt 494 haben (§ 4 Abs 2 Z 1 JGG), ist nach der allgemeinen Regel des § 9 (Rechtsirrtum, Rz 521ff) vorzugehen.

495 Unabhängig von seiner Fähigkeit zur Unrechtseinsicht ist ein Jugendlicher vor Vollendung seines **16. Lebensjahres nicht zu bestrafen**, wenn er nur ein **Vergehen** (§ 17) begangen hat, ihm dabei **kein schweres Verschulden** vorgeworfen werden kann und es nicht aus besonderen präventiven Gründen der Anwendung des Jugendstrafrechts bedarf, um den Jugendlichen vor weiteren strafbaren Handlungen abzuhalten (§ 4 Abs 2 Z 2 JGG, **minderschwere Alltagskriminalität**).

C. Ausschluss der Zurechnungsfähigkeit (§ 11)

496 Erwachsenen wird grundsätzlich Zurechnungsfähigkeit unterstellt, soweit nicht spezielle Umstände Anhaltspunkte für einen Ausschluss der Zurechnungsfähigkeit zum Zeitpunkt der Tat bieten. Eine psychiatrische Begutachtung ist daher vom Gericht nur dann zu veranlassen, wenn objektive Momente vorliegen, welche die Zurechnungsfähigkeit des Angeklagten in Frage stellen. Neben den gesetzlichen Altersbeschränkungen bei Unmündigen und Jugendlichen (§ 4 JGG) kann gem § 11 die Zurechnungsfähigkeit aus folgenden Gründen ausgeschlossen sein:

1. Geisteskrankheit

497 Die Zurechnungsfähigkeit des Täters ist zu verneinen, wenn dieser zur Tatzeit wegen einer Geisteskrankheit unfähig war, das Unrecht zu erkennen oder der Unrechtseinsicht entsprechend zu handeln. § 4 Abs 2 JGG und § 11 StGB schließen einander aus. Liegt beim Jugendlichen eine Geisteskrankheit vor, ist die Beurteilung nur nach § 11 vorzunehmen (JBl 1977/101). Zu den Geisteskrankheiten zählt man ua Psychosen, Schizophrenie, manisch depressives Irresein, progressive Paralyse, Epilepsie, toxisch bedingte Einwirkungen auf das Gehirn (*Fabrizy* StGB[11] § 11 Rz 5). Als Krankheit kann in diese Kategorie wohl auch die **Senilität** einbezogen werden, welche auf altersbedingte Abbauprozesse (cerebrale Arteriosklerose) zurückzuführen ist (*Leukauf/Steininger* StGB[3] § 11 Rz 10), denn auch hierin ist eine organische Erkrankung im Bereich des Gehirns zu erblicken.

2. Geistige Behinderung

498 Die geistige Behinderung als Grund für den Ausschluss der Zurechnungsfähigkeit musste im Gesetz gesondert genannt werden, da bei ihr der **Krank-**

heitsprozess fehlt, welcher für die Gruppe der Geisteskrankheiten charakteristisch ist. Die geistige Behinderung muss eine solche Intensität erreichen, dass beim Täter die Fähigkeit, das Unrecht zu erkennen bzw der Unrechtseinsicht entsprechend zu handeln, ausgeschlossen ist. Daher kann nicht jede Form der geistigen Behinderung hierher gezählt werden (EvBl 1977/259). Die Ursache der Intelligenzschwäche muss nicht nachgewiesen werden. In erster Linie gehören hierher die **Idiotie** und **Imbezilität** (SSt 48/55). Bei der Idiotie nimmt man einen Entwicklungsgrad an, der einem sechsjährigen Kind entspricht, bei der Imbezilität ist der Täter in der Pubertät stecken geblieben. Wurde der Entwicklungsgrad nicht erreicht, der sonst am Abschluss der Pubertät eintritt, spricht man von einer **Debilität**, welche ebenfalls die Zurechnungsfähigkeit ausschließen kann. Grenzdebilität schließt hingegen in der Regel die Schuldfähigkeit noch nicht aus (EvBl 1977/259; *Leukauf/Steininger* StGB[3] § 11 Rz 9).

3. Tiefgreifende Bewusstseinsstörung

Die tiefgreifende Bewusstseinsstörung kann krankhafter oder nicht krankhafter Natur sein. Diese Fallgruppe des Gesetzes hat große praktische Bedeutung. Ein solcher Zustand kann ua auftreten bei hochgradiger **Übermüdung, Alkoholisierung** (ab ca 3 Promille Blutalkoholgehalt, *Höpfel* WK-StGB[2] § 11 Rz 7), Hypnose, **Vergiftungserscheinungen** durch Alkohol oder andere Suchmittel, bei schweren **Affektzuständen** oder Fieberdelirien (*Fabrizy* StGB[11] § 11 Rz 5). Dabei sind jeweils die Besonderheiten des konkreten Einzelfalles zu berücksichtigen. Chronischer Alkoholismus kann eine tiefgreifende Bewusstseinsstörung herbeiführen (SSt 47/44). Das Gericht wird zur Unterstützung bei der Entscheidungsfindung regelmäßig einen medizinischen Sachverständigen beiziehen. Es kann zB hinsichtlich einer Alkoholisierung weder aus medizinischer Sicht noch nach der Rsp ein Erfahrungssatz angenommen werden, wonach bei einem Blutalkoholgehalt von 3 Promille die Zurechnungsfähigkeit jedenfalls ausgeschlossen wäre. Ein derart hoher Blutalkoholgehalt wird nur eine eingehende Überprüfung der Zurechnungsfähigkeit indizieren (ÖJZ-LSK 1982/140). 499

Hochgradige **Triebhandlungen** stellen **keine** Sinnesverwirrungen dar, welche eine **tiefgreifende Bewusstseinsstörung** bewirken (EvBl 1975/178), anders ist es bei hochgradigen Affekten, wenn sie auf eine pathologische (krankhafte) Grundlage zurückzuführen sind (SSt 46/4). Ein Unfallschock reicht dazu nicht aus (OLG Wien ZVR 1982/68), ebenso wenig eine asoziale Veranlagung, Charakterschwäche oder Haltlosigkeit und hemmungslose Affekte (EvBl 1976/72; EvBl 1977/58). 500

4. Seelische Störungen

501 In der Praxis hat sich gezeigt, dass mit den genannten Fallgruppen nicht alle Grundlagen erfasst werden können, welche die Zurechnungsfähigkeit und damit die Schuld ausschließen. Auch seelische Störungen können zur Zurechnungsunfähigkeit führen, wenn sie von so schwerem Gewicht sind, dass sie als vollkommen gleichwertig neben die bereits genannten Fälle gestellt werden können. Eine annähernde Gleichwertigkeit reicht nicht aus (EvBl 1976/72). In diese subsidiäre Gruppe fallen **hochgradige Neurosen**, sonstige Triebstörungen oder Defektzustände (EvBl 1976/115) und der große Komplex der **Psychopathien**. Sie alle müssen so ausgeprägt sein, dass das Persönlichkeitsbild des Betroffenen völlig zerstört ist und die Diskretions- bzw Dispositionsfähigkeit aufgehoben erscheint (EvBl 1976/72; EvBl 1976/115). Die seelischen Störungen müssen den Persönlichkeitskern erfassen und die willentliche Entscheidungsfähigkeit bzw das Gefühls- und Triebleben entscheidend stören (SSt 58/41). Wird dieser Intensitätsgrad nicht erreicht, ist beim Täter Zurechnungsfähigkeit anzunehmen. Charaktermängel, in denen **bloß Abweichungen von allgemeinen Denk- und Handlungsweisen** zu sehen sind, heben die Schuldfähigkeit **nicht** auf (SSt 58/41). Letzteres trifft zB auf die Gruppe der **pädophilen Sittlichkeitsverbrecher** oder **Kleptomanen** zu.

D. Konsequenzen eingeschränkter oder fehlender Zurechnungsfähigkeit

502 **1.** War beim Täter die **Zurechnungsfähigkeit zum Zeitpunkt der Tat** ausgeschlossen, kann dieser grundsätzlich mangels Schuld für das begangene Delikt nicht bestraft werden.

503 **§ 21 Abs 1** bietet jedoch die Möglichkeit, **geistig abnorme Rechtsbrecher** in eine entsprechende **Anstalt** einzuweisen, soweit dies notwendig erscheint, um die Gesellschaft vor ihnen zu schützen (vgl *Seiler* AT II[7] Rz 432ff).

504 Liegen gelindere Formen seelischer Störungen vor, welche die Zurechnungsfähigkeit nicht gänzlich ausschließen, kann der Täter neben einer Bestrafung ebenfalls in eine Anstalt für geistig abnorme Rechtsbrecher eingewiesen werden (§ 21 Abs 2), wenn er die Tat unter dem Einfluss einer solchen geistigen oder seelischen Abartigkeit höheren Grades begangen hatte. Die Zeit der Anhaltung ist dann auf die Strafe anzurechnen. Ist die Strafe länger als die Unterbringungszeit, ist der Rechtsbrecher nach Beendigung der Unterbringung in den Strafvollzug zu überstellen. Die Unterbringung ist jedoch in beiden Fällen auf unbestimmte Zeit anzuordnen (*Seiler* AT II[7] Rz 433; *Leukauf/Steininger* StGB[3] § 21 Rz 27) und dauert so lange, wie es der Zweck erfordert (§ 25 Abs 1).

505 War die Zurechnungsfähigkeit zum Zeitpunkt der Tat nicht gänzlich ausgeschlossen, kann der Täter bestraft werden. Bei der Sanktionsbemessung ist

jedoch der **Milderungsgrund des** § 34 Abs 1 Z 1 zu berücksichtigen, wenn die Tat unter dem Einfluss eines abnormen geistigen Zustandes begangen wurde, der Täter bei schwachem Verstand war oder wenn seine Erziehung vernachlässigt worden ist. Ein bestimmtes Maß der Abnormität muss dabei nicht erreicht worden sein, sondern es genügt die Feststellung, dass der Wille des Täters davon beeinflusst wurde.

2. In gleicher Weise erscheint die Schuld des Täters geringer, wenn er die Tat 506 in einem **alkoholisierten Zustand**, der aber die Zurechnungsfähigkeit nicht gänzlich ausschloss (§ 35), begangen hat. Dies gilt allerdings nur unter der Voraussetzung, dass die Herabsetzung der Zurechnungsfähigkeit nicht durch den Vorwurf aufgewogen wird, dass der Täter unter Umständen berauschende Mittel zu sich nahm, bei denen er mit einer strafbaren Handlung rechnen musste.

Es ist nicht als mildernd zu werten, wenn der Täter sich bewusst ist, dass 507 er in alkoholisiertem Zustand regelmäßig aggressiv und gewalttätig wird (RZ 1977/34; EvBl 1977/162; EvBl 1981/133). Die Tatsache, dass sich der Täter in diesen Zustand versetzt hatte, wird in diesen Fällen sogar regelmäßig einen Vorwurf gegen den Täter darstellen, der darin besteht, dass man ihm mangelndes soziales Verantwortungsbewusstsein zur Last legt. Die Alkoholisierung wird dann bei der Strafbemessung sogar als erschwerend zu werten sein. Das gilt zB insb beim Lenken eines PKW in alkoholisiertem Zustand.

War der Täter **volltrunken** und damit zurechnungsunfähig, kann er nicht 508 wegen des begangenen Deliktes (Rauschtat), sondern nur wegen des schuldhaften Sich-Betrinkens nach **§ 287** bestraft werden.

E. Beurteilung der Zurechnungsfähigkeit

Die **Zurechnungsfähigkeit** wird als **Rechtsfrage** beurteilt. Eine **Tatfrage** 509 ist es hingegen, ob die entsprechenden **pathologischen** oder **sonstigen Voraussetzungen** für die Annahme einer Zurechnungsunfähigkeit vorliegen. Treten Anhaltspunkte auf, die auf eine mögliche Zurechnungsunfähigkeit des Täters zum Tatzeitpunkt hindeuten, wird das Gericht regelmäßig einen (medizinischen) Sachverständigen beiziehen müssen, um diese Tat- bzw Sachverhaltsfrage zu klären. Dieser beurteilt dann aus medizinischer Sicht, inwieweit (zB aufgrund einer Geisteskrankheit) die Diskretions- bzw Dispositionsfähigkeit des Täters eingeschränkt gewesen sein könnte. Der Sachverständige kann dabei auch eine Wahlfeststellung treffen, indem er dem Beschuldigten eine Geisteskrankheit oder eine schwere seelische Störung, die einer Geisteskrankheit als gleichwertig einzustufen wäre, attestiert (SSt 50/73). Auf der Basis dieses Sachverständigengutachtens hat das Gericht die Rechtsfrage zu klären, ob die Voraussetzungen des § 11 gegeben sind und Zurechnungsunfähigkeit im juristischen Sinne anzunehmen ist. Lässt sich diese Frage nicht zweifelsfrei beantworten, ist in dubio die Schuldlosigkeit des Täters anzunehmen. In der Praxis wird der Sachverständige mit seinem Gutachten oft die Beantwortung der Rechtsfrage präjudizieren, wenngleich die Entscheidung formell allein vom Gericht zu treffen ist.

F. Die actio libera in causa

510 **1.** Grundsätzlich kann nach § 4 nur derjenige strafrechtlich zur Verantwortung gezogen werden, der schuldhaft gehandelt hat. Es gibt jedoch Fallkonstellationen, bei denen auf die genaue Einhaltung des Schuldprinzips aus Billigkeitserwägungen verzichtet wird, um eine Bestrafung des Täters auch dann zu ermöglichen, wenn er zum Zeitpunkt der Tat schuldunfähig war:

A möchte seinen geizigen Onkel beerben und ihn deshalb ermorden. In nüchternem Zustand fehlt A der Mut dazu. In volltrunkenem Zustand neigt er jedoch zur Aggressivität und kann seinem Hass gegenüber dem ungeliebten Onkel freien Lauf lassen. Er betrinkt sich daher bis zur Zurechnungsunfähigkeit und verspürt in diesem Zustand die Kraft, seinen Plan in die Tat umzusetzen. Unter diesen Voraussetzungen wäre A zum Zeitpunkt der Tat (der Ermordung des Onkels) zurechnungsunfähig und könnte bei konsequenter Anwendung des § 4 iVm § 11 nicht wegen Mordes (§ 75) zur Verantwortung gezogen werden. Mit der Konstruktion einer „actio libera in causa“ will man dieses unbillige Ergebnis vermeiden:

511 Im Hinblick darauf, dass der Täter mit dem Betrinken die Kausalkette, welche letztlich zum deliktischen Erfolg geführt hat, noch im schuldfähigen Zustand in Gang gesetzt hatte, wird darauf verzichtet, dass der Täter im Moment der Tat auch noch schuldfähig ist. Die Konstruktion der „actio libera in causa“ soll so eine Bestrafung des Täters ermöglichen, obwohl dem Schuldprinzip des § 4 nicht entsprochen wurde. Im Gesetz ist diese Konstellation nicht geregelt. Sie wird aber gewohnheitsrechtlich anerkannt und als mit dem **Schuldprinzip vereinbar angesehen** (ÖJZ-LSK 1977/1; *Fuchs* AT I^{8} Kap 22 Rz 18ff; *Kienapfel/Höpfel/Kert* AT^{14} Z 16 Rz 19ff; *Triffterer* AT^{2} 263ff).

512 **2.** Diese Konstellation kann auch als **fahrlässige „actio libera in causa“** in Erscheinung treten: Hierbei hat sich der Täter zwar wiederum schuldhaft, also vorsätzlich oder fahrlässig in den Zustand der Volltrunkenheit versetzt, dies geschah aber nicht mit dem Ziel, im volltrunkenen Zustand ein Delikt zu begehen. Der Täter hätte jedoch vorhersehen können, dass er im volltrunkenen Zustand eine Straftat begehen könnte, weil er zB schon öfters im berauschten Zustand zu randalieren begann.

Auch bei dieser Konstellation muss der Täter bereits die Art des später verwirklichten Delikts konkret voraussehen können. Der Täter betrinkt sich, obwohl er weiß, dass er im Zustand der Volltrunkenheit zu Aggressionsakten neigt. Kommt es hierauf im Zustand der vollen Berauschung zu einer Schlägerei mit Körperverletzungsfolgen, könnte der alkoholisierte Täter für die herbeigeführten Verletzungen zumindest wegen fahrlässiger Körperverletzung (§ 88) zur Verantwortung gezogen werden. Im Zeitpunkt des Sich-Berauschens hätte er nämlich voraussehen können, dass er, wie ihn seine Erfahrung lehrte, damit eine Kausalkette in Gang setzt, welche möglicherweise später im Zustand der Volltrunkenheit zu einer Angriffshandlung auf die körperliche Integrität Dritter führt. Die Konstruktion einer fahrlässigen „actio libera in causa" ermöglicht es, den Täter wegen **fahrlässiger Begehung des im Vollrausch begangenen Delikts** zur Verantwortung zu ziehen. Dies ist natürlich nur möglich, wenn die bloß fahrlässige Deliktsbegehung mit Strafe bedroht ist. Wer bei der dargelegten Konstellation nur zu randalieren beginnt und Sachbeschädigungen (§ 125f) begeht, könnte nicht bestraft werden. 513

Ein Fall der fahrlässigen „actio libera in causa" ist auch anzunehmen, wenn der Täter sich nicht einmal vorsätzlich betrunken hat: 514

A nimmt Medikamente ein. Bei zusätzlichem Konsum von Alkohol wird die Wirkung des Alkohols dadurch wesentlich verstärkt. Ohne den Beipackzettel zu lesen, auf dem sich ein dahingehender Warnhinweis befindet, konsumiert A eine geringe Menge Alkohol, welche aber zusammen mit den Medikamenten zur Folge hat, dass er sich in einen zurechnungsunfähigen Zustand versetzt. In diesem Zustand beginnt er im Lokal zu randalieren, wobei mehrere Personen verletzt werden. Die Strafbarkeit wegen fahrlässiger Körperverletzung setzt jedoch auch in diesem Fall voraus, dass der Täter erkennen hätte können, dass er im Zustand der Trunkenheit zu Gewalttätigkeiten neigt.

3. Von den Fallkonstellationen der „actio libera in causa" sind jene zu unterscheiden, die nach **§ 287 (Begehung einer Straftat im Zustand voller Berauschung)** zu beurteilen sind. Bei den Fällen des § 287 betrinkt sich der Täter zwar auch schuldhaft in einem Maß, dass seine Zurechnungsfähigkeit auszuschließen ist, jedoch war für ihn hier das **Delikt**, welches er dann im Zustand voller Trunkenheit begeht, **nicht einmal konkret voraussehbar**. Es liegt daher nicht einmal eine fahrlässige „actio libera in causa" vor. Die Rauschtat selbst ist somit vom Verschulden des Täters nicht umfasst (SSt 47/35). 515

Mit § 287 werden auch Fälle strafrechtlich erfasst, bei denen die Konstruktion der „actio libera in causa" ausscheidet, weil kein entsprechendes Fahrlässigkeitsdelikt vorhanden ist. 516

A betrinkt sich, obwohl er voraussehen hätte können, dass er im berauschten Zustand regelmäßig das Mobiliar des Wirtshauses zu zertrümmern beginnt. A kann nicht wegen einer fahrlässigen „actio libera in causa" bestraft werden, da es am Tatbestand der fahrlässigen Sachbeschädigung fehlt. Es wäre jedoch unbillig, A straffrei gehen zu lassen. Daher wird man hier auf die Anwendung des § 287 zurückgreifen müssen.

517 Bei Heranziehen des § 287 ist immer darauf zu achten, dass die Rauschtat als Folge der Betätigung des Willens des Täters aufscheint. Die **Rauschtat muss willentlich begangen** worden sein (SSt 47/35). Die Rauschtat (objektive Bedingung der Strafbarkeit, Rz 674ff) muss alle objektiven und subjektiven Tatbestandsmerkmale aufweisen. Einzig an der Zurechnungsfähigkeit des Täters darf es fehlen. Je nach Art des Delikts der Rauschtat muss diese demnach vorsätzlich oder fahrlässig begangen worden sein, um den Täter nach § 287 bestrafen zu können. Auch ein Volltrunkener kann einen Willen zur Ausführung einer Straftat und damit einen Vorsatz entwickeln (SSt 47/4; EvBl 2001/214; JBl 2006, 129). Es ist immer zwischen Zurechnungsfähigkeit und Vorsatz zu unterscheiden. Nicht nach § 287 strafbar ist der Betrunkene, der nicht mehr in der Lage ist, gerade zu gehen und in diesem Zustand eine wertvolle Vase umstößt. Die Sachbeschädigung erfolgt hier nicht willentlich und damit auch nicht vorsätzlich, was eine Strafbarkeit nach § 287 ausschließt.

518 Die Strafe nach § 287 darf nicht strenger ausfallen als sie das Gesetz für die im Rausch begangene Tat androht (§ 287 Abs 1).

519 **4. Abgrenzung zur Alkoholisierung iSd § 81 Abs 2:** Der Unterschied zu dem in der Praxis häufigen Tatbestand des § 81 Abs 2 (grob fahrlässige Tötung) liegt darin, dass der Täter sich zwar bei diesem Tatbestand auch schuldhaft betrunken hat, sein Rauschzustand aber **nicht** von jener Intensität war, dass seine **Zurechnungsfähigkeit ausgeschlossen** wurde:

A hat in der Gaststätte eine Alkoholmenge zu sich genommen, welche zu einer ziemlichen Alkoholisierung geführt hat (0,9 Promille). Da er mit seinem Auto zur Gaststätte gefahren ist, ist er sich natürlich auch bewusst, dass er mit seinem Auto wieder die Heimfahrt antreten wird müssen. Auf der Heimfahrt überfährt er einen Passanten, da er aufgrund überhöhter Geschwindigkeit und eingeschränkter Reaktionsfähigkeit nicht rechtzeitig bremsen konnte. Der Passant wird dabei getötet. A verwirklicht damit den qualifizierten Tatbestand des § 81 Abs 2.

520 Bei einem Blutalkoholwert von über 0,8 Promille ist nach der Rsp grundsätzlich ein **Minderrausch** iSd § 81 Abs 2 anzunehmen (OGH ZVR 1977/179;

OLG Wien ZVR 1980/118; OLG Wien ZVR 1981/178). § 81 Abs 2 fordert keinen Kausalzusammenhang zwischen der Alkoholbeeinträchtigung und dem auf der Fahrt verschuldeten Unfall bzw ein Bewusstsein des Täters, durch den vorangegangenen Alkoholkonsum berauscht und in seiner Fahruntüchtigkeit beeinträchtigt zu sein (OGH ZVR 1979/188). Nach § 81 Abs 2 kann auch bestraft werden, wer alkoholisiert einen schweren Verkehrsunfall verschuldet, weil er während der Fahrt telefoniert hat und daher abgelenkt war.

III. Unrechtsbewusstsein und Rechtsirrtum (§ 9)

Horak Der Rechtsirrtum des Jugendlichen im Strafrecht JBl 1963, 245; *Kienapfel* Unrechtsbewußtsein und Verbotsirrtum, ÖJZ 1976, 113; *E.Steininger* Der Irrtum über normative Tatbestandsmerkmale, JBl 1987, 205, 287; *Schütz* Tatbestandsirrtum und Verbotsirrtum im Nebenstrafrecht (2000); *Seiler* Unkenntnis schützt nicht vor Strafe – Zur Irrtumsregelung des § 9 FinStrG, ÖStZ 2006, 366ff.

A. Allgemeines

Ein Rechtsirrtum liegt vor, wenn der Täter die rechtlich relevanten Sachver- 521
haltsumstände richtig erkennt und somit in Bezug auf alle Tatbestandsmerkmale vorsätzlich handelt, jedoch über die rechtliche Bewertung seines Verhaltens irrt. Der Rechtsirrtum ist in § 9 geregelt. Entgegen der Überschrift des § 9 wird vielfach auch treffender von einem „Verbotsirrtum“ gesprochen.

Ob dem Täter der Rechtsirrtum und das damit verbundene mangelnde Un- 522
rechtsbewusstsein zum Vorwurf gemacht werden kann, ist im Rahmen der Schuldprüfung zu beurteilen. **Schuldlos** handelt der Täter nur dann, **wenn ihm der unterlaufene Irrtum nicht vorwerfbar** ist. Nur ein nicht vorwerfbarer Rechtsirrtum führt zur Straflosigkeit. Die Bestimmung des § 9 findet auch im Bereich der strafrechtlichen Nebengesetze Anwendung, soweit diese keine eigene Irrtumsregelung enthalten (EvBl 1980/221).

§ 9 folgt der Schuldtheorie (näher dazu Rz 541ff). Vorsatz und Unrechts- 523
bewusstsein sind dabei immer streng zu trennen (SSt 46/29). Es kann jemand vorsätzlich in Bezug auf alle Tatbestandsmerkmale, aber dennoch ohne Unrechtsbewusstsein handeln. Um dem Täter ein Unrechtsbewusstsein unterstellen zu können, ist es nicht erforderlich, ihm die Kenntnis der einschlägigen strafrechtlichen Bestimmungen in ihren Einzelheiten nachzuweisen (EvBl 1980/184; JBl 1995, 66). Eine allgemeine Kenntnis des Täters vom rechtlichen Verbotensein seines Verhaltens reicht aus (SSt 47/39). Es genügt, wenn der Täter sich bewusst ist, dass sein Verhalten der Gemeinschaftsordnung so sehr widerspricht, dass es deshalb gesetzlich verboten wurde. Der Täter muss den

spezifischen Unwert der Rechtsgutverletzung zumindest in laienhafter Weise erfassen (EvBl 1994/30). Es **genügt**, wenn er sich **laienhaft bewusst ist, gegen Rechtsvorschriften zu verstoßen** (EvBl 1984/65; SSt 49/48).

524 Das bloße **Bewusstsein** der **Sittenwidrigkeit genügt** hingegen **nicht** (JBl 1978, 436). Ein **Rechtsirrtum** ist nicht nur bei der positiven Annahme, etwas sei erlaubt, gegeben, sondern liegt **auch** bei **völligem Fehlen einer Vorstellung über die rechtliche Bewertung** einer Tat vor.

525 Der Täter handelt mit Unrechtsbewusstsein, wenn er von der Telekom Austria die Auskunft erhält, dass er kein Abhörgerät am Telefon anbringen dürfe, um die Gespräche seiner Gattin mit deren Liebhaber abzuhören (§ 119). Auch wenn er sich nicht bewusst ist, dass eine solche Abhörmaßnahme ein strafgerichtliches Nachspiel haben kann, erkennt er, dass sein Verhalten rechtlich verboten ist (SSt 47/75).

526 Es ist rechtlich unerheblich, wenn in der Bevölkerung bei bestimmten gesetzlich strafbaren Verhaltensweisen die weit verbreitete Meinung vorherrscht, dass diese eigentlich nicht strafwürdig und nicht sozialschädlich seien. Manche können zB nicht glauben, dass es strafbar ist, wenn jemand als Nichtarzt Untersuchungen durchführt, Diagnosen erstellt und Therapien bzw Medikamente empfiehlt (Strafbarkeit wegen Kurpfuscherei, § 184; JBl 2004, 802). Der Täter muss nur erkennen, dass sein Verhalten formell verboten ist.

527 Vom Rechtsirrtum ist der **Irrtum über die Strafbarkeit**, welche eine Konsequenz des tatbestandsmäßigen, rechtswidrigen und schuldhaften Verhaltens ist, zu unterscheiden. Ein Irrtum darüber, dass ein als rechtwidrig erkanntes Verhalten auch strafbar ist, ist nämlich **ohne Belang** (ÖJZ-LSK 1995/185):

- Ein Buchhalter glaubt, dass er für die falsche Steuererklärung (Finanzvergehen, § 33 FinStrG), die er im Auftrag seines Chefs erstellt und beim Finanzamt eingereicht hat, finanzstrafrechtlich nicht zur Verantwortung gezogen werden kann. Dieser Irrtum über die Strafbarkeit ist ohne Belang, denn der Buchhalter hat zumindest erkannt, dass er mit der Erstellung der falschen Steuererklärung gegen Rechtsvorschriften verstößt (EvBl 1980/184).
- Das rechtliche Verbotensein seines Verhaltens erkennt auch, wer glaubt, sich nur verwaltungsbehördlich strafbar zu machen: X verursacht mit überhöhter Geschwindigkeit einen Verkehrsunfall, bei dem ein Passant verletzt wird. Er glaubt, dass zu schnell fahren immer nur „von der Polizei bestraft wird" (verwaltungsbehördlich strafbar ist). Als der Verkehrsunfall wegen des Personenschadens (§ 88) auch ein gerichtliches Nachspiel hat, ist X erstaunt. X hat jedoch zumindest das rechtliche Verbotensein seines Verhaltens erkannt. Sein Irrtum über die rechtlichen Folgen ist ohne Relevanz (RZ 1976/63).

Auf das Unrecht kann sich ein genaues Wissen und Wollen des Täters richten, wie es beim dolus directus der Fall ist (der Täter weiß, dass er einen Diebstahl begeht und er will diesen auch begehen). Für die Annahme eines Unrechtsbewusstseins **genügt** es jedoch auch, wenn es der Täter **ernsthaft für möglich hält, gegen gesetzliche Bestimmungen zu verstoßen** und es dennoch nicht der Mühe wert findet, sich näher zu erkundigen und sich damit abfindet, allenfalls gegen rechtliche Verbote zu verstoßen. 528

Eine Prüfung des Unrechtsbewusstseins hat erst stattzufinden, wenn begründete Zweifel am Vorliegen der Unrechtskenntnis auftauchen. Gerade bei neu eingeführten Strafbestimmungen erscheint jedoch die **Grundannahme eines bestehenden Unrechtsbewusstseins bedenklich**. Die Existenz mancher Tatbestände wird für die Allgemeinheit überhaupt überraschend sein: 529

Nur die wenigsten werden glauben können, dass das private Glücksspiel im Hinterzimmer eines Wirtshauses nach § 168 verboten ist, wenn sie täglich durch die Medien mit der Werbung für das „staatlich geförderte" Glücksspiel der Casinos Austria AG konfrontiert werden.

Ein Unrechtsbewusstsein liegt auch vor, wenn der Täter weiß, dass er gegen ein strafrechtliches Verbot verstößt, dennoch aber von der Nützlichkeit seines Verhaltens für die Gesellschaft aus irgendeinem Missionsbewusstsein heraus überzeugt ist. Selbst ein **Überzeugungstäter besitzt** ein **Unrechtsbewusstsein**, wenn er weiß, dass er gegen eine strafrechtliche Bestimmung verstößt, welche er aber aus ideologischen Gründen ablehnt und für verfassungswidrig hält: 530

X hält das VerbotsG für verfassungswidrig, da er dadurch das Grundrecht auf freie Meinungsäußerung (Art 10 MRK) verletzt sieht. Er kann daher nichts Unrechtes daran erkennen, wenn er in einem Zeitungsartikel den nationalsozialistischen Völkermord in Zweifel zieht. Auch wenn X das VerbotsG für verfassungswidrig hält, ist er sich dennoch der darin aufgestellten Verbote bewusst und handelt daher mit formellem Unrechtsbewusstsein.

B. Abgrenzung Tatbildirrtum – Rechtsirrtum (§ 9)

Cernusca Zur Unterscheidung von Tatbestands- und Verbotsirrtum bei Blankettstrafnormen, ÖJZ 2015/99.

1. Der Vorsatz muss sich nur auf die Verwirklichung des deliktischen Sachverhalts beziehen. Bei einem **Tatbildirrtum erkennt der Täter nicht den Sachverhalt**, der einen Straftatbestand darstellt. Der Täter kann daher nicht wegen vorsätzlicher Tatbegehung zur Verantwortung gezogen werden. 531

532 Das **Bewusstsein der Rechtswidrigkeit** des Verhaltens steht als **eigenes Schuldmerkmal** neben dem Vorsatz. Fehlt dem Täter das Bewusstsein der Rechtswidrigkeit, kann dies am Vorsatz, einen Tatbestand als Sachverhalt zu verwirklichen, nichts ändern (SSt 46/29). Vom Tatbildirrtum ist daher der Rechtsirrtum bzw Verbotsirrtum zu unterscheiden. Beim **Rechtsirrtum irrt der Täter über die rechtliche Bewertung seines gesamten Verhaltens**: Der Täter ist sich aller rechtlich relevanten Tatumstände bewusst und erkennt das Vorliegen aller Tatbestandsmerkmale eines bestimmten Delikts. Er handelt somit vorsätzlich in Bezug auf alle Tatbestandsmerkmale, jedoch hält er sein Tun dennoch für rechtlich zulässig.

533 Irrt der Täter über die Rechtswidrigkeit seines Verhaltens, ist zu prüfen, ob ihm dieser Irrtum vorgeworfen werden kann. Ist der Rechtsirrtum vorwerfbar, kann der Täter dennoch wegen vorsätzlicher Tatbegehung bestraft werden, soweit er den Tatbestand als Sachverhalt vorsätzlich verwirklicht hat. Bei fahrlässig begehbaren Tatbeständen kommt nur eine Strafbarkeit wegen des jeweiligen Fahrlässigkeitsdelikts in Betracht (§ 9 Abs 3).

534 **2.** Die **Grenzziehung** zwischen Tatbildirrtum und Rechtsirrtum ist **vielfach schwierig**:

Tatbildirrtum: Wer beim Tatbestand des Betruges (§ 146) glaubt, dass er auf den Betrag, den er durch Täuschung erlangt hatte, einen Anspruch hat, unterliegt nicht einem Rechtsirrtum, sondern einem Tatbildirrtum, der seinen Bereicherungs- und Schädigungsvorsatz ausschließt (JBl 1989, 59). Beim Diebstahl muss sich der Täter bewusst sein, dass die Sache, welche er wegnimmt, eine fremde (§ 127) ist. Bei der Urkundenfälschung (§ 223) muss sich der Täter bewusst sein, dass der Reisepass, in dem er den Namen ändert, eine Urkunde iSd § 74 Abs 1 Z 7 darstellt. Nimmt jemand ein Autokennzeichen weg, um es auf sein Auto zu montieren, muss ihm klar sein, dass ein KFZ-Kennzeichen als Urkunde angesehen wird (§ 49 Abs 1 KFG, Kraftfahrgesetz, BGBl 1967/267) und er daher eine Urkundenunterdrückung (§ 229) begeht. In vielen Bereichen wird dem Rechtsunkundigen die genaue Bedeutung von einzelnen Tatbestandsmerkmalen nicht bewusst sein. Daher begnügt sich die Rsp mit einer sog **Parallelwertung in der Laiensphäre:**

535 Es genügt, wenn der Täter die tatsächlichen Voraussetzungen erkennt, aus welchen man die juristische Wertung, dass zB eine Urkunde iSd § 74 Abs 1 Z 7 vorliegt, treffen kann. Der Täter muss nicht die einschlägigen gesetzlichen Bestimmungen kennen, auf denen eine bestimmte rechtliche Bewertung beruht (zB Urkundenbegriff des StGB in § 74 Abs 1 Z 7). Er muss laienhaft das Vorliegen der Kriterien erkennen, die ein „Schriftstück" im weitesten Sinne zu einer Urkunde machen: Wenn jemand erkennt, dass es sich beim Reisepass, bei dem er gerade den Namen geändert hat, um eine *Gedankenerklärung* in *schriftlicher Form* handelt, welche von *rechtlicher Relevanz* ist und darüber

hinaus auch der *Aussteller* dieser Erklärung erkennbar ist, ist er sich laienhaft bewusst, dass er mit seiner Manipulation eine Urkunde iSd § 74 Abs 1 Z 7 verfälscht hat (vgl *Leukauf/Steiniger* StGB[3] § 223 Rz 3ff; *Kienapfel/Schroll* WK-StGB[2] § 223 Rz 4ff).

Vor allem bei **normativen Tatbestandsmerkmalen** muss der Täter zumin- 536
dest den sozialen Bedeutungsgehalt erkennen (*Fuchs* AT I[8] Kap 14 Rz 22; *Triffterer* AT[2] 426). Ist dies nicht der Fall, liegt ein Tatbildirrtum vor. Glaubt ein Schuldner im Zuge eines Exekutions- oder Insolvenzverfahrens, im geforderten Vermögensverzeichnis nur verwertbare Vermögensobjekte angeben zu müssen, nimmt die Rsp einen vorsatzausschließenden Tatbildirrtum an und nicht einen Rechtsirrtum. Eine Bestrafung wegen § 292a scheidet damit aus (JBl 1983, 659 mA *Burgstaller*).

Der Rückgriff auf eine Parallelwertung in der Laiensphäre ermöglicht es, 537
dem Rechtsunkundigen ein Unrechtsbewusstsein zu unterstellen, wo tatsächlich keines vorhanden ist. Vielfach sind selbst Lehre und Rsp uneins in der Auslegung bestimmter normativer Begriffe (zB Begriff der Unzüchtigkeit iSd Bestimmungen des Pornographiegesetzes, BGBl 1950/97 idgF). Eine sog Parallelwertung in der Laiensphäre könnte hier wohl noch weniger zu einem brauchbaren Ergebnis führen. Wenn der Fachmann nicht zweifelsfrei sagen kann, wie ein normatives Tatbestandsmerkmal zu verstehen ist, kann es der Laie noch weniger. Irrt dieser daher über das Vorliegen dieses Merkmals, darf ihm kein Vorsatz unterstellt werden.

Rechtsirrtum: Bei manchen Tatbeständen schien der Rsp dieses Ergebnis 538
unbillig zu sein. Sie versuchte daher im Einzelfall einen Irrtum über normative Tatbestandsmerkmale nicht als Tatbildirrtum sondern als Rechtsirrtum (§ 9) zu bewerten, um ein scheinbar überzeugenderes Ergebnis zu erzielen. Dies vor allem dann, **wenn** ein **normatives Tatbestandsmerkmal den Kern des ganzen Tatbestandes ausmacht**, so dass von der rechtlichen Bewertung dieses Merkmales das Unrechtsbewusstsein abhängt. Der Irrtum über dieses normative Tatbestandsmerkmal betrifft dann das Unrecht der Tat insgesamt, was einem Rechtsirrtum gleich zu halten ist (RZ 1976/128; RZ 1978/115; EvBl-LS 2013/116):

Das Erkennen der Strafbarkeit nach dem Pornographiegesetz steht und fällt 539
mit dem Erkennen, was unter dem Begriff „unzüchtig" zu verstehen ist. Das normative Tatbestandsmerkmal, dessen Auslegung in diesem Fall rechtlich zu beurteilen ist, macht hier das Wesen des gesamten Tatbestandes aus. Ein Irrtum darüber ist daher ähnlich einem Rechtsirrtum. Hier wird ein Irrtum über das Merkmal der Unzüchtigkeit vielfach gleich behandelt wie ein Rechtsirrtum. Dies führt dazu, dass im Falle einer Fehlbewertung nicht der Vorsatz wegfällt, sondern erst geprüft werden muss, ob der Irrtum, welcher dem Täter unterlief, diesem vorwerfbar ist. Bejaht man dies, würde der Vorsatz trotz des Irrtums über das normative Merkmal anzunehmen sein. Dabei darf nicht verschwiegen

werden, dass selbst die Rsp bei der Auslegung zahlreicher normativer Begriffe eine klare Linie vermissen lässt und vielfach allein nach den Opportunitäten des Einzelfalles entscheidet (zB insb bei der üblen Nachrede iSd § 111).

540 **3.** Bei **Unterlassungsdelikten** ist danach zu unterscheiden, ob sich der Unterlassende über seine Garantenstellung geirrt hat (Tatbildirrtum) oder seine Stellung zwar richtig erkannt hatte, aber daraus nicht richtig abgeleitet hat, dass ihn eine Pflicht zum Handeln trifft. In letzterem Fall liegt ein Irrtum über seine Garantenpflicht vor und dieser wäre nach den Regeln über den Rechtsirrtum (§ 9) zu beurteilen:

- X kommt an einem Teich vorbei und hört die Hilferufe einer Ertrinkenden, ohne zu wissen, dass es sich dabei um seine Ehegattin handelt. X irrt über seine Garantenstellung, wenn er keine Hilfe leistet. Wegen seines Irrtums über den tatsächlich gegebenen Sachverhalt entfällt der Vorsatz auf Mord (§ 75 iVm § 2). X könnte bloß wegen § 95 (Unterlassung der Hilfeleistung) zur Verantwortung gezogen werden (**Tatbildirrtum**).
- Anders ist es, wenn X zwar erkennt, dass es sich bei der Ertrinkenden um seine Ehegattin handelt, jedoch meint, bei einem Erwachsenen nicht zur Hilfeleistung verpflichtet zu sein. In diesem Fall irrt X über seine **Garantenpflicht** und unterliegt damit einem **Rechtsirrtum**. Nach den Regeln des § 9 könnte er trotz dieses Irrtums wegen vorsätzlichen Mordes durch Unterlassen (§ 75 iVm § 2) zur Verantwortung gezogen werden, wenn ihm der Irrtum vorwerfbar ist.

C. Schuldtheorie – Vorsatztheorie

Seiler Unkenntnis schützt nicht vor Strafe – Zur Irrtumsregelung des § 9 FinStrG, ÖStZ 2006, 366ff.

541 Wenngleich das **StGB** mit der Regelung des § 9 dem Rechtsirrtum die **Schuldtheorie** zugrunde legt, soll doch auch ein Blick auf die Gestaltung der Vorsatztheorie geworfen werden, welche teilweise bei strafrechtlichen Nebengesetzen, zB der Irrtumsregelung des § 9 FinStrG zur Anwendung kommt.

542 **1.** Die **Vorsatztheorie** sieht im **Unrechtsbewusstsein ein Element des Vorsatzes** selbst. Dies bedeutet, dass bei Fehlen des Unrechtsbewusstseins damit auch der Vorsatz wegfällt. Der Täter weiß nicht, dass der Geschlechtsverkehr mit einer Zwölfjährigen strafrechtlich verboten ist (§ 206, Sexueller Missbrauch von Unmündigen). Er hat dabei die Sachlage, dass das Mädchen zwölf Jahre alt ist, richtig erkannt, irrte sich aber über das Verbotensein. Nach der im StGB nicht geltenden Verbotstheorie würde damit bereits der Tatvor-

satz wegfallen. Im Hinblick darauf, dass es keinen Tatbestand des fahrlässigen sexuellen Missbrauchs von Unmündigen gibt, bliebe der Täter straffrei. Die Vorsatztheorie stellt die Wirkung des Rechtsirrtums der Wirkung des Irrtums über Tatumstände (Sachverhaltsirrtum) gleich. Dagegen ist dogmatisch nichts einzuwenden, denn die strengere Bewertung des Rechtsirrtums, wie sie von § 9 vorgenommen wird, indem sich bei vorwerfbarem Irrtum an der Strafbarkeit des Täters nichts ändert, ist bedenklich. Bei vielen Tatbeständen des StGB (insb bei neu geschaffenen Strafbestimmungen) und vor allem bei nebenstrafrechtlichen Tatbeständen wird das Verbotensein schwerer zu erkennen sein als das Gegebensein bestimmter tatsächlicher Umstände, so dass eigentlich für die Berücksichtigung eines Rechtsirrtums nicht höhere Anforderungen gestellt werden dürften als für die Beachtung des Tatbildirrtums.

Das **Finanzstrafgesetz** (FinStrG) enthält in **§ 9** eine **Irrtumsregelung**, welche **auf dieser Vorsatztheorie basiert**. Im Bereich des Finanzstrafrechts führt daher jeder glaubhaft gemachte Irrtum zu einem Ausschluss des Vorsatzes, selbst wenn der Irrtum unentschuldbar wäre (§ 9 FinStrG). Bei einem entschuldbaren Irrtum geht der Täter straffrei, bei einem unentschuldbaren Irrtum könnte ihm bloß Fahrlässigkeit zugerechnet werden. Eine Strafbarkeit kann in letzterem Fall jedoch nur dann eintreten, wenn das FinStrG auch die fahrlässige Tatbegehung als eigenen Straftatbestand vorsieht. Andernfalls geht der Täter auch bei einem unentschuldbaren Rechtsirrtum über finanzstrafrechtliche Bestimmungen straffrei. Kann der Täter eines Finanzvergehens demnach einen Irrtum, gleichgültig ob Tatbestands- oder Rechtsirrtum, glaubhaft machen, wirkt sich dies in jedem Fall günstig für ihn aus (vgl *Seiler/Seiler* Finanzstrafgesetz[4], § 9 Rz 1ff). 543

2. Das **StGB** wollte demgegenüber mit der auf der **Schuldtheorie** basierenden Bestimmung des § 9 StGB die Konsequenz vermeiden, dass bei Vorliegen eines Rechtsirrtums der Täter, gleich wie bei einem Tatbildirrtum, in Ermangelung eines entsprechenden Fahrlässigkeitstatbestands gänzlich straffrei geht. Nach der Schuldtheorie ist das Unrechtsbewusstsein kein Bestandteil des Vorsatzes, sondern neben diesem ein eigenes Schuldelement. Daher vermag das Fehlen des Unrechtsbewusstseins auch nichts an der Existenz des Vorsatzes zu ändern. Im oben genannten Beispiel ändert daher das Unwissen des Täters, dass der Geschlechtsverkehr mit einer Zwölfjährigen strafrechtlich verboten ist, gar nichts an der Annahme eines vorsätzlich begangenen sexuellen Missbrauchs von Unmündigen (§ 206). Bei Fehlen des Unrechtsbewusstseins bleibt die Tat dennoch eine Vorsatztat und erst in zweiter Linie ist zu prüfen, ob das Fehlen des Unrechtsbewusstseins vorwerfbar ist oder nicht. Ist die fehlende Unrechtskenntnis nicht vorwerfbar, handelte der Täter schuldlos und geht straffrei. Ist der Rechtsirrtum hingegen vorwerfbar, dann bleibt der Täter trotz des fehlenden Unrechtsbewusstseins wegen der Vorsatztat strafbar. **Handeln** 544

unter vorwerfbarem mangelndem Unrechtsbewusstsein wird gleichgestellt dem Handeln mit Unrechtsbewusstsein (EvBl 1976/185).

545 Die verschiedene Behandlung des Tatbildirrtums und des Rechtsirrtums, wie sie von § 9 StGB vorgegeben wird, erweist sich besonders problematisch, wenn der Täter über Tatbestandsmerkmale, die eine spezifisch rechtliche Bewertung verlangen (**normative Tatbestandsmerkmale**) irrt (Urkunde, Unzüchtigkeit, Fremdheit ua). Bei einem Tatbildirrtum ist der Vorsatz zu verneinen und der Täter könnte nur wegen fahrlässiger Deliktsverwirklichung bestraft werden. Bei einem Rechtsirrtum ist zu prüfen, inwieweit dieser vorwerfbar ist. Wird die Vorwerfbarkeit bejaht, ist Strafbarkeit für das Vorsatzdelikt anzunehmen (§ 9 Abs 3). Zählt man normative Tatbestandsmerkmale ausschließlich zum Tatbestand, würde bei einem Irrtum darüber immer der Vorsatz wegfallen und höchstens ein Fahrlässigkeitsdelikt zur Anwendung kommen können, soweit ein solches überhaupt normiert ist. Dies würde nach Meinung des OGH offenbar zu unbilligen Lösungen führen, wenn es kein entsprechendes Fahrlässigkeitsdelikt gibt. Die Rsp versucht dieser Konsequenz dogmatisch dadurch zu entkommen, dass sie teilweise beim Irrtum über ein normatives Merkmal dieses wie einen Rechtsirrtum behandelt (vgl Rz 538; RZ 1976/128; EvBl-LS 2013/116, aA RZ 1980/6). Dieser Weg erscheint nur in jenen wenigen Fällen vertretbar, in denen das normative Tatbestandsmerkmal praktisch **allein den Unwert des Tatbestands ausmacht**. Im Bereich der Umweltdelikte zB steht und fällt das Unrecht einer Handlung mit den einschlägigen verwaltungsbehördlichen Bestimmungen und Bescheiden. Diese Rechtswidrigkeit muss der Täter erkennen, um sich überhaupt bewusst zu sein, tatbestandsmäßig zu handeln. Ein Irrtum über die einschlägigen Bestimmungen, die den Tatbestand der einzelnen Umweltdelikte ausfüllen, wird daher wie ein Rechtsirrtum iSd § 9 behandelt, was in der Bestimmung des § 183a sogar noch eine gesonderte Verdeutlichung findet.

D. Indirekter Rechtsirrtum (bzw Verbotsirrtum)

546 **1.** Der Rechtsirrtum kann in zweifacher Form, als direkter Rechtsirrtum oder als indirekter Rechtsirrtum in Erscheinung treten:

547 Beim direkten Rechtsirrtum erkennt der Täter nicht das Verbotensein seines Verhaltens.

> X weiß nicht, dass bereits das Misshandeln eines anderen Menschen (§ 115) verboten ist (**direkter Rechtsirrtum**).

548 Beim indirekten Rechtsirrtum erkennt der Täter zwar richtig den von ihm verwirklichten Sachverhalt als verboten, meint aber, dass ausnahmsweise eine

Gegennorm als Rechtfertigungsgrund eingreift, welche dieses Verhalten im konkreten Fall erlaubt:

X wird bei einem Diebstahl auf frischer Tat von einer Privatperson betreten und festgehalten (§ 80 Abs 2 StPO). X glaubt, nur einem Polizisten sei es erlaubt, jemanden festzuhalten, nicht aber einer Privatperson, und schlägt daher diese in vermeintlicher Notwehr nieder (**indirekter Rechtsirrtum**).

2. Zu einem Irrtum über eine rechtfertigende Gegennorm kann es auf verschiedene Weise kommen: 549

a) Der Täter ist der Meinung, dass sein Verhalten, welches er an sich als verboten erkennt, **im Ausnahmefall durch eine Gegennorm erlaubt** wird. Der Lehrer glaubt aufgrund seiner über die Schüler bestehenden Erziehungsgewalt, diese aus pädagogischen Gründen auch schlagen zu dürfen. Er nimmt somit einen Rechtfertigungsgrund an, den die Rechtsordnung nicht kennt. Darin liegt eine deutliche Parallele zum direkten Rechtsirrtum, nur eben in der Form, dass es sich um einen Irrtum über einen Erlaubnissatz handelt, der das Verbotensein ausnahmsweise nach Meinung des Täters aufhebt. Ein Lehrer ist jedoch verpflichtet, sich mit den einschlägigen Schulgesetzen vertraut zu machen und daraus hätte er erkennen können, dass ihm seine Erziehungsgewalt nicht das Recht einräumt, die anvertrauten Schüler zu schlagen. Damit wäre dem Lehrer sein Irrtum über diesen vermeintlichen Erlaubnissatz als Rechtsirrtum vorwerfbar (§ 9 Abs 2) und er könnte gegebenenfalls wegen vorsätzlicher Körperverletzung bestraft werden (§ 9 Abs 3). 550

b) Beim zweiten Fall eines indirekten Rechtsirrtums hält der Täter sein an sich als verboten erkanntes Verhalten ebenfalls ausnahmsweise für erlaubt, weil er eine **Gegennorm** annimmt. Eine solche existiert in diesem Fall auch tatsächlich, nur **verkennt der Täter deren Reichweite:** Der Überfallene wehrt sich gegen den Angreifer und schlägt diesen in rechtfertigender Notwehr (§ 3) nieder. Die dabei zugefügte Körperverletzung erfolgte rechtmäßig. Nun glaubt der ursprünglich Angegriffene aber auch noch, dass er im Rahmen der Notwehr berechtigt sei, dem Angreifer aus Vergeltung eine Tracht Prügel als Denkzettel zu verabreichen. Dazu ist er aber nicht mehr berechtigt. Der Angegriffene irrt sich in diesem Fall über die Reichweite eines bestehenden Rechtfertigungsgrundes. Auch dies ist ein Rechtsirrtum, der nach § 9 zu beurteilen ist. Das zur Verteidigung nicht mehr erforderliche Verprügeln erfolgt vorsätzlich. Kann dem Täter das Verkennen der Grenzen der Notwehrbefugnis vorgeworfen werden, hat er für die beim Verprügeln zugefügte Körperverletzung als Vorsatztat strafrechtlich einzustehen. 551

E. Vorwerfbarkeit des Rechtsirrtums

Schick Die Vorwerfbarkeit des Verbotsirrtums bei Handeln auf falschen Rat, ÖJZ 1980, 595.

552 Sowohl beim direkten als auch beim indirekten Rechtsirrtum erkennt der Täter nicht, dass er etwas Unerlaubtes tut. Die Vorsätzlichkeit seines Verhaltens bleibt davon unberührt und es ist nur zu prüfen, ob ihm die Rechtsunkenntnis vorgeworfen werden kann.

1. Allgemeines

553 Der Täter handelt schuldlos und geht damit straffrei, wenn ihm der Rechtsirrtum nicht vorgeworfen werden kann. Ist hingegen der Irrtum vorwerfbar, findet die für das Vorsatzdelikt vorgesehene Strafdrohung Anwendung, wenn der Täter vorsätzlich gehandelt hat. Hat der Täter bloß fahrlässig gehandelt, ist er nur wegen des jeweiligen Fahrlässigkeitsdelikts zu bestrafen (§ 9 Abs 3).

554 Vorwerfbar ist ein Rechtsirrtum, wenn dem Täter zum Vorwurf gemacht werden kann, dass er das Verbotensein seines Verhaltens erkennen hätte können. Die Rechtsunkenntnis war demnach für ihn vermeidbar. Dies läuft auf die Prüfung hinaus, ob der Täter sich fahrlässigerweise über das Verbotensein seines Verhaltens geirrt hat oder nicht. Erstaunlich ist dabei die Konsequenz des § 9 Abs 3, wonach bei einem **vorwerfbaren Rechtsirrtum** dem Täter die **gleich hohe Strafe droht**, wie wenn er im Bewusstsein des Verbotenseins seines Handelns die Tat gesetzt hat. Das Minus, welches bei Vorliegen eines vorwerfbaren Rechtsirrtums gegeben ist, hätte eigentlich eine Zwangsmilderung erwarten lassen. Der vorwerfbare, die Schuld nicht ausschließende Rechtsirrtum stellt bloß den **Milderungsgrund** des **§ 34 Abs 1 Z 12** dar. § 34 Abs 1 Z 12 weist dabei ausdrücklich darauf hin, dass dieser Milderungsgrund insbesondere zu gelten habe, wenn der Täter ohnedies wegen der Vorsatztat bestraft wird.

555 In den Fällen des vorwerfbaren Rechtsirrtums wird dem Täter nicht eine (nicht vorhandene) Unrechtskenntnis unterstellt, sondern es wird ihm die Tat bei erwiesenem Rechtsirrtum nur vorgeworfen, weil er das Verbot hätte erkennen können oder eine Erkundigung über die Verbotsmaterie unterlassen hat. Darin liegt eine Rechtsfahrlässigkeit, welche gem § 9 Abs 3 aber dennoch zur Bestrafung wegen einer Vorsatztat führt, was sich als unbillig erweist.

2. Kriterien für die Vorwerfbarkeit (§ 9 Abs 2)

556 Für das Merkmal der Vorwerfbarkeit statuiert der Gesetzgeber **zwei Maßkriterien.**

a) Unrecht ist für jedermann leicht erkennbar

Die meisten Tatbestände des StGB stellen Verhaltensweisen unter Strafe, bei denen das Unrecht für jeden leicht erkennbar sein sollte. Hierzu zählen insb Delikte wie Mord (§ 75), Diebstahl (§§ 127ff) oder Körperverletzung (§§ 83ff), welche zum Kernbereich des StGB gehören. Wer ein derartiges Delikt begeht, wird nur schwer einen Rechtsirrtum glaubhaft machen können. Der Täter müsste sich zumindest vorhalten lassen, dass das Unrecht seines Verhaltens für jedermann leicht erkennbar war und ihm daher ein potenzieller Irrtum zum Vorwurf gemacht werden kann. Ob das Unrecht für jedermann leicht erkennbar war, ist unter Anlegung eines objektiv-subjektiven Doppelmaßstabes zu prüfen (NRsp 1993/256; *Kienapfel/Höpfel/Kert* AT[14] Z 18 Rz 21; *Höpfel* WK-StGB[2] § 9 Rz 12f; *Triffterer* AT[2] 433; aM *Fuchs* AT I[8] Kap 23 Rz 25): 557

Ein Rechtsirrtum ist auch vorwerfbar, wenn jemand als religiöser Fundamentalist aus einem **Gesellschaftskreis** kommt, in dem **andere Wertvorstellungen** herrschen, die zB einen Mord zur Rettung der „Familienehre" als gerechtfertigt ansehen. Der Vorwurf besteht dann darin, dass sich der Täter nicht mit den allgemeinen Lebensverhältnissen und Wertvorstellungen der Bevölkerung des Staates, in dem er sich aufhält, vertraut gemacht und angepasst hat. 558

Vorwerfbarer Rechtsirrtum: Die primäre Hilfeleistungspflicht eines Unfallverursachers kann als allgemein bekannt vorausgesetzt werden. Ein dahingehender Irrtum (§ 94, Strafbarkeit des Imstichlassens eines Verletzten) könnte selbst einem 16-jährigen Mopedlenker zum Vorwurf gemacht werden (SSt 51/42). 559

Auch ein **Ausländer**, der sich bereits seit vier Jahren in Österreich aufhält, hätte sich in dieser Zeit längst mit den einschlägigen österreichischen (Straf-)vorschriften bekannt machen müssen. Ein behaupteter Rechtsirrtum hinsichtlich grundlegender Bestimmungen des österreichischen Strafrechts wäre jedenfalls vorwerfbar (EvBl 1979/194). 560

Nach Meinung der Rsp sollte auch das Unrecht des „Ansammelns von Kampfmitteln" (§ 280) für jedermann leicht erkennbar sein (SSt 49/40). Auch das bereits vor 60 Jahren (im Verfassungsrang) aufgestellte Verbot der nationalsozialistischen Wiederbetätigung (Verbotsgesetz, StGB 1945/13 idgF) sollte grundsätzlich jedem erwachsenen Österreicher bekannt sein (ÖJZ-LSK 1996/25). Das Verbot von Selbstjustiz sollte ebenfalls offenkundig sein (JBl 1985, 432). Wer Selbstjustiz übt, weil er der staatlichen Justiz kein Vertrauen schenkt, handelt jedenfalls mit Unrechtsbewusstsein. 561

Nicht vorwerfbarer Rechtsirrtum: Als allgemein bekannt kann die Strafbarkeit grenzüberschreitender Suchtmittelkriminalität angesehen werden (SSt 50/30). Einem 16-Jährigen wird jedoch noch nicht zugemutet, die Strafbarkeit 562 eines Suchtmittelschmuggels zu erkennen (EvBl 1982/175). Auch Jugendlichen, die gewaltsam einen Zimmergenossen, der sich nur zögerlich der Körperpflege hingibt, einer Waschung unterziehen (Freiheitsentziehung, § 99; Nötigung, § 105), wird kein Unrechtsbewusstsein unterstellt werden dürfen (EvBl 1979/145). Einem nicht vorwerfbaren Rechtsirrtum unterliegt weiters, wer glaubt, heimlich Tonbandaufnahmen von Gesprächen seiner Ehegattin mit Dritten machen zu dürfen (§ 120), um diese in einem Scheidungsverfahren zum Nachweis von Eheverfehlungen verwenden zu können (EvBl 1977/118). Ein Rechtsirrtum wird sich jedoch in diesem Fall nicht mehr glaubhaft machen lassen, wenn der abhörende Ehegatte zuvor von der Telekom Austria die Auskunft erhalten hatte, dass er kein Abhörgerät am Telefon anbringen dürfe und damit das generelle Unrecht seines Verhaltens erkennen musste (SSt 47/75).

563 Das **Unrecht** ist **nicht erkennbar**, wenn sogar schon **Juristen** und **Gerichte verschiedene Auffassungen vertreten** haben, was zB in einer divergierenden Judikatur zum Ausdruck kommen kann (vgl SSt 48/21). Bei nicht harter Pornographie iSd Pornographiegesetzes (BGBl 1950/97 idgF) kann dem Laien Unrechtseinsicht kaum zugemutet werden (RZ 1978/115).

b) Erkundigungspflicht

564 Bei manchen Tatbeständen wird dem Täter ein derartiges allgemeines Unrechtsbewusstsein nicht so leicht unterstellt werden können. Hierzu zählen vor allem Straftatbestände in Nebenstrafgesetzen. Die Strafbarkeit eines bestimmten Verhaltens ergibt sich dabei erst aus der Kenntnis der einschlägigen Gesetzes- bzw Strafbestimmungen.

565 In diesen Fällen kommt regelmäßig das zweite Kriterium des § 9 Abs 2 zum Tragen. Ist das Unrecht nicht für jedermann leicht erkennbar, kann dem irrenden Täter seine Rechtsunkenntnis primär nicht vorgeworfen werden. Ein Vorwurf kann hier in zweiter Linie nur daraus abgeleitet werden, dass der Täter sich **nicht mit den einschlägigen Vorschriften bekannt gemacht** hatte (RZ 1987/22).

566 Eine Vernachlässigung der Erkundigungspflicht ist dem Täter aber **nur** dann **vorwerfbar, wenn** man von ihm erwarten hätte können, dass ihm bei seinem Handeln **Zweifel über die Rechtmäßigkeit kommen**. Nur wer an der Rechtmäßigkeit seines Verhaltens zweifelt, müsste auf den Gedanken kommen, sich über die einschlägigen Vorschriften zu erkundigen (RZ 1987/39):

567 Lebensfremd erscheint die Ansicht der Rsp, wonach zu erwarten sei, dass jemand, der Anleitung zur Ausführung eines Selbstmordes gibt (§ 78), sich auch vorher mit der einschlägigen Rechtslage vertraut macht und sich so der Strafgesetzwidrigkeit seines Tuns bewusst wird (JBl 2007, 670): Es dürfte allgemein bekannt sein, dass Selbstmörder nicht bei der erfolglosen Umsetzung

ihres Vorhabens bestraft werden. Für den Rechtsunkundigen liegt daher wohl näher der Schluss, dass er ebenfalls straffrei ist, wenn er einem qualvoll dahinsiechenden Todkranken hilfreiche Tipps gibt, wie er seinem Leiden ein Ende setzen könnte (**Sterbehilfe**). Die Bestimmung des § 78 wird den juristischen Laien eher überraschen.

Erkundigungspflicht besteht insb bei Bereichen, in denen erfahrungsgemäß 568
davon ausgegangen werden kann, dass einschlägige konkrete Rechtsvorschriften existieren (OLG Innsbruck ZVR 1979/180). Es liegt zB eine verschuldete Rechtsunkenntnis vor, wenn jemand Antiquitäten ins Ausland transferiert und sich nicht über die rechtliche Zulässigkeit (Denkmalschutzgesetz, BGBl I 1999/170 idgF) informiert hat (EvBl 1981/44).

Als Anknüpfungspunkt für eine Erkundigungspflicht nennt § 9 den **Beruf** 569
und die **Beschäftigung** (JBl 1990, 462; SSt 50/6; SSt 54/46), aber auch als Generalklausel **sonstige Umstände**. Bei Letzteren wird es auf die Gestaltung des Einzelfalles ankommen:

Der Kassier einer Bank unterliegt einem vorwerfbaren Rechtsirrtum, wenn 570
er glaubt, eingegangene Gelder vorläufig für sich verwenden zu dürfen (vgl EvBl 1979/97). Beim Geschäftsführer eines Sex-Shops gehört es zu den Berufspflichten, sich über die einschlägigen Bestimmungen des Pornographiegesetzes (BGBl 1950/97 idgF) und die in diesem Zusammenhang maßgebliche Rechtslage eine genaue Kenntnis zu verschaffen (SSt 55/14; JBl 1990, 462). Da der normative Begriff der „Unzüchtigkeit" in § 1 PornoG sehr auslegungsbedürftig ist, wird man vom Betreiber des Sex-Shops auch verlangen können, dass er sich über die einschlägige Judikatur kundig macht. Wurde bei einem Händler scheinbar pornographisches Material vom Gericht beschlagnahmt und später wieder ausgefolgt, kann dieser jedoch davon ausgehen, dass der Vertrieb gleichwertigen Materials nicht gegen die einschlägigen Gesetze verstößt. Ein Irrtum wäre in diesem Fall nicht vorwerfbar (EvBl 1980/115).

Die **Vorwerfbarkeit** eines Verbotsirrtums ist dann **ausgeschlossen**, wenn 571
der Täter **fachkundigen Rat bei** einer **verlässlichen** und **sachlich kompetenten Stelle** eingeholt hat. Der Ratsuchende muss jedoch die Auskunft erteilende Person über den rechtlich relevanten Sachverhalt vollständig informieren, damit er auf eine richtige Auskunft vertrauen darf (JBl 1997, 122).

IV. Irrtümliche Annahme eines rechtfertigenden Sachverhaltes (§ 8)

Schmoller Die irrtümliche Annahme eines rechtfertigenden Sachverhalts – Auswirkungen auf Unrecht und Schuld, in: *Fuchs*-FS (2014), 453; *E.Steininger* Der Putativnotwehrexzeß, ÖJZ 1986, 747.

572 **1.** Ob ein **Verhalten rechtswidrig ist oder nicht**, muss sich **objektiv eindeutig bestimmen** lassen. Soweit eine rechtfertigende Situation gegeben ist und die Handlungsweise des Täters sich damit als rechtmäßig erweist, erübrigt sich eine Auseinandersetzung mit der subjektiven Vorstellung des Täters.

573 Nimmt der Täter jedoch irrtümlich einen Sachverhalt an, der die Rechtswidrigkeit seiner Tat ausschließen würde, fehlt ihm die Intention, eine Rechtsgutverletzung zu begehen. Dieser **Irrtum kann** zwar **an der objektiven Rechtswidrigkeit seiner Handlungsweise nichts ändern**, seine **Schuld erscheint jedoch in** einem **milderen Licht.** Das Unrechtsbewusstsein des Täters steht nämlich grundsätzlich im Einklang mit den gesetzlichen Bestimmungen. Läge der von ihm irrtümlich angenommene Sachverhalt tatsächlich vor, wäre er gerechtfertigt gewesen, so zu reagieren. Der Täter handelt in der Vorstellung, sich rechtstreu zu verhalten. Darauf nimmt das StGB mit der Bestimmung des § 8 privilegierend Rücksicht:

574 Die irrtümliche Annahme eines rechtfertigenden Sachverhaltes **schließt gem § 8** die **Haftung wegen einer Vorsatztat aus**. Beruht der unterlaufene Irrtum auf Fahrlässigkeit, kann der Täter wegen fahrlässiger Tatbegehung bestraft werden, soweit ein entsprechendes Fahrlässigkeitsdelikt normiert ist. Man wird daher jeweils zu prüfen haben, ob der Täter aufgrund der gegebenen Situation erkennen hätte können, dass kein rechtfertigender Sachverhalt vorliegt.

Die Polizei verfolgt einen mit weit überhöhter Geschwindigkeit fahrenden Fahrzeuglenker, wobei es zu mehreren gefährlichen Situationen für andere Verkehrsteilnehmer, Passanten und die verfolgenden Polizeibeamten kommt. Dennoch darf die Polizei auch in dieser Situation nicht leichtfertig von der Schusswaffe Gebrauch machen (vgl § 7 WaffGG). Wird von den Polizisten in dieser Stresssituation die Gefährlichkeit der Lage überbewertet und ungerechtfertigt auf den flüchtenden Fahrzeuglenker geschossen, wobei dieser verletzt wird, ist die irrtümliche Annahme eines rechtfertigenden Sachverhaltes iSd § 8 StGB zu prüfen (EvBl 2010/56).

575 Wurde **leichtfertig ein rechtfertigender Sachverhalt angenommen**, kann der Täter wegen des jeweiligen Fahrlässigkeitsdelikts bestraft werden. Konnte der Täter in der gegebenen Situation nicht erkennen, dass er sich über den real gegebenen Sachverhalt irrt, bleibt er straffrei. Bei einem Irrtum nach § 8 kann der Handelnde daher höchstens wegen Fahrlässigkeit zur Verantwortung gezogen werden, wenn der Irrtum auf Fahrlässigkeit beruht und ein entsprechendes Fahrlässigkeitsdelikt vorhanden ist.

576 Aus der Irrtumsregelung des § 8 kann nicht in Form eines Umkehrschlusses abgeleitet werden, dass der Täter immer eine Kenntnis des rechtfertigen-

den Sachverhalts haben muss. Die Bestimmung regelt bloß den Fall, wenn jemand subjektiv eine falsche Vorstellung von den objektiven Gegebenheiten hat. Wenn objektiv eine rechtfertigende Situation gegeben ist, ist die subjektive Vorstellung des Täters irrelevant, da er in jedem Fall gerechtfertigt ist. Eine objektiv rechtmäßige Tat kann nicht durch eine subjektive Fehlvorstellung des Täters zu einer rechtswidrigen Tat mutieren. **Wer glaubt, rechtswidrig zu handeln, sich in Wirklichkeit jedoch rechtskonform verhält, kann nie strafbar sein.** Aus § 8 lässt sich daher nicht die Existenz „subjektiver Rechtfertigungselemente" ableiten (aM *E.Steininger* SbgK § 8 Rz 26).

2. Wer **irrtümlich** das Vorliegen einer **Einwilligung** in die Rechtsgutverletzung annimmt, irrt sich über eine Sachlage, die, wenn sie gegeben wäre, das Unrecht ausgeschlossen hätte. Wer glaubt, von jemandem die Zustimmung zu einer Körperverletzung bekommen zu haben, kann höchstens wegen fahrlässiger Körperverletzung zur Verantwortung gezogen werden, wenn die Zustimmung nie erteilt wurde und die irrtümliche Annahme auf eine Fahrlässigkeit des Handelnden zurückzuführen war (§ 88). 577

Der eifrige Nachbar, der die Eingangstüre aufbricht, um den nicht vorhandenen Wasserrohrbruch zu stoppen, könnte hingegen für die Sachbeschädigung (§ 125) nicht belangt werden, da eine fahrlässige Sachbeschädigung nicht gerichtlich strafbar ist. Er hat jedoch zivilrechtlich Schadenersatz zu leisten.

3. Entsprechendes gilt, wenn jemand **irrtümlich glaubt, angegriffen zu werden**, den vermeintlichen Angreifer niederschlägt und diesen dabei verletzt. Es liegt ein Fall von **Putativnotwehr** vor. Der Täter wollte sich grundsätzlich rechtstreu verhalten, denn er dürfte im Falle eines wirklich gegen ihn geführten Angriffes aufgrund von Notwehr (§ 3) den Angreifer verletzen. Er irrte demnach nicht über ein Verbotensein seines Verhaltens, sondern über die sachliche Grundlage für die Beurteilung des Verbotenseins. Dieser Irrtum über Tatsachen, nämlich dass ein Angriff gegen ihn geführt wird, lässt ebenfalls gem § 8 den Vorsatz hinsichtlich der im Zuge der Abwehr zugefügten Verletzung wegfallen. Es kommt daher nur mehr noch die Bestrafung wegen fahrlässiger Körperverletzung (§ 88) in Betracht, wenn man dem vermeintlich Angegriffenen vorwerfen könnte, dass er die tatsächliche Situation richtig hätte erkennen können. 578

Wer in Putativnotwehr handelt, darf zur Verteidigung nicht mehr tun als derjenige, der sich wirklich in einer Notwehrsituation befindet (EvBl 1984/152). Kommt es zur Notwehrüberschreitung findet § 3 Abs 2 eine analoge Anwendung: Erfolgt die Notwehrüberschreitung aus Zorn oder Rache, ist der Täter für sein vorsätzliches Handeln verantwortlich. Wird hingegen das vermeintliche Notwehrrecht aus Bestürzung, Furcht oder Schrecken überschritten, könnte der Täter nur wegen fahrlässiger Deliktsbegehung bestraft werden, wenn die 579

Nichteinhaltung der Grenzen angemessener Verteidigung auf Fahrlässigkeit beruht. Dies gilt selbst dann, wenn der Irrtum über den rechtfertigenden Sachverhalt unverschuldet bewirkt worden ist (EvBl 1984/152).

580 **4. Zusammenfassend** lässt sich festhalten: Ein **Irrtum über einen rechtfertigenden Sachverhalt (§ 8)** hat rechtlich die **gleichen Konsequenzen** wie ein **Tatbildirrtum**. In beiden Fällen geht der Täter von einer falschen Sachverhaltsannahme aus. Der Unterschied zum Tatbildirrtum (Rz 204ff) liegt bloß darin, dass sich der Täter bei § 8 über eine Sachverhaltskonstellation irrt, die auf der Rechtfertigungsebene relevant ist (zB Vorliegen einer Notwehrsituation). Demgegenüber irrt sich der Täter bei einem Tatbildirrtum über eine Sachverhaltskonstellation, die auf der Tatbestandsebene relevant ist (zB versehentliche Wegnahme einer fremden Sache, im Glauben, es sei die eigene).

581 Dem Wissen und Wollen in Bezug auf die Tatumstände (Tatbestandsmerkmale) wird hinsichtlich des Vorsatzes das Wissen vom rechtfertigenden Sachverhalt gleichgestellt: Wer nicht weiß, dass er durch sein Verhalten einzelne Tatbestandsmerkmale verwirklicht und auch keinen Tatbestand verwirklichen will, **handelt ohne Vorsatz**. Wer glaubt, dass ein rechtfertigender Sachverhalt vorliegt, kann ebenfalls nicht wegen vorsätzlicher Begehung bestraft werden (§ 8). In beiden Fällen liegt die Wurzel des Irrtums in einer **falschen Annahme von Sachverhaltsumständen.**

582 Von diesen beiden Konstellationen ist der **Rechtsirrtum zu unterscheiden**. Beim (direkten bzw indirekten) Rechtsirrtum (§ 9) werden die **rechtlich relevanten Sachverhaltsumstände** als solche **richtig erkannt, jedoch rechtlich falsch bewertet**. Der Täter hält sein Handeln für erlaubt, weil er sich nicht bewusst ist, dass es von einer Norm unter Strafe gestellt wird. Derartige Irrtümer betreffen direkt das Unrechtsbewusstsein des Täters und sind nach § 9 zu beurteilen (vgl Rz 521ff).

V. Sonstige Irrtümer

A. Subsumtionsirrtum

583 Der Rechtsirrtum nach § 9 ist vom Subsumtionsirrtum zu unterscheiden. Ein Subsumtionsirrtum liegt vor, wenn der Täter zwar erkennt, dass er gegen Normen des Strafgesetzes verstößt, sein Verhalten jedoch unter den falschen Tatbestand des StGB subsumiert: Er glaubt zB sein Verhalten sei als Unterschlagung (§ 134) zu beurteilen, in Wirklichkeit ist es als Diebstahl (§ 127) zu werten. Ein derartiger Irrtum ist rechtlich irrelevant (EvBl 1984/65; JBl 1987, 463; SSt 50/16).

Relevant ist hingegen ein Irrtum über die gerade aktuelle Rechtsprechung der Höchstgerichte. War ein Verhalten nach bisher herrschender Rsp nicht strafbar, kann von den Rechtsunterworfenen nur erwartet werden, dass sie ihr Verhalten darauf einstellen. Ändert sich die Rsp, so wäre zumindest im Anlassfall ein dahingehender „Irrtum" nicht vorwerfbar (*E. Steininger* SbgK § 9 Rz 79). 584

B. Irrtum über Privilegierungen oder Qualifizierungen

Ein Irrtum über Privilegierungen ist nach der Rsp **belanglos**. Es entlastet den Täter nicht, wenn er bei einem Diebstahl irrtümlich glaubt, dass die gestohlene Sache seinem Vater gehört und seine Tat als Diebstahl im Familienkreis privilegiert wäre (§ 166 Abs 1) und nur auf Verlangen des Vaters verfolgt werden könnte (§ 166 Abs 3 Privatanklagedelikt; SSt 55/41; aM *Steininger* AT I[2] Kap 8 Rz 56ff). Entscheidend ist, dass der Täter sich bewusst war, eine fremde Sache wegzunehmen. Ist diese Voraussetzung gegeben, kann der Täter wegen Diebstahls (§ 127) bestraft werden (bezüglich Betrug: EvBl 1981/27). 585

Auch ein **Irrtum** über die rechtlichen **Voraussetzungen oder die objektiven Gegebenheiten eines Strafaufhebungs- bzw Strafausschließungsgrunds** (zB Tätige Reue, § 167) sind **unbeachtlich** (RZ 1987/37). Die irrtümliche Annahme eines Strafausschließungsgrunds ist weder für die Schuldfrage noch für die Bestrafung von Relevanz. Die Vorstellung, die ein Beschuldigter vom Vorliegen der Voraussetzungen eines gesetzlich vorgesehenen Strafausschließungsgrunds hat, ist ohne Belang (JBl 2012, 740 mA *Schütz*). 586

X, der in vier Monaten seinen 17. Geburtstag feiert, glaubt, dass seine Freundin, mit der er Geschlechtsverkehr hat, in zwei Wochen 14 Jahre alt wird, weil sie sich ihm gegenüber als älter ausgegeben hat, um nicht als „Kind" zu erscheinen. In Wirklichkeit ist seine Freundin jedoch gerade 13 Jahre alt geworden. Folgt man der Vorstellung des X, käme der Strafausschließungsgrund des § 206 Abs 4 zum Tragen. Der 17-jährige Beschuldigte handelt jedoch strafbar, denn beim Strafausschließungsgrund des § 206 Abs 4 kommt es allein auf die objektive Tatsachengrundlage an und nicht auf die Vorstellung des Täters (JBl 2012, 740 mA *Schütz*).

Ebenso unbeachtlich ist es, wenn der Täter zwar die genauen Sachverhaltsumstände und die Rechtswidrigkeit seines Verhaltens erkannt hatte, sich jedoch über die erhöhte Strafbarkeit (zB Verwirklichung eines qualifizierten Tatbestands) irrte (ÖJZ-LSK 1995/185; SSt 50/16). 587

VI. Besonderheiten auf der Schuldebene bei Fahrlässigkeitsdelikten

A. Allgemeines

588 Der Fahrlässigkeitsbegriff des § 6 setzt sich aus objektiven und subjektiven Kriterien zusammen. Die objektiven Kriterien (objektive Sorgfaltswidrigkeit und objektive Voraussehbarkeit des Erfolges) sind auf der Ebene des Tatbestands zu prüfen (Rz 232ff).

589 Wird ein objektiver Sorgfaltsverstoß angenommen und die objektive Voraussehbarkeit des Taterfolgs bejaht, ist auf der Ebene Schuld zu prüfen, ob der **Täter** auch aufgrund seiner **geistigen** und **körperlichen Verhältnisse befähigt** war, den an ihn gestellten Sorgfaltsanforderungen zu entsprechen (**subjektive Sorgfaltswidrigkeit**, Rz 590ff) und mögliche Folgen eines Sorgfaltsverstoßes vorauszusehen (**subjektive Voraussehbarkeit** des Erfolges, Rz 599ff; *Burgstaller* WK-StGB² § 6 Rz 26 mwN). Weiters muss ein **sorgfaltsgemäßes Handeln** dem Täter auch **zumutbar** gewesen sein (Rz 607ff).

B. Subjektive Sorgfaltswidrigkeit

Moos Die subjektive Sorgfaltswidrigkeit bei der Fahrlässigkeit als Unrechtselement, in: *Burgstaller*-FS (2004), 111; *Schmoller* Der „subjektive Tatbestand" des Fahrlässigkeitsdelikts, in: *Kühl*-FS (2014), 433.

1. Allgemeines

590 Der Täter muss aufgrund seiner geistigen und körperlichen Verhältnisse die Fähigkeit besitzen, den objektiven Sorgfaltsanforderungen zu entsprechen. Der Einzelne kann nicht zu mehr verpflichtet werden, als er subjektiv imstande ist zu leisten. Im **Regelfall** stellt die **Verletzung** der **objektiven Sorgfaltspflicht** ein **Indiz** dafür dar, dass der **Täter auch subjektiv sorgfaltswidrig** gehandelt hat. Aus dem Vorliegen einer objektiven Sorgfaltsverletzung kann daher meist auch auf das Vorliegen der Fahrlässigkeitsschuld geschlossen werden (JBl 1992, 398 mA *Burgstaller*; OLG Innsbruck ZVR 1981/245; OLG Wien ZVR 1983/214). Auf das Kriterium der subjektiven Sorgfaltswidrigkeit ist nur dann einzugehen, wenn Anhaltspunkte darauf hindeuten, dass der Täter aufgrund seiner verminderten geistigen oder körperlichen Fähigkeiten subjektiv nicht in der Lage gewesen sein könnte, den objektiven Sorgfaltsanforderungen zu entsprechen.

591 Die subjektive Sorgfaltswidrigkeit ist **vom Kriterium** der **Zumutbarkeit zu trennen**. Erst wenn festgestellt werden konnte, dass der Täter geistig und

körperlich die Fähigkeit besaß, sich normgemäß zu verhalten, kann geprüft werden, ob ihm ausnahmsweise trotz des nicht sorgfaltsgemäßen Handelns daraus kein Vorwurf gemacht werden kann, weil ein anderes (sorgfaltsgemäßes) Verhalten nicht zumutbar war.

2. Geistige und körperliche Verhältnisse

Bei der Prüfung der subjektiven Sorgfaltswidrigkeit finden bloß **Einschränkungen** Berücksichtigung, welche der **geistigen** oder **körperlichen Sphäre** des Täters zuzurechnen sind. Jemand handelt nicht subjektiv sorgfaltswidrig, wenn er schlecht hört, kurzsichtig ist, körperlich zu schwach ist, eine bestimmte Fähigkeit nicht besitzt oder ihm zur Bewältigung einer Situation die erforderlichen Kenntnisse fehlen, wenngleich diese bei anderen üblicherweise vorhanden sind. Für die Beurteilung der subjektiven Sorgfaltswidrigkeit ist im Gegensatz zur objektiven Sorgfaltswidrigkeit ein **individueller Maßstab** anzulegen. Die subjektive Sorgfaltswidrigkeit ist daher nur zu prüfen, wenn die objektive Sorgfaltswidrigkeit bereits bejaht worden ist. 592

- Die subjektive Sorgfaltswidrigkeit kann zB durch eine **plötzliche Übelkeit ausgeschlossen** sein.
- Ebenso könnte ein unerwartet grob verkehrsordnungswidriges Verhalten eines Fußgängers bei einem Autofahrer zu einem **plötzlichen Schreck** führen und ihn kurzzeitig vom übrigen Verkehrsgeschehen ablenken. Dadurch könnte es bei ihm zu einer Verlängerung der üblichen Reaktionszeit kommen. Subjektiv wäre diese verlängerte Reaktionszeit dann im konkreten Fall aber nicht sorgfaltswidrig (OLG Innsbruck ZVR 1978/57).

Für den **emotionalen Bereich** findet immer ein objektiver Maßstab Anwendung (*Burgstaller* WK-StGB[2] § 6 Rz 87; *Fuchs* AT I[8] Kap 26 Rz 4). Aggressivität, Jähzorn, Eifersucht oder sonstige Charaktermängel betreffen nicht die „geistigen und körperlichen Verhältnisse“ des Täters iSd § 6 Abs 1 und bewirken daher **keine Einschränkung der subjektiven Sorgfaltspflicht** (ZVR 1976/178; SSt 53/76). 593

3. Einlassungs- bzw Übernahmefahrlässigkeit

Die Rsp ist sehr restriktiv und versucht zu verhindern, dass auf der Ebene der subjektiven Sorgfaltswidrigkeit uferlose Möglichkeiten eröffnet werden, sich auf subjektive Mängel auszureden. Selbst in Fällen, in denen der Täter nachweislich subjektiv nicht in der Lage war, den objektiven Sorgfaltsanfor- 594 derungen zu entsprechen, wird diesem von der Rsp teilweise ein subjektiver Sorgfaltsverstoß zur Last gelegt:

- Es wäre unbillig, einen alkoholisierten Fahrzeuglenker, der einen Unfall mit Personenschaden (zB § 88) verursacht hat, weil er in seinem alkoholisierten Zustand körperlich und geistig nicht mehr in der Lage war, seine Geschwindigkeit richtig einzuschätzen und in einer angemessenen Zeit zu reagieren, mangels subjektiver Sorgfaltswidrigkeit straffrei gehen zu lassen.
- Entsprechendes gilt, wenn jemand vollkommen übermüdet eine Autofahrt antritt und trotz erster Einschlaferscheinungen nicht stehen bleibt, sondern weiterfährt, wobei es zu einem Unfall mit Personenschaden kommt.

595 In Fällen, in denen ein PKW-Lenker zum Zeitpunkt des Unfalles subjektiv nicht in der Lage war, sorgfaltsgemäß zu reagieren, argumentiert die Rsp vielfach mit einer sog Einlassungs- bzw Übernahmefahrlässigkeit und versucht damit empfindliche Strafbarkeitslücken zu schließen: Dem Täter wird dabei zum **Vorwurf** gemacht, dass er **sich auf eine gefahrgeneigte Tätigkeit** (zB Autofahren) **eingelassen** hat, **obwohl** er **nicht imstande** gewesen ist, den geforderten **objektiven Sorgfaltsanforderungen zu entsprechen** (OLG Wien ZVR 1977/243). Der Schuldvorwurf bezieht sich damit nicht auf die unmittelbar zum Erfolg führende Verhaltensweise (zB ein zu spätes Reagieren), sondern bereits auf eine vorangehende Phase, in welcher sich der Täter auf die gefahrgeneigte Tätigkeit (zB das Autofahren) eingelassen hat. Die Handlungsweise, welche auf diese Weise mit einer einleitenden Fahrlässigkeit belastet ist, muss noch nicht als tatbestandsmäßige Handlung qualifiziert werden können.

596 Einer Einlassungsfahrlässigkeit macht sich auch schuldig, wer sich trotz mangelnder Sachkunde zur Übernahme einer risikogeneigten Tätigkeit überreden lässt: Ein gelernter Maurer, der sich auf die Übernahme der Geschäftsführung eines Bauunternehmens einlässt, könnte daher im Falle der Insolvenz wegen § 159 (grob fahrlässige Beeinträchtigung von Gläubigerinteressen) zur Verantwortung gezogen werden (SSt 56/13). Entsprechendes gilt auch für einen Betriebsmitarbeiter, der sich zum Brandschutzbeauftragten bestellen lässt, obwohl er über keinerlei einschlägige Kenntnisse auf diesem Gebiet verfügt.

597 Der Hinweis auf eine Einlassungs- bzw Übernahmefahrlässigkeit kann nur dann überzeugen, wenn sich der Täter bewusst war oder es für ihn zumindest erkennbar gewesen ist, dass er den objektiven Sorgfaltsanforderungen, die ihm bevorstehen, nicht gewachsen sein könnte. Es müssen daher auch in Bezug auf die Übernahmefahrlässigkeit die objektiven und subjektiven Kriterien der Fahrlässigkeit geprüft werden. Die Übernahme einer Tätigkeit, der man infol-

ge unzureichender geistiger oder körperlicher Voraussetzungen nicht gewachsen ist, kann **nur dann** einen **Fahrlässigkeitsvorwurf** beinhalten, **wenn** dem **Handelnden** seine **fehlende Eignung** und das daraus resultierende Risiko entweder selbst bekannt war oder nach seinen individuellen, geistigen Fähigkeiten **zumindest erkennbar** gewesen ist (OLG Innsbruck ZVR 1981/245).

Sehr kulant zeigt sich die Rsp, wenn sie eine Übernahmefahrlässigkeit dann 598
nicht zum Vorwurf macht, wenn jemand dazu neigt, Wissensmängel gegenüber sich und anderen zu verdrängen und zu beschönigen: Jemand ist zB Mitglied einer Lawinenwarnkommission, obwohl seine Kenntnisse auf dem Gebiet der Lawinenkunde objektiv bloß sehr dürftig sind. Da er jedoch einen theoretischen Grundlagenkurs besucht hat, hält er sich subjektiv für hinreichend qualifiziert (OLG Innsbruck ZVR 1981/245). Regelmäßig müsste jedoch auch eine unbewusste Einlassungsfahrlässigkeit ausreichen, um eine Strafbarkeit wegen des jeweiligen Fahrlässigkeitsdelikts zu begründen. Eine Einlassungsfahrlässigkeit wird daher auch dann anzunehmen sein, wenn dem Handelnden im Hinblick auf seine geistigen und körperlichen Verhältnisse seine fehlende Eignung erkennbar war (zB mangelnde einschlägige Ausbildung) und er daher das daraus folgende Risiko erkennen hätte müssen.

C. Subjektive Voraussehbarkeit des Taterfolgs

Als Pendant zur objektiven Voraussehbarkeit des Erfolges (objektive Zu- 599
rechnung) auf der Tatbestandsebene ist auf der Ebene der Schuld bei Fahrlässigkeitsdelikten die subjektive Voraussehbarkeit des Erfolges zu prüfen (RZ 1970, 16). In der Regel wird man davon ausgehen können, dass objektiv voraussehbare Erfolge auch subjektiv für den Täter erkennbar sind. Die **objektive Voraussehbarkeit** des Erfolges **indiziert** grundsätzlich die **subjektive Voraussehbarkeit** des Erfolges. Den **Beurteilungsmaßstab** bieten auch hierbei wiederum die **geistigen** und **körperlichen Verhältnisse des Täters**. Emotionale Unzulänglichkeiten bleiben außer Betracht. Die Vorhersehbarkeit ist **ex ante zu beurteilen**.

Für den Täter muss der eingetretene Erfolg als Folge seines sorgfaltswid- 600
rigen Verhaltens vorhersehbar gewesen sein, damit er ihm auch subjektiv zugerechnet werden kann (OLG Wien ZVR 1981/123). Dabei wird nicht zu verlangen sein, dass der Täter vorweg eine genaue Vorstellung über den Kausalverlauf bis hin zum Erfolg hatte (JBl 1987, 59 mA *Mayerhofer*; SSt 53/76). Es genügt, wenn der Täter voraussehen konnte, dass sein Verhalten (zB Fahren mit überhöhter Geschwindigkeit) zu einer Verletzung oder Tötung eines Passanten führen könnte. Die Verletzung von Verkehrsvorschriften (zB StVO) indiziert regelmäßig die Annahme, dass der Täter auch damit zusammenhängende Verletzungen voraussehen konnte.

601 Bei Prüfung der subjektiven Voraussehbarkeit ist auf die individuellen Fähigkeiten des Täters abzustellen. Es ist zu prüfen, ob er nach seinen geistigen und körperlichen Fähigkeiten den Erfolg seines Verhaltens, dessen Herbeiführung objektiv den Anforderungen des Adäquanz- und Risikozusammenhanges entsprach, vorhersehen konnte (SSt 53/76). Im Regelfall wird eine subjektive Vorhersehbarkeit gegeben sein, wenn bereits die subjektive Sorgfaltswidrigkeit bejaht wurde. Die subjektive Voraussehbarkeit wird von der Rsp sogar teilweise mit der subjektiven Sorgfaltswidrigkeit gleichgestellt (OLG Wien ZVR 1981/123):

- Eine Mutter stellt ihr Auto auf einer abschüssigen Stelle mit eingelegtem Gang, aber ohne Anziehen der Handbremse ab und lässt ihr zweijähriges Kind im Auto zurück, während sie einkaufen geht. Das Kind vertreibt sich die Langeweile mit Herumklettern im Fahrzeug. Dabei löst es den Gang, wodurch das Auto abwärts rollt und sich überschlägt. Für eine Mutter sollte es regelmäßig auch subjektiv voraussehbar sein, ob ihr Kind im Auto ruhig sitzen bleibt, oder sich durch Herumklettern die Langeweile vertreiben wird, wobei es ua zum Lösen des Ganges kommen kann. Die Verletzungen des Kindes wurden vom Gericht daher als für die Mutter subjektiv voraussehbar beurteilt (OLG Wien ZVR 1988/18).
- Einem 15-jährigen Amateurradrennfahrer wird ebenfalls die subjektive Einsichtsfähigkeit in die Gefährlichkeit und Risikoträchtigkeit des sog „Windschatten- oder Pulkfahrens“ unterstellt werden dürfen (ZVR 1986/53).

VII. Schuldausschließungsgründe

A. Allgemeines

602 Wenngleich jeder formell verpflichtet ist, sich normgemäß zu verhalten, kann es Situationen geben, in denen es menschlich nicht zumutbar wäre, die Erfüllung dieser Verpflichtung einzufordern. Das Strafrecht ist daher in engen Grenzen gezwungen, menschliche Schwächen zu berücksichtigen. Es wäre in bestimmten Situationen lebensfremd, vom einzelnen Übermenschliches zu verlangen, nur um der Rechtstreue genüge zu tun:

Zwei schwer verletzte Bergsteiger hängen hilflos an einem provisorischen altersschwachen Kletterhaken in der Felswand. Beide sind sich bewusst, dass der Haken nicht lange das Gewicht von zwei Personen tragen wird können. Bevor beide in den Tod stürzen, schneidet einer das Seil durch und rettet damit sein Leben auf Kosten des anderen.

Die Zumutbarkeit rechtmäßigen Verhaltens wird als normatives Schuldelement bei einzelnen Ausnahmefallkonstellationen näher zu prüfen sein. Wird die **Zumutbarkeit** rechtmäßigen Verhaltens verneint, kann dem Täter kein Schuldvorwurf mehr gemacht werden. Es handelt sich um einen **Schuldausschließungsgrund**. Die Handlungsweise des Täters bleibt jedoch rechtswidrig. Darin liegt der wesentliche Unterschied zu den Rechtfertigungsgründen. Bei Vorliegen eines Rechtfertigungsgrunds wird die rechtsgutverletzende Tat ausnahmsweise von der Rechtsordnung gebilligt: Der Täter handelt rechtmäßig. Diese Unterscheidung ist wichtig, weil **gegen** eine bloß **entschuldbare**, jedoch rechtswidrige **Handlungsweise Notwehr zulässig** ist. 603

Die Unzumutbarkeit, sich rechtmäßig zu verhalten, ist eine Konzession an menschliche Schwächen. Der Schuldausschlussgrund der Unzumutbarkeit kommt daher nur jenem zugute, der von seiner **Notsituation Kenntnis** hat. Bei Personen, die sich zwar objektiv in einer Zwangslange befinden, ohne sich dessen jedoch bewusst zu sein, fehlt die psychische Ausnahmesituation, die ein rechtmäßiges Handeln nicht zumutbar erscheinen lässt: 604

Keine entschuldbare Handlungsweise liegt vor, wenn man das oben genannte Beispiel dahingehend modifiziert, dass die Bergsteiger zwar grundsätzlich auf die Festigkeit des altersschwachen Hakens vertrauen, einer jedoch dennoch das Seil durchtrennt, da er in seinem Leben immer auf Nummer sicher gehen möchte. In diesem Fall erfolgt die Tat nicht unter einem so großen psychischen Druck, dass ein anderes Verhalten unzumutbar und die Tötung des anderen Bergsteigers entschuldbar wäre.

Die **Zumutbarkeit** rechtmäßigen Verhaltens ist **bei vielen Tatbeständen ausdrücklich gesondert zu prüfen**: zB in den § 94 Abs 3, § 95 Abs 1 (Zumutbarkeit der Hilfeleistung), § 286 Abs 2 (Zumutbarkeit der Verhinderung einer Straftat), § 290 Abs 3 (Zumutbarkeit einer wahrheitsgemäßen Beweisaussage; SSt 48/80). 605

Die Rsp legt dabei einen restriktiven Maßstab an: Ein **Unfallschock** befreit zB nur in besonders gravierenden Ausnahmefällen von der Hilfeleistungspflicht. Ein Kraftfahrer, der die Risiken der Teilnahme am Straßenverkehr auf sich nimmt, hat im Falle eines Unfalls grundsätzlich ein solches Maß an Charakter- und Willensstärke aufzubringen, dass er den Schrecken über den Unfall, die wahrgenommenen Unfallfolgen, die Angst vor den ihm nunmehr drohenden Nachteilen überwindet und seiner im § 94 Abs 1 normierten Überzeugungs- und Hilfeleistungspflicht nachkommt. Nur eine **gravierende psychische Ausnahmesituation kann** das **Unterlassen der Hilfeleistung entschuldigen** (OLG Wien ZVR 1976/279; OLG Wien ZVR 1980/21). An der Zumutbarkeit kann es auch mangeln, wenn sich der Täter bei Einhaltung seiner Pflicht selbst in eine ernstzunehmende Gefahr bringen würde. 606

B. Zumutbarkeit beim Fahrlässigkeitsdelikt (§ 6 Abs 1)

607 Die Zumutbarkeit ist gem § 6 Abs 1 generell auch bei allen Fahrlässigkeitsdelikten als selbständiges Schuldmerkmal zu prüfen. Ein sorgfaltsgemäßes Verhalten muss dem Täter immer zumutbar gewesen sein. In der Praxis wird die Zumutbarkeit nur eine untergeordnete Rolle spielen, da ein objektiv und subjektiv sorgfaltswidriges Verhalten mit voraussehbarem nachteiligen Erfolg dem Täter regelmäßig auch zum Vorwurf gemacht werden kann. Es könnte jedoch zB eine verständliche starke Erregung über ein wahrgenommenes Geschehen ein sorgfaltsgemäßes Verhalten unzumutbar erscheinen lassen. Dieses Merkmal des § 6 Abs 1 stellt daher ein Korrektiv dar (OLG Wien ZVR 1989/163), wenn aus menschlich verständlichen Gründen ein überstürztes Fehlverhalten gesetzt wird.

608 Die Zumutbarkeit eines sorgfaltsgemäßen Verhaltens ist immer erst dann zu prüfen, wenn vorweg die objektive Sorgfaltswidrigkeit und die subjektive Sorgfaltswidrigkeit des zu beurteilenden Verhaltens bejaht wurde. Konnte bereits eine objektive bzw subjektive Sorgfaltswidrigkeit verneint werden, erübrigt es sich, die Zumutbarkeit rechtmäßigen Verhaltens zu prüfen.

- Dem Beifahrer, der bei einem von der Straße abgekommenen Fahrzeug ins Lenkrad greift, wird dies auch dann nicht zum Vorwurf gemacht werden können, wenn darin im konkreten Fall eine objektiv falsche Reaktion lag. Es wäre dem Beifahrer in einer derartigen Situation nicht zumutbar, tatenlos zuzusehen (OLG Wien ZVR 1980/169).
- Einem Autofahrer sind auch nicht gleichzeitig zwei Abwehrhandlungen zumutbar, um eine Gefahrsituation zu meistern. Ein gleichzeitiges Ausweich- und Bremsmanöver wird von einem Autofahrer regelmäßig nicht erwartet werden können (OLG Wien ZVR 1986/52).
- Kam es **hingegen** zu einer verfehlten Reaktion, weil sich zB eine Biene ins Auto verirrt hatte, wird dem Fahrer zugemutet, bedacht zu reagieren (OLG Wien ZVR 1982/71).

609 Die **Zumutbarkeit** wird, obwohl sie die subjektive Seite des Täters betrifft und die Schuld auszuschließen vermag, **objektiv beurteilt**. Maßgeblich ist, was zB einem durchschnittlichen Autofahrer zumutbar wäre. Es ist zu prüfen, wie ein wertverbundener Mensch reagiert hätte (EvBl 1982/64).

C. Entschuldigender Notstand (§ 10)

Kostal Der entschuldigende Notstand im Verwaltungsstrafrecht, AnwBl 2000, 70, 132.

Die Frage der **Zumutbarkeit** rechtmäßigen Verhaltens stellt sich auch **bei Vorsatzdelikten**. Das Kriterium der Zumutbarkeit findet sich hierbei negativ umschrieben in der Bestimmung des entschuldigenden Notstands (§ 10). Die Voraussetzungen für den entschuldigenden Notstand nach der generellen Regelung des § 10 sind enger als bei jenen Bestimmungen, die pauschal auf die Zumutbarkeit normgemäßen Verhaltens abstellen. Die einschränkenden Kriterien des **§ 10** finden **nur bei Vorsatztaten** Anwendung. Bei Fahrlässigkeitsdelikten ist die analoge Problematik im Rahmen der Zumutbarkeit rechtmäßigen Verhaltens (§ 6 Abs 1) zu beurteilen (SSt 56/78). 610

1. Voraussetzungen

a) Nach § 10 ist eine rechtswidrige Tat nur dann entschuldigt, wenn auch von einem mit **„den rechtlich geschützten Werten verbundenen Menschen“** kein anderes Verhalten zu erwarten gewesen wäre. Die Unzumutbarkeit eines anderen Verhaltens ist in diesem Sinne nach **objektiven Gesichtspunkten** zu beurteilen. Subjektive Empfindungen oder die individuelle Eigenart der Täterpersönlichkeit haben außer Betracht zu bleiben (SSt 61/110). Damit soll klargestellt werden, dass als Maßstab nicht der besonders Ängstliche oder der rücksichtslose Egoist gilt. Tatsächlich wird mit der Berufung auf die Maßfigur des § 10 Abs 1 jedoch bloß der Anschein einer Objektivierung erweckt. De facto werden vielfach die jeweiligen subjektiven Wertvorstellungen des Richters entscheiden, was ein „mit rechtlich geschützten Werten verbundener Mensch“ in der Situation des Täters getan hätte oder nicht. 611

Die **Rsp** ist bei der Annahme eines entschuldigenden Notstands **sehr restriktiv**: 612

- Durch Notstand ist nicht entschuldigt, wer glaubt, bestechen zu müssen, um den Zuschlag in einem öffentlichen Ausschreibungsverfahren zu erhalten, um so sein Unternehmen und damit auch Arbeitsplätze zu retten (JBl 1983, 545). Es mag zwar eine wirtschaftliche Realität sein, dass öffentliche Aufträge ohne Bezahlung von Bestechungsgeldern schwerer zu erlangen sind, doch darf die Rsp in einem Rechtsstaat einem solchen Umstand keine entschuldigende Wirkung beimessen.
- Es entschuldigt auch nicht, wenn der betrogene Ehegatte die Telefonate seiner vermutlich untreuen Gattin abhört (§ 119), um gegen sie ein Beweismittel für ihren Ehebruch zu erhalten (EvBl 1976/186). Der damit abgewendete Vermögensschaden im Scheidungsverfahren wird den Ehegatten allerdings die strafrechtliche Verurteilung leichter verschmerzen lassen.

- Notstand ist auch nicht gegeben, wenn jemand eine Straftat begeht, um die Entdeckung oder Verfolgung einer anderen Straftat zu verhindern (SSt 47/74; SSt 49/50).
- Ein drohender Strafvollzug schafft ebenfalls keinen Notstand für die Begehung eines weiteren Rechtsbruches, um sich diesem Strafvollzug zu entziehen (EvBl 1977/221).

613 Personen, die sich aufgrund ihres Berufes in **höherem Maße Gefahren aussetzen müssen**, wie zB **Soldaten**, **Feuerwehrleute**, **Polizisten**, sind diese höheren Gefahren auch zumutbar. Von ihnen wird erwartet, dass sie ihrem Selbsterhaltungstrieb weniger schnell folgen als der Durchschnittsbürger. Daher dürfen sie sich bis zu einem berufsadäquaten Maß nicht auf Notstand berufen, wenn sie zur eigenen Rettung in fremde Rechtsgüter eingreifen.

614 **b)** Der unmittelbar drohende **Nachteil** muss ein **bedeutender** sein. Bei einem geringen Nachteil kann man vom Durchschnittsmenschen verlangen, dass er diesen erträgt, ohne in fremde Rechtsgüter einzugreifen.

615 Der Nachteil, der aus der Verfolgung wegen einer Verwaltungsübertretung droht (zB Fahren mit überhöhter Geschwindigkeit) entschuldigt nicht die Verleumdung des Polizisten, der die Übertretung protokolliert hat (OLG Wien ZVR 1996/15). Ebenso entschuldigt Existenzangst aufgrund mehrerer Exekutionsverfahren grundsätzlich nicht das Beiseiteschaffen von Vermögenswerten (§ 156, Betrügerische Krida, EvBl 1984/142).

616 **c)** Selbst wenn ein bedeutender Nachteil droht, ist die Abwehrhandlung **nicht entschuldigt**, wenn der daraus drohende **Schaden** noch **unverhältnismäßig schwerer** wiegt **als** der **Nachteil, der einem Rechtsgut des Abwehrenden drohte**. Damit wird zwar keine generelle Proportionalität verlangt, im Fall eines krassen Missverhältnisses kann aber eine solche Güter- bzw Interessenabwägung einen entschuldigenden Notstand ausschließen.

617 Kein Missverhältnis ist gegeben, wenn sich die Notstandshandlung auf ein gleichwertiges Rechtsgut bezieht. Der oben erwähnte Bergsteiger bleibt daher entschuldigt, wenn er zur Rettung seines eigenen Lebens das Leben seines Bergkameraden opfert. Entschuldigender **Notstand** kann jedoch **auch** dann zum Tragen kommen, **wenn** ein **geringerwertiges Rechtsgut** auf Kosten eines höherwertigen **gerettet wird**. Es darf nur kein grobes Missverhältnis zwischen beiden Rechtsgütern bestehen. Hierbei zeigt sich deutlich der **Unterschied zum rechtfertigenden Notstand**, bei dem immer eine Güterabwägung vorzunehmen ist und eine Tat nur dann gerechtfertigt und damit rechtmäßig erscheint, wenn sie zur Rettung eines höherwertigeren Rechtsguts erfolgte als jenes, welches durch die zur Rettung vorgenommene Tat verletzt wurde.

d) Zur Rettung der eigenen Rechtsgüter ist immer der **schonendste Weg zu wählen**. Wenngleich das Gesetz diese Einschränkung nicht ausdrücklich anführt, wird ein solches Verhalten doch von einem mit den rechtlich geschützten Werten verbundenen Menschen zu erwarten sein. Der Täter hat primär die Verletzung geringerwertiger Rechtsgüter zu wählen, wenn ihn dies bereits aus seiner Notlage befreien kann. Eine Rechtsgutverletzung ist nicht entschuldigt, wenn die Rettung des gefährdeten Rechtsguts auch ohne Eingriff in fremde Rechtsgüter Erfolg versprechend gewesen wäre. Das Rettungsmittel darf im Hinblick auf oberste Prinzipien und Wertbegriffe der Rechtsordnung nicht unangemessen sein. Daher scheiden Freiheitsbeschränkungen, die schon ihrer Art nach unangemessen sind, weil sie mit besonderen Qualen verbunden sind (zB Einsperren eines Kindes in einem fensterlosen verliesartigen Keller zu Erziehungszwecken), als entschuldigende Notstandshandlung aus (SSt 57/65). 618

2. Bedrohte Rechtsgüter

a) Im Gegensatz zur Notwehr (§ 3) kennt § 10 **keine Einschränkung auf bestimmte gefährdete Rechtsgüter**. Eine rechtsgutverletzende Handlung kann auch entschuldigt sein, wenn dadurch die Gefährdung des guten Rufes oder von familienrechtlichen Interessen abgewendet werden soll. Notstandsfähige Güter sind jedoch nur solche, die dem einzelnen zuzuordnen sind (**Individualrechtsgüter**, SSt 61/99). Woher die Gefahr droht, ist gleichgültig. Sie kann ihren Ursprung in einem **Naturereignis** oder im **Handeln eines Dritten** haben. Auch die wirtschaftliche Notlage kann eine entschuldigende Gefahrensituation schaffen. 619

Staatsnotstand kann **nicht** zur Entschuldigung strafrechtswidriger Eingriffe in Rechtsgüter des Einzelnen dienen: Die Folterung mutmaßlicher Terrorverdächtiger, um mögliche Hintermänner auszuforschen, ist nie entschuldbar. Auch das Verlieren einer verlässlichen Informationsquelle für die polizeiliche Ermittlungstätigkeit ist kein notstandsfähiges Rechtsgut (SSt 61/99). 620

b) § 10 anerkennt den entschuldigenden Notstand, wenn der **Nachteil dem Täter selbst oder einem anderen droht**. Diese allgemeine Fassung überrascht. Es könnte damit fälschlich der Anschein erweckt werden, dass der Täter auch dann durch Notstand entschuldigt sein könnte, wenn er in fremde Rechtsgüter eingreift, um Personen zu retten, denen gegenüber er in keiner Nahebeziehung steht. Aus der Gefahrensituation für einen unbekannten Dritten wird sich für den Täter regelmäßig kaum eine so zwingende Motivationskraft ergeben können, wie wenn eine Person in Gefahr ist, die ihm persönlich nahesteht: 621

622 Entschuldigender Notstand ist anzunehmen, wenn ein Kindesvater im Ausland zum Einfuhrschmuggel mit der Drohung genötigt wird, dass bei Zuwiderhandeln seinen Kindern ein Leid zugefügt werde (JBl 1976, 106 mA *Lambauer*). Andererseits wird von der Rsp ein entschuldigender Notstand verneint, wenn jemand zum Diebstahl gezwungen wird, aber die Polizei rufen hätte können (SSt 50/69), was wohl auch im zuvor zitierten Beispiel möglich gewesen wäre.

623 Kein entschuldigender Notstand liegt vor, wenn jemand einem ertrinkenden Ausländer die Schwimmweste wegnimmt, um sie einem ertrinkenden Landsmann zu geben, wenn für ihn beide Personen Fremde sind.

624 **c)** Als problematisch erweisen sich Straftaten, die auf **Weisung eines Arbeitgebers** erfolgen: Der Verlust des Arbeitsplatzes wird grundsätzlich als bedeutender Nachteil anzusehen sein. Die Rsp verneint jedoch das Vorliegen eines entschuldigenden Notstands, wenn der Angestellte nur die Vorstellung hatte, dass die Nichtbefolgung der Weisung des Firmenchefs möglicherweise seine Entlassung oder Kündigung zur Folge haben könnte:

Mit der Weisung des Arbeitgebers, Unterlagen für Umsatzsteuervoranmeldungen (vgl § 21 Umsatzsteuergesetz, UStG, BGBl 1994/663 idgF) in gesetzwidriger Weise derart zu erstellen, dass sich ein Gesamtrechnungsbetrag nur in jener Höhe ergibt, wie er zum betreffenden Zeitpunkt auch jeweils bezahlt werden kann, wird der Angestellte aufgefordert, an einer Abgabenverkürzung mitzuwirken (§ 33 FinStrG). Im Hinblick auf das Vorliegen eines entschuldigenden Notstands durch den Angestellten sieht der OGH es als relevant an, ob dem Angestellten bei Zuwiderhandeln ausdrücklich oder konkludent mit einer Entlassung gedroht worden ist (JBl 1984, 619).

625 Die Rsp bürdet damit dem einzelnen Angestellten einen kaum zu führenden Beweis auf. Es werden sich in der Praxis wohl nur schwer Fälle finden lassen, in denen einem Angestellten nachweisbar mit seiner Entlassung gedroht wurde, falls er nicht bereit sei, falsche Abgabenerklärungen zu verfassen und sich somit am Finanzvergehen seines Vorgesetzten zu beteiligen. Wohl kein Arbeitgeber wird eine derartige Drohung schriftlich übermitteln oder vor Zeugen aussprechen. Die bloße Furcht vor einer Entlassung, die wahrscheinlich jeden Arbeitnehmer befällt, dem man mangelnde Loyalität oder zu geringen Einsatz für das Unternehmen nachsagen könnte, begründet noch keinen entschuldigenden Notstand.

3. Irrtümliche Annahme eines entschuldigenden Sachverhaltes (§ 10 Abs 2)

Nimmt der Täter fälschlich eine Notstandssituation an, weil er sich über tatsächliche Voraussetzungen irrt, ist seine psychische Belastung grundsätzlich genau die gleiche, wie wenn tatsächlich eine Notstandssituation besteht. Daher müsste grundsätzlich auch in diesem Fall entschuldigender Notstand zum Tragen kommen. Nach dem Gesetz (§ 10 Abs 2) kann der Täter jedoch für sein Verhalten **nur** dann **entschuldigt** werden, **wenn** sein **Irrtum nicht auf Fahrlässigkeit beruht.** Dem Täter darf nicht vorwerfbar sein, dass er die Sachlage verkannt hat. § 10 Abs 2 entspricht der vergleichbaren Regelung des § 8 (irrtümliche Annahme eines rechtfertigenden Sachverhaltes). Bei vorwerfbarem Irrtum kann der Täter für die fahrlässige Tatbegehung bestraft werden, soweit ein entsprechendes Fahrlässigkeitsdelikt normiert ist: Der in Bergnot geratene Bergsteiger kappt das Seil, mit dem auch sein Bergkamerad gesichert ist, obwohl er erkennen hätte können, dass dieses Vorgehen nicht nötig war, um sein eigenes Leben zu retten. Er verantwortet in diesem Fall fahrlässige Tötung (§ 80). Ein Irrtum über die rechtlichen Grenzen des entschuldigenden Notstands wird durch § 10 Abs 2 nicht erfasst (EvBl 2008/53). 626

4. Selbstverschuldete Notsituation (§ 10 Abs 2)

Ein entschuldigender Notstand wird grundsätzlich nicht anerkannt, wenn sich der Täter selbst **bewusst der Gefahrsituation ausgesetzt** hat. Wer aus dem Gefängnis ausbricht und sich nun gezwungen sieht, einen Ausweis zu fälschen, um seine Identität zu verschleiern, kann sich nicht auf entschuldigenden Notstand berufen (EvBl 1978/60). Gleiches gilt für einen Einbrecher, der bei der Tat von einem Zeugen beobachtet wurde und diesen nun niederschießt, um der Gefahr einer Tatüberführung zu entgehen. 627

§ 10 Abs 2 nimmt eine Einschränkung dahingehend vor, dass die Berufung auf Notstand nur demjenigen verweigert wird, der sich der Gefahr **ohne einen von der Rechtsordnung anerkannten Grund** bewusst ausgesetzt hat. Gefahren, die bloß erkennbar gewesen wären (unbewusste Fahrlässigkeit), jedoch nicht erkannt wurden, schließen eine Berufung auf schuldausschließenden Notstand nicht aus. Die Regelung steht in einem Spannungsverhältnis zum Erfordernis eines wertverbundenen Menschen (§ 10 Abs 1). Von jemandem, der sich unbewusst, aber immerhin fahrlässig, in die Notstandslage gebracht hat, sollte man erwarten können, dass er zur Rettung aus dieser Notlage nicht auch noch in fremde Rechtsgüter eingreift. 628

Fraglich ist, ob die Berufung auf Notstand für den Handelnden auch dann ausgeschlossen ist, wenn nicht er, sondern eine ihm nahestehende Person sich 629 in einer selbstverschuldeten Notsituation befindet. Da das Gesetz nur jenem die Berufung auf Notstand versagt, der sich selbst bewusst der Gefahr ausgesetzt hat, muss dem Helfer wohl eine Berufung auf Notstand zugebilligt werden. Der Vater darf sich daher auf entschuldigenden Notstand berufen, wenn er zur Rettung seines aus eigenem Verschulden in Not geratenen Sohnes eine Rettungsmaßnahme setzt, die in fremde Rechtsgüter eingreift.

630 Die Berufung auf Notstand bleibt auch gewahrt, wenn sich der Täter zwar bewusst in Gefahr gebracht hat, dies aber aus einem von der **Rechtsordnung anerkannten Grund** geschah. Es betrifft dies zB eine **Bergrettungsmannschaft**, welche trotz hoher Lawinengefahr zu einem Einsatz gerufen wird und dabei eine Lawine auslöst, die einige von ihnen verschüttet und verletzt.

VIII. Zusammenfassendes Schema zum Punkt „Schuld"

631 Grundsätzlich ist davon auszugehen, dass ein tatbestandsmäßiges und rechtswidriges Handeln auch schuldhaft erfolgt ist. Bei der strafrechtlichen Beurteilung einer konkreten Sachverhaltenskonstellation ist daher das mögliche Fehlen eines Schuldvorwurfs nur dann näher zu prüfen, wenn Anhaltspunkte darauf hindeuten.

632 Auf die Zurechnungsfähigkeit des Täters (§ 11) ist zB nur dann näher einzugehen, wenn der Sachverhalt Angaben über eine mögliche Alkoholisierung des Täters zum Tatzeitpunkt enthält. Zusammenfassend werden bei Vorliegen entsprechender Anhaltspunkte insb nachfolgende Punkte eine nähere Auseinandersetzung auf der Schuldebene verlangen:

A. Grundschema

I.
Tatbestand

II.
Rechtswidrigkeit

III.
Schuld →

A. Zurechnungsfähigkeit
1. Diskretionsfähigkeit – Dispositionsfähigkeit (§ 11);
   ev actio libera in causa bzw § 287
2. Deliktsfähigkeit (Alter des Täters, § 4 Abs 1 JGG)

B. Unrechtsbewusstsein (§ 9)
1. direkter – indirekter Rechtsirrtum
2. Vorwerfbarkeit des Irrtums (Unrecht für jedermann leicht erkennbar oder Erkundigungspflicht)

C. Irrtümliche Annahme eines rechtfertigenden Sachverhaltes (§ 8)

D. Schuldausschließungsgründe
1. Unzumutbarkeit (zB § 94 Abs 3; § 95 Abs 1)
2. Entschuldigender Notstand (§ 10; ev irrtümliche Annahme eines entschuldigenden Sachverhaltes oder selbstverschuldete Notsituation, § 10 Abs 2)

IV.
Strafe

B. Modifizierung des Schemas bei Fahrlässigkeitsdelikten

Beim Fahrlässigkeitsdelikt ist auf der Ebene der Schuld insb zu prüfen, ob der Täter auch aufgrund seiner geistigen und körperlichen Verhältnisse befähigt war, den an ihn gestellten (objektiven) Sorgfaltsanforderungen gerecht zu werden (subjektive Sorgfaltswidrigkeit) und mögliche Folgen eines Sorgfaltsverstoßes vorauszusehen (subjektive Voraussehbarkeit des Erfolges). In der Regel wird die objektive Sorgfaltswidrigkeit und die objektive Voraussehbarkeit des Erfolges indizieren, dass der Täter auch subjektiv sorgfaltswidrig 633 gehandelt hat und befähigt war, mögliche Folgen seines Handelns vorauszusehen. Ein näheres Eingehen auf diese Punkte ist daher bei der strafrechtlichen Beurteilung einer konkreten Sachverhaltskonstellation nur erforderlich, wenn sich aus dem Sachverhalt dahingehende Zweifel ergeben.

I. Tatbestand

II. Rechtswidrigkeit

III. Schuld →

A. Zurechnungsfähigkeit
1. Diskretionsfähigkeit – Dispositionsfähigkeit (§ 11);
   ev actio libera in causa bzw § 287
2. Deliktsfähigkeit (Alter des Täters, § 4 Abs 1 JGG)

B. Unrechtsbewusstsein (§ 9)
1. direkter – indirekter Rechtsirrtum
2. Vorwerfbarkeit des Irrtums (Unrecht für jedermann leicht erkennbar oder Erkundigungspflicht)

C. Irrtümliche Annahme eines rechtfertigenden Sachverhaltes (§ 8)

D. Subjektive Sorgfaltswidrigkeit
1. geistige und körperliche Verhältnisse des Täters;
   emotionale Mängel (zB Aggressivität) bleiben außer Betracht
2. Einlassungs- bzw Übernahmefahrlässigkeit

E. Subjektive Voraussehbarkeit des Taterfolges

F. Schuldausschließungsgründe
Unzumutbarkeit (§ 6 Abs 1)

IV. Strafe

§ 6. Die Strafe

In der Strafe liegt das **vierte Element** des Verbrechensaufbaus. Es gibt Gründe, welche ausnahmsweise trotz Vorliegens aller anderen bisher genannten Elemente (Tatbestand, Rechtswidrigkeit, Schuld) die Strafbarkeit der Tat ausschließen bzw aufheben können. Auf der vierten Ebene des Verbrechensaufbaus ist daher das mögliche Vorliegen von sog **Strafaufhebungs- und Strafausschließungsgründen** zu prüfen. 634

I. Strafaufhebungsgründe

A. Allgemeines

Strafaufhebungsgründe bewirken, dass ein mit der Tat bereits **entstandener Strafanspruch** durch ein später eintretendes Ereignis oder den Zeitablauf **wieder wegfällt**. Die Gründe ergeben sich vielfach aus dem Zweck, der mit einer Sanktion verfolgt werden soll. Bei Vorliegen bestimmter Umstände kann die Bestrafungsnotwendigkeit entfallen. 635

Ein wichtiger Strafaufhebungsgrund ist zB der sog **Rücktritt vom Versuch (§ 16)**, auf den an späterer Stelle (Rz 755ff) näher einzugehen sein wird: Der Täter wird nicht bestraft, wenn er die Tat bloß versucht hat und freiwillig die weitere Ausführung aufgibt. 636

Auch bei **vollendeten Delikten** besteht für den Täter vielfach noch die Möglichkeit, Straffreiheit zu erlangen. Bei zahlreichen Vermögensdelikten entfällt die Strafbarkeit, wenn der Täter **„Tätige Reue“ (§ 167)** übt. Die Strafbarkeit wegen Sachbeschädigung (§ 125), Diebstahl (§ 127) etc wird zB aufgehoben, wenn der Täter, noch bevor die Polizei von seinem Verschulden erfahren hat, den ganzen aus der Tat entstandenen Schaden gutmacht. Auch viele andere Tatbestände sehen eine Straffreiheit bei tätiger Reue vor (zB §§ 226, 227 Abs 2, 240, 241d, 271 Abs 3, 277 Abs 2). 637

Die **Verjährung** der Tat kann ebenso dazu führen, dass ein Straftäter nicht mehr bestraft werden kann (§ 57). Wenngleich die Tat tatbestandsmäßig, rechtswidrig und schuldhaft gesetzt wurde, hebt die Verjährung die Strafbarkeit auf (dazu *Seiler* AT II[7] Rz 569ff). 638

Strafaufhebungsgründe wirken nur zugunsten jenes Täters, bei dem alle vom Gesetz geforderten Voraussetzungen vorliegen. So kann sich zB auf den Strafaufhebungsgrund des Rücktritts vom Versuch (§ 16) nur jemand berufen, der selbst freiwillig zurückgetreten ist und damit den Erfolgseintritt vereitelt hat, während dem Komplizen, der wegen des Rücktritts nicht mehr sinnvoll weiterhandeln konnte, trotz fehlenden Erfolgseintritts der Rücktritt nicht zugu- 639 te kommt. Entsprechendes gilt bei der tätigen Reue (§ 167). Im Folgenden soll exemplarisch auf die „Tätige Reue" nach § 167 näher eingegangen werden, da sie gerade im Bereich der Vermögensdelikte den wohl häufigsten Strafaufhebungsgrund darstellt.

B. Tätige Reue (§ 167)

Bertel Die freiwillige Herausgabe der Beute, AnwBl 1979, 383; *Brandstetter* Die tätige Reue in der Judikatur des OGH, JBl 1987, 545; *ders* Tätige Reue ohne Reue, RdW 1987, 365; *Bugelnig* Tätige Reue als Strafaufhebungsgrund oder als bloßer Strafmilderungsgrund?, in: Strafrechtsfreie Räume in Österreich und Deutschland, Hrsg *Lagodny* (2015), 19; *Burgstaller* Aktuelles zur tätigen Reue gemäß § 167 StGB, in: *Platzgummer*-FS (1995), 97; *Eder-Rieder* Schadensgutmachung im Strafrecht und Nebenstrafrecht, JBl 1990, 341; *Huber/Brandstetter* Zum Umfang der „Schadenersatzpflicht" bei tätiger Reue (§ 167 StGB), in: *Moos*-FS (1997), 129; *Müller-Dietz* Kriminalpolitische und dogmatische Probleme des Strafaufhebungsgrundes der tätigen Reue (§ 167), ÖJZ 1977, 343; *Schroll* zu den reuefähigen Delikten des Vermögensstrafrechts, ÖJZ 1985, 357; *E.Steininger* Wiedergutmachung als dritte Spur neben Strafen und Maßnahmen, JBl 1990, 137; *Tipold* Rücktritt und Reue (2002).

1. Allgemeines

640 **a)** § 167 zählt **taxativ** jene **Delikte** auf, bei denen durch tätige Reue die Strafbarkeit wieder aufgehoben wird. Es sind dies ua Sachbeschädigung, Diebstahl, Veruntreuung, Unterschlagung, Betrug, Untreue, betrügerische Krida, Schädigung fremder Gläubiger, Begünstigung eines Gläubigers, grob fahrlässige Beeinträchtigung von Gläubigerinteressen, Hehlerei. Der Strafaufhebungsgrund bezieht sich nicht nur auf das jeweilige Grunddelikt. Tätige Reue kann **auch** bei den **jeweiligen Qualifikationstatbeständen** geübt werden (*Kirchbacher/Presslauer* WK-StGB² § 167 Rz 19; *Leukauf/Steininger* StGB³ § 167 Rz 9), **vorausgesetzt**, dass **nicht** neben dem primär angegriffenen Vermögensobjekt **zusätzlich ein weiteres Rechtsgut angegriffen** wurde: Bei Raub (§ 142), räuberischem Diebstahl (§ 131) oder Erpressung (§ 144) ist zB keine tätige Reue vorgesehen, da hierbei der Täter auch in die körperliche Integrität bzw die Willensfreiheit seines Opfers eingreift.

641 Beim Einbruchsdiebstahl (§ 129) ist auch eine Schadensgutmachung hinsichtlich der Sachbeschädigung (§ 125) zu verlangen, die regelmäßig mit einem Einbruch einhergeht. Der Einbrecher muss daher nicht nur die gestohlenen Sachen zurückstellen, sondern auch Schadenersatz für das Beschädigen der Eingangstüre leisten, um tätige Reue für sich geltend machen zu können (JBl 1980, 604; EvBl 1981/225).

Der Strafaufhebungsgrund der tätigen Reue kommt nur in Betracht, wenn eines der genannten Vermögensdelikte vollendet in Erscheinung getreten ist. Das Tatopfer muss bereits eine vermögensrechtliche Beeinträchtigung durch das Delikt erlitten haben. Auf **versuchte Straftaten** kann **§ 167 keine Anwendung** finden. Eine – grundsätzlich zulässige – Analogie zugunsten des Beschuldigten („in bonam partem") kommt nicht in Betracht, weil dies eine unfreiwillige Gesetzeslücke zur Voraussetzung hätte, welche bei einem Versuch aber nicht vorliegt. Für versuchte Delikte sieht § 16 nämlich die Möglichkeit eines strafbefreienden Rücktritts vor (EvBl 1982/174; EvBl 1999/62). Die Sichtweise des OGH kann dabei zu unbilligen Ergebnissen führen (vgl EvBl 1999/62), welche vor allem den Interessen des Tatopfers zuwiderlaufen (für die Zulässigkeit einer Analogie daher *Zagler* BT § 129 Rz 27): 642

Der Einbrecher (X) versucht mit einem Brecheisen die Terrassentüre einer Villa aufzubrechen. Als er dabei die Alarmanlage auslöst, verlässt er fluchtartig den Tatort. Am nächsten Tag überkommt X die Reue. X stellt sich der Polizei und erklärt, den Schaden an der Terrassentüre zu ersetzen.

Da die bereits vollendete Sachbeschädigung an der Terrassentüre (§ 125) durch den versuchten Einbruch konsumiert wird, käme bei der gegebenen Sachverhaltskonstellation nur eine Tätige Reue vom Einbruchsversuch in Betracht (§§ 15, 129). Der Tätigen Reue in Bezug auf § 129 steht jedoch entgegen, dass dieses Delikt nur versucht wurde. Ein strafbefreiender Rücktritt vom Versuch scheidet wiederrum aus, weil er nicht freiwillig erfolgte. X wurde nämlich von der ausgelösten Alarmanlage an seinem weiteren Tun gehindert (vgl Rz 781ff; JBl 1999, 479).

Über die in § 167 genannten Delikte hinaus ist **tätige Reue auch bei anderen Tatbeständen ausdrücklich als Strafaufhebungsgrund vorgesehen**. Darunter befinden sich ua Delikte, die keinen Schadenseintritt zur Voraussetzung haben und die tätige Reue daher nicht in einer Schadensgutmachung bestehen kann. Hierher zählt zB die tätige Reue beim Versicherungsmissbrauch (§ 151 Abs 2): Der Täter geht straffrei, wenn er freiwillig von der weiteren Verfolgung seines Vorhabens Abstand nimmt, noch bevor die Versicherungsleistung erbracht wurde und eine Strafverfolgungsbehörde von seiner Tat Kenntnis erlangt hat. Ähnliches gilt beim Verbrecherischen Komplott (§ 277) oder bei der Kriminellen Vereinigung (§ 278). 643

b) Grund für die Schaffung des Strafaufhebungsgrundes der tätigen Reue waren in erster Linie die Interessen des Tatopfers, welches viel eher eine Chance auf Schadensgutmachung hat, wenn der Täter dafür Straffreiheit erhält. Die tätige Reue stellt **für** den **Täter** eine **goldene Brücke** dar, um in die Legalität zurückzukehren und straffrei zu gehen. Aus spezialpräventiver Sicht scheint 644 eine Bestrafung auch nicht mehr notwendig zu sein, wenn der Täter tätige Reue geübt hat. Ein inneres Empfinden von Reue ist beim Strafaufhebungsgrund des § 167 nicht erforderlich (SSt 50/65). Dies zeigt sich deutlich darin, dass **bloße Reue allein** ohne Ersetzen des angerichteten Schadens **nicht** zur Strafaufhebung ausreicht. Strafaufhebungsgrund ist **nur** die **„tätige" Reue**.

2. Voraussetzungen für die Straffreiheit nach § 167

645 Voraussetzung für die Annahme tätiger Reue ist, dass der Täter, **ohne** dazu **gezwungen zu sein, vollständig** und **rechtzeitig** den **aus seiner Tat entstandenen Schaden ersetzt**.

646 Bei mehreren zusammenhängenden Handlungen eines Täters muss sich die Schadensgutmachung auf den gesamten Schaden erstrecken. Der **Begriff „Tat"** in § 167 Abs 2 Z 1 ist nach der Rsp sehr weit auszulegen und erfasst im Zusammenhang mit einer Strafaufhebungsnorm die gesamte Schadensursache. Bei Vorliegen mehrerer Untreuehandlungen (§ 153), die auf einen einheitlichen Willensentschluss des Täters zurückgehen, kommt demnach tätige Reue nur dann in Betracht, wenn der gesamte Schaden gutgemacht wurde. Dabei spielt die Frage, ob die einzelnen Handlungen rechtlich unterschiedlich zu beurteilen sind, keine Rolle (EvBl 2010/84).

Eine Buchhalterin, die über einen längeren Zeitraum immer wieder Beträge vom Firmenkonto auf ihr Privatkonto überweist (§ 153, Untreue) oder Kunden ihre private Kontonummer als Firmenkonto angibt (§ 146, Betrug), hat daher alle dadurch widerrechtlich erlangten Beträge zurückzuzahlen, um Straffreiheit nach § 167 erlangen zu können.

647 Das Risiko für eine hinreichende Schadensgutmachung trägt der Täter. Wird der Täter durch höhere Gewalt daran gehindert, Schadenersatz zu leisten, geht dies zu seinen Lasten. Auf ein Verschulden kommt es dabei nicht an. Eine Schadensgutmachung kann auf verschiedene Weise erfolgen:

a) Direkte Schadensgutmachung (§ 167 Abs 2 Z 1)

648 Der Täter macht den Schaden direkt gut, indem er die gestohlene Sache in dem Zustand, in dem er sie entzogen hatte, dem Eigentümer zurückstellt oder an Stelle der gestohlenen Sache einen entsprechenden **Schadenersatz** leistet. Unternahm der Täter mehrere diebische Angriffe, denen ein einheitlicher Handlungsentschluss zugrunde lag, müssen **alle Gegenstände zurückgestellt** oder ersetzt werden (SSt 50/18; ÖJZ-LSK 1997/138). Eine vollständige Scha-

densgutmachung ist immer dann notwendig, wenn die Vermögensangriffe von einem Gesamtvorsatz getragen sind und somit eine Einheit darstellen. Dies ist der Fall, wenn die Einzelakte der schrittweisen Verwirklichung eines tatbestandsmäßigen Enderfolgs dienten oder auf einem einheitlichen Willensentschluss des Täters basierten (SSt 54/73; EvBl 2003/94). Tätige Reue durch Rückgabe der gestohlenen Sache wird nicht dadurch ausgeschlossen, dass der Bestohlene inzwischen an Stelle der gestohlenen Sache eine andere gleichwertige gekauft hat (SSt 48/62).

Die Schadenersatzverpflichtung erstreckt sich nach dem Wortlaut des § 167 649
auf den „ganzen aus der Tat" entstandenen Schaden. Sie deckt sich nicht unbedingt mit dem weitergehenden zivilrechtlichen Schadensbegriff, der bei vorsätzlich verursachten Schäden zur Leistung voller Genugtuung verpflichtet (§ 1324 ABGB). Die täterbezogene Komponente des Strafaufhebungsgrundes der tätigen Reue führt zu einer Beschränkung der Ersatzpflicht auf das dem Täter objektiv überschaubare Ausmaß des aus der Tat entstandenen Gesamtschadens unter Heranziehung zivilrechtlicher Begriffe. Es ist der positive Schaden auf Grund objektiv-abstrakter Schadensberechnung zu ersetzen (JBl 1989, 397; ÖJZ-LSK 1995/237):

Für den Schaden ist nur der Wert der gestohlenen Sache selbst maßgeblich. 650
Ein durch das begangene Delikt **entgangener Gewinn** oder **Ersatzaufwendungen** (zB Kosten für den Leihwagen des bestohlenen Fahrzeugbesitzers) sind **nicht zu ersetzen**. Zur Schadensgutmachung muss der Täter auch **keinen Ersatz für entgangene Zinsen** leisten (JBl 1989, 397).

Verweigert der **Geschädigte** die **Annahme** des Schadenersatzes in der 651
vollen geschuldeten Höhe, kann er dadurch nicht die rechtzeitige Schadensgutmachung und damit die tätige Reue verhindern. Das Opfer muss nur in die Lage versetzt werden, jederzeit den Schadenersatz zu beheben. Es reicht daher aus, wenn der Täter den Betrag bei gleichzeitiger Benachrichtigung des Geschädigten zur sofortigen Ausfolgung bereithält. Das bloße Anbot einer Schadensgutmachung ist jedoch zu wenig (EvBl 1996/68). Der Täter kann auch die Sache bzw den Schadenersatz bei Gericht oder der Polizei **hinterlegen** (§ 1425 ABGB, SSt 50/65; EvBl 1996/68).

Strafaufhebende **tätige Reue** liegt auch vor, **wenn** dem Opfer der volle 652
Schadenersatz angeboten wird, das **Opfer jedoch** gänzlich oder teilweise **schenkungsweise darauf verzichtet** (EvBl 1980/70). Tätige Reue durch einen „Vergleich" zwischen Täter und Opfer ist nur denkbar, wenn der Täter einen vollständigen Schadenersatz angeboten hat, der Geschädigte jedoch freiwillig, schenkungsweise auf einen Teil verzichtet (JBl 1984, 564). Kein Ersatz des Schadens ist anzunehmen, wenn der flüchtende Dieb die gestohlene Aktentasche einfach wegwirft, diese aber später von einem Dritten gefunden und dem Eigentümer zurückgestellt wird (ZVR 1980/243). Aus sozialethischen Erwägungen wird keine strafbefreiende Schadensgutmachung angenommen,

wenn der Schadenersatz erst durch die Begehung eines weiteren Delikts, um das Geld dafür zu beschaffen, ermöglicht wurde (EvBl 1968/52). Tätige Reue ist daher nicht anzunehmen, wenn der Sohn seinen Vater bestiehlt, um mit dem Geld eine Schadensgutmachung leisten zu können.

653 Wurde die **Tat von mehreren begangen**, **haften alle** zur **gesamten Hand** für den angerichteten Schaden. Für eine strafbefreiende tätige Reue Einzelner genügt es nicht, wenn jeder nur seinen Anteil ersetzt.

b) Vertragliche Schadensgutmachung (§ 167 Abs 2 Z 2)

654 Die tätige Reue kann auch in der Form erfolgen, dass sich der Täter nur vertraglich verpflichtet, dem Verletzten binnen einer bestimmten Frist Schadenersatz zu leisten. Sehr häufig wird es sich dabei um eine **Ratenzahlungsvereinbarung** handeln. Diese genügt nur dann zur tätigen Reue, wenn die Raten **ziffernmäßig bestimmt** und die Abstände der Teilzahlungen **zeitlich festgelegt** werden (SSt 46/43). Nicht ausreichend ist es, wenn nur allgemein die Vereinbarung getroffen wird, den Schaden, der in der Höhe erst festgelegt werden soll, irgendwann zu ersetzen. Die schriftliche Mitteilung des Täters an den Geschädigten, volle Schadensgutmachung zu leisten, stellt noch keine vertragliche Verpflichtung zur Schadensgutmachung dar. Der Vorschlag bedarf noch der (ausdrücklichen oder schlüssigen) Annahme durch den Geschädigten (JBl 1996, 669). Eine Schadensgutmachung kann auch durch Aufrechnung des Ersatzanspruches gegen eine fällige Forderung des Täters erfolgen. In diesem Fall bedarf es ebenso eines ausdrücklichen oder konkludenten Übereinkommens zwischen Täter und Geschädigtem (SSt 54/48). Verträge über die Schadensgutmachung können von den Vertragspartnern geändert werden. Straffreiheit wird jedoch immer erst zugestanden, wenn die Voraussetzungen des § 167 Abs 2 erfüllt worden sind (EvBl 1980/69).

655 Das Risiko der rechtzeitigen Schadenersatzleistung trägt der Täter. Es geht zu seinen Lasten, wenn er **ohne Verschulden nicht mehr in der Lage ist**, den vereinbarten Ratenzahlungen (zB infolge Arbeitslosigkeit) nachzukommen (EvBl 1976/57; ÖJZ-LSK 1997/33).

656 Der **Geschädigte** ist **nicht verpflichtet**, **sich** auf eine bloß **vertraglich vereinbarte Schadensgutmachung einzulassen**. Wird das Angebot einer vertraglichen Vereinbarung von ihm abgelehnt, bleibt dem Täter dieser Weg der tätigen Reue (§ 167 Abs 2 Z 2) verschlossen (SSt 49/24). Der Täter hat keinen Anspruch auf Gewährung von Zahlungserleichterungen (Stundung, Ratenzahlungen). Dazu bedarf es der Zustimmung des Geschädigten (ÖJZ-LSK 1996/92).

c) Schadensgutmachung durch Dritte (§ 167 Abs 4)

Tätige Reue ist auch dann anzunehmen, wenn gar nicht der Täter selbst Schadenersatz leistet, sondern ein Dritter für ihn. Nach dem Gesetzeswortlaut tritt in diesem Fall die Strafaufhebung nur ein, wenn sich der **Täter zumindest ernstlich um die Schadensgutmachung bemüht** hat. Die Rsp ist in diesem Punkt jedoch sehr großzügig. Es wird bereits als ausreichend angesehen, wenn der Täter durch konkludentes Handeln sein Einverständnis zur Schadenersatzleistung durch einen Dritten ausdrückt (EvBl 1986/16). Der Dritte muss den Schaden im Namen des Täters gutmachen (ÖJZ-LSK 1976/94). 657

In erster Linie werden hier wohl **Angehörige** tätig werden, welche auf diese Weise den Täter vor Strafe schützen wollen: 658

X hat aus Langeweile und Frust das Auto des Nachbarn zerkratzt. Der Vater von X ersetzt dem Tatopfer den vom Sohn angerichteten Schaden, um eine Strafverfolgung seines Sohnes zu verhindern.

Tätige Reue kommt dem Täter auch dann zugute, wenn er sich ernstlich darum bemüht hat, dass ein **am Delikt ebenfalls Beteiligter zur Gänze den Schaden ersetzt** und dieser Ersatz auch tatsächlich erfolgte (§ 167 Abs 4; ÖJZ-LSK 1976/95). 659

d) Rechtzeitigkeit der Schadensgutmachung

Die Schadensgutmachung – gleich in welcher Form – muss erfolgen, **bevor** die **Behörde** vom **Verschulden des Täters erfahren** hat. § 167 Abs 2 verweist auf § 151 Abs 3. Gemeint sind demnach zur **Strafverfolgung berufene Behörden**. In erster Linie sind dies die **Staatsanwaltschaft** und die **Polizei,** wohl aber auch **Strafgerichte**. 660

Wird ein Schadenersatz im Bankwege überwiesen, muss der entsprechende Betrag vor Kenntnis der Behörde auf dem Konto des Geschädigten gutgeschrieben worden sein (EvBl 2004/124). 661

Eine strafbefreiende tätige Reue ist **ausgeschlossen, wenn** die Strafverfolgungsbehörde bereits **gegen** den **Täter** einen **konkreten Verdacht geschöpft** hat. Es genügt, wenn die Behörde von Tatsachen erfährt, die den Verdacht begründen, der Täter sei an einem bestimmten Vermögensdelikt in strafbarer Weise beteiligt gewesen. Die Kenntnis aller für die rechtliche Beurteilung der Tat im Einzelnen maßgebenden Umstände ist nicht erforderlich. Es ist auch nicht erforderlich, dass auf Grund dieses Verdachts bereits Ermittlungshandlungen eingeleitet worden sind (JBl 1981, 441; EvBl 1983/141). 662

663 Maßgeblich ist, dass sich wegen einer entdeckten Tat gegen den Täter ein konkreter hinreichender Verdacht richtet. Der **strafbefreienden tätigen Reue steht nicht entgegen**, dass bei einem Delikt **gegen unbekannte Täter Anzeige** erstattet wurde und die Behörde, ohne gegen den Täter einen konkreten Verdacht zu haben, bereits ermittelt.

664 Keine rechtzeitige tätige Reue ist anzunehmen, wenn beim Verdächtigen auf Grund einer Anzeige eine Hausdurchsuchung gemacht wird und der Täter dem einschreitenden Kriminalbeamten das in diesen Räumen befindliche Deliktsobjekt sofort von sich aus aushändigt (ÖJZ-LSK 1977/331).

e) Schadensgutmachung ohne Zwang

665 **aa)** Der Täter muss die Schadensgutmachung leisten, ohne dazu gezwungen zu sein. Es wird zwar nicht ausdrücklich Freiwilligkeit verlangt, wie beim Rücktritt vom Versuch (§ 16), aber inhaltlich läuft die Formulierung des § 167 Abs 2 weitgehend auf dasselbe hinaus. **Freiwilligkeit** liegt dann vor, **wenn** der **Täter** die **Schadensgutmachung** auch **verweigern könnte**. Ob eine solche Weigerung vernünftigerweise auch anzuraten wäre, ist ohne Belang.

666 Eine **„freiwillige" Schadensgutmachung** ist auch anzunehmen, wenn diese erst **auf Andringen des Verletzten** erfolgt. Die Initiative zur Schadensgutmachung muss nicht vom Täter ausgehen. Wenngleich das Gesetz von einem Andringen des Verletzten spricht, wird dem gleichzustellen sein, dass ein Dritter den Täter zur Schadenersatzleistung auffordert, vorausgesetzt, dass es sich dabei nicht um eine Strafverfolgungsbehörde handelt (EvBl 1974/9).

667 Eine Schadensgutmachung wirkt auch strafbefreiend, wenn sie erst auf „massiven Druck" des Arbeitgebers hin erfolgt (EvBl 2009/108). Das **Drohen mit** einer **Anzeige** durch den Verletzten **schließt** die **Freiwilligkeit noch nicht aus** (JBl 1989, 666). Opportunitätserwägungen des Täters stehen einer tätigen Reue nicht entgegen (EvBl 2009/108). Das Motiv des Täters, einer Anzeige oder strafgerichtlichen Verfolgung vorzubeugen, hindert somit die Annahme einer „freiwilligen" Schadensgutmachung nicht (EvBl 1983/25; EvBl 1986/16).

Der Bilanzbuchhalter einer Steuerberatungskanzlei veruntreut Gelder. Nachdem sein Arbeitgeber massiven Druck auf ihn ausgeübt und mit einer Anzeige gedroht hatte, ersetzt der Bilanzbuchhalter den entstandenen Schaden. Der Täter hätte vernünftigerweise auch keine andere Möglichkeit, weil er sonst als „Bilanzbuchhalter" in der gesamten Steuerberatungsbranche keine Anstellung mehr bekommen würde, sobald sich seine Untreuehandlungen (§§ 133, 153 StGB) in der Branche herumgesprochen haben. Die Schadensgutmachung wird dennoch als freiwillig geleistet angesehen und wirkt strafbefreiend (EvBl 2009/108).

Freiwilligkeit ist anzunehmen, wenn der Täter die Beute in Sicherheit gebracht hat und dann auf Andringen des Verletzten herausgibt. An der Freiwilligkeit mangelt es jedoch, wenn der Dieb auf der Flucht von einem couragierten Passanten gestellt wird und diesem die Beute überlässt, da er befürchtet, dass dieser sie ihm sonst gewaltsam abnehmen würde (JBl 1967, 273). Eine freiwillige Schadensgutmachung liegt weiters nicht vor, wenn der Täter die Rückgabe des entzogenen Gutes davon abhängig macht, dass ihm der Eigentümer dafür eine Belohnung gibt (ÖJZ-LSK 1976/130; EvBl 1985/177). 668

Nicht ganz nachvollziehbar ist es, dass für die tätige Reue im Hinblick auf die Freiwilligkeit **weniger verlangt wird als beim Rücktritt vom Versuch** (§ 16, Rz 777ff), obwohl der Täter durch die Vollendung des Deliktes mit seiner kriminellen Handlungsweise viel weiter gekommen ist. 669

Es wäre zB kein strafbefreiender Rücktritt vom Versuch (§ 16) anzunehmen, wenn der Ladendieb im Kaufhaus vom Verkäufer beim Diebstahl ertappt wird und die gestohlene Ware herausgibt. Andererseits kann sich ein Dieb, der seine Beute bereits nach Hause in Sicherheit gebracht hat, auf strafbefreiende tätige Reue (§ 167) berufen, wenn er auf Andringen des Bestohlenen diese wieder zurückbringt.

bb) Freiwilligkeit nimmt das Gesetz auch an, wenn der Täter den ganzen aus seiner Tat entstandenen Schaden im Zuge einer **Selbstanzeige bei der Behörde durch Erlag** bei dieser gutmacht (§ 167 Abs 3). Der Täter muss im Zuge der Selbstanzeige die ganze Beute zurückgeben oder Schadenersatz in vollem Umfang leisten. Ein bloßer Vorschlag zur Schadensgutmachung im Wege einer Vereinbarung reicht nicht aus. Dazu hätte sich der Täter an den Geschädigten direkt wenden müssen (ÖJZ-LSK 1978/93). Es wird jedoch als hinreichend angesehen, wenn der Täter mit der Selbstanzeige seine Bereitschaft erklärt, dass der Schaden aus seinem Lohnguthaben bei jener Firma gedeckt wird, welche er durch seine Tat geschädigt hat (EvBl 1979/243). 670

Die Behörde selbst kann dem Täter nicht eine Frist zur Schadensgutmachung gewähren. Eine Schadensgutmachung vier Tage nach der Selbstanzeige würde daher zu spät erfolgen (EvBl 1978/142). Da das Gesetz verlangt, dass durch die Selbstanzeige das Verschulden des Täters offenbar wird, genügt es nicht, wenn dieser die Beute zur Polizei bringt, sich aber als Finder derselben ausgibt. 671

II. Strafausschließungsgründe

672 Bei Strafausschließungsgründen entsteht der **Strafanspruch** des Staates von vornherein **erst gar nicht.** Es werden hierbei entlastende Umstände berücksichtigt, die bereits zum Zeitpunkt der Tatbegehung vorlagen. Zahlreiche Tatbestände sehen solche Strafausschließungsgründe vor.

673 So wird zB die Entwendung zum Nachteil eines nahen Verwandten (§ 141 Abs 3) oder die Begünstigung eines Verwandten (§ 299 Abs 3) von vornherein für straflos erklärt. Bei einer fahrlässigen leichten Körperverletzung ist eine Bestrafung ausgeschlossen, wenn die Voraussetzungen des § 88 Abs 2 vorlagen:

- Ein Vater verletzt seinen Sohn beim gemeinsamen Heimwerken leicht am Körper. Wenn er dabei nicht grob fahrlässig gehandelt hat (§ 6 Abs 3), hat er keine strafrechtlichen Konsequenzen zu befürchten (§ 88 Abs 2 Z 1).
- Der Firmenchauffeur verwendet das schicke Firmenauto unbefugter weise auch privat, indem er damit seine Freundin zum Essen ausführt (§ 136 Abs 4).

III. Objektive Bedingungen der Strafbarkeit

674 **A.** Vereinzelt verlangen Tatbestände als Voraussetzung für eine Strafbarkeit das Vorliegen bestimmter Umstände (sog objektive Bedingungen der Strafbarkeit). Derartige Bedingungen finden sich zB in den §§ 91 und 287.

675 Die schwere Körperverletzung beim Raufhandel (§ 91 Abs 1) oder die Begehung eines Deliktes (Rauschtat) im Zustand voller Berauschung (§ 287) sind objektive Bedingungen für die Strafbarkeit nach § 91 bzw § 287 (*Fuchs* AT I[8] Kap 27 Rz 6; *Leukauf/Steininger* StGB[3] § 91 Rz 7 bzw § 287 Rz 3b, 4). Der Täter haftet bei § 91 Abs 1 nicht für die schwere Körperverletzung bzw bei § 287 nicht für die Rauschtat, sondern nur für das Schaffen der gefährlichen Lage (Raufhandel bzw Alkoholisierung), aus der dieser Erfolg resultierte.

676 Ebenfalls eine objektive Bedingung der Strafbarkeit liegt in der Forderung nach Gegenseitigkeit für die Bestrafung von Hochverrat an fremden Staaten (§ 316 iVm § 318 Abs 2; *Fabrizy* StGB[11] § 318 Rz 5).

677 **B. Raufhandel, § 91:** Die Beteiligung an einer Schlägerei ist grundsätzlich nicht strafbar. Der Täter wird jedoch für das Sich-Beteiligen am Raufhandel strafrechtlich zur Verantwortung gezogen, wenn die Schlägerei die schwere Verletzung eines Beteiligten zur Folge hatte. Die schwere Verletzung ist objek-

tive Bedingung für eine Strafbarkeit nach § 91 Abs 1. Bei § 91 erstreckt sich der Vorsatz nur auf die tätliche Teilnahme an einer Schlägerei (JBl 1976, 215). Es fehlt jedoch ein gemeinsamer Verletzungs- oder Misshandlungsvorsatz (SSt 50/7). Entsprechendes gilt für die tätliche Beteiligung an einem Angriff mehrerer iSd § 91 Abs 2 (dazu *Kienapfel/Schroll* BT I[5] § 91 Rz 9ff).

C. Begehung einer mit Strafe bedrohten Handlung im Zustand voller Berauschung, § 287: Auch das sinnlose Sich-Betrinken ist grundsätzlich nicht strafbar. Das Strafrecht greift erst ein, wenn jemand im Zustand der Volltrunkenheit eine Straftat begeht 678

Nachdem sich X im Wirtshaus vollkommen betrunken hatte, wird er ausfällig und beginnt zu randalieren. Dabei beschädigt er die Einrichtung des Lokals. Für die Sachbeschädigung könnte X nicht bestraft werden, da er im Zustand der Volltrunkenheit zurechnungsunfähig ist und ihm daher in Bezug darauf kein Schuldvorwurf gemacht werden könnte. X kann nur dafür bestraft werden, dass er sich in einen Vollrausch versetzt und in diesem Zustand eine Sachbeschädigung begangen hat (§ 287).

Die Rauschtat (zB die Sachbeschädigung, § 125) ist nur eine objektive Bedingung für die Strafbarkeit nach § 287. Die Rauschtat selbst wird vom Verschulden des Täters nicht erfasst (SSt 47/35). Es ist auch nicht erforderlich, dass der Täter damit rechnen musste, er könnte im Rausch diese oder irgendeine strafbare Handlung begehen. 679

Die **Rauschtat** muss jedoch alle objektiven und subjektiven Tatbestandsmerkmale (zB Tatvorsatz) aufweisen. In Bezug auf die Rauschtat **darf** es **nur an** der **Zurechnungsfähigkeit** des Täters **fehlen**. Andernfalls könnte nicht einmal unterschieden werden, ob die Rauschtat ein Diebstahl (§ 127) oder eine dauernde Sachentziehung (§ 135), ein Mordversuch (§§ 15, 75) oder eine versuchte schwere Körperverletzung (§§ 15, 87) ist. 680

X wankt volltrunken torkelnd aus dem Lokal und stößt dabei eine wertvolle Vase im Eingangsbereich um, welche dabei zu Bruch geht. X begeht keine (vorsätzliche) Sachbeschädigung (§ 125) als Rauschtat. Eine fahrlässige Sachbeschädigung ist keine gerichtlich strafbare Handlung und kann daher auch nicht eine Rauschtat iSd § 287 sein. X könnte nicht wegen § 287 bestraft werden.

Auch hinter der im Zustand voller Berauschung begangenen Tat muss demnach ein entsprechender Wille stehen. Was dem Volltrunkenen fehlt, ist nicht der Willensentschluss (die Willensreaktion), sondern die Diskretionsfähigkeit bzw Dispositionsfähigkeit (EvBl 1980/183; SSt 47/35; *Fabrizy* StGB[11] § 287 681

Rz 2). Nach § 287 wird der Täter bei Vorliegen einer Rauschtat als objektive Bedingung der Strafbarkeit bloß für das sich Berauschen bestraft (EvBl 1976/151).

682 **D.** Um einen **Widerspruch zum Schuldprinzip** zu **vermeiden**, dürften **nur** solche **Merkmale zu objektiven Bedingungen** der Strafbarkeit gemacht werden, **die auf den Unrechtsgehalt der Tat keinen Einfluss haben**. Objektive Bedingungen der Strafbarkeit sind daher nicht auf der Ebene des Tatbestands, sondern auf der vierten Ebene des Verbrechensaufbaus („Strafe") zu prüfen (vgl *Fuchs* AT I[8] Kap 27 Rz 4). Haben derartige Merkmale Einfluss auf das Gewicht des Unrechts, müssten sie als Tatbestandsmerkmale angesehen werden, mit allen sich daraus ergebenden Konsequenzen.

683 Es ist daher inkonsequent, wenn bei § 91 die Höhe der Strafe danach abgestuft wird, was passiert ist. Der Strafrahmen dürfte nicht höher sein, wenn der Raufhandel iSd § 91 Abs 1 zum Tod bzw der Angriff iSd § 91 Abs 2 zu einer schweren Körperverletzung oder Tod eines Beteiligten geführt hat, da der Täter bei § 91 nur für die Beteiligung am Raufhandel bestraft wird. Der Grad eines solchen Verletzungserfolges darf sich nach § 7 Abs 2 grundsätzlich nur dann auf die Höhe der Strafe auswirken, wenn er wenigstens voraussehbar, also von der Fahrlässigkeit umfasst war. Der Tod eines am Raufhandel Beteiligten müsste demnach voraussehbar gewesen sein, um den Täter nach dem strengeren Strafsatz des § 91 Abs 1 bestrafen zu können. Das verlangt § 91 jedoch gerade nicht und die Rsp sieht daher in der Frage, ob der Raufhandel den Tod oder nur die schwere Körperverletzung eines Beteiligten zur Folge hatte, bloß einen Umstand, der sich auf die Höhe des Strafrahmens auswirkt (JBl 2011, 266 mA *Tipold*).

IV. Zusammenfassendes Schema zum Punkt „Strafe"

684 Das Vorliegen von Strafaufhebungs- bzw Strafausschließungsgründen ist nur näher zu prüfen, wenn sich aus dem Sachverhalt Anhaltspunkte dafür ergeben. Es sind dabei zusammenfassend insb nachfolgende Möglichkeiten in Betracht zu ziehen:

I.
Tatbestand

II.
Rechtswidrigkeit

III.
Schuld

IV.
Strafe →

A. Strafaufhebungsgründe
(zB: Rücktritt vom Versuch, § 16; Tätige Reue, § 167; Verjährung, § 57ff)

B. Strafausschließungsgründe
(zB: bei der fahrlässigen Körperverletzung, § 88 Abs 2; Begünstigung eines Angehörigen, § 299 Abs 3)

C. Objektive Bedingungen der Strafbarkeit
(zB: schwere Körperverletzung, § 91 Abs 1; Rauschtat, § 287)

Hat der Täter tatbestandsmäßig, rechtswidrig und schuldhaft gehandelt 685
und stehen einer Bestrafung auch keine Strafaufhebungs- bzw Strafausschließungsgründe entgegen, so hat das Gericht eine Strafe im Rahmen der einschlägigen gesetzlichen Bestimmungen zu verhängen (§§ 18ff; zB Geldstrafe, Freiheitsstrafe). Welche **Möglichkeiten der Sanktionsverhängung** es gibt und welche Grundsätze bei der **Strafbemessung** zu beachten sind, wird im sog „**Allgemeinen Teil II**“ behandelt (siehe *Seiler* Strafrecht AT II[7]).

§ 7. Die Erscheinungsformen der Straftaten

I. Der Tatversuch (§ 15)

Bertel Die hereingelegten Haschischschmuggler, AnwBl 1986, 159; *Burgstaller* Der Versuch nach § 15 StGB, JBl 1976, 113; *ders* Strafbarer oder strafloser Versuch?, JBl 1986, 76; *Fuchs* Probleme des Deliktsversuchs, ÖJZ 1986, 257; *ders* Tatentschluß und Versuchsbeginn, in: *Triffterer*-FS (1996), 73; *ders* Überlegungen zu Fahrlässigkeit, Versuch, Beteiligung und Diversion, in: *Burgstaller*-FS (2004), 41; *Hirsch* Die subjektive Versuchstheorie, ein Wegbereiter der NS-Strafrechtsdoktrin, JZ 2007, 494; *Liebscher* Grundfragen des Wirtschaftsstrafrechts; JBl 1979, 225; *Pallin* Anmerkungen zu OGH 10 Os 95/85, RZ 1986, 42; *Roxin* Über den Tatentschluß, in: *Schröder*-GS (1978), 145;

ders Der fehlgeschlagene Versuch – eine kapazitätsvergeudende, überflüssige Rechtsfigur?, NStZ 2009, 319; *Sautner* Der Beginn der Strafbarkeit beim Versuch, JBl 2013, 753.

A. Begriff und Strafgrund

686 **1. Begriff:** Der Gesetzgeber konnte sich nicht damit begnügen, nur jenes Verhalten für strafbar zu erklären, welches ein gesetzliches Tatbild des Besonderen Teils vollständig erfüllt. Aus kriminalpolitischen Gründen musste die Strafbarkeit auch auf Verhaltensweisen ausgedehnt werden, welche bloß den Versuch eines Deliktes darstellen.

687 Der Versuch einer Tat unterscheidet sich von deren Vollendung nur auf der objektiven Tatseite und zwar dadurch, dass das **Tatbild nicht zur Gänze verwirklicht** worden ist (*Triffterer* AT[2] 352). Es **genügt** schon das **Fehlen eines einzigen objektiven Tatbestandsmerkmals**. Nach der Vorstellung des Täters hätte hingegen die Verhaltensweise zur Verwirklichung des gesamten Tatbildes führen sollen.

688 Ein **Tatversuch** muss **rechtswidrig** und **schuldhaft** sein. Mögliche Rechtfertigungsgründe wie Notwehr, rechtfertigender Notstand oder Einwilligung sind daher zu berücksichtigen.

689 Ein Tatversuch ist begrifflich **nur bei Vorsatztaten** denkbar (§ 15 Abs 1), da sich beim Versuch der Vorsatz auf die Herbeiführung des deliktischen Erfolges richten muss (JBl 1982, 437). Bei Fahrlässigkeitstaten fehlt diese Art der subjektiven Beziehung zum Erfolg. Der Erfolg ist hierbei für den Täter nur voraussehbar, ohne dass er dessen Verwirklichung auch will. Ein Verhalten kann daher nicht als Versuch bestraft werden, wenn es äußerlich zwar dem Versuch eines Erfolgsdelikts gleicht, aber nicht vom Vorsatz getragen ist, den deliktischen Erfolg auch herbeizuführen.

690 **2. Strafgrund:** Die Notwendigkeit, bereits den bloßen Tatversuch unter Strafe zu stellen, lässt sich damit begründen, dass mit dem Versuch der Tat bereits eine Gefährdung des angegriffenen Rechtsguts eintritt (**objektive Sichtweise**). Der Erfolgsunwert des Deliktes in Form der Verletzung des geschützten Rechtsguts wird damit zwar noch nicht verwirklicht, aber mit dessen konkreter Gefährdung verbindet sich die reale Möglichkeit kommender Erfolgsherbeiführung. Bei einer dahingehend rein objektiven Sichtweise ist nicht der verbrecherische Täterwille maßgeblich, sondern die nahe liegende Möglichkeit, dass das Deliktsobjekt durch die Handlung des Täters verletzt werden könnte. Dieser Sichtweise folgend müsste der Versuch jedoch erheblich milder bestraft werden als das vollendete Delikt, da Gefährdungsdelikte in der Regel einen niedrigeren Strafrahmen aufweisen. Zwischen Vollendungsstrafdrohung und Versuchsstrafdrohung müsste ein Unterschied bestehen, der die Unwert-

differenz zwischen Verletzung und Gefährdung eines Rechtsguts adäquat zum Ausdruck bringt.

Die Strafbarkeit des Tatversuchs lässt sich auch damit begründen, dass der Tatversuch bereits die Betätigung eines rechtsfeindlichen Willens darstellt (**subjektive Sichtweise**). Da dieser Wille unabhängig davon, ob die Handlung zum Erfolg führen kann oder nicht, gleich verwerflich ist, müsste nach einer konsequent fortgedachten subjektiven Sichtweise auch ein absolut untauglicher Tatversuch strafbar sein. 691

Die Bestimmung des § 15 verschreibt sich keinem der dargelegten Begründungsansätze zur Gänze. Das Gesetz macht einerseits beim Strafrahmen keinen Unterschied zwischen einem versuchten und einem vollendeten Delikt (§ 15 Abs 1) und erklärt auf der anderen Seite den absolut untauglichen Versuch für straflos (§ 15 Abs 3). 692

3. Strafausdehnung: Mit der Regelung des **§ 15 Abs 1** wird die **Strafbarkeit jedes Vorsatzdelikts auf den Versuch erweitert** (SSt 60/16). § 15 hat den Charakter eines Strafausdehnungsgrunds. Für die versuchte Tat ist dabei die gleiche Strafdrohung vorgesehen wie für die vollendete Tat. Die geringere Strafwürdigkeit der versuchten Tat ist erst bei der Strafbemessung als Milderungsgrund (§ 34 Abs 1 Z 13) zu berücksichtigen (*Leukauf/Steininger* StGB[3] § 15 Rz 3). 693

B. Definition des Versuchs (§ 15 Abs 2)

Fuchs Tatentschluss und Versuchsbeginn, in: *Triffterer*-FS (1996), 73; *Sautner* Der Beginn der Strafbarkeit beim Versuch, JBl 2013, 753; *Wach* Versuchsbeginn bei nachfolgender, unbewusst selbstschädigender Opfermitwirkung, ÖJZ 2002, 791.

Nach § 15 Abs 2 wird eine Tat versucht, sobald der Täter seinen **Entschluss**, sie auszuführen oder einen anderen dazu zu bestimmen (§ 12 zweiter Fall), durch eine der Ausführung unmittelbar vorangehende **Handlung** betätigt. Damit wird der Versuch definiert und von der straflosen Vorbereitungshandlung abgegrenzt. 694

1. Entschluss

Ein Tatentschluss iSd § 15 Abs 2 ist erst anzunehmen, wenn der **Täter** sich **entschieden** hat, seinen **Plan** tatsächlich **zu realisieren und die Tat zur Vollendung zu bringen**. Die bloße Geneigtheit zur Durchführung, die nur in einer Handlungsbereitschaft, einem unentschlossenen Abwarten oder einem bedingten Handlungswillen zum Ausdruck kommt, reicht nicht aus (*Roxin* in: *Schrö-* 695 *der*-GS, 146). Der Täter, der es bei einem Versuch bewenden lassen möchte, ist nicht zur Ausführung der Tat entschlossen, da es ihm am Vollendungswillen fehlt (*Leukauf/Steininger* StGB[3] § 15 Rz 5b; *Kienapfel/Höpfel/Kert* AT[14] Z 22 Rz 8).

Nicht strafbar ist das Handeln eines „Lockspitzels" (agent provocateur), der sich nur scheinbar mit einem anderen auf eine Straftat einlässt, als Vertrauensmann der Polizei jedoch nur erreichen möchte, dass sein „Komplize" vor der Erfolgsherbeiführung bei der Tatbegehung durch die Polizei ertappt wird (§§ 129 Z 3, 132 StPO, vgl *Seiler* StPO[14] Rz 489ff). Dies gilt selbst dann, wenn aufgrund einer Panne die Polizei zu spät am Tatort erscheint und das Delikt inzwischen doch vollendet wurde. Dem agent provocateur fehlt der Entschluss auf Herbeiführung des Taterfolges.

696 Ist für einen bestimmten Deliktstyp ein Eventualvorsatz (dolus eventualis) ausreichend, genügt dieser auch für den Versuch. Sind Absicht (§ 5 Abs 2) oder Wissentlichkeit (§ 5 Abs 3) erforderlich, muss ein dahingehender **Vorsatz** schon im Stadium des Deliktsversuchs gegeben sein (*Leukauf/Steininger* StGB[3] § 15 Rz 5a). Setzt ein bestimmtes Delikt einen erweiterten Vorsatz voraus, hat sich der Tatentschluss auch auf die überschießende Innentendenz zu erstrecken (*Kienapfel/Höpfel/Kert* AT[14] Z 22 Rz 9; *Triffterer* AT[2] 355):

Ein Einbrecher transportiert den erbeuteten Tresor als Ganzes ab, um ihn an einem geeigneten Ort in Ruhe zu öffnen und die darin befindlichen Wertgegenstände an sich zu nehmen. Den Tresor will er in einem See versenken. Hinsichtlich des Tresors fehlt dem Einbrecher von Anfang an der Vorsatz auf unrechtmäßige Bereicherung (§ 127). Er hat daher bezüglich des Tresors auch keinen versuchten Diebstahl zu verantworten (SSt 47/13).

697 Tatentschluss und Tatvorsatz werden regelmäßig inhaltlich deckungsgleiche Begriffe sein (*Kienapfel/Höpfel/Kert* AT[14] Z 22 Rz 7; aM *Leukauf/Steininger* StGB[3] § 15 Rz 5; *Triffterer* AT[2] 355).

2. Handlung

698 Die Betätigung des Entschlusses muss zumindest durch eine der Ausführung unmittelbar vorangehende Handlung erfolgen. Eine nach außen hin erkennbare bloße Manifestation des kriminellen Tatentschlusses reicht nach dem Wortlaut des § 15 Abs 2 noch nicht aus, um von einem strafbaren Verhalten zu sprechen (JBl 1983, 495; *Leukauf/Steininger* StGB[3] § 15 Rz 6; *Burgstaller* JBl 1976, 115):

Nach einigen Bier verkündet X lautstark am Stammtisch seines Wirtshauses, dass er nun nach Hause gehen und dem ehebrecherischen Treiben seiner Frau ein Ende setzen werde, indem er ihr den Hals umdreht. Die bloße Ankündigung eines Eifersuchtsmordes ist kein strafbarer Mordversuch.

Die Tat wird erst mit dem Setzen einer Ausführungshandlung oder zumindest einer ausführungsnahen Handlung versucht (EvBl 1978/115; SSt 46/37). 699

a) Ausführungshandlung

Als Ausführungshandlung ist jene Handlung zu bezeichnen, die bereits zumindest eine teilweise Verwirklichung des Tatbildes darstellt: 700

- X legt der Versicherung eine inhaltlich falsche Schadensmeldung vor, um eine Versicherungsleistung zu bekommen, die ihm nicht zusteht. Es handelt sich dabei um eine Täuschungshandlung gegenüber der Versicherung, welche Ausführungshandlung des Betrugstatbestandes (§ 146) ist.
- Teilweise ist die Rsp in der Grenzziehung unscharf: Ein Ladendieb legt die Diebesbeute bereit, um sie unter der Kleidung bzw am Körper zu verstecken und bei günstiger Gelegenheit aus dem Geschäftslokal zu bringen. Er setzt damit eine Handlungsweise, die dem unmittelbar anschließenden Gewahrsamsbruch dienen soll. Nach Meinung der Rsp stellt dieses Handeln sogar bereits den Beginn der Ausführungshandlung zum Diebstahl („Wegnahme") dar (EvBl 2000/131).

Vielfach lässt sich erst unter Einbeziehung des Täterplans bestimmen, welches Delikt der Täter begehen wollte bzw ob überhaupt eine Straftat versucht wurde: Wenn jemand ein fremdes Buch an sich nimmt, lässt dieses Verhalten verschiedene Deutungsmöglichkeiten zu: Rein äußerlich könnte darin eine Betätigung liegen, die unmittelbar auf die Entziehung und Zueignung dieses Buches und demnach in einen Diebstahl (§ 127) übergehen soll. Dasselbe Verhalten kann aber auch zu einem bloßen straflosen Gebrauchsdiebstahl werden, wenn der Täter sich das Buch nicht zueignen, sondern bloß lesen und später zurückgeben will. Vollkommen unbedenklich wäre dieselbe Vorgangsweise, wenn der Handelnde das Buch nur kurz durchblättern möchte, um zu entscheiden, ob er es kaufen soll. Der **Tatplan** muss daher **als subjektives Merkmal** meist in die Beurteilung miteinbezogen werden, um den Typus des Deliktes und den Beginn der Ausführungshandlung bestimmen zu können. 701

Unter einer **Ausführungshandlung** ist daher eine Handlung zu verstehen, die bereits **einen Teil des Tatbildes verwirklicht** (objektives Kriterium), wo- 702 bei die Frage des **Deliktstypus** unter **Zugrundelegung des Tatplanes** (subjektives Kriterium) zu beantworten ist.

703 Ausgehend von der Ausführungshandlung eines konkreten Tatbestands lässt sich beurteilen, ob ein bestimmtes Täterverhalten als der Ausführung unmittelbar vorangehend iSd § 15 Abs 2 angesehen werden kann. An erster Stelle wird daher immer zu bestimmen sein, was Ausführungshandlung bei einem konkreten Tatbestand ist. Erst danach kann beurteilt werden, ob ein bestimmtes Täterverhalten eine Ausführungshandlung oder eine dieser unmittelbar vorangehende Handlung iSd § 15 Abs 2 darstellt und damit bereits als strafbarer Versuch zu bewerten wäre.

b) Ausführungsnahe Handlung

704 Eine der Ausführung unmittelbar vorangehende Handlung liegt vor, wenn das **Täterverhalten** in einem sinnfälligen Zusammenhang mit der angestrebten Deliktsverwirklichung steht, auf diese direkt ausgerichtet ist und **in unmittelbarer Folge in die Ausführung übergehen** soll (EvBl 1975/283; EvBl 1979/6; SSt 54/11; SSt 61/109).

705 Die Handlung des Täters muss, bezogen auf das jeweilige Tatbild, in zeitlicher und örtlicher Hinsicht **objektiv ausführungsnah** sein (EvBl 1998/173). Die Frage, wann eine ausführungsnahe Handlung vorliegt, ist für jedes Delikt gesondert zu beurteilen. Deliktspezifische Besonderheiten müssen bei der Prüfung Berücksichtigung finden (EvBl 1975/71; EvBl 1975/283; EvBl 1978/115; EvBl 1978/197; JBl 1987, 58; *Kienapfel/Höpfel/Kert* AT[14] Z 21 Rz 20; *Leukauf/Steininger* StGB[3] § 15 Rz 9). Bei zweiaktigen Delikten liegt ein Versuch bereits dann vor, wenn das Verhalten des Täters bezüglich des ersten Deliktsaktes ausführungsnah ist (ÖJZ-LSK 1996/132; *Burgstaller* JBl 1976, 118; *Leukauf/Steininger* StGB[3] § 15 Rz 12).

706 Auch der konkrete **Tatplan** und damit die Vorstellung des Täters ist als **subjektives Kriterium** bei der Beurteilung der Ausführungsnähe einer Handlung **mit einzubeziehen** (JBl 1980, 607; EvBl 1998/182; SSt 2009/25; *Kienapfel/Höpfel/Kert* AT[14] Z 21 Rz 19; *Triffterer* AT[2] 357).

707 **Ausführungsnähe** ist **nicht gleichzusetzen mit Erfolgsnähe** (JBl 1986, 601). Unter dem Gesichtspunkt der Ausführungsnähe ist es bedeutungslos, ob die zu täuschende Person das betrügerische Vorhaben schon im Vorbereitungsstadium erkannt hat und daher eine spätere Ausführung nicht mehr möglich sein wird. Auch der zeitliche Abstand zwischen der ersten Ausführungshandlung und der Deliktsvollendung bzw dem Erfolgseintritt ist ohne Relevanz, selbst wenn dieser relativ groß ist (EvBl 1978/115; JBl 1978, 324; JBl 1980, 607; JBl 1992, 126).

Eine versuchte Anstiftung zur Tat (**versuchte Bestimmungstäterschaft**) setzt in Bezug auf die geforderte Ausführungsnähe nicht die Nähe zur eigentlichen Tat, sondern die **Nähe zur** Anstiftungshandlung **(Bestimmungshandlung)** voraus (EvBl 2000/118). 708

Bei Beurteilung der Ausführungsnähe greift die Rsp auf **drei Kriterien** zurück: 709

aa) Ohne weitere Zwischenstufen: Die Handlung muss ohne weitere Zwischenstufen in die Ausführungshandlung übergehen (SSt 49/26; *Burgstaller* JBl 1976, 118f; *Triffterer* AT² 357). Dieses Kriterium ist nur im Verhältnis zum Ausführungsbeginn von Bedeutung. Hat der Täter bereits die erste Ausführungshandlung gesetzt, ist es ohne Relevanz, wenn noch weitere Ausführungshandlungen zur Deliktsverwirklichung erforderlich sind (EvBl 1978/115; JBl 1992, 126). 710

- Ein Raubversuch (§ 142 iVm § 15) ist bereits anzunehmen, wenn der Täter seinem Opfer auflauert und ihm nachgeht (EvBl 1981/241).
- Der zum Bankraub entschlossene Täter, der seinen PKW 50 Meter vor dem Bankgebäude anhält, die mitgebrachten Raubutensilien (Strumpfmaske, Waffenattrappe) griffbereit auf dem Beifahrersitz legt und zur Tarnung die Kennzeichentafeln seines Fahrzeuges mit Papier überklebt, befindet sich ebenfalls bereits im Stadium des Raubversuches. Durch seine Handlungsweise wurde der Raubentschluss ausführungsnah betätigt. Selbst wenn der Täter sein Vorhaben letztlich wegen des vermehrten Kundenaufkommens und dem Herannahen einer Polizeistreife aufgibt, kann er wegen versuchten Raubes zur Verantwortung gezogen werden (EvBl 1998/182).
- Bereits die Aufforderung an eine unmündige Person, sogleich Unzuchtshandlungen zu dulden (oder selbst am Täter vorzunehmen), ist eine dem sexuellen Missbrauch von Unmündigen (§ 207) unmittelbar vorangehende Handlung (JBl 2012, 740).
- **Hingegen:** Das Zerren an der Wagentüre eines Fahrzeuges, in dem sich eine Frau befindet, die der Täter zu vergewaltigen plant, stellt noch keine ausführungsnahe Handlung zu §§ 201 bzw 202 dar. Um Ausführungsnähe zu erreichen, bedarf es noch weiterer Zwischenakte, wie zB dem Öffnen der PKW-Türe, dem Veranlassen des Opfers, das Fahrzeug zu verlassen etc (JBl 1987, 58). Ebenso kann noch nicht von einer ausführungsnahen Handlung in Bezug auf § 212 gesprochen werden, wenn der Täter während einer Autofahrt die Bereitschaft seines Opfers erkundet, sich nach Ansteuern eines Parkplatzes zu geschlechtlichen Handlungen mit ihm bereitzufinden (EvBl 2007/85).

711 In den Fällen, in denen der Gesetzgeber den Handel mit bestimmten Waren (zB Suchtmittel) unter Strafe stellt, ist bereits das verkehrsgerechte Zurechtrichten der Ware (zB Portionierung des Suchtmittels) als ausführungsnahe Handlung zu werten, wenn der eigentliche Verkauf wenig später erfolgen soll (EvBl 1975/283).

712 Die ausführungsnahe Handlung muss für den Außenstehenden noch nicht erkennen lassen, worauf der Vorsatz des Täters gerichtet und welchem Deliktstypus sein Verhalten zuzuordnen ist (aM *Mayerhofer* in Anm zu JBl 1987, 58).

713 Die Frage, welchen Deliktstypus der Täter verwirklichen wollte, ist unter Zugrundelegung seines Tatplanes zu beurteilen. Andernfalls könnte zB im oben genannten Beispiel selbst zu dem Zeitpunkt, zu dem der Täter sein Opfer bereits gewaltsam aus dem Wagen zerrt, noch nicht entschieden werden, ob eine Vergewaltigung (§ 201) oder ein Raub (§ 142) des Autos beabsichtigt ist.

714 **bb) Zeitliche und räumliche Nähe:** Die der Ausführung des Tatbestandes unmittelbar vorangehende Handlung muss weiters in einer zeitlichen und räumlichen Nähe zur Ausführungshandlung stehen (EvBl 1975/283; EvBl 1976/55; EvBl 1978/115; SSt 47/15; SSt 2010/66). Nicht erforderlich ist es, dass das Verhalten des Täters unmittelbar in die Ausführung übergeht, soweit zumindest eine zeitliche Nähe zur Ausführungshandlung besteht (JBl 1986, 601).

- X plant einen Einbruch (§ 129). Die Aneignung eines LKW und die Fahrt zum Tatort, um dort das erhoffte Diebesgut abzutransportieren, steht zum geplanten Diebstahl in einer zeitlich und räumlich so engen Beziehung, dass man bereits von einer ausführungsnahen Handlung sprechen kann (EvBl 1978/197).
- In gleicher Weise ist das Aufsuchen des vorgesehenen Tatortes, unter Mitnahme einer geladenen Schusswaffe, wobei der damit zu begehende Raub sofort und ohne Zwischenphase zur Durchführung gelangen soll, als ausführungsnahe Handlung zu sehen (EvBl 1979/6).

- **Hingegen:** Wenn X in einem Villenviertel bloß die örtlichen Gegebenheiten (zB Überwachungskamaras, Fluchtwege) erkundet, um geeignete Objekte für einen späteren Einbruch zu finden, ist diese zeitliche und räumliche Nähe zur (konkreten) Tat noch nicht gegeben (ÖJZ-LSK 1976/3; EvBl 1979/6).

715 Noch kein versuchter Gebrauch einer verfälschten Urkunde (§§ 223 Abs 2, 224 iVm § 15) kann angenommen werden, wenn der Lenker eines PKW einen verfälschten Führerschein mit sich führt, um ihn bei einer möglichen Ver-

kehrskontrolle vorzuweisen. Wenngleich ein PKW-Lenker jederzeit mit einer Verkehrskontrolle rechnen muss, bei der er seinen gefälschten Führerschein vorzuweisen hätte, wird sein Verhalten nur unter das Vorbereitungsdelikt des § 224a zu subsumieren sein (JBl 2006, 737; *Leukauf/Steininger* StGB[3] § 15 Rz 18; *Fuchs* AT I[8] Kap 29 Rz 47; aM noch ZVR 1976/212; EvBl 1979/144).

cc) Überwinden der Hemmschwelle: Das Täterverhalten ist **subjektiv ausführungsnah**, wenn es in ein Stadium tritt, in dem der Täter die entscheidende Hemmschwelle vor der Tatbegehung bereits überwunden hat (EvBl 1981/104; EvBl 1994/78). Dadurch wird der Vorsatz spezifisch vorwerfbar (EvBl 1975/71; EvBl 1975/283; SSt 50/2). Das Überschreiten der Hemmschwelle ist aus objektiver Sicht zu beurteilen (EvBl 1981/241; RZ 1988/49). Es ist nicht relevant, ob der Täter selbst sein Verhalten als den entscheidenden Schritt zur Tatbegehung empfindet. Es kommt auf die Beurteilung seines Tatplanes durch einen objektiven Dritten an (*Leukauf/Steininger* StGB[3] § 15 Rz 11; *Triffterer* AT[2] 357). 716

- Bei einem Einbruchsdiebstahl (§ 129) wird bereits mit dem Aneignen eines LKW und der Fahrt zum Tatort, um dort das Diebesgut abzutransportieren, die entscheidende Hemmschwelle zur Tat als überwunden angesehen (EvBl 1978/197).
- Entsprechendes wird beim Räuber, der seinem Opfer auflauert und ihm nachgeht, angenommen (EvBl 1981/241).
- **Hingegen:** Der Ankauf von Kunstwein in der Absicht, ihn später betrügerisch zu veräußern, ist noch keine ausführungsnahe Handlung des geplanten Betruges. Die entscheidende Hemmschwelle zur Tat wurde damit noch nicht überschritten (SSt 59/25).

Die Nachweisbarkeit einer versuchten Straftat erweist sich als schwierig, wenn das nach außen hin erkennbare Verhalten des Täters vollkommen unverfänglich erscheint: Die Rsp nimmt zB bereits einen Diebstahlsversuch an, wenn der Täter geparkte Autos durch das Autofenster danach inspiziert, ob Wertgegenstände darin liegen. Eine ausführungsnahe Handlung wird dem Täter jedoch in diesem Fall nur unterstellt werden können, wenn er zugibt, dass er sofort die Scheibe eingeschlagen hätte, wenn in einem Auto ein Wertgegenstand gelegen wäre (EvBl 1981/192). Nur wenn der Täter auf diese Weise offenherzig seine Absichten offenbart, steht das Inspizieren der Autos in einer Nähe zur Ausführung des geplanten Einbruchs. 717

Das Überwinden der entscheidenden Hemmschwelle stellt ein sehr unsicheres subjektives Abgrenzungskriterium dar. Das Heranziehen dieses Kriteriums stößt daher teilweise zu Recht auf Ablehnung (JBl 2003, 668; *Fuchs* AT I[8] Kap 29 Rz 35; *Hager/Massauer* WK-StGB[2] §§ 15, 16 Rz 31). 718

3. Abgrenzung zur Vorbereitungshandlung bzw zur Deliktsvollendung

719 **a) Abgrenzung zur Vorbereitungshandlung:** Die erste Abgrenzung ist besonders bedeutsam, da **Vorbereitungshandlungen grundsätzlich straffrei** sind, während der Versuch eines Deliktes durch § 15 allgemein für strafbar erklärt wird.

720 Alle Handlungen, die der Täter zur Verwirklichung des Tatentschlusses setzt, ohne damit das Stadium der Ausführungsnähe zu erreichen (vgl Kriterien Rz 704ff), sind bloße Vorbereitungshandlungen. Soweit Vorbereitungshandlungen nicht ausdrücklich unter Strafe gestellt werden, sind sie straflos.

721 Nur in wenigen Fällen hat das Gesetz Verhaltensweisen, welche bezogen auf das Rechtsgut, das angegriffen werden soll, als **Vorbereitungshandlungen** einzustufen wären, mit **eigenen Straftatbeständen** erfasst:

722 So war zB die besondere Gefährlichkeit des verbrecherischen Komplotts (§ 277) Anlass, diese Verhaltensweise unter Strafe zu stellen, obwohl die Verabredung eines Mordkomplotts das Opfer noch nicht in konkrete Gefahr bringt, da der Angriff erst zu einem späteren Zeitpunkt erfolgen soll. Entsprechendes gilt für das ausdrücklich strafbare Vorbereitungsdelikt der kriminellen Vereinigung (§ 278). Auch § 151 (Versicherungsmissbrauch) soll straflose Vorbereitungshandlungen im Vorfeld eines Versicherungsbetruges als selbständige strafbare Handlungen pönalisieren (SSt 46/51). Grundsätzlich darf jeder sein Eigentum auch zerstören. Der Landwirt, der seinen allein stehenden Bauernhof anzündet, um einen Neubau mit dem Geld der Versicherung finanzieren zu können, macht sich jedoch bereits wegen Versicherungsmissbrauch nach § 151 strafbar.

723 **b) Abgrenzung zur Deliktsvollendung:** Logische, im Gesetz nicht genannte, Voraussetzung für das Vorliegen eines Tatversuchs ist das Unterbleiben der Deliktsvollendung (*Leukauf/Steininger* StGB^3 § 15 Rz 13). Bei der Abgrenzung zwischen Versuch und Vollendung ist ebenfalls auf tat- und deliktspezifische Besonderheiten Bedacht zu nehmen (vgl EvBl 1982/21). Praktische Konsequenzen hat diese Unterscheidung, da die versuchte Tat milder zu bestrafen ist (§ 34 Abs 1 Z 13). Weiters kann der Täter vom versuchten Delikt strafbefreiend zurücktreten (§ 16 Abs 1; Rz 755ff). Nach der Vollendung kommt eine Strafbefreiung nur in Ausnahmefällen in Form der tätigen Reue (§§ 167, 226, 240 ua) in Betracht (Rz 640ff).

724 Nur versuchter Ladendiebstahl (§§ 15, 127) ist zB anzunehmen, wenn der Gewahrsamsbruch vom Bestohlenen selbst oder einem Detektiv des Kaufhauses beobachtet worden ist (ÖJZ-LSK 1996/146). Auch bei einer elektronisch gesicherten Ware verliert der berechtigte Gewahrsamsinhaber (zB der Geschäftsinhaber) durch das bloße Einstecken noch nicht die Verfügungsgewalt darüber, weil seine Zugriffsmöglichkeit weiterhin gegeben ist. Dem Ladendieb

kann daher bloß versuchter Diebstahl zur Last gelegt werden, wenn er beim Verlassen des Geschäftes nach Ertönen des Warntones von einem Bediensteten des Kaufhauses gestellt wird (ÖJZ-LSK 1996/26). Der Täter haftet nach der Rsp jedoch für einen vollendeten Diebstahl, wenn er von einem Polizisten beim Diebstahl beobachtet wird, dieser ihn danach beim Verlassen des Tatortes verfolgt und schließlich mit der Beute festnimmt (ÖJZ-LSK 1996/146), was im Hinblick auf die oben angeführte Judikatur inkonsequent ist.

C. Der absolut untaugliche Versuch (§ 15 Abs 3)

1. Allgemeines

a) Ein untauglicher Versuch liegt vor, wenn **tatsächliche Gründe** ein Hindernis dafür bilden, dass die vom Täter auf die Verwirklichung eines Straftatbestands abzielende Handlung zum Erfolg gelangt. Die Ursachen für die Untauglichkeit eines Tatversuchs können mannigfaltig sein: 725

- Ursache **Tatsubjekt:**
  Die Reinigungskraft in einem Gemeindeamt durchstöbert die Akten und lässt dabei Aktenbestandteile verschwinden. Sie glaubt, damit einen Missbrauch der Amtsgewalt (§ 302) zu verwirklichen, übersieht jedoch, dass sie gar keine Beamtin iSd § 74 Abs 1 Z 4 ist.

- Ursache **Tathandlung bzw Tatmittel:**
  Der tiefgläubige X betet jeden Tag zum Herrgott, dass sein Vorgesetzter einem tödlichen Herzinfarkt erliegt, damit er dessen Stelle einnehmen kann.

- Ursache **Tatobjekt:**
  Eine Frau hält sich für schwanger, ohne es tatsächlich zu sein und lässt einen Schwangerschaftsabbruch vornehmen (§ 96 Abs 3).

Abhängig davon, worin man die Notwendigkeit der Strafbarkeit eines Tatversuchs begründet sieht (Rz 690ff), lassen sich die genannten Fälle verschieden lösen. Stellt man darauf ab, dass ein strafrechtlich geschütztes Rechtsgut durch den Tatversuch gefährdet worden sein muss, wird man zB den Abtreibungsversuch einer vermeintlich Schwangeren für straflos ansehen müssen. Stellt man hingegen allein auf den Willen des jeweils Handelnden ab, welcher darin besteht, eine Straftat zu begehen, was auch nach außen hin manifestiert wird, müsste es in allen genannten Fällen notwendig sein, den Täter zu bestrafen. Da die jeweilige Sichtweise zu diametralen Ergebnissen führt, haben sich in Rsp und Lehre verschiedene Theorien mit vermittelnden Modifikationen he- 726 rausgebildet. Ihr gemeinsames Ziel ist ein scheinbar allgemein billigenswertes Ergebnis zu finden, wenngleich dies vielfach nur unter Opferung dogmatischer Konsequenz erreicht wird.

727 **b)** Das **Gesetz** erklärt den **„absolut“ untauglichen Versuch** für **straflos**. Ein bloß „relativ“ untauglicher Tatversuch ist strafbar.

728 Beim absolut untauglichen Versuch ist die **Vollendung schlechthin unmöglich**, wobei die Unmöglichkeit in einer der drei oben genannten Sphären begründet sein kann: Durch Verwünschungen oder Totbeten kann niemand ermordet werden. Hingegen ist beim relativ untauglichen Versuch der Täter nur im konkreten Fall nicht zum Ziel gelangt, obwohl er grundsätzlich unter den von ihm gewählten Voraussetzungen sein Ziel sehr wohl erreichen hätte können: Der Täter schießt in Tötungsabsicht auf seinen Nachbarn, verfehlt diesen aber.

729 Es ist demnach zu prüfen, ob die Tat unter keinen Umständen zum Erfolg führen hätte können (strafloser absolut untauglicher Versuch) oder ob nur im konkreten Fall Hindernisse die Erfolgsherbeiführung vereitelt haben, in abstracto betrachtet ein solches Vorgehen jedoch durchaus geeignet gewesen wäre, den angestrebten Erfolg herbeizuführen (strafbarer relativ untauglicher Versuch):

- **Absolut untauglich:** Die naive schwangere X trinkt Unmengen von Kamillentee, um damit ihr Kind abzutreiben. Sie denkt, da der Tee so schlecht schmeckt, wird er dem Kind auch nicht gut bekommen. Diese Handlungsweise kann jedoch unter keinen Umständen einen Schwangerschaftsabbruch bewirken und wird daher als „absolut“ untauglich zu bezeichnen sein.
- **Relativ untauglich:** X verabreicht Y eine grundsätzlich tödliche Menge Gift. Y ist jedoch von so guter körperlicher Konstitution, dass er den Giftanschlag überlebt. Die Handlungsweise des X ist dennoch eine grundsätzlich taugliche und damit strafbare Tötungshandlung. Einzig aufgrund der Besonderheiten des Einzelfalles (die gute Konstitution des Y – relative Untauglichkeit) ist der Tötungserfolg unterblieben.

730 **c)** Die genannten Extrembeispiele erscheinen unstrittig. Vielfach lässt sich jedoch nur schwer eine genaue Trennlinie zwischen einem absolut und einem relativ untauglichen Versuch ziehen. Gegen manche Ergebnisse tauchen auch kriminalpolitische Bedenken auf. Die einzelnen Beispiele aus der Judikatur zeigen, dass der Unterscheidung von absolut und relativ untauglichem Versuch oft eine **gewisse Willkürlichkeit anhaftet**. Vielfach scheint das beabsichtigte Ergebnis den Weg der Lösung diktiert zu haben.

731 Die Untauglichkeit kann im Tatsubjekt, der Tathandlung bzw dem Tatmittel oder dem Tatobjekt begründet sein. Die Rsp differenziert bei der Prüfung zwischen diesen drei Bereichen.

2. *Untauglichkeit des Tatsubjektes*

Die Untauglichkeit des Tatsubjektes kommt begrifflich nur bei **Sonderdelikten** in Betracht. Sie ist dann gegeben, wenn der Handelnde irrig der Meinung ist, dass entweder er selbst oder (im Fall des § 14 Abs 1) ein anderer die persönlichen Eigenschaften oder Verhältnisse aufweist, die das Delikt beim Handelnden voraussetzt (EvBl 1976/265). Der **Täter irrt** damit **über** die **Täterqualität, die der betreffende Tatbestand verlangt** (*Leukauf/Steininger* StGB[3] § 15 Rz 31). 732

Das objektive, von einem ex-post Standpunkt aus beurteilte Fehlen der tatbestandsmäßigen Subjektqualität macht einen Versuch auf jeden Fall straflos (JBl 1986, 129 mA *Burgstaller*; *Hager/Massauer* WK-StGB[2] §§ 15, 16 Rz 81). Es ist daher **auf die wahre Sachlage abzustellen**, die zum Zeitpunkt der Versuchshandlung vorgelegen hat (*Fuchs* ÖJZ 1986, 262). 733

Die Reinigungskraft, die im Gemeindeamt die Akten durchstöbert und dabei Aktenbestandteile verschwinden lässt, könnte nie wegen (versuchten) Missbrauchs der Amtsgewalt (§ 302) strafbar sein, da sie gar keine Beamtin iSd § 74 Abs 1 Z 4 ist und daher als (unmittelbares) Tatsubjekt nicht in Betracht kommt. 734

3. *Untauglichkeit der Tathandlung bzw des Tatmittels*

Ist eine **Handlung** von der Art, wie der Täter sie unternommen hat, **unter keinen Umständen geeignet**, das **Tatbild zu erfüllen**, liegt eine Untauglichkeit der Handlung vor (EvBl 1976/265; EvBl 1977/11). Eine Handlung ist auch dann ihrer Art nach untauglich, wenn es nur an einer erforderlichen Handlungsmodalität fehlt (*Leukauf/Steininger* StGB[3] § 15 Rz 32). Die Strafbarkeit wird nicht ausgeschlossen, wenn von mehreren Tathandlungen die eine Einheit bilden, nur eine einzelne als absolut untauglich zu bewerten wäre (EvBl 1997/132). 735

Im **Gegensatz** zur **Beurteilung der Untauglichkeit des Tatsubjektes** kommt es bei der Prüfung der Tauglichkeit der Tathandlung nicht bloß auf deren konkrete Eignung zum Erreichen der Deliktsvollendung an (JBl 1986, 129 mA *Burgstaller*). Scheitert die Deliktsvollendung an der Qualität der Handlung, ist von einer „hypothetisch-abstrahierenden" Betrachtung auszugehen. **Ausschlaggebend** ist der **Eindruck**, den ein mit **Durchschnittswissen ausgestatteter fiktiver außenstehender Beobachter** hat, der sowohl den **Tatplan**, als auch die für dessen **Ausführung bedeutsamen Umstände** in Bezug auf Subjekt, Objekt und Handlung **kennt (Eindruckstheorie**; JBl 1986, 129 mA *Burgstaller*; JBl 1997, 741; JBl 2001, 63; EvBl 2005/197; JBl 2008, 332; EvBl 736

2011/101; *Burgstaller* JBl 1976, 122ff; *Kienapfel/Höpfel* AT[13] Z 24 Rz 12; *H.Steininger* ÖJZ 1981, 373):

- X fertigt eine schwarz/weiß Kopie eines Hundert-Euroscheins an und versucht damit an der Kassa eines Supermarktes zu zahlen. Der Täuschungsversuch kostet die Angestellte an der Kassa nur ein müdes Lächeln, da sie an einen Scherz denkt. Von einer absoluten Täuschungsuntauglichkeit falschen oder verfälschten Geldes kann gesprochen werden, wenn dieses wegen der Primitivität der Fälschung gänzlich ungeeignet ist, den Anschein der Echtheit oder Unverfälschtheit hervorzurufen (entsprechendes gilt bei Urkunden; EvBl 1978/200; EvBl 1982/148).
- **Hingegen:** X versucht mit einem sehr gut gefälschten Hundert-Euroschein, bei dem nur einige Sicherheitsmerkmale fehlen, zu zahlen. Die einschlägig geschulte Angestellte an der Kassa des Supermarktes bemerkt jedoch nach näherer Prüfung die Fälschung. Wenn die Tatausführung nur an der besonderen Vorsicht des Opfers scheitert, kann noch nicht von einem absolut untauglichen Versuch gesprochen werden (JBl 2008, 332):

737 Ein bloß **relativ untauglicher** Versuch ist anzunehmen, wenn die Tatvollendung nur infolge der zufälligen Modalitäten des konkreten Einzelfalls gescheitert ist (EvBl 2011/101). Ein Tatmittel ist demnach nur relativ untauglich, wenn es der Qualität nach zwar zum Erfolg führen könnte, wegen mangelnder Quantität jedoch nicht zum Erfolg geführt hat (zB die verabreichte Menge des Giftes war zu gering; EvBl 1960/121; JBl 1972, 580). Bei der Beurteilung ist ein **ex-ante Standpunkt** zugrunde zu legen (EvBl 1998/81; EvBl 2005/197; EvBl 2011/101). Einer ex-post Betrachtung steht entgegen, dass eine solche mangels präzisierender Hinweise im Gesetz letzten Endes bloß willkürlich vorgenommen werden könnte. Es bleibt unklar, welches und wie viele Merkmale von der Tathandlung und den verwendeten Tatmitteln zu abstrahieren sind (JBl 1986, 129; *Fuchs* AT I[8] Kap 30 Rz 17 spricht in diesem Zusammenhang von inhaltsleeren Begriffen). Entsprechendes gilt jedoch auch für eine ex ante Betrachtung durch einen fiktiven außenstehenden Beobachter, da nicht exakt festgelegt werden kann, was unter einem „Durchschnittswissen" zu verstehen ist und welche maßgeblichen Umstände diesem bekannt sein müssen.

738 Die Rsp scheint hinsichtlich der Untauglichkeit der Handlung vorrangig den Unwert vor Augen zu haben. Dieser liegt darin, dass der Täter einen auf die Verwirklichung eines tatbestandsmäßigen Unrechts gerichteten Tatplan umsetzen möchte. Die mangelnde konkrete Gefährlichkeit tritt dabei oft zurück (EvBl 1986/95; SSt 48/14). **Absolut untauglich** sind nur **Tatmittel, die selbst bei richtiger Anwendung die beabsichtigte Wirkung unter keinen Umständen herbeizuführen vermögen** (JBl 1972, 580; JBl 1993, 737): Je-

mand versucht zB den Tresor einer Bank mit einer Zange zu öffnen (EvBl 1972/195). Der Täter, der bei der Tatausführung nur ungeschickt vorgegangen ist, setzt jedoch keine absolut untaugliche Handlung (ÖJZ-LSK 1977/88). Relativ untauglich und damit strafbar handelt daher ein unerfahrener Ersttäter, der versucht, eine einfache Geldkassette mit einem Dietrich zu öffnen, dabei jedoch scheitert (JBl 1972, 580). Dieses Mittel wäre nur dann absolut untauglich, wenn selbst ein gewandter Fachmann die Geldkassette damit nicht hätte öffnen können. Der Versuch, die Zahlenkombination eines Tresors durch Probieren zu erraten, ist ebenfalls nicht absolut untauglich (EvBl 1995/191). Immerhin werden oft leicht merkbare und daher auch leicht erratbare Kombinationen (zB Geburtsdatum) verwendet.

Ein bloß **relativ untauglicher Versuch** und damit die Strafbarkeit des Täters **ist** zB in folgenden Fällen **anzunehmen**: 739

- Der Täter wird von der Polizei am Tatort vorerst beobachtet. Erst nachdem klar ist, worauf es der Täter mit seiner Tat konkret abgesehen hat, greift die Polizei ein und vereitelt die Tatausführung (SSt 55/65).
- X versucht von einem Sparbuch ohne Kenntnis des Losungswortes Geld zu beheben. X ist wegen versuchten Betruges strafbar, denn die Ausrede, das Losungswort nur im Moment vergessen zu haben, ist in abstracto geeignet, den strafgesetzwidrigen Erfolg herbeizuführen, wenn man auf einen verständnisvollen Bankangestellten trifft (JBl 1988, 659; JBl 2001, 63). Gleiches gilt bei der Angabe eines falschen Losungswortes (JBl 1983, 50). Die Rsp geht sogar so weit, dass selbst der Versuch, ohne Kenntnis des Legitimationscodes mit einer Bankomatkarte Geld von einem Bankomaten zu beheben, nicht als absolut untauglich gewertet wird (SSt 61/78). In diesem Sinne ist es auch nicht vollkommen aussichtslos, von einem gesperrten Konto abzuheben, denn der Bankmitarbeiter könnte die Prüfung einer allfälligen Kontosperre unterlassen (JBl 2013, 125).
- Ein Handwerker behauptet wider besseres Wissen nicht erbrachte Leistungen und schickt dem Kunden eine anwaltliche Zahlungsaufforderung unter Androhung weiterer zivilrechtlicher Schritte, um eine rasche Bezahlung zu erwirken. Es handelt sich dabei um einen strafbaren Betrugsversuch. Nach allgemeiner Lebenserfahrung ist es gerade bei geringeren Beträgen nämlich nicht ausgeschlossen, dass sich ein Rechtsunkundiger durch die Zahlung aus Rechtsstreitigkeiten heraushalten will (EvBl 1985/122).
- Ein Suchtmittelhändler versucht einem verdeckten Fahnder der Polizei Mehl als Suchtmittel zu verkaufen. Ein relativ untauglicher Betrugsversuch liegt in diesem Fall selbst dann vor, wenn der Polizist auch bei der Übergabe von wirklichem Suchtmittel nicht zu einer tatsächlichen Kaufpreiszahlung ermächtigt und bereit gewesen wäre (JBl 2001, 62).

- Ein unfrankierter Erpresserbrief stellt kein absolut untaugliches Drohungsmittel dar, da es nicht ausgeschlossen ist, dass ihn der Adressat unter Zahlung einer Nachgebühr annimmt (EvBl 1997/99).
- Mehrere Einbrecher versuchen einen Tresor als Ganzes mitzunehmen, um ihn an einem anderen Ort in Ruhe zu öffnen. Sie lassen diesen jedoch nach wenigen Metern stehen, weil er ihnen zu schwer ist (EvBl 1976/265).

4. Untauglichkeit des Tatobjektes

740 **a)** Eine Untauglichkeit des Objektes liegt vor, wenn das **Tatobjekt für** die **Herbeiführung des tatbildmäßigen Erfolges in abstracto ungeeignet** ist und demnach die pönalisierte Rechtsverletzung oder Gefährdung unter keinen Umständen eintreten kann (EvBl 1976/265; *Leukauf/Steininger* StGB^3 § 15 Rz 33):

- Eine beabsichtigte Nötigung (§ 105) erweist sich zB nach der Rsp als **absolut untauglich**, wenn ein Ausländer Mitglieder der österreichischen Botschaft mit einem Sprengstoffanschlag bedroht, wenn nicht sein festgenommener Sohn enthaftet werde. Da Botschaftsangehörige keinen Einfluss auf Enthaftungen haben, richtet sich die Drohung in diesem Fall gegen ein absolut untaugliches Nötigungsobjekt (EvBl 2003/147). Dieser Standpunkt erscheint verwunderlich, da durch die Drohung zumindest indirekt Druck auf die entscheidungsbefugten Organe ausgeübt werden kann.

- Ein nur **relativ untauglicher** Raubversuch (§ 142 iVm § 15) liegt hingegen vor, wenn der Täter ein konkret bestimmtes Tatopfer zu Hause überfallen wollte, sich jedoch in der Adresse geirrt hatte (EvBl 1999/61). Entsprechendes gilt, wenn sich das auserkorene Tatopfer bloß rein zufällig zur Tatzeit nicht am Tatort befand (SSt 58/66). Ein bloß relativ untauglicher Versuch der unbefugten Ingebrauchnahme eines Fahrzeuges (§ 136) ist anzunehmen, wenn das Auto keinen Treibstoff hatte oder einen momentanen Defekt aufwies, der jedoch von einem Sachkundigen ohne besonderen materiellen Aufwand und ohne einen ins Gewicht fallenden Zeitverlust hätte behoben werden können (SSt 58/93).

741 **b)** Hinsichtlich der Beurteilung der Untauglichkeit des Objektes hat sich die Rsp mehrfach geändert und dabei vielfach unklare Differenzierungen vorgenommen: Teilweise wurde als Maßstab der Eindruck eines fiktiven, mit Durchschnittswissen ausgestatteten besonnenen Beobachters herangezogen. Dabei

wurde unterstellt, dass dieser Beobachter sowohl den Tatplan als auch die für dessen Ausführung in Bezug auf Subjekt, Objekt und Handlung bedeutsamen Umstände kennt und ex ante die Tauglichkeit eines Tatversuchs beurteilt (JBl 1979, 100; EvBl 1983/16; JBl 1986, 129). Unklar bleibt dabei jedoch immer, was alles zu den sog „bedeutenden Umständen" zu zählen ist, von denen der fiktive Beobachter Kenntnis hat: Einem Suchtmittelschmuggler wird im Ausland, ohne dass er davon wusste, Plastiksprengstoff anstatt des vereinbarten Suchtmittel übergeben. Unterstellt man, dass sich der fiktive außenstehende Beobachter auch des Umstandes bewusst ist, dass es sich bei der geschmuggelten Ware nicht um Suchtmittel handelt, ist die Vollendung eines Suchmitteldelikts nach § 28a SMG generell denkunmöglich (JBl 1986, 128). Dem fiktiven Beobachter wird damit nämlich die Kenntnis eines Umstandes unterstellt, der eigentlich erst ex post bekannt wurde. Dieser Gedankenlinie folgend nahm die Rsp im oben geschilderten Fall einen straflosen absolut untauglichen Versuch an (EvBl 1986/88; krit dazu *Burgstaller* JBl 1986, 76).

c) Durch die Entscheidung eines **verstärkten Senates** hat der **OGH** versucht, bestehende Unklarheiten zu beseitigen (EvBl 1987/5; im Anschluss daran JBl 1989, 192; JBl 1992, 801; JBl 2012/66): Darin wurde zur Leitlinie erklärt, dass eine absolute Untauglichkeit des Tatobjektes anzunehmen ist, wenn es bei generalisierender, von den Besonderheiten des Einzelfalles losgelöster **Betrachtung, ex post** bei diesem **„Gegenstand"** **geradezu denkunmöglich** erscheint, dass es jemals zur **Vollendung der Tat** kommt. 742

Im gegenständlichen Fall wollte der Täter Heroin nach Österreich schmuggeln, in Wirklichkeit führte er aber eine Mischung aus Stärkemehl, Staubzucker und Speisesoda mit sich, da man ihn beim Erwerb des Suchgiftes im Ausland betrogen hatte. Der OGH ging davon aus, dass ein Suchtmitteldelikt (§ 28a SMG) nur bei Vorliegen eines Suchtmittels vollendet werden kann. Ist der Gegenstand, an dem die Versuchstat begangen wurde, seiner Art nach ein anderer als der im Tatbestand vorausgesetzte, ist die Vollendung der Tat „unter keinen Umständen möglich" (§ 15 Abs 3) und der Versuch somit nicht strafbar. Auf das (unsichere) Urteil eines fiktiven außenstehenden Beobachters kann dabei verzichtet werden. Mit seiner Entscheidung ist der OGH von der Eindruckstheorie und einer ex ante Beurteilung der Tauglichkeit des Tatobjektes durch einen fiktiven außenstehenden Dritten abgegangen (EvBl 1987/5 verst Senat; EvBl 2007/169; vgl dazu *Fuchs* AT I[8] Kap 30 Rz 31). Der Fall wäre jedoch anders zu beurteilen, wenn man die Sachverhaltskonstellation dahingehend modifiziert, dass das Suchgift erst während des Transports durch die Polizei aus kriminaltaktischen Gründen ohne Wissen des Täters gegen eine harmlose Substanz ausgetauscht wurde. Auch jene Tathandlungen, die nach dem Substanzaustausch erfolgen, sind als strafbarer, relativ untauglicher Versuch zu bewerten, da der Versuch in diesem Fall nur am zufälligen Einschreiten der Polizei gescheitert ist (JBl 2000, 740). 743

744 Bei Beurteilung der Untauglichkeit des Objektes steht demnach die Gefährlichkeit der Tat und nicht die Gefährlichkeit des Täters im Vordergrund. Absolute Untauglichkeit des Versuchs ist anzunehmen, wenn das Objekt, auf das sich der diebische Vorsatz des Täters richtet, überhaupt nicht vorhanden ist: Jemand bricht in ein Museum ein, um ein bestimmtes wertvolles Gemälde zu stehlen. Dieses befindet sich jedoch gar nicht in der Sammlung (EvBl 1978/6). Wenn das Objekt, auf das der Tatvorsatz gerichtet ist, zur Tatzeit hingegen nur zufällig nicht zur Stelle war, liegt ein relativ untauglicher Versuch vor (JBl 1977, 653). Daraus ergeben sich eigenartige Differenzierungen: Wenn für den Dieb nichts zum Stehlen im Haus war, muss nach der Rsp ein absolut untauglicher Diebstahlsversuch angenommen werden. Wenn jedoch Wertgegenstände vorhanden waren, diese aber im Moment weggeräumt wurden, ist der Versuch bloß relativ untauglich und damit strafbar (RZ 1977/116). Das Aufschweißen eines Tresors ist daher ein relativ untauglicher Diebstahlsversuch, wenn am Abend vorher das ganze Geld aus dem Tresor herausgenommen wurde (EvBl 1964/374; EvBl 1972/195). Relativ untauglich ist auch der Mordversuch, wenn der Ehegatte mit der Pistole nach Hause kommt, um seine Gattin zu ermorden, diese sich jedoch im Moment woanders befindet (EvBl 1978/58).

745 Mitunter erscheint es bedenklich, wenn auf diese Weise, abhängig von Zufallsmomenten, differenziert wird. Andererseits darf nicht außer Acht gelassen werden, dass die Gefahr eines Willensstrafrechts besteht, wenn allein die Gefährlichkeit des Täters als relevant angesehen wird, obwohl dessen bisherige Handlungsweise vollkommen ungefährlich war (RZ 1975/13; JBl 1986, 128). Auch wenn der Täter einen einschlägigen Tatvorsatz besitzt, darf nicht auf die Erfüllbarkeit des objektiven Tatbestands verzichtet werden (JBl 1986,128).

746 **d)** In konsequenter Fortführung dieser Rsp und der ihr zugrunde liegenden Erwägungen müsste dann jedoch auch bei der Beurteilung der Untauglichkeit der Handlung von einem ex post Standpunkt ausgegangen und der objektiven Theorie gefolgt werden. Der verstärkte Senat des OGH (EvBl 1987/5) hat mit seiner Entscheidung für diesen Bereich die Eindruckstheorie aber nicht explizit abgelehnt. Die zitierten Beurteilungskriterien für die Tauglichkeit der Handlung (Rz 735ff) stehen daher nicht im Widerspruch zur Entscheidung des verstärkten Senates (*Leukauf/Steininger* StGB³ § 15 Rz 39).

747 **Zusammenfassend** kann daher festgehalten werden: Absolut untauglich ist ein Versuch, wenn es bei einer **ex post-Betrachtung** nach der **Art des Tatobjektes** bzw **des Tatsubjektes** oder bei einer **ex ante-Betrachtung** nach der **Art der Tathandlung** geradezu **denkunmöglich** ist, dass eine **Vollendung der Tat** erreicht wird (EvBl 1996/146). Diese Differenzierung lässt sich jedoch sachlich nicht begründen und ist dogmatisch fragwürdig. Eine gleiche Beurteilung aller Varianten der absoluten Untauglichkeit wäre dogmatisch zweifellos einleuchtender.

D. Besonderheiten bei einzelnen Deliktsarten

1. Versuch bei erfolgsqualifizierten Delikten

Schmoller Ist die versuchte Herbeiführung einer qualifizierenden Folge strafbar?, JBl 1984, 654.

Bei erfolgsqualifizierten Delikten (zB §§ 84 Abs 1 bzw 4, 85, 86) ist ein Versuch nicht denkbar (EvBl 1977/163; RZ 1977/130; EvBl 1987/141; aM *Fuchs* AT I[8] Kap 28 Rz 26; *Kienapfel/Höpfel/Kert* AT[14] Z 27 Rz 35). Dabei macht es keinen Unterschied, wenn der Eventualvorsatz (§ 5 Abs 1, dolus eventualis) des Täters auch auf die Schwere der Verletzung (§ 84 Abs 1) gerichtet war, das Opfer aber tatsächlich nur leicht verletzt wurde (EvBl 1987/141). Dem erhöhten Handlungsunwert, wenn der dolus eventualis des Täters sich auch auf den Erfolg bezieht, kann nur im Rahmen der Strafbemessung Rechnung getragen werden. 748

Bei manchen Qualifikationstatbeständen wie zB der Körperverletzung mit tödlichem Ausgang (§ 86) scheidet die Annahme eines Tatversuchs bereits denklogisch aus: Der Vorsatz ist bei § 86 nur auf die Körperverletzung gerichtet. Nur wenn es zum schweren Erfolg, nämlich zum Todeseintritt kommt, ist der Täter wegen § 86 strafbar, soweit der Erfolg für ihn vorhersehbar gewesen ist. Ein Versuch ist bei diesem Delikt nicht denkbar, da nur eine vollendete Verletzung zum Tode führen kann, nicht aber eine bloß versuchte. Wurde das Opfer verletzt und trat der Tod ein, ist das Delikt des § 86 jedoch bereits vollendet. War der Vorsatz nicht auf eine Verletzung, sondern auf eine Tötung gerichtet, kommt nur versuchter Mord (§§ 15, 75) in Betracht. 749

2. Versuch bei Unterlassungsdelikten

Wegscheider Versuch und Rücktritt beim schlichten Unterlassungsdelikt, JBl 1976, 353.

a) Der Versuch eines **echten Unterlassungsdelikts** ist **nicht vorstellbar**. Im Falle des Nichthandelns, obwohl ein Tun geboten wäre, ist das Delikt sogleich vollendet, so dass kein Raum für ein Versuchsstadium bleibt (*Leukauf/Steininger* StGB[3] § 15 Rz 27; *Triffterer* AT[2] 379; *Wegscheider* JBl 1976, 360). Ein Fahrzeuglenker, der zunächst die Unfallstelle ohne Hilfeleistung verlässt (§ 94), sich später aber doch entschließt zurückzukehren und die erforderliche Hilfe zu leisten, hat das Delikt des § 94 bereits vollendet. Ein strafbefreiender Rücktritt vom Versuch (§ 16, Rz 755ff) ist damit nicht mehr möglich (OLG Wien ZVR 1981/126). Wenn der Unfallverursacher jedoch bereits nach 100 m umdreht und zur Unfallstelle zurückkehrt, wird von der Rsp noch keine Verletzung der Hil- 750 feleistungspflicht angenommen und eine Bestrafung wegen § 94 scheidet daher aus (ZVR 1975/124). Im Hinblick auf die Interessen des Unfallopfers will man offenbar für den Fahrerflüchtigen einen Anreiz schaffen, sich nach kurzer Überlegungsfrist doch noch zur Hilfeleistung zu entscheiden. Hätte der Unfallverursacher bereits bei einem anfänglichen Weiterfahren, ohne Hilfe zu leisten, eine Bestrafung wegen § 94 zu befürchten, besteht für ihn weniger Anlass, es sich noch anders zu überlegen und zur Unfallstelle zurückzukehren.

751 **b)** Bei **unechten Unterlassungsdelikten** ist die Möglichkeit eines **Versuchs** allgemein **anerkannt** (*Leukauf/Steininger* StGB[3] § 15 Rz 27; *Triffterer* AT[2] 378). Zu denken ist an Fälle, in denen der Garant vorsätzlich untätig geblieben ist, der Erfolg jedoch durch Zufall oder aufgrund des Eingreifens Dritter unterblieben ist (*Triffterer* AT[2] 378). Problematisch ist bei dieser Deliktsgruppe jedoch die Abgrenzung zwischen strafbarem Versuch und strafloser Vorbereitung bzw zwischen „Ausführungshandlung" und „ausführungsnaher Handlung". Eine Handlungspflicht wird man ab jenem Zeitpunkt annehmen können, ab dem die tatbestandsmäßige Situation vorliegt und ein weiteres Zuwarten das Abwenden des Erfolges durch den Handlungspflichtigen erschweren würde (*Triffterer* AT[2] 378).

3. Versuch bei Versuchsdelikten

752 Bei manchen Delikten liegt formell bereits eine Vollendung vor, obwohl die Handlung erst den Versuch eines Deliktes iSd § 15 Abs 2 darstellen würde (sog Versuchsdelikte). Dadurch wird nicht die Strafbarkeitsgrenze, sondern der Zeitpunkt der Vollendung der Tat vorverlagert (*Kienapfel/Höpfel/Kert* AT[14] Z 21 Rz 9a; *Triffterer* AT[2] 71).

753 Zu dieser Deliktsgruppe gehört zB § 263 (Täuschung bei einer Wahl, *Kienapfel/Höpfel/Kert* AT[14] Z 21 Rz 9a; *Triffterer* AT[2] 359). Ein **Versuch** kommt bei dieser Deliktsgruppe **nicht in Betracht** (*Leukauf/Steininger* StGB[3] § 242 Rz 8; *Triffterer* AT[2] 359). Dies führt dazu, dass die allgemeinen Privilegien, die bei Tatversuchen zum Tragen kommen und zur Straffreiheit (§§ 15 Abs 3, 16) oder zur Milderung der Strafe des Täters (§ 34 Abs 1 Z 13) führen, nicht herangezogen werden können (*Kienapfel/Höpfel/Kert* AT[14] Z 21 Rz 9b).

4. Versuch bei Vorbereitungsdelikten

Wieser Der Versuch beim Vorbereitungsdelikt, JBl 1987, 497, 556.

754 Bei Vorbereitungsdelikten ist die Strafbarkeit wegen ihrer erhöhten Gefährlichkeit aus kriminalpolitischen Erwägungen bereits in das Stadium der Vorbe-

reitungshandlung vorverlagert worden. Sie werden als selbständige strafbare Handlungen normiert, bei denen auch ein **Versuch denkbar** ist (SSt 46/61; *Hager/Massauer* WK-StGB[2] §§ 15, 16 Rz 12; *Leukauf/Steininger* StGB[3] §15 Rz 40; *Triffterer* AT[2] 71; aM *Fabrizy* StGB[11] § 15 Rz 2; *Fuchs* AT I[8] Kap 28 Rz 32f). Zu dieser Deliktsgruppe sind insbesondere § 151 (Versicherungsmissbrauch), § 227 (Vorbereitung der Urkundenfälschung); § 239 (Vorbereitung der Geldfälschung); § 277 (Verbrecherisches Komplott) zu zählen. Gelangt der Täter bereits in das Stadium des Versuchs bei jenem Delikt, welches er bisher nur vorbereitete, tritt das betreffende Vorbereitungsdelikt subsidiär zurück (EvBl 1979/6). Der Versicherungsmissbrauch (§ 151) tritt daher zurück, wenn der Täter bereits das Stadium des Versicherungsbetruges (§ 15 Abs 2 iVm § 146) erreicht hat (§ 151 Abs 1 aE).

- A zündet sein gegen Brandschaden versichertes denkmalgeschütztes Haus an, um mit dem Geld der Versicherung am selben Ort eine moderne Architektenvilla zu errichten. Er bereitet damit einen Versicherungsbetrug vor, was bereits als eigenständiges Delikt, nämlich als (vollendeter) Versicherungsmissbrauch nach § 151 strafbar ist.
- Davor hat A ein Fenster aufgebrochen und Benzin im Haus verschüttet, um eine Brandstiftung vorzutäuschen. Auch dies wäre bereits als versuchter Versicherungsmissbrauch strafbar (§ 15 Abs 2 iVm § 151).
- Sobald A in der Folge die inhaltlich falsche Schadensmeldung, bei der er natürlich verschweigt, dass er sein Haus selbst angezündet hat, bei der Versicherung einreicht, befindet er sich bereits im Stadium des versuchten Versicherungsbetrugs (§ 15 Abs 2 iVm § 146). Der Tatbestand des Versicherungsmissbrauchs (§ 151) kann ab diesem Zeitpunkt nicht mehr zur Anwendung kommen, da er subsidiär zurücktritt.
- Wenn die Versicherung sich täuschen lässt und den Schaden ersetzt, ist A wegen vollendeten Versicherungsbetrugs (§ 146) strafbar.

E. Der strafbefreiende Rücktritt vom Versuch (§ 16)

Bertel Die freiwillige Herausgabe der Beute, AnwBl 1979, 383; *Burgstaller* Versuch und Rücktritt vom Versuch, StPdG 1975, 7; *Kienapfel* Probleme des unvermittelt abgebrochenen Versuchs, in: *Pallin*-FS (1989), 205; *Lewisch* Zur Endgültigkeit und Freiwilligkeit beim Versuchsrücktritt, ÖJZ 1990, 396; *E.Steininger* Der Anwendungsbereich des Putativrücktritts nach § 16 Abs 2 StGB beim Einzeltäter, ÖJZ 1985, 266; *Tipold* Rücktritt und Reue (2002); *Wegscheider* Versuch und Rücktritt beim schlichten Unterlassungsdelikt?, JBl 1976, 353.

1. Allgemeines

755 **a)** § 16 statuiert einen **Strafaufhebungsgrund** (EvBl 1976/76): Straffrei geht, wer freiwillig vom Deliktsversuch zurücktritt und die Erfolgsherbeiführung verhindert. Handlungen, die bis dahin gesetzt wurden, sind jedoch tatbestandsmäßig und rechtswidrig, so dass dagegen in jeder Phase Notwehr (§ 3) geübt werden kann. Da ein Versuch bei Fahrlässigkeitsdelikten ausgeschlossen ist (*Leukauf/Steininger* StGB[3] § 15 Rz 26), kommt auch ein Rücktritt vom Versuch bei dieser Deliktsgruppe nicht in Betracht (JBl 1982, 437).

756
- **§ 16 Abs 1** gewährt Straffreiheit, wenn die **Vollendung infolge des Rücktritts unterblieben** ist.
- **§ 16 Abs 2** geht darüber noch hinaus. Danach wird dem Täter selbst dann Straffreiheit zugestanden, wenn die **Ausführung** oder der **Erfolg ohne** sein **Zutun unterbleibt**, er sich jedoch **in Unkenntnis** dessen **freiwillig** und ernstlich **bemüht**, die **Ausführung zu verhindern** oder den **Erfolg abzuwenden**.

757 Bei einem **formell vollendeten Delikt** kommt ein strafbefreiender Rücktritt vom Versuch nicht mehr in Betracht (EvBl 1982/21). Bei vollendeten Delikten ist nur an die Möglichkeit einer Straffreiheit aufgrund **tätiger Reue** (zB § 167; Rz 640ff) zu denken.

758 Es genügt, wenn der Täter die Ausführung der konkreten Tat freiwillig aufgegeben hat. Der Vorbehalt, die Tat irgendwann bei anderer Gelegenheit erneut zu versuchen, schließt einen strafbefreienden Rücktritt nicht aus. § 16 verlangt vom Täter nicht, dass er seinen Tatplan endgültig aufgibt (JBl 1998, 666).

759 **b)** Die Möglichkeit, Straffreiheit zu erlangen, sollte für den Täter einen Anreiz darstellen, von der Erfolgsherbeiführung abzusehen („Lehre von der goldenen Brücke“). Da der Täter jedoch in der Regel von derartigen Details der Rechtsordnung keine Kenntnis hat, wird er die unerwartete Straffreiheit meist im Nachhinein als „Prämie“ dafür auffassen, dass er sich nach einem rechtswidrigen Verhalten doch wieder eines Besseren besonnen hat (*Fuchs* AT I[8] Kap 31 Rz 7). Für den „Prämiengedanken“ scheint auch zu sprechen, dass der Täter selbst dann mit Straffreiheit belohnt wird, wenn er sich bloß ernstlich bemüht hat, die Erfolgsherbeiführung zu verhindern, obwohl der Erfolg auch ohne sein Zutun unterblieben wäre (§ 16 Abs 2).

760 Die Straffreiheit bei einem freiwilligen Rücktritt vom Tatversuch ließe sich auch damit begründen, dass der Täter offenbar keinen sehr intensiven Willen zur Straftat gehabt hat. Aus spezialpräventiver Sicht besteht keine Notwendigkeit mehr, eine Strafe zu verhängen, da der Täter von sich aus wieder rechtstreu geworden ist.

2. Rücktritt nach § 16 Abs 1

§ 16 Abs 1 unterscheidet **zwei Formen** des Versuchs: Den **beendeten** und den **unbeendeten Versuch**. Bei der Abgrenzung ist grundsätzlich von der subjektiven Vorstellung des Täters im Zeitpunkt der Setzung der Versuchshandlung auszugehen (RZ 1980/66 mA *Kienapfel*; SSt 2005/59). Der Unterscheidung kommt insoweit Bedeutung zu, als für die Erlangung von Straffreiheit durch freiwilligen Rücktritt verschiedene Voraussetzungen erforderlich sind. 761

a) Beendeter Versuch

aa) Ein Versuch ist beendet, wenn vom Täter alles unternommen worden ist, um den Erfolg herbeizuführen und nun die Kausalkette allein ohne weitere Einflussnahme des Täters fortlaufen kann, um zum Erfolg zu gelangen. Der Täter hat alles getan, was nach seinem Plan zur Vollendung des Delikts erforderlich ist (RZ 1960, 76; EvBl 1981/77): Der Mörder hat seinem Opfer eine tödliche Menge Gift eingeflößt und nun bedarf es nur noch des Eintritts der Wirkung und damit des Todes. 762

Will der Täter in dieser Phase des deliktischen Geschehens zurücktreten, hat er einen **contrarius actus** zu setzen und auf diese Weise in das laufende Geschehen einzugreifen, damit der Erfolg verhindert wird („tätiger Rücktritt“). Er hat im angeführten Fall das Opfer rasch in das Krankenhaus zu bringen, damit diesem rechtzeitig der Magen ausgepumpt werden kann. Überlebt das Opfer aufgrund der eingeleiteten Maßnahmen, entfällt eine Bestrafung wegen Mordversuchs (§§ 15 Abs 2, 75). Unabhängig davon kann allerdings eine durch das bisherige Handeln vollendet eingetretene Körperverletzung bzw Gesundheitsschädigung aufgrund der bisherigen Vergiftungswirkungen als **qualifizierter Versuch** strafbar bleiben (§§ 83ff; Rz 793). 763

Der Täter kann sich zur Erfolgsverhinderung auch eines Gehilfen bedienen oder jemanden damit beauftragen, den Eintritt des Erfolges zu vereiteln (*Fabrizy* StGB[11] § 16 Rz 3): Der Täter verständigt einen Arzt oder die Polizei und durch deren Tätigkeit unterbleibt die Deliktsvollendung (*Kienapfel/Höpfel/Kert* AT[14] Z 23 Rz 19). 764

Ein strafbefreiender Rücktritt vom Diebstahlsversuch ist anzunehmen, wenn der Dieb ein gestohlenes Fahrrad nur einige Meter trägt, danach ein schöneres Fahrrad erblickt, das bereits gestohlene daraufhin wieder abstellt und das attraktivere Diebstahlsobjekt mitnimmt. Der Täter ist in diesem Fall nur wegen eines Fahraddiebstahls strafbar. (JSt 2005/28).

765 Gelingt dem Täter die Erfolgsabwendung trotz seiner Bemühungen nicht, ist er wegen vollendeter Deliktsbegehung strafbar, denn alle Rücktrittsvarianten haben zur Voraussetzung, dass der Erfolgseintritt verhindert wird. Das **Risiko der Erfolgsabwendung trägt der Täter** (EvBl 1981/140). Dieser haftet auch dann für die vollendete Tat, wenn er den Versuch für unbeendet hielt, seine Handlungsweise aber bereits zum Erfolg geführt hatte. Der Täter hat das Risiko der Erfolgsherbeiführung auch bei einer falschen Vorstellung vom Grad der Deliktsverwirklichung zu tragen. Insoweit sind allein die objektiven Gegebenheiten und nicht die subjektive Vorstellung des Täters maßgeblich.

766 Bei einem **zweiaktigen Delikt** ist ein beendeter Versuch und damit auch ein Rücktritt davon nicht denkbar. Ist bei dieser Deliktsgruppe der erste Akt gesetzt, liegt ein unbeendeter Versuch vor, da der Täter noch einen zweiten Akt zur Erfolgsverwirklichung setzen muss. Hat der Täter aber auch den zweiten Akt gesetzt, ist das Delikt zugleich vollendet. Für die Annahme eines beendeten Versuchs bleibt hier kein Raum (EvBl 1983/140):

> Der **Raub** (§ 142) ist zB ein zweiaktiges Delikt. Erster Akt ist die Anwendung von Gewalt, zweiter Akt die Wegnahme der abgenötigten Sache. Ist nur der erste Akt gesetzt, ist der Versuch unbeendet, weil der Täter noch den zweiten Akt für die Erfolgsverwirklichung setzen muss. Wird auch der zweite Akt gesetzt, ist der Tatbestand zugleich vollendet.

767 Wenn ein Delikt bereits **formell vollendet** ist, kommt ein strafbefreiender Rücktritt vom Versuch begrifflich nicht mehr in Betracht (EvBl 1982/21).

768 **bb) Fehlgeschlagener Versuch:** Schlug der Versuch fehl, weil zB eine versuchte Täuschung als solche erkannt wurde (SSt 59/54) oder der Schuss des Mörders das Opfer nicht getroffen hat oder das Opfer den vergifteten Kaffee nicht in einer für die Herbeiführung des Todes erforderlichen Menge trank, ist ein **Rücktritt** vom Versuch **nicht mehr möglich** (vgl RZ 1980/66; EvBl 1981/77; JBl 1984/502).

769 Als gescheitert ist ein Versuch auch dann anzusehen, wenn zur Durchführung eines Delikts die Tätigkeit von zwei Personen erforderlich ist, einer jedoch bereits vor Vollendung die weitere Ausführung aufgibt und der andere nun nicht mehr zum Taterfolg gelangen kann:

> Bei einem Einbruch will der für das Ausschalten der Alarmanlage qualifizierte Fachmann nicht mehr weitermachen und verlässt den Tatort. Seinen Komplizen bleibt damit nichts anderes übrig, als ihr Vorhaben aufzugeben. Für die Komplizen ist der Versuch gescheitert und ein strafbefreiender Rücktritt nicht mehr möglich. Der qualifizierte Fachmann kann sich hinge-

gen auf einen freiwilligen Rücktritt, der die Vollendung der Tat verhindert hat, berufen und Straffreiheit erlangen.

Ebenso gescheitert ist ein Tatversuch, wenn ein zur Erfolgsherbeiführung 770
objektiv geeigneter Angriffsakt den Erfolg nicht herbeigeführt hat und der **Täter** es **unterlässt**, **weitere** derartige **Akte zu setzen,** obwohl er dies könnte (**Einzelakttheorie**):

X will sein Opfer erschießen. Nach mehreren Fehlschüssen, die nur zu einer Verletzung führten, nimmt X von der Abgabe weiterer Schüsse Abstand. Es wäre nicht sachgerecht, darin einen strafbefreienden Rücktritt vom Mordversuch (§ 75) zu sehen. Durch die Abgabe eines Schusses, der das Opfer töten sollte, hat X bereits alle Voraussetzungen für den Erfolgseintritt geschaffen. Ist der Erfolg nicht eingetreten und konnte er aus der konkreten Tathandlung auch nicht eintreten, liegt ein fehlgeschlagener Versuch vor, von dem ein Rücktritt nicht denkbar ist (RZ 1980/66; JBl 1981, 108; EvBl 2006/165; SSt 20/9; SSt 26/22; SSt 57/21; SSt 64/90). Auf die Möglichkeit, weitere Schüsse abzugeben, die vielleicht eher zum Erfolg führen, kommt es nicht an.

Die **gegenteilige Ansicht** (*Kienapfel/Höpfel/Kert* AT[14] Z 23 Rz 4), wonach 771
noch kein fehlgeschlagener, sondern ein unbeendeter Versuch vorliegt, wenn der Täter glaubt, die Deliktsvollendung noch durch weitere Ausführungshandlungen in unmittelbarem räumlichen und zeitlichen Zusammenhang erreichen zu können (**Gesamtbetrachtungslehre**), würde dazu führen, dass jener Täter besser gestellt wäre, der sich bewusst ist, dass ihm noch weitere Handlungen zur Tatbildverwirklichung offen stehen und diese nicht vornimmt (ausführlich dazu *Fuchs* AT I[8] Kap 31 Rz 25ff). Der Täter, der sich vor der Tat die Ausführung genau überlegt und auch alternative Begehungsvarianten einplant wäre damit besser gestellt als der Täter, der sich weniger Gedanken vor der Tat gemacht hat. Die praktische Umsetzung dieses Standpunktes würde Probleme aufwerfen: Jeder Täter müsste sich nur nach Scheitern seines Tatversuchs alternative Ausführungsvarianten überlegen. Durch die Behauptung, diese nicht genutzt zu haben, könnte er sich die Möglichkeit eines strafaufhebenden Rücktritts wahren.

b) Unbeendeter Versuch

Unbeendet ist der Versuch, wenn der Täter noch nicht alles getan hat, um 772
den Erfolg herbeizuführen, sondern es noch einer weiteren Tätigkeit bedarf, um die Tat zu vollenden (EvBl 1981/77). Tritt der Täter in dieser Situation zu-

rück, braucht er nur die noch zur Erfolgsherbeiführung noch nötigen Handlungen nicht zu setzen: Der Mörder, der mit dem Gewehr seinem Opfer auflauert, braucht zum strafbefreienden Rücktritt einfach nicht abzudrücken, wenn er das Opfer ins Visier bekommt. Es liegt jedoch noch kein strafbefreiender Rücktritt vor, wenn der Täter bloß auf eine bessere Gelegenheit wartet, bei der das Opfer von weniger Personen umgeben ist. Der Täter ist auch noch nicht von der Tat zurückgetreten, wenn er die Tatausführung bloß kurz unterbricht, um sich eine Erholungspause zu gönnen und danach in tatplanmäßiger Weise fortzufahren.

773 Ein **Gesinnungswandel** wird vom Täter aber **nicht** zu verlangen sein. Es könnte auch der gewerbsmäßig handelnde Täter von der Ausführung eines konkreten Delikts strafbefreiend zurücktreten. Strafbefreiend tritt auch zurück, wer den Tatplan nicht endgültig aufgibt, sondern seine **Ausführung** bloß auf einen **unbestimmten späteren Zeitpunkt aufschiebt**. Die Aufgabe der Ausführung muss sich nur auf die konkret versuchte Tat beziehen. Der Vorbehalt, die Tat irgendwann bei anderer Gelegenheit erneut zu versuchen, darf dem Täter nicht angelastet werden. Für seine negative Gesinnung allein kann niemand bestraft werden (JBl 1998, 666; *Hager/Massauer* WK-StGB[2] §§ 15, 16 Rz 130).

774 **Kein** strafbefreiender **Rücktritt** ist anzunehmen, wenn der **Täter** nur deswegen nicht weiterhandelt, weil er **irrig meint, dass der Versuch bereits beendet ist**:

X hat auf sein Opfer in Tötungsabsicht geschossen und sieht dieses zusammenbrechen. Er verlässt daraufhin schleunigst den Tatort. X dachte, sein Opfer getroffen zu haben und erwartet, dass dieses in wenigen Minuten sterben werde. In Wirklichkeit ist das Opfer durch den Schuss nur verletzt worden und hat dabei das Bewusstsein verloren. Der Versuch ist gescheitert. Er wurde jedoch vom Täter als beendet angesehen, obwohl er objektiv nur unbeendet war. Das Nichtweiterhandeln hat damit zwar objektiv genügt, um den Erfolg nicht eintreten zu lassen. Das Nichtweiterhandeln des Täters allein genügt in diesem Fall aber nicht, um einen strafbefreienden Rücktritt anzunehmen. Das gesetzliche Kriterium der „Freiwilligkeit“ macht deutlich, dass **auch** die **subjektive Vorstellung des Täters** von der Beendigung oder Nichtbeendigung seines Tatversuchs für die Erlangung der Straffreiheit **maßgeblich** ist.

3. Rücktritt nach § 16 Abs 2

775 § 16 Abs 2 will die gewandelte Einstellung des Täters zum Besseren auch dann mit Straffreiheit belohnen, wenn der Versuch zwar objektiv gescheitert ist, der Täter aber davon nichts weiß und sich **überflüssigerweise bemüht**, die

Herbeiführung des Erfolges zu verhindern (**Putativrücktritt**). Hat der Täter erkannt, dass sein Versuch gescheitert ist, kann er von diesem nicht mehr zurücktreten.

Gedacht wird hierbei an relativ untaugliche Versuche. Ein absolut untauglicher Versuch ist ohnedies von vornherein straflos (§ 15 Abs 3). Es bedarf bei diesem keines Rücktritts, um Straffreiheit zu erlangen.

Bei Beteiligung mehrerer an der Tatausführung tritt derjenige strafbefreiend 776
zurück, der sich freiwillig und ernstlich um die Verhinderung der Ausführung bemüht, obwohl diese bereits unterblieben ist. Dies wäre der Fall, wenn die anderen Tatbeteiligten bereits die Ausführung aufgegeben haben, der Rücktrittswillige davon aber noch nichts weiß.

4. Freiwilligkeit

a) Der Rücktritt vom Versuch bildet nur dann einen Strafaufhebungsgrund, 777
wenn er freiwillig erfolgt ist. Dies gilt für sämtliche Rücktrittvarianten des § 16 Abs 1 und 2. Der Täter muss in der **Vorstellung von seinem Vorhaben ablassen**, dass er den **Erfolg** zwar **noch herbeiführen könnte**, aber dies nun nicht mehr will (SSt 48/28; SSt 48/34; EvBl 1975/169; EvBl 1976/98; EvBl 1978/197; EvBl 1981/241). Der Rücktritt darf nicht durch zwingende Hinderungsgründe veranlasst worden sein (EvBl 1995/92).

Bei einem Rücktritt nach § 16 Abs 2 wird ein freiwilliges und ernstliches 778
Bemühen um Erfolgsabwendung nur anzunehmen sein, wenn der Täter in der Vorstellung handelt, dass eine Verhinderung des Taterfolges noch möglich ist. Sein Handeln muss weiters mit der Überzeugung gesetzt werden, dass es zur Erfolgsabwendung geeignet ist (EvBl 2005/9).

b) Die **Motivation** für diesen Meinungsumschwung ist **belanglos**. Es ist 779
daher ohne Relevanz, ob der Rücktritt darauf zurückzuführen ist, dass der Täter sich wieder auf moralische Werte besinnt oder einfach nur Angst vor einer möglichen Aufklärung der Tat und einer drohenden Bestrafung hat.

Freiwilliger Rücktritt:

- Ein freiwilliger Rücktritt liegt vor, wenn der Täter die Ausführung der Tat unterlässt, weil ihm das Opfer leid tut (EvBl 1977/184).
- Sogar bei einem Appell des Opfers an den Täter wäre ein Rücktritt freiwillig, wenn der Täter noch die Vollendungsmöglichkeit für gegeben ansieht (RZ 1964, 34; EvBl 1975/11; EvBl 1976/98).
- Freiwillig handelt auch der Täter, der aus Furcht vor Entdeckung und Strafe vom Versuch zurücktritt. Es muss in ihm jedoch zumindest die

Vorstellung erhalten bleiben, dass er seinen Tatplan noch vollenden könnte (ÖJZ-LSK 1977/290; EvBl 1981/241).

780 **c)** Der Grund für den Rücktritt darf nicht darin liegen, dass der Täter eine Erfolgsherbeiführung nicht mehr für möglich hält und daher gar keine andere vernünftige Alternative hätte. **Kein strafbefreiender Rücktritt** ist anzunehmen, wenn die **Umsetzung des Tatplanes aussichtslos** ist.

781 Die Freiwilligkeit des Rücktritts eines Anstifters zu einem Delikt (eines Bestimmungstäters, § 12 zweiter Fall) ist daher auch zu verneinen, wenn dessen Motivation für den Rücktritt nur darin besteht, dass die Tat, zu der er angestiftet hat, für sein weiteres Vorhaben sinnlos geworden ist (ÖJZ-LSK 1995/140).

782 **Entsprechendes gilt**, wenn der **Täter nur glaubt**, sein Ziel nicht mehr erreichen zu können (EvBl 1976/98; EvBl 1978/197; EvBl 1986/184). Selbst die irrtümliche Annahme des Täters, dass der Deliktsvollendung ein Hindernis entgegensteht, führt dazu, dass sein Rücktritt nicht freiwillig ist (EvBl 1965/276). Die Flucht des Opfers schließt daher die Freiwilligkeit des Rücktritts aus, wenn sie Grund dafür ist, dass der Täter von seinem Vorhaben Abstand nimmt. Der Täter, dem es zu mühsam ist, seinem Opfer nachzulaufen, tritt nicht strafbefreiend von seiner versuchten Tat zurück (EvBl 2007/162).

783 **d) Kein strafbefreiender Rücktritt** liegt vor, wenn der Täter die Ausführung aufgibt, weil er mit den angewendeten Mitteln nicht zum Ziel gelangt und von der **Heranziehung möglicher anderer Mittel Abstand nimmt** (SSt 38/3; SSt 40/23; JBl 1981, 108). Es ist kein strafbefreiender Rücktritt anzunehmen, wenn der Täter vor allzu gewaltvollen Mitteln zurückschreckt.

784 Ausschlaggebend ist nicht, dass der Täter glaubt, den Erfolg überhaupt nicht herbeiführen zu können. Der Tatversuch bleibt immer strafbar, wenn das ursprünglich geplante Tatvorhaben misslungen ist und der Täter sich erst zu einem neuen Unternehmen entschließen müsste (SSt 57/21), dies aber nicht tut.

Kein freiwilliger Rücktritt:
- Ein Dieb fühlt sich ertappt und gibt daher widerstandslos die Beute heraus (SSt 58/61).
- Der Täter fühlt sich am Tatort beobachtet und gibt daher sein Vorhaben auf (RZ 1975/57; EvBl 1981/241; SSt 49/26). Dies gilt selbst dann, wenn diese Vorstellung falsch war (EvBl 1976/98; EvBl 1978/197).
- Dem Raubopfer gelingt es, den Täter davon zu überzeugen, dass es gerade kein Geld bei sich hat (EvBl 1976/98). Im Täter wird damit die Vorstellung der Aussichtslosigkeit seines Vorhabens erweckt. An der Freiwilligkeit des Rücktritts mangelt es daher auch, wenn der Täter von

der Vergewaltigung seines Opfers (§ 201) ablässt, weil dieses vorgibt, an einer Infektion im Intimbereich zu leiden (EvBl 2010/63).

- Das Opfer leistet so großen Widerstand, dass der Täter glaubt, diesen nicht überwinden zu können (EvBl 1969/401; ÖJZ-LSK 2006/140).
- Ein Komplize lässt seine Tatkollegen am Tatort im Stich und den verbleibenden Täter fehlt alleine der Mut zur Tat (EvBl 1975/169).

5. Rücktritt bei mehreren Tatbeteiligten

a) Mittäter: Die strafbefreiende Wirkung des § 16 kommt nur dem Täter zugute, der die Voraussetzungen dafür unmittelbar erfüllt. Andere Tatbeteiligte bleiben strafbar. Für den Zurücktretenden genügt es jedoch nicht, dass er im Rahmen des unbeendeten Versuchs einfach nicht weiterhandelt. Er muss **verhindern, dass seine Komplizen** die Tatausführung fortsetzen und dadurch den **Erfolg herbeiführen** (§ 16 Abs 1, JBl 1992, 801). Der zurücktretende Tatbeteiligte hat daher beim unbeendeten Versuch die Erfolgsherbeiführung genauso zu verhindern wie beim beendeten Versuch. 785

Fordert ein Mittäter seinen Komplizen bloß auf, die Tat nicht auszuführen, darf er noch nicht darauf vertrauen, dass dieser die Ausführung auch tatsächlich unterlässt. Die Bestrebungen des Rücktrittswilligen müssen soweit gehen, dass er die subjektive Gewissheit erlangt, die übrigen Beteiligten vom Tatplan abgebracht zu haben (EvBl 1981/201). Ein Verlassen des Tatortes reicht nur dann als Rücktrittshandlung aus, wenn bereits dadurch die weitere Ausführung der Tat verhindert wird, weil die anderen Komplizen alleine gar nicht in der Lage sind, die Tat zum Erfolg zu bringen. 786

Es belastet den Zurücktretenden allerdings nicht, wenn seine Komplizen zu einem späteren Zeitpunkt aufgrund eines neugefassten Entschlusses die Tat wiederum versuchen. Vom Zurücktretenden kann nicht verlangt werden, dass er auch zukünftige Taten seiner einstigen Komplizen verhindert. 787

Gibt ein Tatbeteiligter die Ausführung auf und wird dadurch eine Verwirklichung des Tatplanes für die anderen Beteiligten unmöglich, könnten diese nur noch unter den Voraussetzungen des § 16 Abs 2 strafbefreiend zurücktreten, wenn sie sich über die Aussichtslosigkeit ihres alleinigen Vorgehens geirrt haben. 788

b) Bestimmungstäter: Der Bestimmungstäter (§ 12 zweiter Fall) muss den unmittelbaren Täter von der Tat erfolgreich abhalten und erreichen, dass dieser den gefassten Tatentschluss vollständig aufgibt (SSt 48/72; SSt 53/38). Das bedeutet natürlich nicht, dass der Bestimmungstäter nun auch für alle Zukunft die Tat, zu der er einmal aufgefordert hat, verhindern muss. 789

790 Ist der unmittelbare Täter bereits strafbefreiend von der versuchten Tat zurückgetreten, kann der Bestimmungstäter nur nach § 16 Abs 2 Straffreiheit erlangen, solange er vom Unterbleiben der Ausführung oder des Erfolges noch keine Kenntnis hat. Der Bestimmungstäter muss sich in diesem Fall freiwillig und ernstlich, wenn auch überflüssig, um eine Verhinderung der Ausführung oder Abwendung des Erfolges bemühen (EvBl 1980/6). Andernfalls haftet er für die versuchte Tat (§ 15 Abs 2, EvBl 1986/174). Das bloße Abstandnehmen von weiteren Anstiftungsversuchen, nachdem der erste Versuch keinen Tatentschluss wecken konnte, ist noch nicht als strafbefreiender Rücktritt zu werten (EvBl 2000/37).

791 **c) Beitragstäter:** Der Beitragstäter (§ 12 dritter Fall) hat seinen Beitrag rückgängig zu machen. Er muss zB die geliehene Pistole dem unmittelbaren Täter wieder wegnehmen. Liegt die Beitragshandlung nur in einer **psychischen Bestärkung des Tatentschlusses des unmittelbaren Täters**, wird diese Ermunterung zur Tat wieder rückgängig zu machen sein.

792 Tritt der unmittelbare Täter vom Versuch zurück, kommt die strafbefreiende Wirkung nur diesem zugute. Der Beitragstäter bleibt für die Beteiligung am Versuch strafbar. Für ihn kommt in diesem Fall nur ein Rücktritt unter den Voraussetzungen des § 16 Abs 2 in Betracht. Hat sich der Beitragstäter bemüht, die Tat zu verhindern (§ 16 Abs 2), geht er auch dann straffrei, wenn der unmittelbare Täter unabhängig davon sich eines Besseren besonnen hat oder der Ausführungsversuch fehlschlug. Der Beitragstäter muss nur die subjektive Gewissheit bekommen haben, dass er den unmittelbaren Täter von der Vollendung der möglichen Tat abhielt (EvBl 1981/201). Dabei ist zu beachten, dass die Frage eines Rücktritts vom Versuch beim Beitragstäter nur in Betracht kommt, wenn der unmittelbare Täter die Tat versucht hat, da bis dahin die Beitragstäterschaft gar nicht strafbar wäre (Rz 880ff).

6. Qualifizierter Versuch

793 Der Rücktritt befreit als persönlicher Strafaufhebungsgrund nur von der Zurechnung des Delikts, das auf diese Weise nicht zum Erfolg gelangt war. Führte die bisherige Handlung bereits zur Vollendung eines anderen Deliktes, hat der Täter dieses Delikt strafrechtlich zu verantworten. Man spricht vom sog qualifizierten Versuch. Ein qualifizierter Versuch ist anzunehmen, wenn in der Handlung, die vom Täter vorgenommen wurde, um den von ihm angestrebten Erfolg herbeizuführen (Versuchshandlung), bereits sämtliche Tatbestandsmerkmale eines anderen Deliktes enthalten sind (SSt 7/41). Das so bereits enthaltene vollendete Delikt würde bei Ausbleiben eines Rücktritts durch das bis dahin nur versuchte Delikt infolge Scheinkonkurrenz verdrängt werden:

Im Zuge eines Eifersuchtsdramas schießt X auf seine Ehegattin, um sie zu töten. Die Ehegattin bricht lebensgefährlich verletzt zusammen. Durch die Tat geschockt kommt X zur Besinnung, leistet erste Hilfe und verständigt umgehend den Notarzt. Das Leben der Ehegattin kann gerettet werden. X ist in diesem Fall zwar vom Mordversuch strafbefreiend zurückgetreten (§§ 15, 16, 75), die geschehene und vollendete Körperverletzung (§§ 83ff) bleibt jedoch strafbar.

Bei einem **zweiaktigen Delikt** haftet der Täter, wenn er nach Beendigung 794
des ersten Aktes freiwillig vom Versuch zurücktritt, dennoch für die bis zu diesem Zeitpunkt gesetzten Tathandlungen (zB gefährliche Drohung oder Gewaltanwendung, EvBl 1977/184). Ist im Versuch der Erpressung (§ 144) bereits die vollendete Straftat der gefährlichen Drohung (§ 107 Abs 1) enthalten, wirkt sich ein freiwilliger Rücktritt nur dahingehend aus, dass der Täter vom Versuch der Erpressung straffrei geht. Er ist aber weiterhin für das darin enthaltene Vergehen der gefährlichen Drohung nach § 107 Abs 1 strafrechtlich zur Verantwortung zu ziehen (SSt 48/34).

F. Zusammenfassendes Schema zum versuchten Delikt

Zusammenfassend sind bei der Prüfung der Strafbarkeit eines Tatversuchs 795
insbesondere nachfolgende Punkte zu untersuchen. Bei der strafrechtlichen Beurteilung ist auf die einzelnen Punkte nur dann näher einzugehen, wenn die zu prüfende Sachverhaltskonstellation dies nahe legt: Wenn zB der Täter in Mordabsicht mit einer Pistole einen gezielten Schuss auf sein Opfer abgibt, dieses jedoch verfehlt, wird eine mögliche absolute Untauglichkeit wohl nicht in Betracht gezogen werden müssen.

I. **Tatbestand**	**A. Objektive Tatbestandsseite** 1. Tatsubjekt (insb bei Sonderdelikten) 2. Nichterfüllung des objektiven Tatbestandes (zB Ausbleiben des Taterfolges) 3. a) Ausführungshandlung oder zumindest b) ausführungsnahe Handlung (§ 15 Abs 2); Kriterien: • keine weiteren Zwischenstufen zur Ausführungshandlung • zeitliche und räumliche Nähe zur Ausführungshandlung • Überwindung der entscheidenden Hemmschwelle zur Tat 4. Tauglichkeit des Versuchs a) absolute Untauglichkeit des Tatsubjektes b) absolute Untauglichkeit der Tathandlung c) absolute Untauglichkeit des Tatobjektes **B. Subjektive Tatbestandsseite** 1. auf Vollendung gerichteter Tatvorsatz 2. erweiterter Vorsatz (zB bei § 127) oder Tatbildirrtum
II. **Rechts-widrigkeit**	**Vorliegen von Rechtfertigungsgründen** (zB Notwehr; rechtfertigender Notstand; Einwilligung) **A. Rechtfertigende Situation** (zB Angriff, § 3; gegenwärtige Gefahr beim rechtfertigenden Notstand; Einwilligungserklärung) **B. Rechtfertigende Handlung** (zB notwendige Verteidigung, § 3; Güterabwägung beim rechtfertigenden Notstand; Sittenwidrigkeit, § 90)
III. **Schuld**	**A. Zurechnungsfähigkeit** (Diskretionsfähigkeit – Dispositionsfähigkeit, § 11; Deliktsfähigkeit, § 4 Abs 1 JGG) **B. Unrechtsbewusstsein (§ 9)** (direkter – indirekter Rechtsirrtum; Vorwerfbarkeit des Irrtums) **C. Irrtümliche Annahme eines rechtfertigenden Sachverhaltes (§ 8)** **D. Schuldausschließungsgründe** (zB entschuldigender Notstand)
IV. **Strafe**	**A. Strafaufhebungsgründe** 1. Rücktritt vom Versuch (§ 16) a) fehlgeschlagener Versuch b) beendeter Versuch (§ 16 Abs 1) c) unbeendeter Versuch (§ 16 Abs 1) d) Putativrücktritt vom Versuch (§ 16 Abs 2) e) Freiwilligkeit 2. Verjährung (§§ 57ff) **B. Strafausschließungsgründe** (zB Begünstigung eines Angehörigen, § 299 Abs 3)

II. Die Lehre von den Beteiligungsformen

Bertel Mitschuld an Kridadelikten, RdW 1991, 134; *Burgstaller* Vollendung oder Ende der Einheitstäterschaft, RZ 1982, 216; *Friedrich* Zur Beteiligung an einem Versuch (§ 15 Abs 1 StGB), ÖJZ 1995, 9; *ders* Strafbare Beteiligung – akzessorische oder originäre Täterschaft?, in: *Triffterer*-FS (1996), 43; *Fuchs* Probleme der Beteiligung mehrerer, StPdG 1986, 1; *ders* Überlegungen zu Fahrlässigkeit, Versuch, Beteiligung und Diversion, in: *Burgstaller*-FS (2004), 41; *Höpfel* Einige Fragen der subjektiven Tatseite bei Beteiligung mehrerer, ÖJZ 1982, 314; *Kienapfel* Der Einheitstäter im Strafrecht (1971); *ders* Probleme der Einheitstäterschaft, JBl 1989, 407; *ders* Der Oberste Gerichtshof und das Prinzip der funktionalen Einheitstäterschaft, in: *Steininger*-FS (2003), 157; *Lewisch* Probleme der Einheitstäterschaft, JBl 1989, 294, mit Anmerkung *Kienapfel* JBl 1989, 407; *Mayerhofer* Keine Mitschuld des Gläubigers an der Krida des Schuldners, ÖJZ 1989, 238; *Nowakowski* Zur Einheitstäterschaft nach § 12 StGB insbesondere im Hinblick auf § 15 Abs 2 StGB und § 314 StPO, RZ 1982, 124; *Roeder* Der Unbegriff des „extranen" Täters und der „eigenhändigen" Delikte (zu § 14 Abs 1 StGB), JBl 1975, 561; *Roxin* Täterschaft und Tatherrschaft[8] (2006); *Schick* „Keine Mitschuld des Gläubigers an der Krida des Schuldners"?, ÖJZ 1990, 205; *Schmoller* Grundstrukturen der Beteiligung mehrerer an einer Straftat – die objektive Zurechnung fremden Verhaltens, ÖJZ 1983, 337, 379; *ders* Sukzessive Beteiligung und Einheitstäterschaft, in: *Zipf*-GS (1999), 295; *Schwaighofer* Die Strafbarkeit der (versuchten) Anwerbung eines Komplizen – Anmerkung zur Entscheidung des OGH 15 OS 102/98, ÖJZ 2000, 881; *Seiler* Die strafrechtliche Haftung von Gemeindefunktionären, in: Beiträge zum Kärntner Gemeinderecht (1998), 227; *Triffterer* Die österreichische Beteiligungslehre (1983); *Wegscheider* Zur Konkurrenz von Bestimmungstäterschaft und Beitragstäterschaft (§ 12 2. und 3. Alt StGB), RZ 1979, 165; *Zipf* Die mittelbare Täterschaft und ihre Einordnung in § 12 StGB, ÖJZ 1975, 617; *ders* Probleme der versuchten Bestimmung zu einer Straftat, RZ 1980, 141.

A. Ausgangssituation

1. Delikte werden nicht immer von einem Täter allein begangen, sondern 796
der kriminelle Erfolg wird häufig erst durch das Zusammenwirken mehrerer herbeigeführt. Bei einem solchen arbeitsteiligen kriminellen Vorgehen können die von den einzelnen Beteiligten geleisteten Beiträge sehr verschiedener Natur sein.

Im Regelfall hat der Gesetzgeber bei Normierung der einzelnen Tatbestände 797
im Besonderen Teil des StGB an einen Täter gedacht, der diesen Tatbestand durch seine Handlungsweise erfüllt. Der Tatbestand erfasst daher seiner Formulierung nach nur jenen, der eine dem Wortlaut des **Tatbestands entsprechende Handlungsweise** setzt. Er kann als sog **unmittelbarer Täter** bezeichnet werden (SSt 2003/18).

Die Festlegung einer deliktischen Verhaltensweise kann verschieden genau 798
vorgenommen werden:

a) Es kann das Vorgehen bildhaft durch Aufzählung einer ganzen Reihe von Handlungsmerkmalen beschrieben werden:
§ 129 Abs 1 Z 2, Einbruchsdiebstahl: „…, wer einen Diebstahl begeht, indem er ein Behältnis aufbricht …".

b) Eine nähere Konkretisierung der Tatbestandshandlung kann jedoch auch gänzlich entfallen:
§ 75, Mord: „Wer einen anderen tötet …".
In diesem Fall legt sich der Gesetzgeber nicht fest, welche Handlungsweisen als Tötungshandlungen in Betracht gezogen werden können und unter Strafe gestellt sind.

799 In der Regel erfährt das Tatbild der einzelnen Tatbestände eine so eingehende Umschreibung der Handlung, dass es bloß von einem unmittelbaren Täter erfüllt werden kann, nicht aber von einem entfernten Beteiligten. Nur wenn die Beschreibung des deliktischen Verhaltens im Tatbestand so stark reduziert ist, dass de facto jede kausale Verhaltensweise zur Erfolgsherbeiführung genügt (zB Mord, § 75), könnte der Täterkreis auch auf entfernte Beteiligte ausgedehnt werden, die nach der Äquivalenztheorie („conditio sine qua non") für die Erfolgsherbeiführung ebenfalls kausal waren. Doch selbst in solchen Fällen werden als tatbestandserfüllend nur Handlungsweisen anzusehen sein, die dem Wortsinn entsprechend eine spezifisch für den Erfolg kausale Handlung darstellen: Das bloße Herleihen einer Waffe ist noch keine Tötungshandlung, obwohl es nach der Äquivalenztheorie kausal für einen Mord sein kann. Als Tötungshandlung wird man dem Wortsinn nach nur ein Erschießen, Erstechen, Erwürgen etc bezeichnen können. Wenn Jago Othello zum Eifersuchtsmord treibt, indem er Mutmaßungen über einen möglichen Ehebruch von Othellos Ehefrau Desdemona anstellt, begeht er keinen Mord. Jago löst zwar mit seinen Mutmaßungen die Mordhandlung aus Eifersucht aus (er ist kausal), in seiner verbalen Andeutung ist jedoch keine Tötungshandlung iSd § 75 zu erblicken. Nur wer eine Tötungshandlung setzt, kann als unmittelbarer Täter eines Mordes bezeichnet werden.

800 **Kriminalpolitisch** erscheint es **sinnvoll**, auch **Personen strafrechtlich zu erfassen**, die keine Handlung setzen, welche unmittelbar einem Tatbestand subsumiert werden könnte, die jedoch in bestimmter Weise einen wesentlichen **Beitrag** oder **Anstoß zur Tat liefern**.

801 **2.** Der Gesetzgeber hat **zwei Möglichkeiten**, zu einer kriminalpolitisch überzeugenden Lösung zu gelangen:

- Er kann entweder zwischen verschiedenen **Beteiligungsformen differenzieren** und diese gesetzlich genau festlegen.

- Er kann aber auch **jede kausale Erfolgsherbeiführung** als mögliche Täterschaft bewerten. Allenfalls angebrachte gesetzliche Einschränkungen der Strafbarkeit wären in diesem Fall gesondert zu normieren.

a) Erste Auffassung: Die Differenzierung zwischen verschiedenen Beteiligungsformen knüpft eng an die Bestimmung des gesetzlichen Tatbestands an. Unmittelbarer Täter kann danach nur sein, wer die einzelnen Merkmale des Tatbestands erfüllt. Alle anderen sind Beteiligte, aber nicht unmittelbare Täter eines bestimmten Tatbestands, da ihr Verhalten nicht dem Tatbestand subsumiert werden könnte. Der **Täterbegriff** wird dabei **restriktiv ausgelegt**. Für andere **Tatbeteiligte** müsste der Gesetzgeber, soweit er ihre Beiträge unter Strafe stellen möchte, eigene **Strafausdehnungsgründe** schaffen, denn ihr Handeln liegt außerhalb des gesetzlichen Tatbestands. Der Aufpasser beim Einbruchsdiebstahl (§§ 127, 129) stiehlt nicht im Sinne dieses Tatbestands. 802

Diese restriktive Auffassung vom Täterbegriff führt zur Herausbildung von Beteiligungsformen wie der **Anstiftung** bzw **Bestimmungstäterschaft**, wenn der unmittelbare Täter dazu veranlasst wird, eine strafbare Handlung zu begehen und der **Beihilfe** bzw **Beitragstäterschaft**, wenn dem unmittelbaren Täter bloße Hilfestellung bei dessen Tatausführung geleistet wird. 803

b) Zweite Auffassung: Die zweite Auffassung geht von einer Kausalbetrachtung aus. Danach ist **jeder Täter**, der für den strafgesetzwidrigen **Erfolg kausal ist**. In welcher Form dieser Kausalzusammenhang besteht, ist ohne Belang. Der **Täterbegriff** wird dabei **extensiv ausgelegt**. Eine Differenzierung zwischen verschiedenen Beteiligungsformen erübrigt sich. Jeder, der für die strafgesetzwidrige Erfolgsherbeiführung kausal war, kann als Täter des Tatbestands betrachtet werden. Dies wäre die **extreme Form des Einheitstäterbegriffs**. 804

B. Die Regelung des § 12

1. Geht man vom Tatbestand aus, sind Personen, die diesen Tatbestand nicht selbst verwirklichen, grundsätzlich nicht strafbar. Es muss daher für die Strafbarkeit von Personen, welche den Tatbestand nicht verwirklichen, sondern an der Erfolgsherbeiführung nur einen sonstigen Anteil haben, erst eine **Strafausdehnung statuiert** werden. Dies ist der Fall, wenn nach § 12 neben dem unmittelbaren Täter auch Bestimmungstäter und Beitragstäter für strafbar erklärt werden. Es werden damit Personen strafrechtlich erfasst, die den Straftatbestand streng nach dem Gesetzeswortlaut nicht erfüllen. 805

Die **Überschrift zu § 12** bringt zum Ausdruck, dass dem StGB offenbar der **Einheitstäterbegriff** zugrunde liegt: **Alle Beteiligten sind als Täter zu** 806

behandeln. Dennoch differenziert § 12 zwischen einzelnen Beteiligungsformen. Ganz im Sinne des Einheitstäterbegriffs wird jedoch erklärt, dass nicht nur der unmittelbare Täter die strafbare Handlung „begeht", sondern auch jeder, der einen anderen dazu bestimmt, sie auszuführen oder der sonst zu ihrer Ausführung beiträgt. In widersprüchlicher Weise vermengt der Gesetzgeber die beiden oben (Rz 801ff) genannten Sichtweisen:

807 Der **Einheitstäterbegriff des § 12** betrachtet **jeden Beteiligten**, der einen kausalen Beitrag zur Deliktsverwirklichung leistet, **als Täter des Tatbestands**. Die Rechtsprechung meint daher, dass alle Erscheinungsformen **rechtlich gleichwertig** seien (EvBl 1982/98; JBl 1984, 267; EvBl 1998/52; SSt 60/13). Daran knüpft sich die gleiche Strafdrohung für alle Beteiligten.

808 Durch den Einheitstäterbegriff geht das spezifische Handlungsunrecht, welches in jedem Tatbestand umschrieben ist, verloren. Die verschiedenen **Beteiligten** werden **nicht** nur **„*wie*"** der **unmittelbare Täter bestraft, sondern „*als*" Täter** schlechthin. Der Wert, den eine bestimmte Tatbestandsfassung zur Feststellung der Täterschaft erbringen soll, wird verwässert, wenn in jedem Fall auch alle „sonstigen Beiträge zur Ausführung" pauschal unter Strafe gestellt werden und selbst derjenige, der nur zur Tat beiträgt, als Täter des Deliktes bezeichnet wird.

809 Es verbleibt damit dem richterlichen Ermessen, das Gewicht der einzelnen Tatbeiträge zu bestimmen. Dieses weite Ermessen erscheint auch in gewisser Weise sinnvoll:

> Ein Oberarzt beauftragt in Mordabsicht die Krankenschwester, dem Patienten, mit dem er seit Jahren verfeindet ist, ein Herzmittel zu verabreichen, welches in der angeordneten Dosis tödlich ist. Die Krankenschwester ist mangels einschlägiger Fachkenntnis gutgläubig und führt die Anordnung pflichtgemäß aus. Der Patient stirbt. Die Aufforderung des Arztes hat in diesem Fall das Gewicht einer Täterhandlung. Er beherrscht durch das Erkennen der wahren Situation voll und ganz das Tatgeschehen (Tatherrschaft), während die Krankenschwester nichts ahnend die Tötungshandlung vornimmt. Für den Arzt erscheint damit jedenfalls eine gleich hohe Strafe angemessen, wie sie zu verhängen wäre, wenn er selbst unmittelbar die Tötungshandlung ausgeführt hätte.

810 Nur die Beteiligung an einem Delikt in untergeordneter Weise wird ex lege als Milderungsgrund gewertet (§ 34 Abs 1 Z 6).

811 **2.** Die Formulierung des **§ 12** erweist sich als **Legalinterpretation** der einzelnen **Straftatbestände im Sinne der Äquivalenztheorie**. Dem Wortsinn nach logisch nachvollziehbar ist dies aber eigentlich nur bei Tatbeständen, welche keine nähere Beschreibung des deliktischen Handelns vornehmen, sondern

nur auf die kausale Herbeiführung des Erfolges abstellen (zB Mord, § 75: „Wer einen anderen tötet …“). Es überschreitet jedoch den Rahmen herkömmlicher Interpretationsregeln, wenn im Sinne der Gleichstellung aller Deliktsbeteiligten auch derjenige, der den Schlüssel für einen Einbruchsdiebstahl zurechtfeilt, sich jedoch nie am Tatort aufhält, genauso als Täter des Einbruchsdiebstahls bezeichnet wird (Beitragstäter), wie jener, der damit selbst einbricht.

Der **formelle Einheitstäterbegriff** dürfte überhaupt nicht zwischen verschiedenen Beteiligungsformen unterscheiden. § 12 folgt eher einem **funktionalen Einheitstäterbegriff**, wenn einerseits gleichwertige Beteiligungsformen unterschieden, andererseits aber doch wieder alle als Täter des konkreten Deliktes bezeichnet werden (*Kienapfel/Höpfel/Kert* AT[14] E 2 Rz 41a; *Leukauf/Steininger* StGB[3] § 12 Rz 4). Damit wird die ganze Konstruktion des Einheitstäters in ihrem Wert fragwürdig. Folgt man der Theorie von der Einheitstäterschaft, dürfte genau genommen jeder Beteiligte nur als Täter der strafbaren Handlung verurteilt werden, ohne Bezugnahme auf seine Form der Beteiligung. Diesem Ansatz folgend ist daher die Feststellung der jeweiligen Beteiligungsform keine entscheidende Tatsache iSd § 281 Abs 1 Z 5 StPO (EvBl 2001/75). Es kann ein Urteil, in dem eine falsche Beteiligungsform an einem Delikt angenommen wurde, auch nicht bekämpft werden (*Seiler* StPO[14] 1071, 1125; EvBl 1996/61; JBl 2003, 463 mA *Schmoller*). 812

Es ist daher erstaunlich, dass das Gesetz in § 12 eine Unterscheidung in verschiedene Beteiligungsformen vornimmt. **§ 12 differenziert** zwischen:

- einem **unmittelbaren Täter** (§ 12 erster Fall),
- einem, der einen anderen dazu bestimmt, die Tat auszuführen (**Bestimmungstäter:** § 12 zweiter Fall) und
- einem, der sonst zur Ausführung der Tat beiträgt (**Beitragstäter:** § 12 dritter Fall).

C. Beteiligung am Fahrlässigkeitsdelikt

Bei Fahrlässigkeitsdelikten **erübrigt sich** eine **Unterscheidung** zwischen unmittelbarer Täterschaft und Beteiligung. Lässt sich jemand eine **Sorgfaltspflichtverletzung** im Sinne des Tatbestands eines Fahrlässigkeitsdelikts zu Schulden kommen, ist er **unmittelbarer Täter** des jeweiligen Fahrlässigkeitsdelikts (RZ 1982/6). Mangelt es an einer Sorgfaltspflichtverletzung, kommt eine Strafbarkeit wegen eines Fahrlässigkeitsdelikts überhaupt nicht in Betracht. Begriffe wie Beitragstäterschaft oder Bestimmungstäterschaft sind hier nicht denkbar, da bei diesen Erscheinungsformen ein Abzielen auf den deliktischen Erfolg gegeben sein müsste, und gerade dies fehlt bei einem Fahrlässigkeitsdelikt. Die Zielrichtung des Fahrlässigkeitstäters geht in eine ganz andere Richtung: 813

814 Der Beifahrer, der den Lenker auffordert, schneller zu fahren, tut dies, um schneller ans Ziel zu kommen, nicht aber, um aufgrund des verlängerten Bremsweges einen Passanten, der die Straße überqueren wollte, zu überfahren. Sieht man in der konkreten Aufforderung schneller zu fahren eine Sorgfaltspflichtverletzung iSd § 88, ist der Beifahrer genauso unmittelbarer Täter des jeweiligen Fahrlässigkeitsdelikts wie der Lenker des Unfallfahrzeuges.

D. Täterschaftsformen

1. Unmittelbare Täterschaft (§ 12 erster Fall)

815 **a)** Unmittelbarer Täter ist, wer eine dem Wortlaut des jeweiligen Tatbestandes entsprechende Ausführungshandlung setzt (EvBl 2000/162; SSt 2003/18; *Fuchs* AT I[8] Kap 33 Rz 1; *Kienapfel/Höpfel/Kert* AT[14] E 3 Rz 3). Das Verhalten muss der Beschreibung der Tathandlung des jeweiligen Tatbestands entsprechen (JBl 2003, 668).

Der Einbrecher bricht mit einem Brecheisen die Terrassentüre des Einfamilienhauses auf, nimmt die im Haus befindlichen, leicht transportierbaren Wertgegenstände an sich und sucht das Weite (§ 129 Abs 2 iVm § 12 erster Fall).

816 Der Begriff Ausführung wird in § 12 gezielt zur Bezeichnung von unmittelbarer Täterschaft (§ 12 erster Fall) zum Unterschied von Bestimmungs- und Beitragstäterschaft (§ 12 zweiter und dritter Fall) verwendet (EvBl 2005/129).

817 **b)** Die **Mittäterschaft** wird in § 12 nicht ausdrücklich als Erscheinungsform erwähnt. Sie liegt dann vor, wenn mehrere gemeinsam ein Delikt begehen. Die Willenseinigung kann vor der Tat oder spontan während der Ausführung der Tat erfolgen (EvBl 1979/146; SSt 60/21). Es ist keine ausdrückliche Erklärung, gemeinsam vorgehen zu wollen, notwendig. Die Übereinkunft kann auch stillschweigend oder durch schlüssiges einvernehmliches Handeln während der Tatausführung zustande kommen (JBl 1976, 215; JBl 1982, 328; JBl 1993, 465). **Mittäter** ist **nur**, wer **direkt an der Ausführung der Tat beteiligt** ist (JBl 1984, 267). Jeder Mittäter muss dabei eine vom gemeinsamen Vorsatz getragene Ausführungshandlung im Sinne des Wortlautes des Tatbestands setzen (RZ 1993/31; JBl 2003, 668; SSt 61/136).

818 Mittäterschaft liegt auch vor, wenn zwei Personen unbefugterweise ein Fahrzeug in Betrieb nehmen (§ 136), jedoch nur einer das Auto tatsächlich lenkt, während sich der andere mit der Rolle des Beifahrers begnügt (ZVR 1988/159). Die bloße Anwesenheit am Tatort (RZ 1992/45; JBl 1997, 799)

oder das Warten im Fluchtauto reicht jedoch nicht aus, Mittäterschaft anzunehmen (RZ 1993/31). Da alle Ausführungshandlungen rechtlich gleichwertig sind, bedarf es keiner Zuordnung der einzelnen Ausführungshandlungen zu einem bestimmten Mittäter (SSt 61/136). Bei arbeitsteiligem Vorgehen haften die einzelnen Mittäter für ihre Mitwirkung an der Tatausführung jeweils wechselseitig. Jedem werden die Tatbeiträge des anderen zugerechnet (RZ 1990/95).

Die Rsp will eine strafrechtliche Haftung als Mittäter auch dann annehmen, 819
wenn dieser erst im Laufe der Ausführung der strafbaren Handlung durch einen anderen mit der Vornahme einer eigenen Ausführungshandlung hinzutritt (**sukzessive Mittäterschaft**, JBl 1997, 471; *Fabrizy* WK-StGB[2] § 12 Rz 30; *Leukauf/Steininger* StGB[3] § 12 Rz 24; aM *Fuchs* AT I[8] Kap 33 Rz 21). Diese Konstruktion einer sukzessiven Mittäterschaft erscheint jedoch äußerst fragwürdig, denn dem Mittäter wird damit nachträglich ein Vorsatz in Bezug auf Verhaltensweisen unterstellt, an denen er nicht mitgewirkt hat und die auch nicht von einem vorangegangenen gemeinsamen Tatentschluss zu einem arbeitsteiligen Vorgehen umfasst waren. Ein Vorsatz kann rein denklogisch immer nur hinsichtlich einer zukünftigen Vorgangsweise gefasst werden. Jemand kann als Mittäter für das zur Verantwortung gezogen werden, was im Zuge einer vorangegangenen Planung zum Gegenstand eines gemeinsamen Tatvorsatzes gemacht wurde. Ein Täter, der erst später zum Tatgeschehen hinzukommt, hat nur den Vorsatz, einen Beitrag zu dem bereits in Ausführung befindlichen Tatgeschehen zu leisten. Er kann daher auch nur wegen Beitragstäterschaft (§ 12 dritter Fall, siehe Rz 848ff) und nicht wegen unmittelbarer Täterschaft (§ 12 erster Fall) zur Verantwortung gezogen werden. Dies setzt natürlich voraus, dass er bei seinem Hinzutreten erkannt hat, welche Handlungsweisen von den anderen Tätern vorweg bereits gesetzt wurden (so auch *Fuchs* AT I[8] Kap 33 Rz 62):

Ausgangsfall: Bei seinem abendlichen Spaziergang bemerkt X, wie zwei Jugendliche (Y und Z) in einen Supermarkt einbrechen. X findet die Aktion nicht schlecht, gesellt sich zu Y und Z und hilft ihnen beim Abtransport der Beute. Y und Z sind unmittelbare Täter des Einbruchs (§ 129 iVm § 12 erster Fall). X ist nur wegen Beitragstäterschaft zum Einbruch (§ 129 iVm § 12 dritter Fall) strafbar.

Variante I: Anders sieht die rechtliche Beurteilung aus, wenn X, Y und Z gemeinsam den Einbruch in den Supermarkt geplant haben, X jedoch zu spät am Tatort erscheint, weil er verschlafen hat und daher nur mehr noch beim Abtransport der Beute helfen kann. In diesem Fall ist X wegen Mittäterschaft am Einbruch (§ 129 iVm § 12 erster Fall) strafbar.

Variante II: X kommt bei seinem abendlichen Spaziergang beim aufgebrochenen Supermarkt vorbei. Y und Z haben den Tatort bereits verlassen.

X betritt nun den Supermarkt durch die aufgebrochene Türe und nimmt einige Zigarettenpackungen aus dem Regal an der Supermarktkassa mit. Ein Tatbeitrag kann denklogisch nur bis zur Vollendung des Deliktes gesetzt werden (EvBl 2002/165; EvBl 2014/56). X begeht daher in diesem Fall nur einen einfachen Diebstahl (§ 127) an den Zigaretten, da er mit dem Einbruch nichts zu tun hat (*Fuchs* AT I[8] Kap 33 Rz 64).

820 Gerade bei einem **arbeitsteiligen Vorgehen** ist die Unterscheidung zwischen unmittelbarer Täterschaft und Beitragstäterschaft mitunter schwierig. Unmittelbarer Täter und damit **Mittäter** kann **nur** sein, **wer zumindest einen Teil der Ausführungshandlung setzt** (JBl 1984, 267; EvBl 2000/27; JBl 2003, 668). Es muss jedoch nicht jeder einzelne alle Merkmale des Tatbildes verwirklichen (EvBl 1980/205). Selbst wenn ein Mittäter nur an einem Teil des Tatbildes mitwirkt, haftet dieser nicht nur wegen Versuchs und die anderen wegen Vollendung der Tat, sondern alle sind für die vollendete Deliktsbegehung strafrechtlich als Mittäter zur Verantwortung zu ziehen (EvBl 1975/168; EvBl 1982/97). Mittäter an der Körperverletzung ist, wer das Opfer festhält, während der andere zuschlägt, obwohl er nicht selbst unmittelbar durch Schläge die Verletzung herbeiführt (JBl 2002, 742). Gleiches gilt für denjenigen, der die Geisel bei einer erpresserischen Entführung (§ 102) nur bewacht (EvBl 1979/209). Die Beiträge können auch **sukzessive** erfolgen oder zeitlich und örtlich auseinanderliegen (SSt 52/52). Vielfach wird innerhalb der Mittäterschaft **mit verteilten Rollen** vorgegangen, wenn zB bei § 201 einer Gewalt gegen das Opfer ausübt, während der andere den Beischlaf vollzieht (SSt 53/56). Bei mehraktigen Delikten wie zB Raub (§ 142) ist jeder Beteiligte, der einen der Teilakte unmittelbar ausführt, Mittäter (SSt 2003/36; EvBl 2011/150).

821 Die ältere Rsp zog den Kreis der Mittäterschaft teilweise noch sehr weit und muss mittlerweile als überholt angesehen werden: Der bloße **Aufpasser** am Tatort ist **kein Mittäter**, da er keine Ausführungshandlung setzt (aM noch RZ 1976/123). Gleiches gilt für denjenigen, der den Täter bloß zum Tatort begleitet, selbst wenn er bereit ist, jederzeit bei der Tatausführung unterstützend einzugreifen, ohne dass es aber dazu kommt (aM RZ 1989/73). Keine Ausführungshandlung des Raubes setzt, wer bei diesem nur dadurch behilflich ist, dass er einen Helfer davon abhält, dem Opfer zu Hilfe zu kommen (aM SSt 46/63). Als bloße Beitragstäterschaft zum Ladendiebstahl ist daher auch die Anwesenheit am Tatort und das Ablenken des Angestellten zu werten (aM noch EvBl 1977/242).

822 **c)** Bei **Sonderdelikten** (zB § 302, Missbrauch der Amtsgewalt) muss jeder **unmittelbare Täter** und damit auch jeder Mittäter die **besondere Qualifikation aufweisen**, die der Tatbestand beim Täter verlangt (*Fuchs* AT I[8] Kap 35 Rz 4). Bei Fahrlässigkeitsdelikten kommt eine Mittäterschaft mangels eines

gemeinsamen auf den deliktischen Erfolg gerichteten Willens nicht in Betracht (SSt 52/34).

d) Die **Mittäter haften für** den **gesamten gemeinsam bewirkten Erfolg** (JBl 1979, 440). Auch wenn die Einbruchsbeute unter ihnen aufgeteilt wird, haftet jeder für die volle Summe der gestohlenen Wertgegenstände, was vor allem bei Überschreiten einer Wertqualifikationsgrenze (zB § 128 Abs 1 Z 5) Relevanz erlangen kann. Der gesamte Erfolg muss nur vom Vorsatz eines jeden einzelnen Mittäters getragen worden sein (EvBl 1980/27; EvBl 1980/40; SSt 52/52). Daher haftet nicht nur derjenige Tatbeteiligte wegen qualifizierten Raubes unter Verwendung einer Waffe (§ 143 Abs 1 zweiter Fall), der die Waffe beim Raubüberfall verwendet, sondern auch derjenige, der die Verwendung einer Waffe durch einen anderen Tatbeteiligten kennt und billigt. Die Zustimmung zum Waffeneinsatz kann dabei auch konkludent oder erst während der Tatausführung erfolgen (EvBl 2011/150). 823

Exzess einzelner Tatbeteiligter: Geht ein Mittäter über das gemeinsam Geplante hinaus, haften die anderen nicht für diesen Exzess (JBl 1976, 604; EvBl 1980/40; EvBl 1982/97), weil sich der Vorsatz der anderen darauf nicht erstreckt hat. Es kann dabei zwischen einem sog quantitativen und einem qualitativen Exzess unterschieden werden. Bei Ersterem tut der unmittelbare Täter mehr, als den Vorstellungen seines Beteiligten entspricht. 824

X und Y brechen in eine Villa ein (§ 129). X führt ohne das Wissen des Y eine geladene Pistole mit sich, die er gegebenenfalls auch zu gebrauchen beabsichtigt. Als sie während des Einbruchs vom Eigentümer der Villa überrascht werden, erschießt X ohne zu zögern den Villenbesitzer. Für diesen Mord kann Y nicht zur Verantwortung gezogen werden.

Das Mehr kann auch in einer Qualifikation liegen, die von der Schuld des Beteiligten nicht umfasst ist. Beim qualitativen Exzess tut der unmittelbare Täter etwas ganz anderes, als den Vorstellungen seiner Beteiligten entspricht (ÖJZ-LSK 1995/197): 825

Zwei Einbrecher verschaffen sich Zugang zu einer Villa. Einer von ihnen überrascht dabei die schlafende Hausbesitzerin und vergewaltigt sie, während der andere die Wertgegenstände wegschleppt. Der mit dem Wegschaffen der Diebesbeute beschäftigte Komplize haftet nicht für das Sexualdelikt.

Ein **Mittäter** kann für den **Exzess seines Komplizen** nur zur **Verantwortung** gezogen werden, **wenn** er diesen **Exzess ernstlich für möglich gehalten und** sich damit **abgefunden** hat (dolus eventualis, § 5 Abs 1). Nicht ausreichend für die Haftung als Mittäter ist es, wenn der Exzess eines Täters für die 826 anderen nur voraussehbar gewesen ist. Unterschiede im Vorsatz können so bei den einzelnen Mittätern zur Strafbarkeit wegen verschiedener Delikte führen (§ 13, RZ 2004/9).

827 Keine wesentliche Abweichung vom Tatplan liegt vor, wenn ein Einbruch geplant war, um Bargeld zu erbeuten, ein Mittäter jedoch andere Wertgegenstände mitnimmt, da er kein Bargeld findet. Alle Beteiligten können wegen des geplanten und ausgeführten Einbruchs zur Verantwortung gezogen werden (ÖJZ-LSK 1995/197).

2. Bestimmungstäterschaft (§ 12 zweiter Fall)

a) Erwecken des Tatentschlusses

828 Als zweite Beteiligungsform wird das „**Bestimmen“ eines anderen zur Tatausführung** genannt. Man versteht darunter nach verständlicherer Terminologie eine **Anstiftung** (*Fuchs* AT I[8] Kap 32 Rz 39). Als Bestimmungstäter iSd § 12 zweiter Fall wird bezeichnet, wer vorsätzlich einen anderen zur Ausführung einer strafbaren Handlung veranlasst (*Kienapfel/Höpfel/Kert* AT[14] E 4 Rz 1).

829 **Bestimmungshandlung:** Als Bestimmungshandlung kommen alle Verhaltensweisen in Betracht, durch welche beim unmittelbaren Täter der Entschluss zur Tat hervorgerufen wird (ZVR 1979/236; *Fabrizy* StGB[11] § 12 Rz 6; *Fuchs* AT I[8] Kap 33 Rz 30). Eine „Bestimmung“ bzw Anstiftung zur Tat kann durch Bitten, Befehlen, Bedrängen, Loben, Versprechen, Bedrohen, Täuschen etc erfolgen. Typische Bestimmungshandlungen sind das Anraten, die Aufforderung oder die Überredung des für die Tatausführung in Aussicht genommenen unmittelbaren Täters. Die Bestimmungshandlung kann auch in einer „unschuldigen“ Frage, einem scheinbaren Abraten, einem „Wetten, dass“, aber auch in sehr subtilen Formen, wie etwa dem Appell an die „Loyalität“, der bewussten Aktivierung des Vorausgehorsams, einem gezielten Sticheln und anderen raffinierten „Strategien“, um einen anderen, unter Umständen erst nach längerer Beeinflussung, allmählich „herumzukriegen“, bestehen. Es kommt dabei entscheidend auf die psychologische Gesamtsituation an.

Das Unternehmen des X befindet sich in finanziellen Schwierigkeiten. X fordert seine Buchhaltungskraft daher auf, unrichtige Steuererklärungen zu verfassen, damit das Unternehmen weniger Abgaben leisten muss. Die Buchhalterin weist X darauf hin, dass dies strafbar wäre. Als X jedoch an ihre Firmenloyalität appelliert, fügt sie sich seinen Wünschen. Die Buchhaltungskraft ist in diesem Fall die unmittelbare Täterin (§ 12 erster Fall) des jeweiligen Finanzvergehens. X ist als Anstifter bzw Bestimmungstäter (§ 12 zweiter Fall) dazu strafbar.

Das Hervorrufen eines Tatentschlusses in Form eines Anstoßes zur Verübung einer konkreten Tat ist auch noch dann möglich, wenn der Angestiftete bereits eine grundsätzliche Bereitschaft zur Begehung einer individuell noch nicht bestimmten Straftat erkennen lässt (NRsp 1990/154). 830

Die Bestimmungshandlung muss nicht direkt gegenüber dem unmittelbaren Täter erfolgen. Es genügt dazu auch die **Einschaltung eines Mittelsmannes** (**Kettenbestimmung**; SSt 50/30; JBl 1999, 265; EvBl 2011/122; aM *Fuchs* AT I[8] Kap 36 Rz 18). Der Adressat der Bestimmung braucht für den Bestimmenden von der Person her nicht einmal festzustehen (EvBl 2005/19). 831

Das **Delikt**, zu dem angestiftet wird, muss hinsichtlich **Typus und Individualität** (SSt 47/34) **hinreichend bestimmt** sein. Weiters muss die Tathandlung zumindest in groben Umrissen feststehen. Nur Einzelheiten, wie Zeitpunkt oder Ort der Tat, müssen noch nicht näher bestimmt worden sein (EvBl 1979/230). Die allgemeine Aufforderung, Steuern zu hinterziehen, was als Anstiftung zu diversen Finanzvergehen verstanden werden kann, genügt nicht. Die Aufforderung, „einen Einbruch" zu begehen, ist ebenfalls zu wenig konkretisiert (vgl JBl 1977, 46 bezüglich Beihilfe). 832

b) Bestimmungsvorsatz

Der Bestimmungstäter muss **vorsätzlich** den **Tatentschluss** in einem anderen **erwecken** (SSt 47/30). Die Art und Weise, wie jemand zu einem deliktischen Verhalten bestimmt wird, ist zwar gleichgültig, vorausgesetzt, dass das Vorgehen des Bestimmungstäters für die spätere Tatausführung kausal war (SSt 49/65). Es ist jedoch nicht jedes kausale Verhalten für das verbrecherische Handeln eines anderen als Bestimmungstäterschaft zu werten. Dazu bedarf es immer des Vorsatzes, zumindest in Form eines dolus eventualis, dass im anderen der Wille zur Tat erweckt wird (SSt 49/3). Der Vorsatz muss immer auf eine Vollendung der Tat gerichtet sein. Der Lockspitzel der Polizei (agent provocateur), der nur einen Versuch der Tat veranlassen, die Vollendung aber verhindern will, ist daher nicht strafbar. 833

Eine **fahrlässige Bestimmungstäterschaft scheidet denklogisch aus** (*Leukauf/Steininger* StGB[3] § 12 Rz 34; *Kienapfel/Höpfel/Kert* AT[14] E 4 Rz 1f; aM *Fabrizy* WK-StGB[2] § 12 Rz 61; *Triffterer* AT[2] 413): Wer fahrlässig dafür ursächlich wird, dass ein anderer eine Straftat begeht, könnte nur als (unmittelbarer) Täter eines entsprechenden Fahrlässigkeitsdeliktes zur Verantwortung gezogen werden (JBl 1984, 48; SSt 61/143). Der Regelung des § 12 zur Schließung unbilliger Strafbarkeitslücken bedarf es dabei gar nicht: 834

X ist ein Waffensammler und hat zu Hause mehrere Pistolen offen herumliegen. Als er von seinem Freund Y Besuch erhält, ruft dies in diesem den Entschluss hervor, sich eine Waffe unbemerkt anzueignen, um damit einen Mord zu begehen.

X ist in diesem Fall zwar kausal für den Mord des Y, er hatte aber nicht vorsätzlich diesen zur Tat bestimmt. Sieht man in der Art und Weise, wie X Waffen aufbewahrt, eine Fahrlässigkeit, könnte X eine fahrlässige Beteiligung an der Vorsatztat des Y zur Last gelegt werden. Dies wäre der Fall, wenn man es ua als objektiv sorgfaltswidrig erachtet, Waffen in dieser Weise aufzubewahren und es zudem auch als objektiv voraussehbar ansieht, dass ein Gast eine Waffe mitgehen lässt und damit einen Mord begeht. Wird dies unterstellt und sind auch die übrigen Kriterien einer Fahrlässigkeit iSd § 6 gegeben, dann handelt es sich nicht mehr um ein Problem der Beteiligungsform, sondern der fahrlässig Handelnde X ist als unmittelbarer Täter des jeweiligen Fahrlässigkeitsdelikts (fahrlässige Tötung, § 80) strafbar. Letztlich wird es im dargelegten Beispiel aber an der (objektiven) Voraussehbarkeit der Tötung mangeln.

c) Problem der Akzessorietät

835 **aa)** Bei der Bestimmungstäterschaft stellt sich vor allem die Frage, was unter der „strafbaren Handlung“ zu verstehen ist, zu der iSd § 12 bestimmt werden soll. Ist darunter nur eine tatbestandsmäßige Handlung zu verstehen, oder eine tatbestandsmäßige, rechtswidrige und schuldhafte Handlung. Fraglich ist vor allem, ob beim unmittelbar Handelnden auch ein spezifischer Tatvorsatz hervorzurufen ist.

836 Grundsätzlich reicht es aus, wenn der Bestimmungstäter im unmittelbaren Täter **nur den Handlungsentschluss** zu einer bestimmten Tat erweckt. Der unmittelbar Handelnde braucht sich nicht bewusst zu sein, dass er einen strafbaren Erfolg herbeiführt. Ein **Tatvorsatz** muss demnach im unmittelbar Handelnden im Regelfall (Ausnahme: Rz 845ff) **nicht** hervorgerufen werden. Für die Bestimmung zum Mord (§ 75 iVm § 12 zweiter Fall) reicht es aus, wenn jemand einem anderen bewusst ein geladenes Gewehr in die Hand drückt, diesem jedoch einredet, dass dieses ungeladen sei und er daher ruhig damit auf ein Person anlegen und abdrücken könne. Der die Tötungshandlung Ausführende ist sich bei dieser Sachverhaltsannahme der Tragweite seines Handelns nicht bewusst. Er besitzt keinen Tötungsvorsatz. Der Bestimmungstäter ist in diesem Fall wegen Anstiftung zum Mord strafbar (§ 75 iVm § 12 zweiter Fall), während dem unmittelbar Ausführenden höchstens der Vorwurf einer fahrlässigen Tötung (§ 80) gemacht werden könnte.

Bei der Bestimmung zum Betrug (§ 146) haftet der Bestimmungstäter auch dann für das vollendete Betrugsdelikt, wenn der unmittelbar Handelnde keinen Bereicherungsvorsatz hatte (RZ 1986/31).

Nach der Rsp **reicht** es aus, **wenn der unmittelbare Täter zu** einer **tatbestandsmäßigen** und **rechtswidrigen Handlung veranlasst wird (limitierte Akzessorietät,** JBl 1984, 389 mA *Burgstaller* u *Kienapfel*; differenzierend *Fuchs* AT I[8] Kap 33 Rz 85). 837

Bestimmungstäterschaft ist auch dann anzunehmen, **wenn sich** der **Bestimmungstäter eines schuldlos, fahrlässig, absichtslos** oder **tendenzlos handelnden Werkzeuges zur Tatausführung bedient** (RZ 1978/73; SSt 48/30; SSt 48/86; SSt 51/3). Man kann in diesem Fall von einem sog „mittelbaren Täter" sprechen (SSt 49/5). Selbst ein Geisteskranker oder ein unmündiges Kind kann zu einer Straftat bestimmt werden, obwohl diese Personen für ihre Handlungen strafrechtlich nicht zur Verantwortung gezogen werden könnten. 838

X fordert ihren fünfjährigen Sohn im Supermarkt auf, eine bestimmte Sache einzustecken und einfach bei der Kassa durchzulaufen, was dieser auch sofort mit Freude macht. Der Sohn könnte natürlich aufgrund seines Alters strafrechtlich nicht belangt werden. Sehr wohl ist die Mutter aber strafbar wegen Bestimmung zum Ladendiebstahl (§ 127 iVm § 12 zweiter Fall).

bb) Bestimmung zum Versuch – versuchte Bestimmung: Hat der unmittelbare Täter das Delikt vollendet, ist der Bestimmungstäter strafbar für das vollendete Delikt. Gelangte der unmittelbare Täter nur bis zum Tatversuch (§ 15 Abs 2), ist der Bestimmungstäter ebenfalls nur wegen Versuchs strafbar (EvBl 1985/83). Diese sog „Bestimmung zum Versuch" ist begrifflich von der „versuchten Bestimmung" (§ 12 zweiter Fall iVm § 15 Abs 2) zu unterscheiden. Bei der versuchten Bestimmung gelang es dem Bestimmungstäter nicht, im auserkorenen unmittelbaren Täter den Tatentschluss hervorzurufen und ihn zumindest zum Versuch der Tat zu veranlassen. In beiden Fällen ist der Bestimmungstäter wegen des versuchten Deliktes strafbar (§ 12 zweiter Fall iVm § 15; Rz 874ff). 839

Bestimmung zum Versuch: X fordert Y auf, einen Einbruch zu begehen, um seine Geldprobleme zu lösen. Y handelt, wie ihm geraten, doch wird er von der Polizei bereits beim Aufbrechen der Terrassentüre auf frischer Tat betreten und festgenommen. Es bleibt daher bei Y beim Einbruchsversuch (§ 129 iVm § 15 Abs 2) und X hat die Bestimmung zu diesem Einbruchsversuch zu verantworten (§ 129 iVm § 15 Abs 2 iVm § 12 zweiter Fall).

Versuchte Bestimmung: X fordert Y auf, einen Einbruch zu begehen, um seine Geldprobleme zu lösen. Y lehnt dies entrüstet ab. Y ist natürlich straflos. X kann aber wegen versuchter Bestimmung zum Einbruch (§ 129 iVm § 12 zweiter Fall iVm § 15 Abs 2) bestraft werden.

840 **Trat** der **unmittelbare Täter vom Versuch zurück** (§ 16) und gab es kein Verhalten des Bestimmungstäters, welches auch für den Rücktritt kausal gewesen wäre, bleibt der Bestimmungstäter wegen des Versuchs der Tat strafbar (Rz 789f).

841 **cc) Aufforderung zur Leistung eines Tatbeitrages:** Die vorsätzliche Veranlassung eines anderen zur Leistung eines sonstigen Tatbeitrages (§ 12 dritter Fall) ist **begrifflich keine Bestimmung** iSd § 12 zweiter Fall. Bestimmungstäter kann nämlich nur derjenige sein, der einen anderen dazu bestimmt, die strafbare Handlung auszuführen, also die tatbestandsmäßige Ausführungshandlung ganz oder zumindest teilweise vorzunehmen, nicht jedoch derjenige, der einen anderen bloß zu einer Handlung bewegen will, welche die Tatausführung fördern soll (JBl 1996, 329 mA *Medigovic*). Die Veranlassung zur Leistung eines Tatbeitrages könnte nur ihrerseits von der **Generalklausel des § 12 dritter Fall erfasst** werden, weil auch dadurch letztlich die Tatausführung des unmittelbaren Täters gefördert wird (JBl 1996, 329 mA *Medigovic*; *Fuchs* AT I[8] Kap 36 Rz 16). Daraus ergibt sich, dass das erfolglose Anwerben eines Komplizen straflos ist, wenn der Angeworbene nur einen Tatbeitrag leisten soll, weil die versuchte Beitragstäterschaft nicht strafbar ist (EvBl 2000/37, Rz 880ff).

d) Subsidiarität zur unmittelbaren Täterschaft

842 Beteiligt sich der Bestimmungstäter in der Folge an der Ausführung der Tat des unmittelbaren Täters, wird er zum Mittäter. Die **Bestimmungstäterschaft tritt** als subsidiäre Beteiligungsform **hinter** die **unmittelbare Täterschaft zurück** (JBl 1980, 327). Fungierte jemand als Beitragstäter (§ 12 dritter Fall) und Bestimmungstäter, tritt die **Beitragstäterschaft hinter die Bestimmungstäterschaft** zurück (SSt 48/92).

e) Bestimmung zum Sonderdelikt

843 Die Bestimmung zur Ausführung eines Sonderdelikts (zB Missbrauch der Amtsgewalt, § 302) ist ebenfalls **denkbar**, selbst wenn dem Bestimmungstäter die besondere Täterqualifikation (zB Beamteneigenschaft) fehlt (EvBl 1982/200; JBl 1983, 214; JBl 1983, 545).

> X ist als Bürgermeister für Baubewilligungen zuständig. Y bittet X, gegen seinen errichteten Schwarzbau nicht einzuschreiten. Da X und Y seit Kindestagen eng befreundet sind, wird von X gegen den Schwarzbau nichts unternommen (§ 302). Obwohl nur X als Bürgermeister die von § 302 geforderte Beamtenqualifikation besitzt (§ 74 Abs 1 Z 4), kann Y als Bestim-

mungstäter zu § 302 zur Verantwortung gezogen werden (§ 12 zweiter Fall iVm § 14 Abs 1, siehe Rz 886ff).

Handelt es sich um eine Tat, die eine **besondere Vorsatzform** verlangt, muss diese auch beim nicht qualifizierten Bestimmungstäter vorhanden sein. Der Bestimmungstäter muss daher zB **wissentlich in Bezug auf den Befugnismissbrauch des unmittelbaren Täters** handeln, wenn er einen Beamten zu einem Amtsmissbrauch (§ 302, JBl 1978, 270) oder einen Machthaber zur Untreue (§ 153, JBl 1991, 532) veranlassen möchte. Absichtlich iSd § 5 Abs 2 muss er handeln, wenn er jemanden zu einer Täuschung (§ 108) auffordert (ÖJZ-LSK 1977/77). Glaubt der Bestimmungstäter nur, dass der Beamte als unmittelbarer Täter einen Befugnismissbrauch begehen könnte, mangelt es an dieser Vorsatzvoraussetzung. Auch die bloße Feststellung, dem Beteiligten hätte klar sein müssen, dass er einen Beamten zu einem Befugnismissbrauch bestimmt, ist nicht ausreichend für eine strafrechtliche Haftung nach § 302 iVm § 12 zweiter Fall (SSt 48/81). 844

Einen eigentümlichen Lösungsweg geht die Rsp, wenn sich die Konstellation so darstellt, dass dem unmittelbaren Täter zwar die besondere Vorsatzform fehlt, diese jedoch beim Hintermann vorhanden ist. In Bezug auf Sonderdelikte weicht die Rsp von ihrem generellen Standpunkt (Rz 836) ab und verlangt sowohl beim Bestimmungstäter als auch beim unmittelbar Ausführenden vorsätzliches Handeln (JBl 1990, 331; SSt 64/17). Das ist nicht selbstverständlich, denn der Außenstehende kann sich auch eines gutgläubigen Beamten zur Begehung von etwas bedienen, was objektiv einen Missbrauch der Amtsgewalt (§ 302) darstellt. Dem unmittelbar ausführenden qualifizierten Täter (Beamten) mangelt es dann am Bewusstsein, dass er seine Befugnis missbraucht. In Bezug auf §§ 153 u 302 meint die Rsp jedoch, dass das Vorliegen eines „**Missbrauchs**" sowohl sprachlich, als auch seinem materiellen Gehalt nach einen **vorsätzlichen Fehlgebrauch verlange** (EvBl 1987/37; JBl 1988, 392; JBl 1990, 331; JBl 2003, 330 mA *Sautner*; SSt 64/17; aM *Zagler* SbgK § 302 Rz 163). Daraus schließt die Judikatur, dass sich der **Vorsatz des Beteiligten** auf eine **zumindest „bedingt vorsätzliche"** (dolus eventualis, § 5 Abs 1) aber nicht „wissentliche" **Mitwirkung des unmittelbaren Täters** erstrecken müsse (EvBl 1987/37; JBl 1990, 331; ÖJZ-LSK 1998/66; RZ 2002/31; EvBl 2012/84). 845

- Der forsch auftretende Jurist Dr X erklärt dem Bürgermeister Y, dass dieser ihm die Baubewilligung für die Aufstockung seines Einfamilienhauses zu erteilen habe, obwohl X weiß, dass damit die zulässige Bauhöhe bei weitem überschritten würde. Dr X rechnet erst gar nicht damit, dass Y die Zulässigkeit seines Ansinnens hinterfragen werde. Y ist kein Jurist und kennt sich in Baufragen nur wenig aus. Vom Auftreten des Dr X beeindruckt, glaubt er diesem jedoch und erteilt die Baubewilligung. Dr X wäre nach der Rsp nicht als Bestimmungstäter zum Amtsmissbrauch strafbar (§ 12 zweiter Fall iVm § 302).

- **Variante:** Y glaubt Dr X nicht und hält eine Baubewilligung für gesetzlich unzulässig. Weil Dr X aber ein Freund aus Kindheitstagen ist, erteilt er die Baubewilligung dennoch. In diesem Fall wäre Dr X als Bestimmungstäter zum Amtsmissbrauch strafbar (§ 12 zweiter Fall iVm § 302).
  Die herrschende Rsp führt somit dazu, dass der geschickt operierende Bestimmungstäter, der im Beamten einen Irrtum über den Missbrauch seiner Befugnisse erwecken kann bzw derjenige, dem das Glück einen minder geschulten oder leichtgläubigen Beamten beschert, durch Straffreiheit besser gestellt ist als der weniger durchtriebene oder glückliche Täter.

846 Der unmittelbare Täter muss daher bei einem Missbrauch der Amtsgewalt die Sonderqualifikation der Beamteneigenschaft aufweisen und zumindest mit dolus eventualis in Bezug auf den Befugnismissbrauch handeln. Der extrane Beteiligte muss einen (zumindest) vorsätzlichen Befugnismissbrauch durch den unmittelbar agierenden Beamten für gewiss halten (JBl 1991, 532; SSt 61/116; EvBl 2012/84; aM *Fuchs* AT I[8] Kap 35 Rz 27, der einen wissentlichen Befugnismissbrauch des unmittelbaren Täters verlangt – sog „doppelte Wissentlichkeit"). Wer daher vermeiden will, dass einem Beamten die Missbräuchlichkeit seines Verhaltens bewusst wird, hat nach der Rsp nicht den Vorsatz, das Unrecht eines Amtsmissbrauches zu verwirklichen und daher auch nicht § 302 als Bestimmungs- oder Beitragstäter zu verantworten. Die Rsp geht jedoch nicht so weit zu fordern, dass der Beteiligte im unmittelbar tatausführenden Beamten auch einen Schädigungsvorsatz erwecken müsse (JBl 1990, 331). Entsprechendes gilt für den Tatbestand der Untreue (§ 153).

847 Entgegen der herrschenden Judikatur erschiene es wohl überzeugender, auch bei Sonderdelikten nach den allgemeinen Grundsätzen vorzugehen und ebenso die Bestimmung eines vorsatzlosen Werkzeuges für tatbildlich anzusehen. Missbrauchen der Befugnis bedeutet nach den erläuternden Bemerkungen zur Regierungsvorlage nichts anderes, als dass diese falsch bzw rechtswidrig gebraucht wird (RV 30 BlgNR 13.GP, 455). Eine Vorsätzlichkeit des unmittelbar Ausführenden wird zur Erfüllung dieses Kriteriums nicht verlangt.

3. Beitragstäterschaft (§ 12 dritter Fall)

a) Allgemeines

848 Von der **Generalklausel** des § 12 „***oder sonst zu ihrer Ausführung beiträgt***" werden alle Tatbeiträge erfasst, welche nicht als unmittelbare Täter-

schaft und auch nicht als Bestimmungstäterschaft qualifiziert werden können. Dem Gesetzestext entsprechend kann von einer Beitragstäterschaft als dritter Täterschaftsform gesprochen werden. Die Beitragstäterschaft ist **gegenüber** der **unmittelbaren Täterschaft** (JBl 1989, 189) und der **Bestimmungstäterschaft materiell subsidiär**. Es kann daher nicht jemand wegen Beteiligung an derselben Tat in zwei Täterschaftsformen verurteilt werden (SSt 61/86). Die Bestimmung (Anstiftung) zu einem Tatbeitrag ist ebenfalls als Beitragstäterschaft zu werten (JBl 1996, 329 mA *Medigovic*; *Fuchs* AT I[8] Kap 36 Rz 16).

Für den Begriff der Beitragstäterschaft ist es ohne Belang, in welcher realen 849
Entwicklungsstufe sich die Tat befindet, zu der der Beitrag geleistet wird. Der **Beitrag** kann **auch im Vorbereitungsstadium** der Tat geleistet werden (SSt 60/13). Der Beitragstäter ist jedoch erst strafbar, wenn der unmittelbare Täter die Tat zumindest versucht hat.

X beschafft dem Y eine Pistole, damit dieser den Mord an seiner untreuen Gattin ausführen kann. X leistet damit einen physischen Tatbeitrag zum Mord des Y, obwohl sich Y als unmittelbarer Täter erst im Rahmen der Vorbereitung seines geplanten Mordes befindet.

Die Tat muss zum Zeitpunkt des Tatbeitrages noch nicht in allen Einzelhei- 850
ten (Zeit und Ort der Begehung) feststehen (EvBl 1994/78). Die Tat braucht bloß ihrer Art nach und in groben Umrissen in der Vorstellung des Gehilfen individualisiert sein (SSt 55/85). Weicht der konkrete Tatablauf von der Vorstellung des Beitragstäters ab, ist dies unbeachtlich, solange der Unterschied zwischen dem tatsächlichen und vorgestellten Verlauf keine andere rechtliche Beurteilung zu Gunsten des Beitragstäters erfordert (JBl 1984, 445).

Der **Tatbeitrag muss vom unmittelbaren Täter tatsächlich genützt** wer- 851
den und die ausgeführte Tat muss letztlich zumindest bis ins Versuchsstadium fortgeschritten sein. Ansonsten liegt nur eine **straflose versuchte Beitragstäterschaft** vor (SSt 61/8; *Fuchs* AT I[8] Kap 32 Rz 35, Kap 34 Rz 38; *Hager/Massauer* WK-StGB[2] §§ 15, 16 Rz 13, 22; *Kienapfel/Höpfel/Kert* AT[14] E 6 Rz 35). **Nach Vollendung des Delikts** ist eine Beitragstäterschaft **nicht mehr** denkbar. Bei strafbaren Handlungen mit überschießendem Vorsatz kann ein Tatbeitrag bis zu dem als materielle Vollendung bezeichneten Zeitpunkt, in dem das über die formale Vollendung hinaus Gewollte einzutreten beginnt, geleistet werden (EvBl 201456; EvBl 2002/165; *Fabrizy* StGB[11] § 12 Rz 11). Unterstützungshandlungen von Dritten nach Vollendung der Tat können jedoch möglicherweise zur Verwirklichung eines anderen Tatbestandes führen:

Der Einbrecher X kommt mit seiner Diebesbeute nach Hause. Als sein Bruder Y die Beute sieht, erklärt er sich spontan bereit, beim Verkauf der Beute zu helfen. Wenn Y die Beute von X weiterverkauft, liegt darin keine

Beitragshandlung zum Einbruch (§ 129 iVm § 12 dritter Fall) des X. Y macht sich jedoch wegen Hehlerei als unmittelbarer Täter (§ 164 iVm § 12 erster Fall) strafbar.

b) Beitragshandlung

852 Als Beitragshandlung ist jede Verhaltensweise anzusehen, welche die Ausführung der Tat durch einen anderen ermöglicht, erleichtert, absichert oder in anderer Weise fördert (JBl 2003, 467; SSt 61/115). Es muss **nicht** der **Nachweis** erbracht werden, **dass ohne** diesen **Beitrag eine Ausführung der Tat unmöglich** gewesen wäre (SSt 2007/99; EvBl 2015/92).

853 Ein direkter Kontakt zwischen dem Beitrags- und dem Ausführungstäter ist nicht notwendig (SSt 61/8; SSt 2007/99; *Fabrizy* in WK² § 12 Rz 84). Ein Tatbeitrag kann selbst ohne Wissen des Unterstützten geleistet werden, sofern sich diese Hilfe bei der Tat in irgendeiner Weise (zB durch eine vom unmittelbaren Täter unbemerkt gebliebene Einwirkung auf das Tatopfer oder eine sonstige Erleichterung der Tathandlung) auswirkte (SSt 2007/99).

854 Es ist zwischen einer physischen und psychischen Beitragstäterschaft zu differenzieren:

855 **Physischer Tatbeitrag**: Für die physische Beitragstäterschaft genügt **jede Förderung**, welche noch kausal für die Tat ist. Selbst geringste Hilfsdienste werden als strafrechtlich relevant angesehen (zB Beförderung zum Tatort EvBl 1978/107; ÖJZ-LSK 1996/238). Eine physische Beitragstäterschaft liegt vor, wenn jemand als Aufpasser fungiert, um rechtzeitig vor einer Polizeistreife oder einer Störung durch Dritte zu warnen (ÖJZ-LSK 1996/240). Die bloße Anwesenheit am Tatort in der Rolle eines Zuschauers reicht noch nicht zur Annahme einer Beitragstäterschaft (RZ 1992/45).

856 Jede Handlungsweise, die **noch nicht** einen strafbaren **Versuch des jeweiligen Tatbestands** (§ 15 Abs 2) darstellt, kann als Beitragstäterschaft zu diesem Tatbestand in Betracht kommen (EvBl 1981/132).

Im Hinblick auf den unmittelbaren Täter muss jedoch beachtet werden, dass die Strafbarkeit wegen Beitragstäterschaft erst eintritt, wenn der unmittelbare Täter zumindest ins Versuchsstadium der Tat (zB des Mordes, § 15 Abs 2 iVm § 75) gelangt ist (Rz 880ff; ÖJZ-LSK 1983/105). Dazu muss es noch nicht zu einer Verletzung des geschützten Rechtsguts gekommen sein (SSt 51/45).

857 **Psychischer Tatbeitrag:** Die Beitragstäterschaft ist auch in Form einer psychischen Beitragstäterschaft denkbar. Diese besteht darin, dass der Täter in seinem Tatentschluss bestärkt wird (SSt 61/115). Das Bestärken kann zB durch Ratschläge erfolgen (ÖJZ-LSK 1996/240). Eine Strafbarkeit ist jedoch

nur dann anzunehmen, wenn **nachgewiesen** werden kann, dass die **psychische Einflussnahme** auf den unmittelbaren Täter diesen in seinem **bereits vorhandenen Willen zur Tat** (Tatentschluss) **bestärkt** hat. Dabei bedarf es einer strengen Prüfung der Kausalität (JBl 2003, 467): Der unmittelbare Täter hätte vielleicht doch noch geschwankt, die Tat auszuführen, der fördernde Rat oder die Billigung durch den Beitragstäter hat jedoch den Entschluss des Täters endgültig gemacht. Eine psychische Unterstützung liegt auch in der bloßen Zusage, bei einer Tat mitzuwirken (SSt 55/22). Ebenso kann eine (psychische) Unterstützung in der Form geleistet werden, dass dem unmittelbaren Täter für die Zeit **nach Vollendung der Tat Hilfe** bei der Flucht oder beim Absatz der gestohlenen Waren **versprochen** wird (SSt 61/115). Diese günstigen Aussichten können einen Tatentschluss stärken, weil der Täter damit seinem Tun eine größere Erfolgschance einräumt oder einen schnelleren Profit erhofft.

Eine psychische oder intellektuelle Beitragstäterschaft ist **nicht anzunehmen, wenn** der **unmittelbare Täter** keiner Bestärkung seines Tatentschlusses bedarf, weil er ohnedies bereits **fest zur Tat entschlossen ist** (EvBl 1983/108; JBl 2003, 467). 858

Auch ein **physischer Beitrag**, der sich auf die **Tat nicht** hilfreich **ausgewirkt** hat, **könnte dennoch** den Täter in seinem **Tatentschluss bestärkt haben** und wäre so als psychische Beitragstäterschaft strafbar: 859

X gibt dem Y einen Nachschlüssel für den Einbruch in die Wohnung des Nachbarn. Als Y damit in die Nachbarwohnung gelangen möchte, steht die Eingangstüre der Wohnung bereits offen, sodass er den Nachschlüssel gar nicht benötigt. Die physische Beitragstäterschaft des X wurde für den Einbruch nicht kausal. Der unmittelbare Täter Y hätte aber vielleicht die Tat gar nicht erst versucht, wenn er nicht durch den Besitz des Schlüssels die Erfolgschance höher bewertet hätte. Dass er den Schlüssel dann doch nicht gebraucht hat, war dann für ihn ein angenehmer Zufall, die psychische Wirkung der Bestärkung zur Tat blieb aber erhalten.

Die psychische Bestärkung des Tatentschlusses muss vom Gericht konkret nachgewiesen werden können. Gibt der unmittelbare Täter im oben angeführten Beispiel an, dass er auch ohne Nachschlüssel den Einbruch unternommen hätte, scheidet eine psychische Beitragstäterschaft aus. 860

Das bloße Begleiten des Täters zum Tatort, der Aufenthalt in Tatortnähe bzw das schlichte Dabeisein, Mitansehen, Mitwissen und widerspruchslose Dulden der Tatausführung begründen für sich allein noch keine psychische Beitragstäterschaft (JBl 2003, 467; SSt 2007/99). Wenn sich jedoch die Begleitung zum Tatort als Bestärkung des Mutes zur Tatausführung erweist, liegt darin eine psychische Beitragstäterschaft (RZ 1989/20). Bei einer in Aussicht 861 genommenen Beitragshandlung bedarf es daher konkreter Feststellungen, dass dieser Beitrag zumindest mitkausal für die Ausführung wurde. Ein im Fall fehlender Kausalität vorliegender bloßer Beitragsversuch bliebe nämlich straflos (SSt 2007/99; *Fabrizy* in WK² § 12 Rz 85).

A weiß, dass sein Freund B, mit dem er vom gemeinsamen Fernurlaub zurück nach Österreich fliegt, Suchtmittel im Koffer versteckt hat. Allein der Umstand, dass A in Kenntnis des Suchtmittelschmuggels durch B diesen bei der Einreise nach Österreich begleitet, begründet für sich allein weder eine physische noch eine psychische Förderung des B. Sofern B dadurch in seinem Tatentschluss nicht bestärkt wird, kann das Verhalten des A nur nach § 286 (Unterlassen der Verhinderung einer mit Strafe bedrohten Handlung) verfolgt werden.

Variante: Anders wäre dieser Fall zu beurteilen, wenn A als Vater eine Garantenstellung gegenüber seinem 17-jährigen Sohn B besitzt. A hätte dann einen Tatbeitrag durch Unterlassen zum Suchtmittelschmuggel des B zu verantworten (JBl 1988, 55).

c) Vorsatz

862 Der Beitragstäter muss den Vorsatz besitzen, zu einer konkreten Tat physisch oder psychisch einen Beitrag zu leisten, mit dem Ziel, dass der unmittelbare Täter sein geplantes Delikt erfolgreich ausführt und vollendet (EvBl 1984/163). Als Beitragstäter ist **nicht** strafbar, wer seine Hilfeleistung nur erbringt, damit der unmittelbare Täter ins Versuchsstadium gelangt, den Erfolgseintritt aber letztlich verhindern will. Dies wäre zB bei einem **verdeckten Ermittler der Polizei** der Fall, der als agent provocateur auftritt (vgl § 132 StPO).

863 Bei Tatbeständen, die eine **bestimmte Vorsatzform** verlangen, **muss** diese **auch bei allen Beteiligten nachgewiesen werden**. Wer einen Beitrag zu einem Missbrauch der Amtsgewalt (§ 302) oder der Untreue (§ 153) leistet, muss wissentlich (§ 5 Abs 3) in Bezug auf die Pflichtverletzung des unmittelbaren Täters handeln (JBl 1983, 214; JBl 1991, 532). Ein grundsätzliches Wissen wird dabei als ausreichend angesehen (JBl 1983, 545). Der Beitragstäter zur Untreue muss wissen, dass der Machthaber seine Pflicht verletzen würde (JBl 1978, 270). Der Vorsatz des Beitragstäters muss sich weiters auch auf den damit verbundenen Schaden des Machtgebers erstrecken (SSt 58/74). Hingegen ist ein wissentliches Handeln auf der Seite des unmittelbar ausführenden Täters keine zwingende Voraussetzung. Der Beitragstäter muss auch nicht annehmen, dass der unmittelbare Täter wissentlich handeln werde. Zur **Beitragstäterschaft** an **Sonderdelikten** sei im Übrigen auf die Ausführungen

zur Bestimmungstäterschaft bei Sonderdelikten verwiesen (Rz 843ff), welche auch für die Beitragstäterschaft gelten.

Wer bloß **fahrlässig zum Gelingen** einer Tat **beiträgt**, handelt nicht von vornherein straflos. Es ist hierbei zu prüfen, ob das fördernde Verhalten alle Voraussetzungen eines Fahrlässigkeitsdelikts erfüllt. Ist dies der Fall, kann der „Beitragstäter" als unmittelbarer Täter des jeweiligen Fahrlässigkeitsdelikts zur Verantwortung gezogen werden (JBl 1984, 48). Beteiligt sich jemand fahrlässig an einem Fahrlässigkeitsdelikt, kommt ebenso nur (unmittelbare) Täterschaft in Bezug auf ein eigenes Fahrlässigkeitsdelikt in Betracht (SSt 52/34). Voraussetzung dazu ist, dass vom Beteiligten eine **eigene Sorgfaltspflicht verletzt** wurde. 864

A leiht B sein Auto, obwohl er weiß, dass dieser keinen Führerschein besitzt. B verschuldet einen Unfall, bei dem ein Passant schwer verletzt wird (§ 88). B kann in diesem Fall wegen fahrlässiger Körperverletzung (§ 88) zur Verantwortung gezogen werden. Doch auch A hat mit dem Verleihen seines Autos an jemanden, der keinen Führerschein besitzt, eine Sorgfaltspflicht verletzt. Die Voraussehbarkeit eines Unfalls mit Personenschaden wird bei dieser Sachlage regelmäßig gegeben sein. Es kann daher auch A wegen fahrlässiger Körperverletzung (§ 88) zur Verantwortung gezogen werden.

Wer unvorsichtig seine geladene Pistole liegen lässt und dem Mörder damit die Möglichkeit gibt, zu einer Waffe zu gelangen, trägt zur Ausführung des Mordes bei. Da dieser Beitrag aber nur fahrlässig erfolgt, kommt für den Beitragleistenden nur eine strafrechtliche Verantwortung wegen fahrlässiger Tötung (§ 80) in Betracht, während der unmittelbar ausführende Täter wegen Mordes (§ 75) strafbar ist (vgl Bsp oben Rz 841). 865

d) Problem der Akzessorietät

aa) Nach der Regelung des **§ 13** ist **jeder Beteiligte nach seiner Schuld** zu bestrafen. Ein und dasselbe Tatgeschehen kann demnach für einen Beteiligten vorsätzlicher Mord, für den anderen nur fahrlässige Tötung sein, denn äußerlich ist Mord von fahrlässiger Tötung nicht zu unterscheiden, wenn man die unterschiedliche Täterintention außer Betracht lässt. Es besteht daher weitgehend keine Abhängigkeit zwischen der Tat des Beteiligten und dem Typus der vom unmittelbaren Täter ausgeführten Tat. Die Beitragstäterschaft ist demnach nicht qualitativ akzessorisch (EvBl 1995/6). 866

867 **bb)** Der **unmittelbare Täter muss** zumindest **tatbildmäßig** und **rechtswidrig gehandelt haben**. Ohne Relevanz ist hingegen, ob der unmittelbare Täter schuldhaft gehandelt hat (limitierte Akzessorietät; JBl 1984, 389 mA *Burgstaller* u *Kienapfel*). Dem **Handeln** des **unmittelbaren Täters braucht** kein **Tatvorsatz zugrunde zu liegen** (EvBl 1995/6).

868 Es ginge zu weit, wenn man darauf verzichten würde, dass der unmittelbare Täter rechtswidrig gehandelt hat. Das erkennt man daran, dass die Beitragstäterschaft überhaupt nur strafbar ist, wenn der unmittelbare Täter die Tat wenigstens versucht hatte und dies muss wohl eine kriminelle und damit rechtswidrige Tat gewesen sein (SSt 50/2).Ein Beitragstäter ist jedoch strafbar, wenn der unmittelbare Täter mangels Zurechnungsfähigkeit nicht schuldhaft gehandelt hat (SSt 61/92).

Als X in der Nacht von einer Party nach Hause geht, wird sie von zwei Jugendlichen überfallen. Für diesen Ernstfall hat X von ihrem Vater einen Elektroschocker mitbekommen, den sie sofort einsetzt. Ein Angreifer wird dabei schwer verletzt. Diese Körperverletzung (§§ 83f) ist durch Notwehr (§ 3) gerechtfertigt und damit straffrei. Der Vater von X hat zu dieser Verletzung einen Beitrag geleistet, indem er seiner Tochter den Elektroschocker mitgegeben hat. Da die Handlung von X rechtmäßig ist, geht natürlich auch der Vater straffrei.

869 **cc)** Die Strafbarkeit des Beitragstäters tritt erst ein, sobald die von ihm geförderte Tat des **unmittelbaren Täters zumindest das Stadium des strafbaren Versuchs** (§ 15 Abs 2) **erreicht** hat (EvBl 1994/78; ÖJZ-LSK 1996/241). Es besteht daher eine Abhängigkeit des Beitragstäters vom unmittelbaren Täter dahingehend, dass der unmittelbare Täter eine tatbestandsmäßige und rechtswidrige Tat wenigstens versucht haben muss (quantitative Akzessorietät). Nur unter dieser Voraussetzung wird der Beitragstäter strafbar. Solange der unmittelbare Täter die Tat nicht einmal versucht hat, bleibt der Beitragstäter straffrei, obwohl sein Beitrag voll geleistet worden ist, nur konnte er eben für die tatbestandsmäßige und rechtswidrige Tat des unmittelbaren Täters noch nicht kausal wirken. **Versuchte Beitragstäterschaft** ist nach österreichischem Recht **straffrei** (Rz 880ff), im **Gegensatz zur versuchten Bestimmungstäterschaft** (§ 15 Abs 2, Rz 874ff).

870 Die Bestrafung des **Beitragstäters** wegen des **vollendeten Delikts** setzt die **Tatvollendung** durch den **unmittelbaren Täter** voraus. Der **Beitragstäter** haftet nur wegen **Deliktsversuchs**, wenn die **geförderte Tat** beim **Versuch** geblieben ist (JBl 2004, 804).

871 **dd)** Begeht der **unmittelbare Täter** eine **andere Tat** als jene, worauf sich der Vorsatz des Beitragstäters erstreckt hat, ist die **Beitragstäterschaft straf-**

los. Unter einer anderen Tat versteht man ein solches Tatgeschehen, welches schon rein äußerlich anders in Erscheinung tritt und nicht nur wegen der verschiedenen Gestaltung subjektiver Komponenten anders qualifiziert werden müsste (zB § 75 oder § 80).

X gibt vor, einen Einbruch in die Wohnung seines Nachbarn begehen zu wollen. Y verschafft ihm hierauf einen Nachschlüssel zu dieser Wohnung. In Wirklichkeit plant X jedoch einen Mord am Wohnungsbesitzer und will mit dem Nachschlüssel leichter an das Opfer herankommen. Y leistet damit zwar real einen Beitrag zum Mord, weil X leichter in die Wohnung seines Opfers eindringen kann. Y wollte jedoch nur einen Beitrag zu einem Einbruch erbringen. Damit liegt der bloße Versuch eines Beitrags zum Einbruch (§ 129) vor. Ein Einbruch hat real nicht einmal in Form eines Versuchs stattgefunden. Da die versuchte Beitragstäterschaft nicht strafbar ist, geht Y straffrei.

Anders ist der Fall **zu beurteilen**, wenn es nur zur **Steigerung** eines der 872
Art nach gleichen Grunddelikts kam:

X leistet einen Beitrag zum Diebstahl des Y, indem er diesen genau instruiert, wie er unbemerkt an die Geldtasche seines Opfers gelangen könnte. Als Y den Diebstahl ausführen will, bemerkt das Opfer dessen Vorhaben und setzt sich heftig zur Wehr. Y schlägt daraufhin mit der Faust das Opfer nieder, um an die Geldtasche zu kommen und flieht. Y hat als unmittelbarer Täter in diesem Fall einen Raub zu verantworten (§ 142). X haftet als Beitragstäter bloß für Beitragstäterschaft zum Diebstahl (§ 127), da ein Raub nichts anderes als ein gewaltsamer Diebstahl ist.

War das Deliktsobjekt ein anderes Opfer, ist dies ebenso grundsätzlich ohne 873
Bedeutung, wenn es nicht auf dessen Individualität ankam (EvBl 1981/132). Ansonsten wäre diese Konstellation unter dem Aspekt der aberratio ictus (Rz 218f) zu beurteilen.

E. Versuchte Bestimmungstäterschaft – Versuchte Beitragstäterschaft

Durl Strafloser Beitragsversuch und strafbare Mitwisserschaft – ein vermeidbares Paradoxon, RZ 2010, 220. 244; *Zipf* Probleme der versuchten Bestimmung zu einer Straftat, RZ 1980, 141.

1. Versuchte Bestimmungstäterschaft (§ 12 zweiter Fall iVm **§ 15** 874
Abs 2): Eine versuchte Bestimmungstäterschaft ist immer dann anzunehmen, wenn es dem Bestimmungstäter nicht gelingt, den unmittelbaren Täter

zum Versuch der Tat zu veranlassen (*Kienapfel/HöpfelKert* AT[14] E 6 Rz 13). Der Bestimmungstäter ist dann bloß wegen Versuchs jener Tat strafbar (§ 15 Abs 2), zu der er vergeblich bestimmt hat.

875 Eine versuchte Bestimmungstäterschaft liegt vor, wenn es dem Bestimmungstäter **nicht** einmal **gelingt**, im unmittelbaren Täter den **Tatentschluss zu erwecken**. Dies gilt selbst dann, wenn die Bestimmungshandlung den zu Bestimmenden überhaupt nicht erreicht hat (SSt 61/75). Eine unmittelbare Nähe zur Ausführungshandlung des unmittelbaren Täters ist nicht erforderlich (*Burgstaller* JBl 1976, 116; ÖJZ-LSK 1983/55). Zur versuchten Bestimmung zu einem Delikt ist es ausreichend, wenn die Tat der Art nach und in groben Umrissen feststeht (SSt 47/79).

876 Durch § 15 Abs 2 wird der Bereich strafbaren Verhaltens sehr weit ausgedehnt, denn derjenige, der einen anderen bloß zur Tat bestimmen will, ist von dieser viel weiter entfernt, als derjenige, der sie unmittelbar ausführen soll. Es erscheint daher angebracht, den Beginn des Versuchsstadiums bei einer versuchten Bestimmungstäterschaft restriktiver auszulegen, als beim Versuch einer unmittelbaren Tatbegehung.

X bringt einen Brief zum Postamt, mit dem er einen Zeugen zu einer falschen Beweisaussage (§ 288) auffordert. Es handelt sich dabei bereits um den strafbaren Versuch einer Bestimmung zu § 288, auch wenn der Zeuge den Brief vollkommen unbeeindruckt in den Papierkorb wirft. Mit dem Versenden des Briefes hat X die entscheidende Hemmschwelle überwunden (SSt 56/55) und die Herrschaft über das Geschehen aus der Hand gegeben. Das bloße Verfassen des Briefes wäre hingegen als reine Vorbereitungshandlung dazu noch nicht strafbar.

877 Wird zu einem Diebstahl aufgefordert (§ 127) und begeht der unmittelbare Täter einen Raub (§ 142), haftet der Bestimmungstäter nur für die Bestimmung zum Diebstahl. Dies ist möglich, weil der Raub die Grundelemente des Diebstahls in sich trägt, und demnach nichts anderes ist als ein gewaltsamer Diebstahl. Wird hingegen zu einem Einbruch angestiftet (§ 129) und begeht der unmittelbare Täter einen Mord (§ 75), haftet der Bestimmungstäter nicht dafür, sondern bloß wegen versuchter Bestimmung zum Einbruch (§ 129 iVm §§ 12, zweiter Fall, 15 Abs 2). Im Ergebnis schwer einleuchtend führt dies zu einer Bestrafung wegen versuchten Einbruchs, obwohl ein Einbruch eigentlich nie stattgefunden hat, sondern ein Mord passiert ist (vgl jedoch dazu das gleiche Beispiel in Bezug auf die versuchte Beitragstäterschaft, Rz 871).

878 Als **versuchte Bestimmungstäterschaft** wird auch zu werten sein, **wenn** der Bestimmungstäter **im unmittelbaren Täter** zwar den **Tatentschluss erwecken** konnte, dieser **jedoch** (noch) **nicht** bis in das **Stadium** des **strafbaren Tatversuchs gelangt** ist (*Fuchs* AT I[8] Kap 34 Rz 33).

Bestimmung zum Versuch (§ 12 zweiter Fall iVm § 15 Abs 1): Die versuchte Bestimmungstäterschaft ist begrifflich von der Bestimmung zum Versuch zu unterscheiden. Bei einer Bestimmung zum Versuch setzt der unmittelbare Täter zwar eine als Tatversuch strafbare Ausführungshandlung bzw ausführungsnahe Handlung, es kommt jedoch zu keiner Tatvollendung (*Kienapfel/Höpfel/Kert* AT[14] E 6 Rz 18). Die Strafbarkeit der Beteiligung an einem Tatversuch ergibt sich aus § 15 Abs 1. Sowohl bei der versuchten Bestimmungstäterschaft als auch bei der Bestimmung zum Versuch ist der Bestimmungstäter wegen versuchter Deliktsbegehung strafbar (§ 12 zweiter Fall iVm § 15). 879

2. Versuchte Beitragstäterschaft: Im Gegensatz dazu wird die versuchte Beitragstäterschaft vom Gesetz nicht ausdrücklich unter Strafe gestellt (SSt 57/16). Die **Straflosigkeit** der versuchten Beitragstäterschaft ergibt sich **e contrario** aus der ausdrücklichen Strafausdehnung für die versuchte Bestimmungstäterschaft in § 15 Abs 2. Das Analogieverbot (§ 1) verbietet es, § 15 Abs 2 analog auch auf Fälle der versuchten Beitragstäterschaft anzuwenden. 880

Kriminalpolitisch ist diese Differenzierung nicht verständlich. Der versuchte Beitrag zu einer Straftat kann hinsichtlich des Handlungsunwertes von gleichem Gewicht sein, wie der Versuch, einen anderen zu einer Straftat zu bestimmen. Der Erfolgsunwert wiederum entfällt bei beiden Konstellationen. 881

- X gibt Y die Pistole für dessen geplanten Mord. Y erwürgt sein Opfer jedoch im Streit und benötigt die Pistole gar nicht. X kann wegen seiner bloß versuchten Beitragstäterschaft zum Mord nicht bestraft werden.
- **Hingegen:** X fordert Y auf, seine reiche Ehegattin zu ermorden, um an deren Vermögen zu kommen. Y lehnt diesen Vorschlag ab. X ist strafbar wegen versuchter Bestimmung zum Mord (§ 12 zweiter Fall iVm § 75; vgl Rz 871, 877).

Teilweise wird versucht, diese Strafbarkeitslücke zu schließen, indem die versuchte Beitragstäterschaft unter dem Aspekt des § 286 (Unterlassung der Verhinderung einer mit Strafe bedrohten Handlung) strafrechtlich erfasst wird (eingehend dazu *Durl* RZ 2010, 220ff, 244ff). 882

Der **Versuch der Beitragstäterschaft** ist zu **unterscheiden** von der **Beteiligung an einem versuchten Delikt**, welche strafbar ist. Dies führt dazu, dass die Beitragstäterschaft ab jenem Moment strafbar wird, ab dem die Tat des unmittelbaren Täters ins Versuchsstadium gelangt. 883

F. Selbständige Strafbarkeit der einzelnen Beteiligten

1. Allgemeines

884 Jeder Täter ist nach seiner eigenen Schuld zu bestrafen (**§ 13**). Dies kann zu Unterschieden in der Deliktshaftung führen, wenn verschiedene Schuldformen bei den einzelnen Beteiligten vorliegen. Stimmt das Vorhaben mehrerer gemeinsam handelnder Täter nicht überein, haftet jeder nach seinem Vorsatz (SSt 58/91). Aus § 13 folgt, dass mehrere an derselben Tat Mitwirkende auch verschiedene Delikte begehen können (EvBl 1997/32).

885 Handelt bei der (gemeinsamen) Ausübung von Gewalt gegen eine Person ein Beteiligter mit Raubvorsatz, der andere aber nur mit Verletzungsvorsatz, hat ersterer ausschließlich Raub (§ 142), der andere jedoch das entsprechende Körperverletzungsdelikt (§§ 83ff) zu verantworten (SSt 58/91). Denkbar ist auch, dass zB der unmittelbare Täter wegen Mordes (§ 75), sein Beitragstäter (§ 12 dritter Fall), dessen Vorsatz nur auf eine Verletzung des Opfers gerichtet war, jedoch bloß wegen Körperverletzung mit tödlichem Ausgang (§ 86) strafbar ist (EvBl 1984/157). Während ein Tatbeteiligter als **Vorsatztäter** haftet, könnte daher ein anderer Tatbeteiligter auch nur als **Fahrlässigkeitstäter** bestraft werden oder überhaupt als an der Tat schuldlos beteiligte Person straffrei gehen. Es besteht immer nur eine **Haftung im Rahmen der eigenen Erfolgsvorstellung** und bei Fahrlässigkeitsdelikten im Rahmen der **eigenen Sorgfaltspflichtverletzung** und zumutbaren Voraussehbarkeit (EvBl 1982/97).

2. Zusammenwirken mehrerer bei Sonderdelikten (§ 14)

886 Nach § 14 wird differenziert zwischen unrechtsbezogenen und schuldbezogenen Sonderdelikten: Bei den unrechtsbezogenen Sonderdelikten hängt die Strafe oder die Höhe der Strafe von besonderen persönlichen Eigenschaften oder Verhältnissen des Täters ab, die das Unrecht betreffen (§ 14 Abs 1). Bei schuldbezogenen Sonderdelikten hingegen betreffen die besonderen persönlichen Eigenschaften und Verhältnisse ausschließlich die Schuld (§ 14 Abs 2).

887 Durch Interpretation muss bei jedem Sonderdeliktstatbestand festgestellt werden, ob die besonderen persönlichen Eigenschaften oder Verhältnisse, welche beim Täter verlangt werden, nur die Schuld betreffen oder auch das Unrecht (*Fuchs* AT I[8] Kap 35 Rz 9). Erst dann kann festgestellt werden, ob der Unrechtscharakter des Deliktes in seinem Gewicht für alle gleich zur Anwendung gelangt oder nur für eine bestimmte daran beteiligte Person.

a) Unrechtsbezogene Sonderdelikte (§ 14 Abs 1)

aa) Hängt die Strafbarkeit oder die Höhe der Strafe von besonderen persönlichen **Eigenschaften oder Verhältnissen des Täters** ab, die das **Unrecht der Tat** betreffen, findet der jeweilige Tatbestand auf alle Beteiligten Anwendung, wenn diese Eigenschaften oder Verhältnisse auch nur bei einem von ihnen vorliegen. Das besondere Gewicht der Tat wirkt sich damit auch auf Tatbeteiligte aus, bei denen die vom Tatbestand verlangten besonderen Eigenschaften nicht vorliegen oder die nicht unter den vom Gesetz verlangten Verhältnissen gehandelt haben (SSt 50/2). 888

Hierbei wird die Terminologie des Einheitstäterbegriffes besonders problematisch. Folgt man dem Wortlaut des § 12 iVm § 14 Abs 1, ist auch ein an einem Sonderdelikt bloß Beteiligter ein Täter dieses Sonderdeliktes, obwohl er die besondere Qualifikation, welche beim unmittelbaren Täter verlangt wird, nicht besitzt. Würde dieser Beteiligte die Tat alleine begehen, könnte er wegen des Sonderdeliktes gar nicht bestraft werden: Nach der Formulierung des § 12 kann zB ein Missbrauch der Amtsgewalt (§ 302) durch einen Bestimmungstäter (§ 12 zweiter Fall) begangen werden, der gar kein Beamter ist (Rz 843ff). 889

Der Gesetzgeber war sich bewusst, dass der Einheitstäterbegriff bei Sonderdelikten, insb bei eigenhändigen Delikten, zu fragwürdigen Ergebnissen führen könnte, wenn alle Beteiligten als Täter desselben Unrechts erscheinen. So müsste zB die Bordellwirtin, die Vater und Tochter wissentlich zusammenführt, als Täterin der Blutschande (§ 211) bestraft werden. 890

bb) § 14 Abs 1 zweiter Satz führt daher zu einer **Einschränkung** der allgemeinen Regel des § 14 Abs 1 erster Satz. Der erste Fall des § 14 Abs 1 zweiter Satz betrifft dabei die sog „eigenhändigen Sonderdelikte", während der zweite Fall sich auf die sog „Sonderpflichtdelikte" bezieht (*Kienapfel/Höpfel/Kert* AT[14] E 7 Rz 28ff; *Triffterer* AT[2] 417): 891

Eigenhändige Sonderdelikte: Mit dem zweiten Satz des § 14 Abs 1 wurde die gesetzliche Beschränkung getroffen, dass bei Tatbeständen, aus deren Gestaltung sich ergibt, dass gerade der Träger der besonderen Eigenschaften oder Verhältnisse die Tat auszuführen hat (zB Blutschande, § 211), diese von ihm selbst vorgenommen werden muss. Obwohl die besondere persönliche Eigenschaft des Täters hier zum Unrecht gezählt wird, genügt es nicht, dass irgendein Beteiligter derartige Delikte verwirklicht, sondern es muss einen **unmittelbaren Täter** geben, der als solcher tätig wird und die **besondere Eigenschaft in seiner Person besitzt**. 892

Trotzdem wird damit nicht die eigenartige terminologische Konsequenz beseitigt, dass auch die anderen Beteiligten formell als Täter des jeweiligen Sonderdeliktes verurteilt werden müssten, mag auch ihre Täterschaft nur im 893

Unterstützen der Tätigkeit des eigenhändig Handelnden bestehen. Im Falle der Beteiligung mehrerer an einem Blutschandedelikt (§ 211 iVm § 12 iVm § 14 Abs 1) bedeutet dies, dass der Geschlechtsverkehr vom Vater mit seiner Tochter vorgenommen werden muss und nicht von irgendeinem anderen über Geheiß oder Hilfe des Vaters. Sonst wäre Blutschande als Delikt gar nicht gegeben. Verkehrt aber der Vater mit der Tochter, sind die anderen trotzdem nach dem Einheitstäterbegriff des § 12 als Täter des Deliktes der Blutschande zu verurteilen, aber nicht als unmittelbare Täter.

894 **Sonderpflichtdelikte**: Auch bei den Sonderpflichtdelikten wird die Einschränkung getroffen, dass derjenige, der die besonderen Eigenschaften oder Verhältnisse, welche vom Tatbestand beim Täter verlangt werden, nicht besitzt, **nur Bestimmungstäter** (§ 12 zweiter Fall) oder **Beitragstäter** (§ 12 dritter Fall) sein kann, nicht jedoch unmittelbarer Täter (§ 12 erster Fall). Ein nicht Qualifizierter scheidet auch als Mittäter aus, denn Mittäter kann nur sein, wer auch allein unmittelbarer Täter des Tatbestandes sein könnte:

895 Als unmittelbarer Täter (§ 12 erster Fall) des **Missbrauchs der Amtsgewalt** kommt nur ein Beamter in Betracht und damit eine Person, die über die besondere Subjektqualifikation des **§ 302** verfügt (*Zagler* SK-StGB § 302 Rz 156; *Kienapfel/Höpfel/Kert* AT[14] E 7 Rz 33; aM *Leukauf/Steininger* StGB[3] § 14 Rz 8; *Triffterer* AT[2] 418). Die Beamtenqualifikation stellt eine besondere Eigenschaft des Täters dar, die iSd § 14 Abs 1 das Unrecht der Tat betrifft und nicht ausschließlich auf der Ebene der Schuld zu finden ist. Jemand, der nicht Beamter ist, kann sich daher am Sonderdeliktstatbestand des § 302 nur als Bestimmungs- oder Beitragstäter (§ 12 zweiter und dritter Fall) beteiligen.

- Der Nichtbeamte X verschafft sich Zugang zum Computer der Grundbuchsabteilung bei Gericht und manipuliert Eintragungen im Grundbuch. X begeht mit dieser Handlungsweise keinen Missbrauch der Amtsgewalt nach § 302, sondern nur das jeweils in Betracht zu ziehende allgemeine Delikt (zB Datenfälschung, § 225a, vgl *Reindl* WK-StGB[2] § 225a Rz 6).
- **Hingegen:** X überredet den mit ihm befreundeten Grundbuchführer des Gerichtes, diese Manipulationen vorzunehmen. Der Grundbuchführer ist Beamter iSd § 74 Abs 1 Z 4 und begeht damit einen Missbrauch der Amtsgewalt (§ 302). X als Nichtbeamter hat ihn dazu angestiftet und ist daher als Bestimmungstäter (§ 12 zweiter Fall, § 14 Abs 1) zu § 302 strafbar, obwohl sich an seiner fehlenden Qualifikation zu diesem Sonderdelikt nichts geändert hat. Die besondere persönliche Eigenschaft, welche der Tatbestand des § 302 beim Täter verlangt (Beamteneigenschaft) betrifft nämlich das Unrecht dieses Deliktes iSd § 14 Abs 1.

Die terminologischen Ungereimtheiten des Einheitstäterbegriffs des § 12, welche sich daraus ergeben, dass auch ein Nichtbeamter „Täter" eines Missbrauchs der Amtsgewalt sein kann, werden jedoch zumindest dadurch entschärft, dass ein Nichtbeamter nicht als unmittelbarer Täter des § 302 in Betracht kommt. 896

Die in **§ 313** vorgesehene Strafschärfungsmöglichkeit (vgl *Seiler* AT II[7] Rz 256), wenn ein Beamter ein allgemeines Delikt unter Ausnutzung der ihm durch seine Amtstätigkeit gebotenen Gelegenheit begeht, betrifft hingegen nur die Schuld und kann daher den Extraneus nicht belasten (EvBl 1977/104; *Fabrizy* StGB[11] § 313 Rz 2). Die Möglichkeit der **Strafschärfung durch Erweiterung des Strafrahmens** ist ausschließlich auf eine **erhöhte Schuld** zurückzuführen. Auf Tatbeteiligte, die keine Beamten sind und daher die Voraussetzungen des § 313 nicht erfüllen, kommt diese Bestimmung nicht zur Anwendung. Bei ihnen ist bei der Strafbemessung vom allgemeinen Strafrahmen des jeweiligen Deliktes auszugehen (EvBl 1977/104). 897

Dem Unrecht zugezählt wird auch die besondere Tätereigenschaft bei der **Untreue (§ 153**, JBl 1983, 214). Gleich wie beim Missbrauch der Amtsgewalt (§ 302) wird auch beim Tatbestand der Untreue der Machthaber (Befugnisinhaber) als unmittelbarer Täter (§ 12 erster Fall) auftreten müssen. Personen, denen keine Machthaberstellung zukommt, können sich nur als Bestimmungs- oder Beitragstäter (§ 12 zweiter bzw dritter Fall) daran beteiligen. 898

cc) Zusammenfassend kann gesagt werden, dass der Gesetzgeber mit § 14 Abs 1 allgemein entschieden hat, dass die an einem Sonderdelikt beteiligten Nichtqualifizierten der gleichen Strafdrohung unterstehen wie die qualifizierten Personen, soweit die gravierenden oder privilegierenden Momente den Bereich des Unrechts oder neben dem Schuldbereich auch dem Unrecht zuzuordnen sind. 899

Darin liegt eine Bewertungsfrage. Es wäre jedoch sinnvoll gewesen, für den Extraneus eine Zwangsmilderung vorzunehmen, da sein Fehlverhalten doch von geringerem Gewicht ist. Ihm fehlen die besondere Stellung zum verletzten Rechtsgut bzw die besonderen Pflichten. 900

b) Schuldbezogene Sonderdelikte (§ 14 Abs 2)

Die besonderen **persönlichen Eigenschaften** und **Verhältnisse**, deren Vorliegen ein Tatbestand beim **Täter** verlangt, können auch **ausschließlich die Schuld betreffen**: 901

Angesichts der drohenden Unterhaltsverpflichtungen, die auf ihn zukommen, überredet der Kindesvater X die Kindesmutter Y dazu, ihr Neugeborenes kurz nach der Geburt zu töten. X haftet wegen Bestimmung zum Mord (§ 12 zweiter Fall iVm § 75), während die Kindesmutter Y selbst wegen der verminderten Schuld nur nach § 79 zur Verantwortung gezogen werden kann (EvBl 1978/125).

902 Diese differenzierende Lösung basiert auf § 14 Abs 2. Macht ein Straftatbestand die Strafbarkeit oder die Höhe der Strafe von besonderen persönlichen Eigenschaften oder Verhältnissen des Täters abhängig, die ausschließlich die Schuld betreffen, findet dieser Tatbestand nur auf die Beteiligten Anwendung, bei denen diese Eigenschaften oder Verhältnisse vorliegen. Der Tatbestand des § 79 (Tötung eines Kindes bei der Geburt) berücksichtigt die Ausnahmesituation, in der sich eine Mutter im Zuge des Geburtsvorganges befindet und wertet diese als schuldmindernd. Der Kindesvater, der angesichts der drohenden Unterhaltszahlungen in Panik verfällt, befindet sich hingegen nicht in einer derartigen Ausnahmesituation und wird daher auch nicht durch § 79 privilegiert. Fordert ein Außenstehender die Kindesmutter zur Tötung des Neugeborenen auf oder trägt er dazu bei, hat er dies als Bestimmung bzw Beitrag zum Mord (§ 75) zu verantworten (SSt 49/3).

903 Entsprechendes gilt beim Tatbestand des Totschlages (§ 76): Wer einen anderen, der sich in einer allgemein begreiflichen Gemütsbewegung befindet, durch Anraten dazu bestimmt, einen Menschen zu töten, haftet wegen Bestimmung zum Mord (§ 12 zweiter Fall iVm § 75), während der unmittelbare Täter nach § 76 strafbar ist (SSt 49/53).

904 Die Rsp nimmt ebenso an, dass die „gewerbsmäßige Begehung" iSd § 70 allein die Schuld betrifft (EvBl 1978/207; EvBl 1983/97; SSt 48/96). Die gewerbsmäßige Begehung einer Tat, welche im Einzelfall zur Verwirklichung eines qualifizierten Tatbestands führen kann (zB § 148, gewerbsmäßiger Betrug), belastet daher immer nur denjenigen, in dessen Person die Merkmale des § 70 vorliegen (EvBl 1995/99).

905 **Besondere persönliche Eigenschaften oder Verhältnisse**, welche **ausschließlich die Schuld treffen**, **begünstigen** oder **belasten** daher **nur jenen Tatbeteiligten**, bei dem sie **vorliegen** (§ 14 Abs 2). Betreffen die besonderen persönlichen Eigenschaften oder Verhältnisse neben der Schuld auch das Unrecht, liegt hingegen ein Fall des § 14 Abs 1 vor.

G. Zusammenfassendes Schema

906 Bei der strafrechtlichen Beurteilung des Verhaltens von Tatbeteiligten (Bestimmungstäter, Beitragstäter) sind auf Tatbestandsebene zusätzlich insbesondere nachfolgende Punkte näher zu prüfen. Auf den übrigen Prüfungsebenen

ergeben sich grundsätzlich keine Abweichungen zu den Schemata für Vorsatzdelikte. Bei mehreren Tatbeteiligten ist es regelmäßig von Vorteil, **zuerst** die **Strafbarkeit des unmittelbaren Täters** zu **prüfen** und erst dann die Strafbarkeit möglicher Tatbeteiligter, da die Strafbarkeit der Tatbeteiligten vielfach vom konkreten strafbaren Verhalten des unmittelbaren Täters abhängig ist (Akzessorietät, Rz 833ff, 866ff). Eine „fahrlässige Bestimmungstäterschaft" oder „fahrlässige Beitragstäterschaft" ist nach dem Schema für Fahrlässigkeitsdelikte zu prüfen (Rz 841, 864f).

1. Schema für den Bestimmungstäter (§ 12 zweiter Fall)

I. Tatbestand →

A. Objektive Tatbestandsseite
1. Bestimmungshandlung (Erwecken des Tatentschlusses; hinreichende Konkretisierung des auszuführenden Delikts)
2. Tatausführung durch den unmittelbaren Täter (Problem der Akzessorietät: Versuch, Vollendung)
3. versuchte Bestimmungstäterschaft strafbar (§ 15 Abs 2)

B. Subjektive Tatbestandsseite
Bestimmungsvorsatz (Vorsatz auf Hervorrufen eines Tatentschlusses; ev erweiterter Vorsatz)

C. Bestimmung zum Sonderdelikt (§ 14)
1. unrechtsbezogene Sonderdelikte (§ 14 Abs 1, zB §§ 153, 302)
2. schuldbezogene Sonderdelikte (§ 14 Abs 2, zB § 79)
3. Vorsatz des Bestimmungstäters bzw unmittelbaren Täters bei §§ 153, 302

II. Rechtswidrigkeit

III. Schuld

IV. Strafe

2. Schema für den Beitragstäter (§ 12 dritter Fall)

I. Tatbestand →

A. Objektive Tatbestandsseite
1. Beitragshandlung (Fördern der Tatausführung durch physischen oder psychischen Tatbeitrag)
2. Tatausführung durch den unmittelbaren Täter (Problem der Akzessorietät: Versuch, Vollendung)
3. versuchte Beitragstäterschaft straflos – strafbar jedoch Beitrag zum versuchten Delikt des unmittelbaren Täters

B. Subjektive Tatbestandsseite
Beitragsvorsatz (Vorsatz auf Fördern der Tatausführung, ev erweiterter Vorsatz)

C. Beitrag zum Sonderdelikt (§ 14)
1. unrechtsbezogene Sonderdelikte (§ 14 Abs 1, zB §§ 153, 302)
2. schuldbezogene Sonderdelikte (§ 14 Abs 2, zB § 79)
3. Vorsatz des Beitragstäters bzw unmittelbaren Täters bei §§ 153, 302

II. Rechtswidrigkeit

III. Schuld

IV. Strafe

3. Kapitel

DER GELTUNGSBEREICH VON STRAFGESETZEN

§ 1. Der zeitliche Geltungsbereich

Ambos Nuremberg revisited. Das Bundesverfassungsgericht, das Völkerstrafrecht und das Rückwirkungsverbot, StV 1997, 39; *Durl* Zur Verjährung und zum Dogma der Unbeachtlichkeit von Zwischengesetzen im Strafrecht, RZ 2005, 242, 270; *ders* Bemerkungen zum Rückwirkungsverbot im Strafrecht, ÖJZ 2005, 499; *ders* Strafaufhebungsgrund – aber kein Rückwirkungsverbot?, AnwBl 2009, 314; *ders* Geänderte Verjährungsanlaufhemmung und § 61 StGB, JBl 2010, 156; *ders* Keine Rückwirkung günstigeren Verjährungsrechts bei „rechtzeitiger" Hemmung der Verjährung?, JBl 2011, 91; *Friedrich* Zum Legalitätsprinzip im StGB und seinem Niederschlag in der Rechtsprechung, ÖJZ 1980, 57; *Schick* Zeitgesetze, JBl 1969, 639; *R.Seiler* Die zeitliche Geltung von Strafgesetzen, in: *Platzgummer*-FS (1995), 39.

I. Rückwirkungsverbot

Das Strafrecht basiert auf dem Prinzip, dass **nur** jenes Verhalten **strafbar** ist, welches vom Strafgesetz **ausdrücklich unter gerichtliche Sanktion gestellt** wurde. Darin dokumentiert sich der Grundsatz **„nullum crimen sine lege"**, welcher in **§ 1 Abs 1** ausdrücklich verankert ist. Dies allein genügt jedoch nicht, denn der Gesetzgeber könnte auch, nachdem er von bestimmten, seiner Meinung nach strafwürdigen Verhaltensweisen Kenntnis erlangt hatte, diese nachträglich unter Strafsanktion stellen. Damit würde die für den Täter wichtige Garantiefunktion des Gesetzes ausgeschaltet werden. 907

§ 1 Abs 1 betont daher weiters, dass eine Strafe oder Maßnahme nur wegen einer **Tat** verhängt werden darf, die **schon** zum **Tatzeitpunkt mit Strafe bedroht war**. Das **Rückwirkungsverbot** des § 1 Abs 1 bedeutet, dass niemand für eine Verhaltensweise bestraft werden darf, welche im Zeitpunkt der Begehung noch straffrei war. Diesem Grundsatz entspricht auch **§ 61**, wonach ein Strafgesetz nur auf Taten Anwendung finden darf, welche nach seinem Inkrafttreten begangen worden sind. **Maßgebend** ist jener **Zeitpunkt**, zu dem der **Täter handelte oder es unterließ**, seiner Handlungspflicht nachzukommen. Es kommt **nicht** darauf an, wann der **Erfolg** eintrat. Bei der Wahl eines bestimmten Verhaltens kann für den Täter nämlich nur jene Norm relevant sein, die zum Zeitpunkt in Geltung ist, zu dem er sich für ein bestimmtes Tun oder Unterlassen entschließt. 908

Wenn der Gesetzgeber in bestimmten Verhaltensweisen plötzlich ein strafwürdiges Unrecht zu erkennen glaubt (zB Stalking) und diesem mit der Schaffung eines neuen Straftatbestandes entgegentreten will (zB § 107a StGB), so werden mit einer derartigen **Anlassgesetzgebung** immer nur zukünftige Fälle erfasst.

909 Bei **Dauerdelikten** kommt es darauf an, ob das Verhalten des Täters in den Zeitraum der Geltung der Verbotsnorm hineinreicht. Auch eine objektive Bedingung der Strafbarkeit muss im Zeitpunkt der Tat vorliegen (JBl 1989, 596).

910 Das **Rückwirkungsverbot** gilt **nicht bezüglich** der **Rechtsprechung** (vgl JBl 1998, 241). Das Vertrauen des Rechtsunterworfenen in eine einhellige Judikatur, wonach zB seine Handlungsweise nicht als tatbestandsmäßig angesehen wird, ist nicht geschützt. Ändert der OGH unerwartet seine Rechtsansicht, kann dies für den Rechtsunterworfenen mit unliebsamen Überraschungen verbunden sein. Dieser Standpunkt ist freilich problematisch. Welchen Unrechtsvorwurf kann man gegenüber jemandem erheben, dessen Verhalten im Einklang mit dem Gesetz steht, so wie es zum Zeitpunkt der Tat durch die herrschende Rechtsprechung ausgelegt wurde? Bei einer Änderung der herrschenden Rsp wird jedoch zumindest das Vorliegen eines entschuldbaren Rechtsirrtums zu prüfen sein (§ 9 Abs 2).

II. Rückwirkung nach Art 7 Abs 2 EMRK

911 **§ 1 StGB** steht **nicht im Verfassungsrang**, sondern auf einfachgesetzlicher Ebene. Allerdings kommt **Art 7 Abs 1 EMRK** Verfassungsrang zu, der ebenfalls betont, dass jemand nur wegen einer Handlung verurteilt werden darf, die zur Zeit ihrer Begehung nach inländischem oder internationalem Recht strafbar erklärt war und dass auch für die Höhe der Strafe der Tatzeitpunkt maßgebend ist.

912 **Art 7 Abs 2 EMRK** nimmt jedoch eine gravierende Einschränkung des oben genannten Grundsatzes vor: Danach soll die Verurteilung von Personen zulässig sein, die zwar zur Tatzeit nicht gegen eine positive Verbotsnorm des inländischen Strafgesetzes verstießen, sich aber einer Tat schuldig gemacht haben, welche bereits im Zeitpunkt ihrer Begehung nach den von den **zivilisierten Völkern** allgemein **anerkannten Rechtsgrundsätzen** als strafbar angesehen wurde. In solchen Fälle dürfte eine später geschaffene inländische Verbotsnorm doch belastend zurückwirken. Diese Regelung der EMRK wurde angesichts der Erfahrungen aus dem Zweiten Weltkrieg statuiert (sog Nürnberg-Klausel, *Fuchs* AT I^8 Kap 4 Rz 39). Welche Völker als „zivilisiert“ zu gelten haben und was von diesen „zivilisierten Völkern allgemein anerkannte

Rechtsgrundsätze“ sind, ist jedoch relativ, wie das aktuelle Weltgeschehen tagtäglich demonstriert.

III. Günstigkeitsvergleich

A. Allgemeines

1. Nach **§ 61** darf ein neues Gesetz dann **zurückwirken**, wenn die Rechts- 913
lage nach dem zur Tatzeit geltenden **alten Recht** für den Täter **insgesamt nicht günstiger war**. Diese Einschränkung konnte getroffen werden, weil das Rückwirkungsverbot des § 1 als Schutz für den Täter zu verstehen ist. Ist das neue Recht milder oder ist es nur nicht strenger, hat es daher auch auf Taten Anwendung zu finden, welche zur Zeit der Geltung des alten Rechts begangen wurden (EvBl 1976/122). Diesem Prinzip folgend darf es selbst nach einem rechtskräftigen Schuldspruch zu keinem Strafausspruch mehr kommen, wenn in der Zwischenzeit der dem Schuldspruch zugrunde liegende Tatbestand außer Kraft getreten ist (JBl 2001, 738).

Welches Gesetz günstiger ist, muss nach seiner Anwendung im konkreten 914
Fall beurteilt werden. § 61 stellt auf die **Gesamtauswirkung** eines Gesetzes ab (RZ 1990/95). Damit wird deutlich zum Ausdruck gebracht, dass **nicht allein** die **Höhe der angedrohten Strafe maßgeblich** ist. Auch eine Änderung der Tatbestandsfassung kann entscheidend sein (JBl 1980, 49; JBl 2003, 395 mA *Medigovic*): Wird durch eine Gesetzesänderung der **Anwendungsbereich** eines **Tatbestandes eingeschränkt**, bewirkt dies für den Täter eine Begünstigung gegenüber einem weiter gefassten Tatbestand. Die Möglichkeit, dass ein bestimmtes Verhalten damit nicht mehr unter den Straftatbestand fällt, ist dadurch größer geworden. Bei der Bestimmung der Reichweite eines Tatbestandes kann es auch notwendig sein, eine **ausfüllende Norm** von außerhalb des Strafrechtes **einzubeziehen** (EvBl 1991/150). Relevant ist dies vor allem bei Tatbeständen, bei denen die **Verwaltungsakzessorietät** zum Tragen kommt. Es betrifft dies Blankettstraftatbestände wie zB Umweltdelikte (§§ 180 ff), bei denen auf den Verstoß gegen eine außerstrafrechtliche Rechtsvorschrift abgestellt wird. Hat der Täter mehrere Straftaten begangen, die alle zusammen Gegenstand des Urteils sind, ist der Günstigkeitsvergleich gesondert (faktenweise) für jeden einzelnen zu beurteilenden Sachverhalt vorzunehmen (EvBl 2000/93; SSt 46/54).

Kein Verstoß gegen § 61 liegt vor, wenn ein Qualifikationstatbestand zur 915
Anwendung kommt, den das alte Recht noch nicht gekannt hatte, soweit die Qualifikation nach neuem Recht sogar mit einer milderen Strafe als der Grundtatbestand des alten Rechtes bedroht ist (SSt 47/23). Sind die **Strafobergrenzen gleich**, die **Untergrenzen** aber **verschieden**, ist jene **Norm anzuwenden,**

welche eine **niedrigere Strafuntergrenze vorsieht.** Daher ist ein neuer Tatbestand als milder anzusehen, wenn er im Gegensatz zur Vorgängerbestimmung keine Strafuntergrenze aufweist (RZ 2005/24). Günstiger ist auch jene Strafbestimmung, die anstatt einer Freiheitsstrafe die Möglichkeit der Verhängung einer Geldstrafe vorsieht. Eine Freiheitsstrafdrohung bis zu sechs Monaten oder Geldstrafe ist wegen der Alternative der beiden Strafen daher vorteilhafter als die bloße Androhung einer Freiheitsstrafe (JBl 1975, 609).

916 Milder ist jene Strafbestimmung, welche einen speziellen Rechtfertigungs-, Schuldausschließungs- oder Strafausschließungsgrund kennt, da sich diese für den Täter günstig auswirken könnten. Die Verjährung richtet sich grundsätzlich nach dem im Entscheidungszeitpunkt geltenden Recht. Eine zur Zeit der Entscheidung bereits außer Kraft getretene Verjährungsbestimmung soll nach Meinung des OGH nur dann von Relevanz sein, wenn die Verjährung schon unter der Geltung des früheren Rechts eingetreten war (SSt 64/59; RZ 2005/20; EvBl 2011/129; EvBl 2011/63). Diese Einschränkung erscheint jedoch nicht überzeugend (krit dazu *Durl* AnwBl 2009, 314).

917 Der Günstigkeitsvergleich ist auch im Hinblick auf objektive Bedingungen der Strafbarkeit zu beachten. Bei § 286 (Unterlassung der Verhinderung einer mit Strafe bedrohten Handlung) kann zB einer Änderung der Strafdrohung der nicht verhinderten Tat Relevanz zukommen:

§ 286 setzt voraus, dass die Vorsatztat, die zu verhindern unterlassen wird, mit einer ein Jahr übersteigenden Freiheitsstrafe bedroht ist (objektive Bedingung der Strafbarkeit). Ist nach dem Recht im Urteilszeitpunkt die objektive Bedingung des § 286 nicht (mehr) erfüllt, weil die Strafdrohung der nicht verhinderten Straftat herabgesetzt wurde, entfällt die Strafbarkeit nach § 286 (JBl 1989, 596).

918 **Auch reine Sanktionsbestimmungen**, wie zB die Regelung über den Verfall (§ 20), **unterliegen** einem **Günstigkeitsvergleich**. War nach der Rechtslage zum Zeitpunkt der Tat ein Verfall nicht zulässig, hat dieser zu unterbleiben (vgl JBl 2006, 668).

919 **2.** Wenn zwei Gesetze einander gegenüberzustellen sind, um zu beurteilen, welches in seiner Gesamtauswirkung günstiger ist, dürfen **nicht** beiden Gesetzen die **jeweils** für den Täter **günstigsten Teile entnommen** werden (SSt 46/52). Auf diese Weise würde nämlich ein Tatbestand gebildet werden, welcher in Wirklichkeit in dieser Form in keinem der beiden Gesetze enthalten ist. Es **darf nie zu einer Mischung von altem und neuem Recht kommen**, indem zB ein Schuldspruch nach altem und ein Strafausspruch nach neuem Recht erfolgt (EvBl 1976/45; JBl 1986, 601). Es darf auch nicht neues Recht mit Einschränkungen aus dem alten Recht angewendet werden, da dies

ebenfalls auf eine Mischung hinausliefe (SSt 46/52). Wenn **mehrere Delikte idealkonkurrierend** zusammentreffen, darf der Günstigkeitsvergleich nicht gesondert für jeden einzelnen Tatbestand erfolgen. Das strafrechtlich zu beurteilende Geschehen ist als Ganzes entweder dem Recht zum Urteilszeitpunkt oder dem Recht zum Tatzeitpunkt zu unterstellen (EvBl 2011/129). Nur wenn Delikte realkonkurrierend zusammentreffen, ist der Günstigkeitsvergleich gesondert (faktenweise) für jeden einzelnen zu beurteilenden Sachverhalt vorzunehmen (EvBl-LS 2015/115). Hat sich zwischen der Tat und der Urteilsfällung das **Gesetz mehrfach geändert**, ist nur das Gesetz zur **Tatzeit** mit jenem zur Zeit der **Urteilsfällung zu vergleichen**. Die Fassungen der dazwischen liegenden Gesetze sind ohne Relevanz. Gesetzesänderungen, welche während des Rechtsmittelverfahrens und damit nach dem Urteil in erster Instanz erfolgen, sind ohne Belang (EvBl 1986/109; EvBl 2012/101; aM *Steininger* AT I² Kap 4 Rz 16).

B. Günstigkeitsvergleich bei Maßnahmen (§ 1 Abs 2)

Während nach § 1 Abs 2 keine schwerere Strafe als die zur Tatzeit ange- 920
drohte verhängt werden darf, wird bei vorbeugenden Maßnahmen (dazu *Seiler* AT II⁷ Rz 430ff), die erst durch eine neue Rechtlage eingeführt wurden, danach differenziert, ob die neu eingeführte **Maßnahme** ihrer Art nach **mit** einer **Strafe oder Maßnahme** des **alten Rechtes vergleichbar ist oder nicht**. Nur im ersten Fall darf die neue Maßnahme verhängt werden, jedoch darf der Täter dabei keiner ungünstigeren Behandlung unterzogen werden, als dies nach dem alten Recht der Fall gewesen wäre. War die Anlasstat zum Tatzeitpunkt gar nicht strafbar, dann darf natürlich auch keine vorbeugende Maßnahme nach dem neuen Recht für das nunmehr strafbar erklärte Verhalten verhängt werden. Eine Ausdehnung des Rückwirkungsverbots auch auf vorbeugende Maßnahmen war notwendig, da vorbeugende Maßnahmen in ihrer freiheitsbeschränkenden Wirkung große Ähnlichkeit mit einer Strafe aufweisen. Durch die zum Teil unbestimmte Dauer eines Maßnahmenvollzuges kann dieser sogar viel schwerer wiegen als eine zeitlich begrenzte Freiheitsstrafe.

C. Günstigkeitsvergleich bei Prozessvoraussetzungen

Auch eine Änderung in den Prozessvoraussetzungen ist in den Günstigkeits- 921
vergleich einzubeziehen. Wird zB ein Privatanklagedelikt (§ 71 StPO) in ein Offizialdelikt geändert, erweist sich die neue Rechtslage für den Beschuldigten regelmäßig als ungünstiger. Bei einem Privatanklagedelikt hat der Beschuldigte die Möglichkeit, einen Strafprozess abzuwenden, wenn er mit dem Tatopfer eine außergerichtliche Einigung finden kann. Diese Möglichkeit besitzt der

Beschuldigte bei Offizialdelikten nicht, weil der StA hierbei von Amts wegen zur Strafverfolgung verpflichtet ist.

§ 2. Der räumliche Geltungsbereich

Birklbauer Der Prozessgegenstand im österreichischen Strafverfahren (2009); *Ebensperger* Strafrechtliches „ne bis in idem" in Österreich unter besonderer Berücksichtigung internationaler Übereinkommen, ÖJZ 1999, 171; *Epp* Der Grundsatz der identen Norm und die beiderseitige Strafbarkeit, ÖJZ 1981, 197; *Glaser* Die Betretung im Inland; Zur Auslegung der stellvertretenden Strafrechtspflege nach § 65 Abs 1 Z 2 StGB, ÖJZ 2015/135; *Mayerhofer* Können Kriegsverbrechen auf dem Gebiet des ehemaligen Jugoslawien von österreichischen Gerichten verfolgt werden?, JBl 1994, 567; *Plöckinger* Zur Zuständigkeit österreichischer Gerichte bei Straftaten im Internet, ÖJZ 2001, 798; *Rainer* Grenzüberschreitender Umweltschutz und Kostenfaktor Umweltschutz im Strafrecht, RZ 1988, 266; *Schedlberger* Die Bestimmungen über die Anwendbarkeit und Gerichtsbarkeit des Tokioter Abkommens, ZfRV 1989, 268; *Thiele* Straftaten im Cyberspace, MR 1998, 219; *Zöchbauer* Medieninhaltsdelikte im Internet, MR 2002, 363.

I. Allgemeines

922 **A.** Mit Fragen der räumlichen Geltung des Strafrechts beschäftigt sich das sog „internationale Strafrecht" (*Fabrizy* StGB[11] § 62 Rz 1). Der Begriff ist insofern irreführend, als es sich dabei nicht um international festgelegte Straftatbestände handelt. Unter Berücksichtigung der Nationalität des Täters, der staatlichen Zuordnung des verletzten Rechtsgutes oder anderer Gesichtspunkte wird die Frage geprüft, ob ein inländisches Gericht zur Entscheidung über eine kriminelle Tat zuständig ist. Als Vergleich könnte das Internationale Privatrecht (IPR-Gesetz, BGBl 1978/304 idgF) herangezogen werden. In beiden Fällen handelt es sich um nationales Recht.

923 Wird ein Täter in Österreich vor Gericht gestellt, ist das **Urteil nach österreichischem Recht** zu fällen. Selbst wenn das österreichische Gericht das Strafverfahren stellvertretend für einen anderen Staat führt (Prinzip der **stellvertretenden Strafrechtspflege)**, ist das Urteil ausschließlich nach inländischem Recht zu fällen. Sind die Normen des ausländischen Tatortstaates für den Täter günstiger, ist dies im Einzelfall zu berücksichtigen (SSt 48/51; § 65 Abs 2; Rz 952).

924 Was vielfach als „internationales Strafrecht" bezeichnet wird, ist demnach nichts anderes als nationales Recht, welches die Kompetenz des inländischen ius puniendi über deliktische Verhaltensweisen regelt.

925 **B.** Internationales Strafrecht in seiner eigentlichen Wortbedeutung, in der Form von **übernational geschaffenen und anwendbaren Tatbeständen** wurde zum Teil nach dem Zweiten Weltkrieg durch die Siegermächte zwecks

Aburteilung von Kriegsverbrechern der besiegten Staaten geschaffen. In letzter Zeit wurde durch das sog **Römische Statut** ein internationaler Strafgerichtshof (**International Criminal Court, ICC**) mit Sitz in Den Haag eingerichtet. Da jedoch maßgebliche Staaten, wie insb die USA, Russland, Indien, China und Israel dem Römischen Statut nicht beigetreten sind, kommt dem „Internationalen" Strafgerichtshof für die Verfolgung und Ahndung von „Verbrechen gegen die Menschlichkeit" und „Völkermord" in der Praxis nur untergeordnete Bedeutung zu (näher dazu *Fuchs* AT I[8] Kap 5 Rz 3ff). Die Akzeptanz des internationalen Strafgerichtshofes leidet vor allem auch darunter, dass zwar Kriegsverbrechen und „Verbrechen gegen die Menschlichkeit" immer wieder in der ganzen Welt begangen werden, die Täter jedoch regelmäßig nur entsprechend der jeweiligen politischen Opportunitätserwägungen zur Verantwortung gezogen werden oder nicht.

Internationale Abkommen beschränken sich heute vorwiegend darauf, Tatbestände zu formulieren, für welche ein weltweites Strafbedürfnis angenommen wird, und die einzelnen Vertragspartner zu verpflichten, in ihren nationalen Rechtsordnungen entsprechende Normen vorzusehen. So sieht zB das Übereinkommen zur Bekämpfung der widerrechtlichen Inbesitznahme von Luftfahrzeugen von Den Haag 1970 (ratifiziert von Österreich durch BGBl 1974/249) einen Tatbestand vor, der dann als Luftpiraterie (§ 185) in das österreichische StGB aufgenommen wurde. 926

II. Prinzipien bei der Beurteilung des Geltungsbereichs von Strafgesetzen

Es haben sich verschiedene Kriterien als Anknüpfungspunkte für die Statuierung inländischer Strafkompetenz herausgebildet. Die Begründung einer Strafkompetenz basiert auf folgenden Grundgedanken: 927

- **Wahrung** der **innerstaatlichen öffentlichen Ordnung** (**Territorialitätsprinzip**).
- Weltweite **Solidarität in der Bekämpfung gewisser Verbrechen** (**Universalitätsprinzip**).
- **Schutz inländischer Rechtsgüter** im In- und Ausland (**Real- oder Schutzprinzip**).
- **Bindung österreichischer Staatsangehöriger** an die inländische Strafrechtsordnung, unabhängig davon, wo die Tat begangen worden ist (**Personalitätsprinzip**).

Die meisten Rechtsordnungen berufen sich bei der Schaffung ihrer Strafkompetenz auf mehrere Anknüpfungspunkte nebeneinander, um gegenüber allen Tätern ein ius puniendi verwirklichen zu können, deren Verfolgung sie kriminalpolitisch für notwendig erachten. 928

A. Territorialitätsprinzip (§ 62)

929 **1.** Nach diesem Prinzip darf ein **Staat** seiner **Strafgewalt alle Handlungen** unterwerfen, welche **auf seinem Staatsgebiet begangen** wurden. Es macht dabei **keinen Unterschied**, ob der Täter **Inländer** oder **Ausländer** ist. Es spielt auch keine Rolle, ob inländische oder ausländische Rechtsgüter verletzt wurden. Ein inländischer Tatort und damit inländische Gerichtsbarkeit ist auch gegeben, wenn sich jemand in Österreich als Mitglied an einer kriminellen Organisation beteiligt (§ 278a), die von der kriminellen Organisation beabsichtigten strafbaren Handlungen jedoch im Ausland begangen werden sollen (RZ 1996/6).

930 Zum inländischen Staatsgebiet gehört das gesamte Bundesgebiet mit der über diesem Gebiet befindlichen beherrschbaren Luftsäule. Das Territorialitätsprinzip ist in § 62 verankert. Dieses Prinzip gilt grundsätzlich auch in allen anderen Staaten, mit allen sich damit verbindenden Konsequenzen:

> Ein Österreicher, der in Thailand wegen Suchmittelschmuggels verhaftet wird, kann auch dort nach thailändischem Recht abgeurteilt werden, selbst wenn ihm dabei die Todesstrafe droht.

931 **2.** Vom **Inland als Tatbegehungsort** ist dann zu sprechen, wenn der Täter **im Inland gehandelt** hat, wobei eine Teilhandlung des deliktischen Verhaltens genügt. Bereits die Durchfuhr von Suchtmitteln schafft inländische Strafkompetenz (SSt 52/66). Inland ist auch der **Transitraum** eines Flughafens (EvBl 1982/30) oder die **Zollfreizone** (SSt 52/66). Eine an mehreren Orten begangene einzelne Tat ist dann als Inlandstat zu beurteilen, wenn wenigstens einer der Tatorte im Inland liegt (SSt 56/76).

932 Die Legaldefinition des Ortes der Tat in **§ 67** stellt klar, dass dem Handlungsort als Anknüpfungspunkt der **Ort, an dem der Erfolg eingetreten ist, gleichgestellt** wird (EvBl 1973/186; EvBl 2014/41). Damit soll eine sinnvolle Abgrenzung des territorialen Geltungsbereichs der einzelnen Straftatbestände im Hinblick auf die im Inland (strafrechtlich) schützenswerten Rechtsgüter bezweckt werden. Dies erlangt vor allem bei Distanzdelikten Relevanz:

> - Leistet ein in Österreich beschäftigter Gastarbeiter seinem im Ausland gebliebenen Kind keinen Unterhalt, kann er wegen Verletzung der Unterhaltspflicht (§ 198) in Österreich bestraft werden (EvBl 1980/8). Gleiches gilt für den umgekehrten Fall: Ein Ausländer verletzt die Unterhaltspflicht gegenüber einem in Österreich lebenden Kind. Der Erfolg tritt hier in Österreich ein.
> - A versendet von Wien aus eine E-Mail, deren Inhalt eine gefährliche Drohung (§ 107) beinhaltet, nach Berlin. Tatort ist in diesem Fall sowohl

der Ort der Handlung (Versendungsort der E-Mail) als auch der Ort des Erfolges (Ort des Empfängers).

Bei einem Tat**versuch** im Ausland ist maßgebend, ob der Erfolg im Inland hätte eintreten sollen. Für **Unterlassungsdelikte** ist jener Ort maßgeblich, an dem der Täter handeln hätte sollen. 933

Die **inländische Gerichtsbarkeit** ist **für jeden Tatbestand** anhand der Kriterien des § 67 Abs 2 **gesondert zu prüfen** (EvBl 2010/83). Diese Auslegung ergibt sich unmittelbar aus dem Gesetzeswortlaut des § 67 Abs 2, der nicht an ein historisches Tatgeschehen (prozessualer Tatbegriff) sondern an die rechtliche Kategorie des „Tatbildes" des jeweiligen Tatbestands anknüpft. Dadurch kann es bei idealkonkurrierendem Zusammentreffen von Straftatbeständen zu Verfolgungshindernissen kommen. Idealkonkurrierend zusammentreffende Straftatbestände, die gem § 67 Abs 2 nicht unter den örtlichen Geltungsbereich des StGB fallen und daher in Österreich nicht abgeurteilt werden, könnten vielfach dann auch nicht in einem anderen Mitgliedstaat der EU Gegenstand eines Strafverfahrens sein. Für die Verfolgbarkeit nach § 54 SDÜ ist nämlich der wesentlich weiter reichende prozessuale Tatbegriff maßgeblich, der das gesamte historische Tatgeschehen erfasst und nicht zwischen einzelnen Straftatbeständen differenziert. Die verbleibenden, nicht abgeurteilten Tatbestände gehören danach zur „selben Tat" iSd Art 54 SDÜ. 934

3. Werden **Deliktshandlungen teils** im **Inland** und **teils** im **Ausland** begangen, gibt jede im Inland liegende Phase des als rechtliche Einheit zu wertenden Gesamtgeschehens die Möglichkeit, den Täter für die ganze Tat, also auch für den im Ausland liegenden Teil, der inländischen Bestrafung zu unterziehen. Führt jemand die Tat nicht selbst aus, sondern nimmt er an ihr nur als Bestimmungs- oder Beitragstäter teil, begeht er dann eine Inlandstat, wenn er vom Inland aus die Tatausführung im Ausland vorsätzlich veranlasst (Bestimmungstäter, § 12 zweiter Fall) oder fördernd unterstützt (Beitragstäter, § 12 dritter Fall; JBl 1987, 463). Entsprechendes gilt natürlich auch im umgekehrten Fall: Eine Inlandstat begeht auch derjenige, der im Ausland eine Tat vorsätzlich veranlasst oder fördernd unterstützt, deren Erfolg in Österreich eintritt bzw nach der Vorstellung des Täters in Österreich eintreten soll (§ 64 Abs 1 Z 8; JBl 1988, 659). Bei der missbräuchlichen Verwendung einer österreichischen Kreditkarte im Ausland trifft der Schaden nicht den Getäuschten, sondern unmittelbar jene inländische Kreditkartenfirma, welche die Kreditkarte ausgegeben hat und dem Berechtigten die Honorierung garantiert (JBl 1988, 659). Die Kompetenz nach dem Territorialitätsprinzip entsteht selbst dann, wenn vom Täter eine ausländische Bank geschädigt wurde, der Schaden aber nach Bankgepflogenheit auf die inländische Bank überwälzt werden kann (SSt 52/13). 935

936 **4.** Dem Territorialitätsprinzip verwandt ist das **Flaggenprinzip**. Danach besteht österreichische Strafkompetenz für Taten, welche auf einem **Schiff**, das unter **österreichischer Flagge** fährt oder in einem **Flugzeug**, das in Österreich registriert ist, begangen wurden (**§ 63**). Diese Kompetenz besteht unabhängig davon, ob gleichzeitig auch die Kompetenz eines anderen Staates gegeben ist: Ein österreichisches Schiff befindet sich zB zum Zeitpunkt der Tat in den Küstengewässern eines anderen Staates. Unterliegt eine strafbare Handlung österreichischer Gerichtsbarkeit, ist eine Auslieferung unzulässig (§ 16 Abs 1 Auslieferungs- und Rechtshilfegesetz, ARHG, BGBl 1979/529 idgF).

B. Universalitätsprinzip

937 **1.** Im weitesten Sinn verstanden ermächtigt dieses Prinzip jeden Staat, über alle Delikte zu urteilen, gleich an welchem Ort der Welt sie begangen worden sind und **ohne Rücksicht** auf das **Recht am Tatort** oder die **Nationalität des Täters** (Prinzip der Weltrechtspflege). Eine so grenzenlose Strafkompetenz erscheint natürlich in der Praxis undurchführbar. Daher wurde in den nationalen Strafrechtsordnungen eine Einschränkung auf Taten getroffen, die sich gegen Rechtsgüter richten, an deren Schutz ein gemeinsames Interesse der Staaten besteht. Die gemeinsamen Interessen der Staaten führten zu zahlreichen internationalen Abkommen, mit dem Ziel, Rauschgifthandel, Terrorismus, Geldwäscherei etc effizient zu bekämpfen. Die Umsetzung der Abkommen erfolgt in den Kompetenzbestimmungen der nationalen Rechtsordnungen.

938 **2.** In **§ 64 Abs 1 Z 4, 4a, 4b, 4c** werden eine **Reihe von Delikten** angeführt, welche schon aufgrund internationaler Abkommen durch die nationalen Bestimmungen für strafbar zu erklären sind. Die österreichische Strafkompetenz basiert dabei auf dem Universalitätsprinzip. Die in aufgelisteten schwerwiegenden Delikte sind von österreichischen Gerichten strafrechtlich zu verfolgen, gleichgültig ob es sich um einen inländischen oder ausländischen Täter handelt und ohne Rücksicht auf die Gesetze des Tatortes (EvBl 1977/133). Es sind dies im Ausland begangene Delikte, wie zB Geldfälschung (§ 232), kriminelle Organisation (§ 278a) und diverse Straftaten nach dem Suchtmittelgesetz.

939 Die **Zuständigkeitskompetenz** ist in diesen Fällen jedoch **vielfach eingeschränkt**. Trotz des weltweiten Bedürfnisses nach einer Bestrafung derartiger Straftaten entsteht österreichische Strafkompetenz meist nur unter der Voraussetzung, dass durch die Tat auch **österreichische Interessen verletzt** worden sind oder der **Täter nicht ausgeliefert** werden kann (EvBl 1986/109). Es fließen damit auch Gedanken des Real- oder Schutzprinzips ein.

Eine im Ausland begangene Geldfälschung von Euro-Banknoten unterliegt der inländischen Gerichtsbarkeit. Durch die Tat werden auch österreichische Interessen verletzt, da der Euro in Österreich gesetzliches Zahlungsmittel und daher Tatobjekt des § 232 ist (EvBl 2003/123).

Interessenverletzung: Mit dem zusätzlichen Merkmal der Interessenverletzung wird zum Ausdruck gebracht, dass die Verwirklichung der genannten Tatbestände allein noch nicht die Verletzung österreichischer Interessen darstellt. Es muss dieses Merkmal in Form einer konkreten Interessenverletzung (SSt 52/6) zur bloßen Tatbestandsverwirklichung hinzukommen. Dies ergibt sich aus einem Vergleich mit den Fällen des § 64 Abs 1 Z 1 bis 3, die dem Schutzprinzip zuzuordnen sind und eine solche Interessenverletzung nicht ausdrücklich verlangen, da die dort angeführten Delikte diese bereits implizieren. 940

Eine Interessenverletzung wird zB dann angenommen, wenn sich ein Suchtmittel auf dem Weg vom Ausland ins Ausland vorübergehend in Österreich befindet (SSt 51/48; SSt 52/66). Da Österreich Suchtmitteltransporte zu unterbinden hat, werden auch mit der bloßen Durchfuhr österreichische Interessen verletzt. 941

Ohne Interessenverletzung ist der **Täter primär auszuliefern** und erst subsidiär stellvertretend an Stelle des Tatortstaates strafrechtlich zu verfolgen (SSt 52/6). 942

Auslieferungshindernisse: Der Täter wird nur dann in Österreich verfolgt, wenn er nicht ausgeliefert werden kann, weil dies unzulässig ist oder dahingehende Bemühungen erfolglos waren (SSt 64/46; SSt 2006/81; SSt 2008/51). Der Grund für die Nichtauslieferung kann zB darin liegen, dass der Täter in Österreich politisches **Asyl** bekommen hat oder mit dem Tatortstaat **kein Auslieferungsabkommen** oder **keine diplomatischen Beziehungen** bestehen. Die Auslieferung ist auch grundsätzlich ausgeschlossen, wenn der Täter österreichischer Staatsbürger ist (SSt 47/66; SSt 49/59). 943

Allein das bloße Desinteresse ausländischer Strafverfolgungsbehörden führt noch nicht zur inländischen Strafverfolgung. Österreich ist nicht zur stellvertretenden Strafverfolgung aufgerufen, wenn ein Täter nur faktisch nicht ausgeliefert werden kann, weil die ausländische Staatsanwaltschaft keine diesbezügliche Initiative ergreift, obwohl eine Auslieferung rechtlich zulässig wäre (RZ 2008/5). 944

Zum Universalitätsprinzip sind die genannten Fälle inländischer Kompetenz deshalb zu zählen, weil damit Delikte zu verfolgen sind, gleich wo immer sie begangen worden sind. Stellvertretend bezeichnet man diese Kompetenz, weil an sich der Tatortstaat zur Bestrafung zuständig wäre, dennoch aber österreichische Kompetenz eingreift, da der Täter eben nicht ausgeliefert werden kann. 945

946 **3.** Auf das Universalitätsprinzip geht auch die inländische Strafkompetenz bei Menschenhandel (§ 104a), verbotener Adoptionsvermittlung (§ 194), Vergewaltigung (§ 201), geschlechtlicher Nötigung (§ 202), sexuellem Missbrauch von Unmündigen (§§ 206, 207), pornographischen Darstellungen von Minderjährigen (§ 207a Abs 1 u 2) ua Delikten zurück (§ 64 Abs 1 Z 4a).

Ebenso bei den Tatbeständen der Folter, des Verschwindenlassens einer Person sowie strafbaren Handlungen nach den §§ 321ff (Völkermord, Verbrechen gegen die Menschlichkeit und Kriegsverbrechen) ist die Tat generell nach österreichischem Recht strafbar, unabhängig davon, ob die Handlung auch nach dem Strafrecht des Tatorts strafbar wäre (§ 64 Abs 1 Z 4c).

Der aus Thailand heimkehrende Sextourist könnte daher in Österreich vor Gericht gestellt werden, wenn ihm ein Beischlaf mit Unmündigen in Thailand nachgewiesen werden kann.

Gleiches gilt für den religiösen Fanatiker, der ins Ausland in den „heiligen Krieg“ zieht, dort Verbrechen iSd §§ 321ff begeht und danach wieder zur Erholung ins friedliche Österreich heimkehrt.

947 Auf das Universalitätsprinzip ist auch die österreichische Strafkompetenz bei der Herstellung und Verbreitung von Massenvernichtungswaffen (§ 177a iVm § 64 Abs 1 Z 4b) zurückzuführen . Das Universalitätsprinzip gilt weiters bei Ahndung der Luftpiraterie (§ 185) und der Gefährdung der Sicherheit der Luftfahrt (§ 186), wenn das Luftfahrzeug in Österreich landet und der Täter sich noch an Bord befindet (§ 64 Abs 1 Z 5 lit b). Nicht nur die international durch Abkommen statuierte Pflicht, solche Taten zu verfolgen, sondern auch die praktische Möglichkeit des Zugriffs führten zur Schaffung dieser Kompetenz.

948 **4. Generalklausel § 64 Abs 1 Z 6:** Die angeführten Bestimmungen und die darin aufgelisteten Delikte werden durch den generellen Hinweis des § 64 Abs 1 Z 6 ergänzt, wonach dem Universalitätsprinzip auch sonstige strafbare Handlungen unterliegen, zu deren Verfolgung sich Österreich verpflichtet hat. Damit wurde die Möglichkeit geschaffen, ohne Textänderung des StGB durch später abgeschlossene internationale Abkommen österreichische Strafkompetenz zu begründen. § 64 Abs 1 Z 6 trifft allerdings **nicht** die **Einschränkung, dass** durch die im Ausland begangene Tat **österreichische Interessen verletzt** worden sein müssen oder der **Täter nicht ausgeliefert** werden kann. Diese Differenzierung ist sachlich nicht verständlich.

949 **5.** Die in § 64 Abs 1 aufgezählten Delikte sind selbst dann zu verfolgen, wenn sie **im Ausland schon bestraft** worden sind. Die dafür verbüßte Strafe ist allerdings bei einer inländischen Verurteilung **anzurechnen** (**§ 66**). Die

Staatsanwaltschaft kann jedoch von der Verfolgung dieser Auslandstaten zurücktreten, wenn vom inländischen Gericht keine strengere Strafe zu erwarten ist als die im Ausland bereits verhängte (§ 192 Abs 1 Z 2 StPO).

C. Stellvertretende Strafrechtspflege

1. Allgemeines

Die stellvertretende Strafrechtspflege ist in allgemeiner Form in § 65 Abs 1 950
geregelt. Stellvertretend greift die österreichische Strafverfolgungskompetenz nur dann ein, wenn die Tat **auch im Tatortstaat unter gerichtlicher Strafdrohung** steht („Grundsatz der identen Norm", JBl 2005, 743). Dabei können die einzelnen Ausführungshandlungen auch in verschiedenen Staaten gesetzt werden, soweit sie eine tatbestandliche Handlungseinheit bilden. In diesem Fall genügt es, wenn die Tat nur nach einem der in Betracht kommenden Tatortgesetze mit Strafe bedroht ist (JBl 2015, 536 mA *Salimi*). Eine Einschränkung auf bestimmte Arten von Delikten wird dabei nicht vorgenommen. Darin unterscheidet sich § 65 Abs 1 vom Universalitätsprinzip des § 64 Abs 1 Z 4, 5 u 6, von dem nur bestimmte weltweit zu verfolgende Delikte erfasst werden, wobei es nicht relevant ist, ob diese im Tatortstaat ausdrücklich unter gerichtlicher Strafsanktion stehen.

Eine stellvertretende Strafkompetenz kommt nur in Betracht, wenn in bei- 951
den Rechtsordnungen eine **Identität der Normen** besteht. Es ist nicht notwendig, dass beide Normen vollkommen deckungsgleich sind. Sie können auch jeweils eine Bestrafung unter anderen Gesichtspunkten vorsehen (SSt 59/96). Die Tat muss jedoch in beiden Rechtsordnungen eine gerichtlich strafbare Handlung darstellen (*Leukauf/Steininger* StGB³ § 65 Rz 9). Das Prinzip der identen Norm bezieht sich nur auf die beiderseitige Strafbarkeit, nicht auf eine gleichartige Verfolgbarkeit der Tat nach in- und ausländischem Recht. Es ist daher ohne Belang, dass die Straftat im Tatortstaat nur auf Verlangen des Verletzten (Privatanklagedelikt) verfolgt werden kann (JBl 1987, 124).

Ausländer sind generell für alle **im Ausland begangenen Taten**, welche 952
nicht bereits nach § 64 österreichische Strafkompetenz entstehen ließen, nach ihrer Betretung **in Österreich zu verfolgen, wenn** sie aus einem **anderen Grund als wegen der Art** oder **Eigenschaft der Tat nicht an das Ausland ausgeliefert** werden können (§ 65 Abs 1 Z 2). Sie unterliegen somit für im Ausland begangene Straftaten der **subsidiären inländischen Strafkompetenz**. Dadurch darf der Ausländer jedoch nicht schlechter gestellt sein: Ist das Tatortrecht in Bezug auf seine konkrete Straftat milder als die entsprechenden österreichischen Strafbestimmungen, muss dies berücksichtigt werden (§ 65 Abs 2). Ist die Tat nach den Gesetzen des Tatorts überhaupt straffrei oder die

Strafbarkeit bereits erloschen, darf der Täter in Österreich nicht verfolgt werden. Darin ist deutlich der Gegensatz zum Universalitätsprinzip zu erkennen. Nach § 65 besteht eine Abhängigkeit und Subsidiarität österreichischer Strafverfolgung gegenüber der ausländischen Strafverfolgung.

953 In den Fällen stellvertretender Strafrechtspflege erfolgt die österreichische **Strafverfolgung** nach den **österreichischen gesetzlichen Bestimmungen**, unabhängig vom jeweiligen Recht des Tatortstaates.

2. Auslieferungshindernisse

954 **Inländische Strafkompetenz** entsteht **nur, wenn** der Täter **aus einem anderen Grund als wegen der Art oder Eigenschaft der Tat nicht an den Tatortstaat ausgeliefert** werden kann (§ 65 Abs 1 Z 2). An einer Auslieferungsmöglichkeit mangelt es, wenn mit dem Tatortstaat überhaupt **kein Auslieferungsverkehr** besteht, auf die Auslieferung verzichtet wird oder trotz österreichischen Anbots (vgl §§ 15 EU-JZG, § 28 ARHG) von diesem Staat kein Auslieferungsersuchen gestellt wird, die Bemühungen um die Auslieferung demnach erfolglos geblieben sind (SSt 64/46; SSt 2006/81; SSt 2008/51; *Fabrizy* StGB[11] § 65 Rz 2a). Es liegt hingegen kein Auslieferungshindernis vor, wenn die Auslieferung bloß deshalb nicht erfolgte, weil die dafür zuständigen Stellen nicht einmal die dafür nötigen Initiativen gesetzt haben. Solange nicht zumindest dahingehende Bemühungen unternommen wurden, um eine Auslieferung zu erwirken, kann keine inländische Strafkompetenz eintreten (RZ 2008/5).

955 **Keine inländische Strafkompetenz** entsteht, **wenn** der Täter **wegen der Art oder Eigenschaft der Tat nicht ausgeliefert** werden kann (§ 65 Abs 1 Z 2). Es betrifft dies **Auslandstaaten**, die **wegen ihrer Strafdrohung nicht auslieferungsfähig** sind. Sie unterliegen nicht der stellvertretenden inländischen Strafrechtspflege (SSt 58/89). Ein derartiges Auslieferungshindernis liegt vor, wenn mit dem Tatortstaat zwar ein Auslieferungsabkommen besteht, danach aber nur **Taten** einer **gewissen Schwere** auslieferungsfähig sind und das Gewicht der konkreten Tat darunter liegt. Eine Auslieferung kommt zB bei leichten Delikten, die mit einer nicht mehr als einjährigen Freiheitsstrafe bedroht sind, nicht in Betracht (§ 11 Abs 1 ARHG, ÖJZ-LSK 1996/169).

956 Das Auslieferungshindernis kann darin begründet sein, dass es sich um ein politisches Delikt handelt (§ 14 ARHG). Auch eine stellvertretende Bestrafung kommt bei politischen Delikten nicht in Betracht. Es betrifft dies nur Taten, die ausschließlich politischer Natur sind. Meist werden dafür in Österreich auch gar keine geeigneten Tatbestände vorhanden sein. Davon sind jedoch relativ politische Delikte zu unterscheiden, bei denen auch andere Rechtsgüter als jene des Staates angegriffen wurden. Es betrifft dies allgemein strafbare Hand-

lungen, bei denen der kriminelle Charakter den politischen Charakter der Tat überwiegt (zB ein politisch motivierter Sprengstoffanschlag). Überwiegt der politische Charakter, ist eine Verfolgung genauso wie bei den absolut politischen Delikten auszuschließen.

Konnte der Ausländer aus Gründen, die in seiner Person liegen, nicht ausgeliefert werden, entsteht **österreichische Strafkompetenz**. Dazu kann es kommen, wenn vom **Täter** zwar im Ausland ein allgemeines Delikt begangen wurde, er darüber hinaus im Tatortstaat aber auch noch wegen seiner politischen Gesinnung verfolgt wird und nun **in Österreich Asyl** bekommt. In diesem Fall ist er wegen seines im Ausland begangenen allgemeinen Deliktes zu bestrafen. 957

D. Real- oder Schutzprinzip

1. Die **Verletzung** oder **Gefährdung inländischer Rechtsgüter** schafft ebenfalls österreichische Strafkompetenz, **gleichgültig, an welchem Ort** die Tat **begangen** wurde und wie am Tatort die Rechtslage ist. Im Vordergrund steht hierbei das Interesse Österreichs am Schutz eigener Rechtsgüter. Der Staat kann dabei selbst Schutzobjekt sein oder das Individuum als Teil des Staates. Im letzten Fall spricht man vom Individualschutzprinzip, welches zB in der Form des passiven Personalitätsprinzips in Erscheinung tritt (§ 64 Abs 1 Z 7; zB strafbare Handlung eines Österreichers gegen einen Österreicher im Ausland). 958

2. In **§ 64 Abs 1 Z 1 bis 3** werden Delikte aufgezählt, die eine **unmittelbare Verletzung wichtiger österreichischer Interessen** zum Inhalt haben. Die Verletzung österreichischer Interessen ergibt sich dabei direkt aus dem Tatbestand und musste daher als Voraussetzung für das Entstehen inländischer Strafkompetenz gar nicht erst ausdrücklich im Gesetz erwähnt werden. Hierher zu zählen sind Delikte wie zB Auskundschaften eines Geschäfts- oder Betriebsgeheimnisses zugunsten des Auslandes (§ 124), Hochverrat (§ 242), Vorbereitung eines Hochverrates (§ 244), staatsfeindliche Verbindungen (§ 246), Angriff auf oberste Staatsorgane (§§ 249 – 251), Landesverrat (§§ 252 – 258) und strafbare Handlungen gegen das Bundesheer (§§ 252 – 260). 959

Die ausdrückliche Kompetenzbestimmung (§ 64 Abs 1 **Z 1**) war hier nötig. Diese Handlungen sind nämlich im Ausland regelmäßig straflos, weil es an den entsprechenden Straftatbeständen mangelt. Politische Delikte gegen den Staat Österreich werden vom Ausland grundsätzlich nicht unter Strafe gestellt. Die **Rechtslage** im **Tatortstaat** muss daher bei der Strafverfolgung im Inland **ohne Belang** sein. 960

Die österreichische Strafkompetenz ist auch dann gegeben, wenn die in § 64 genannten Tatbestände wegen der gleichzeitigen Anwendbarkeit stren- 961 gerer Normen zurückzutreten haben (§ 64 Abs 2). So fällt ein Mord, der im Zusammenhang mit einer Wehrmittelsabotage (§ 260) steht, welche grundsätzlich subsidiär hinter den Mord zurücktreten würde, nach dem Schutzprinzip in die österreichische Strafkompetenz. Das Recht des Tatortes und der Umstand, dass ein im Ausland begangener Mord alleine noch keine österreichische Strafkompetenz nach § 64 begründen würde, ist dabei ohne Belang (*Fabrizy* StGB[11] § 64 Rz 13).

962 Wichtige österreichische Interessen werden weiters verletzt, wenn eine strafbare **Handlung gegen** einen **österreichischen Beamten** (§ 74 Abs 1 Z 4), Amtsträger (§ 74 Abs 1 Z 4a) oder Schiedsrichter (§ 74 Abs 1 Z 4c) während oder wegen der Vollziehung seiner Aufgaben begangen wird (§ 64 Abs 1 **Z 2**, zB Straftaten gegen Botschaftspersonal im Ausland oder gegen Beamte bei internationalen Behörden oder Organisationen im Ausland). Die Straftat muss gegen den Beamten gerichtet sein und damit dessen Schutzbereich verletzen. In Betracht kommen strafbare Handlungen gegen Individualrechtsgüter des Beamten sowie Widerstand gegen die Staatsgewalt (§ 269). Delikte, die nicht die Person des Beamten, sondern andere Rechtsgüter betreffen, werden von § 64 Abs 1 Z 2 nicht erfasst. Der im Ausland durch einen Ausländer begangene Gebrauch einer falschen Urkunde unterliegt auch dann nicht der inländischen Strafbarkeit, wenn er dadurch begangen wird, dass die falsche Urkunde einem österreichischen (Botschafts-)Beamten vorgelegt wird (JBl 1997, 671). Auch durch Handlungen, mit denen Amtspflichten verletzt werden, durch Korruption und verwandte Straftaten (§§ 302 bis 309) werden österreichische Interessen verletzt, wenn diese ein Österreicher begeht oder die Tat zugunsten eines österreichischen Amtsträgers oder österreichischen Schiedsrichters begangen wird (§ 64 Abs 1 **Z 2a**). Wenn ein Österreicher im Ausland ausländische Amtsträger besticht, wird daher inländische Strafgerichtskompetenz begründet.

963 Das Real- und Schutzprinzip begründet eine inländische Strafkompetenz, wenn jemand eine **falsche Beweisaussage** (§ 288) oder eine beeidete falsche Beweisaussage vor einer Verwaltungsbehörde (§ 289) in einem strafprozessualen Ermittlungsverfahren oder in einem Verfahren, das bei einem österreichischen Gericht oder einer österreichischen Verwaltungsbehörde anhängig ist, ablegt (§ 64 Abs 1 **Z 3**). Jemand macht zB diese falsche Aussage vor einer österreichischen Behörde (Botschaft, Konsulat) im Ausland oder vor **ausländischen Gerichten** oder **Verwaltungsbehörden im Zuge** eines **Rechtshilfeersuchens** (§ 71 ARHG).

964 **3.** Während sich die bisher angeführten Delikte gegen den Staat selbst richten, bietet der **Individualschutz** einen Anknüpfungspunkt im Fall der **Luftpiraterie (§ 64 Abs 1 Z 5 lit a),** wenn österreichische Strafkompetenz unter der Voraussetzung entsteht, dass sich die strafbare Handlung **gegen** ein **österreichisches Luftfahrzeug** richtet oder das Flugzeug ohne Besatzung

an jemanden **vermietet** worden ist, der seinen Geschäftssitz oder ständigen Aufenthalt in Österreich hat (§ 64 Abs 1 Z 5 lit c). Dieser muss zwar nicht Österreicher sein, aber die **enge Zugehörigkeit zu Österreich genügt** hier **als Anknüpfungspunkt** für die Entstehung der österreichischen Strafkompetenz ohne Rücksicht auf die Rechtslage im Tatortstaat. Darin ist eine Mischung des passiven Personalitätsprinzips als Angriff auf österreichische Rechtsgüter mit dem Schutzprinzip zu erblicken, weil der Staat offenbar gerade in diesen Fällen besonderes Interesse hat, Rechtsgüter zu schützen, die einen Bezug zu Österreich haben.

4. Nach **§ 64 Abs 1 Z 8** entsteht weiters inländische Strafkompetenz bei 965 **Beteiligung an** einer **strafbaren Handlung**, die der **unmittelbare Täter im Inland begangen** hat, sowie Hehlerei und Geldwäscherei (§§ 164, 165) in Bezug auf eine im Inland begangene Tat.

E. Personalitätsprinzip

1. Aktives Personalitätsprinzip

Das Personalitätsprinzip knüpft an die Staatsbürgerschaft des Täters an. 966 Man spricht auch von einem **aktiven Personalitätsprinzip**, weil das maßgebliche **Kriterium der Täter** als Träger der österreichischen Staatsbürgerschaft ist. Durch sein strafbares Verhalten wird die Voraussetzung für die Entstehung österreichischer Gerichtsbarkeit geschaffen (§ 65 Abs 1 Z 1).

Im Gegensatz dazu steht das **passive Personalitätsprinzip**. Für die inlän- 967 dische Strafkompetenz ist dabei maßgeblich, dass ein **inländisches Individualrechtsgut** angegriffen wird. In umfassender und reiner Form wird dieses Prinzip allerdings nicht berücksichtigt.

In vollem Umfang besteht das aktive Personalitätsprinzip nur mehr für 968 **österreichische Beamte, Amtsträger** oder **Schiedsrichter** (§ 64 Abs 1 Z 2 zweiter Fall). Danach unterliegt der Beamte oder Amtsträger ohne Rücksicht auf das Recht des Tatortes dem österreichischen Strafrecht, wenn er im Ausland einer Amtstätigkeit nachzugehen hat oder im Ausland strafbare Handlungen setzt, welche zu seinem Amt in Beziehung stehen.

Hinsichtlich **aller anderen Staatsbürger** ist das **Personalitätsprinzip** da- 969 hingehend **eingeschränkt**, dass die Strafbarkeit österreichischer Staatsbürger für Taten im Ausland nach **§ 65** davon abhängig gemacht wurde, ob das **Verhalten** auch im **Tatortstaat unter Strafe** gestellt ist (**Identität der Norm**). Aufgrund dieser Einschränkung kann sich ein österreichischer Staatsbürger im Regelfall (vgl die Ausnahmen des § 64) nicht mit Problemen konfrontiert sehen, wenn die Normen des Tatortstaates etwas erlauben, was österreichisches

Recht ihm verbietet oder gar, dass das Tatortrecht von ihm das Gegenteil von dem verlangt, was das österreichische Recht ihm gebietet:

In den Niederlanden ist der Besitz von geringen Mengen Cannabis (bis zu 5 Gramm) straffrei. Es wird jedoch auch ein Besitz von bis zu 30 g Cannabis toleriert und strafrechtlich nicht verfolgt. Bereits Letzteres (das bloße Tolerieren) reicht aus, die inländische Strafgewalt nach § 65 Abs 1 Z 1 zu verneinen (EvBl 1995/140).

970 Das aktive Personalitätsprinzip kommt bei Tätern zum Tragen, die zum Tatzeitpunkt österreichische Staatsbürger sind bzw nach der Tat die österreichische Staatsbürgerschaft erworben haben und zur Zeit der Einleitung des Strafverfahrens noch besitzen (§ 65 Abs 1 Z 1). Das Verhalten einer Person, die zur Tatzeit noch Ausländer war, nach österreichischem Recht zu beurteilen, erscheint nicht unbillig, da ohnedies verlangt wird, dass dieses Verhalten auch nach dem Tatortrecht strafbar ist. Die Strafkompetenz nach dem Personalitätsprinzip gilt für alle Taten, die nicht bereits nach §§ 63 oder 64 in die Kompetenz österreichischer Strafgerichtsbarkeit fallen. Bei schwerem sexuellen Missbrauch von Unmündigen (§ 206) würde sich zB die österreichische Strafkompetenz bereits aus § 64 Abs 1 Z 4a ergeben.

971 Eine **Auslieferung österreichischer Staatsbürger an** den **Tatortstaat** kommt **grundsätzlich nicht** in Betracht (**§ 12 ARHG – Verfassungsbestimmung**). Dieser Grundsatz erfährt jedoch eine **Einschränkung** durch **§ 5 EU-JZG**. § 5 EU-JZG regelt die Übergabe österreichischer Staatsbürger an einen anderen EU-Staat aufgrund eines Europäischen Haftbefehls und befindet sich ebenfalls im Verfassungsrang. Die Ausnahmebestimmungen in § 5 Abs 2 u 3 EU-JZG schränken diese Möglichkeit jedoch weitgehend ein (*Hinterhofer/Schallmoser* WK-EU-JZG² § 5 Rz 4ff).

972 Sowohl **Österreicher** als auch **Ausländer**, die im Ausland eine strafbare Handlung begangen haben, sollen, wenn sie in Österreich bestraft werden, **keinesfalls schlechter gestellt** werden **als** es der Fall gewesen wäre, **wenn sie im Tatortstaat vor Gericht gestellt worden wären** (**§ 65 Abs 2**). Dabei ist wiederum auf die Gesamtwirkung der Strafe abzustellen. Dies bedeutet nicht, dass in einem österreichischen Strafverfahren **milderes ausländisches Recht** unmittelbar zur Anwendung kommen kann. Der Täter ist immer nach österreichischem Recht zu verurteilen. Nur bei der Strafbemessung ist das ausländische Recht zu berücksichtigen. Werden vom ausländischen Strafgesetz Sanktionen angedroht, die das österreichische Recht der Art nach nicht kennt, ist auf die tatsächliche Wirkung derartiger Sanktionen abzustellen und danach ein Vergleich zu ziehen.

2. Passives Personalitätsprinzip

Dieses Prinzip hat Ähnlichkeit mit dem Schutzprinzip, da österreichische Strafkompetenz deshalb entsteht, weil im Ausland ein österreichisches Rechtsgut angegriffen wurde. Österreichische Strafkompetenz besteht dann, wenn ein **Österreicher gegen einen anderen Österreicher im Ausland** eine strafbare Handlung begeht und beide ihren Wohnsitz oder gewöhnlichen Aufenthalt in Österreich haben (**§ 64 Abs 1 Z 7**). Das **Recht des Tatortes** ist dabei **nicht maßgeblich**. Ausschlaggebend für diese Kompetenzbestimmung war vor allem die verstärkte Bindung an die österreichische Rechtsordnung dadurch, dass Täter und Opfer in Österreich wohnen und damit unter der Herrschaft der österreichischen Rechtsordnung leben. Es findet sich darin eine Mischung von Elementen des Personalitäts- und des Schutzprinzips. Auslandstaten eines Österreichers sind jedoch nicht nach § 64 Abs 1 Z 7 strafbar, wenn der Täter (oder das inländische Opfer) seinen ständigen Aufenthalt im Ausland hat. Kurzfristige Besuche des Täters bzw des Opfers in Österreich sind dabei ohne Belang (SSt 61/125). 973

III. Allgemeine Grundsätze bei der Behandlung von Auslandstaten

A. Erledigungsprinzip

Birklbauer Der Prozessgegenstand im österreichischen Strafverfahren (2009); *Zeder* Verbot der Doppelbestrafung (ne bis in idem) in der EU: Fragen, Fragen, Fragen – und einige Antworten, AnwBl 2007, 454.

Ganz im Sinne der Berücksichtigung des milderen Tatortrechts (§ 65 Abs 2) führt **§ 65 Abs 4** aus, dass die Strafbarkeit im Inland entfällt, wenn diese **nach dem Tatortrecht bereits erloschen** ist. Dies wäre der Fall, wenn die Strafe für das Delikt bereits im Ausland verbüßt worden ist oder die Tat bereits verjährt ist, weil im Tatortstaat kürzere Verjährungsfristen zur Anwendung kommen. Es handelt sich dabei um materielle Strafaufhebungsgründe (EvBl 1981/152). Besteht am Ort der Tat keine Strafgewalt (zB Antarktis), genügt es zur Verfolgung, dass die Tat nach österreichischen Gesetzen strafbar ist (§ 65 Abs 3). 974

Das Erledigungsprinzip ist **nicht anzuwenden** bei **Taten**, welche nach **§ 64** in die österreichische Strafkompetenz fallen (ÖJZ-LSK 1996/63). In diesen Fällen kommt es **bloß** zur **Anrechnung** einer bereits verbüßten Strafe (§ 66). 975

Als **prozessuales Hindernis** für die inländische Strafkompetenz ist anzusehen, wenn der Täter vom **Gericht des Tatortstaates rechtskräftig freigesprochen** oder **sonst außer Verfolgung gesetzt** wurde. Von einem Freispruch 976 iSd § 65 Abs 4 Z 2 kann nicht gesprochen werden, wenn die Entscheidung des Gerichtes auf der Annahme beruht, dass der Tatort nicht im Urteilsstaat gelegen sei (EvBl 1988/23). Kein außer Verfolgung setzen ist anzunehmen, wenn der Tatortstaat auf die Auslieferung verzichtet (EvBl 1976/117) und die Aburteilung dem anbietenden Staat vorbehält. Hier ist österreichisches Recht anwendbar (§ 65 Abs 1 Z 2).

977 Wurde hingegen nicht das Tatortgericht tätig (§ 65 Abs 4 Z 3), sondern ein anderes **ausländisches Gericht**, ist der Strafanspruch nur erloschen, wenn der **Täter verurteilt** und die Strafe **zur Gänze vollstreckt** worden ist (JBl 1975, 662). Soweit es nicht zur Vollstreckung kam, muss sie zumindest **erlassen** worden oder die Vollstreckbarkeit nach ausländischem Recht bereits verjährt sein. Als „Erlassen" ist zB eine Strafe nach erfolgter Begnadigung anzusehen (EvBl 1977/222). § 65 Abs 4 Z 4 lässt es für die Erledigung auch genügen, wenn die ausländische Strafe hinsichtlich ihrer Vollstreckung ganz oder teilweise ausgesetzt wurde.

978 Die **Übernahme der Vollstreckung** von Strafen, welche ein ausländisches Gericht ausgesprochen hat, ist in eingeschränktem Maße in Österreich zulässig (§ 64 ARHG; §§ 39ff, 53ff EU-JZG).

979 Wichtig erscheint die Einschränkung, welche § 65 Abs 5 hinsichtlich der nach österreichischem Recht zulässigen **vorbeugenden Maßnahmen** trifft. § 65 Abs 2 stellt auf die Verhängung einer Strafe ab, während § 65 Abs 5 StGB dezidiert die Anordnung zulässiger und notwendiger vorbeugender Maßnahmen gegen einen Österreicher wegen einer im Ausland begangenen strafbaren Handlung auch dann für zulässig erklärt, wenn die Gerichtsbarkeit über die Tat bereits von einem anderen Staat ausgeübt worden ist. Die Regelung des Art 4 des 7 ZPEMRK (Verbot der Doppelbestrafung) hindert nicht, dass eine Person in verschiedenen Staaten vor Gericht gestellt und bestraft wird (JBl 2014, 64 mA *Öner)*. Eine Verhängung der vom österreichischen StGB vorgesehenen Maßnahmen ist danach unabhängig von den Erlöschungsgründen für die Bestrafung zulässig, soweit der Täter Österreicher ist. Selbstverständlich setzt die Anordnung solcher Maßnahmen die Durchführung eines Verfahrens vor einem inländischen Gericht voraus. Dabei haben alle Voraussetzungen für diese Maßnahme, insbesondere das Vorliegen einer Anlasstat, geprüft zu werden.

980 Das Schengener Durchführungsübereinkommen (SDÜ, BGBl III 1997/90) legt für die einzelnen Vertragsparteien ein weitreichendes **Verbot der Doppelbestrafung** in **Art 54 SDÜ** fest. Danach darf jemand, der durch eine Vertragspartei rechtskräftig abgeurteilt worden ist, durch eine andere Vertragspartei wegen derselben Tat nicht verfolgt werden, vorausgesetzt, dass im Fall einer Verurteilung die Sanktion bereits vollstreckt worden ist, gerade vollstreckt wird oder nach dem Recht des Urteilsstaats nicht mehr vollstreckt werden kann. Dieses Verbot einer Doppelbestrafung nach Art 54 SDÜ gilt auch bei

Strafverfahren, in denen die Staatsanwaltschaft eines Mitgliedstaates ohne Mitwirkung eines Gerichts ein in diesem Staat eingeleitetes Strafverfahren eingestellt hat, nachdem der Beschuldigte bestimmte Auflagen erfüllt und insb einen bestimmten, von der Staatsanwaltschaft festgesetzten Geldbetrag entrichtet hatte. Eine **diversionelle Erledigung** kann damit ebenfalls eine weitere Strafverfolgung in einem anderen Vertragsstaat ausschließen (JBl 2005, 328; näher dazu *Birklbauer* Prozessgegenstand, 292ff).

B. Anrechnungsprinzip (§ 66)

Die für eine Tat im Ausland verbüßte Strafe ist auf die im Inland für diese Tat verhängte Strafe anzurechnen. Das Anrechnungsprinzip findet **nur insoweit** Anwendung, **als nicht** bereits das **Erledigungsprinzip eingreift**. Die Anrechnung erfolgt nur bei Tatidentität (SSt 52/43). Zu einer Teilanrechnung kann es dann kommen, wenn die im Ausland verhängte Strafe auch Handlungen erfasst hat, die in Österreich nicht gerichtlich strafbar sind (EvBl 1979/144). Keine Anrechnung ist jedoch möglich, wenn der Vollzug der ausländischen Strafe auf Bewährung ausgesetzt wurde (EvBl 1982/66). Ist die Bewährungszeit abgelaufen, greift das Erledigungsprinzip ein. Solange die bedingte Strafnachsicht nicht widerrufen worden ist, kann der Täter in Österreich nicht bestraft werden (§ 65 Abs 4 Z 4). 981

Bei der Anrechnung kommt es nicht darauf an, ob der Täter österreichischer Staatsbürger oder Ausländer ist. Es ist auch gleichgültig, ob die Tat eine Inlandstat oder im Ausland begangen wurde. Relevant ist nur, dass der Täter in Österreich überhaupt verfolgt und bestraft werden kann. Es muss eine inländische Strafkompetenz entstanden und diese darf auch nicht nach dem Erledigungsprinzip des § 65 Abs 4 wieder weggefallen sein. 982

Die Anrechnung einer **ausländischen Vorhaft** hat nach **§ 38** zu erfolgen (EvBl 1982/66), soweit die ausländische Vorhaft nicht bereits auf die ausländische Strafe angerechnet worden ist. 983

Prüfungsschemata

Die angeführten Schemata dienen der Unterstützung bei der strafrechtlichen Beurteilung eines Sachverhalts. Sie bilden einen Leitfaden bei der Bearbeitung von Diplomklausurfällen und sollen verhindern, dass relevante Punkte übersehen werden. Ein näheres Eingehen bei der Begründung einer Falllösung verlangen dabei vor allem jene Bereiche, bei denen sich aufgrund der gegebenen Sachverhaltskonstellation ein Begründungsbedarf ergibt.

Grobprüfungsschema für die Prüfung eines strafrechtlich relevanten Sachverhalts.	→	**I. Tatbestand** **II. Rechtswidrigkeit** **III. Schuld** **IV. Strafe**

I. Vorsatzdelikte

I. Tatbestand	**A. Objektive Tatbestandsseite** 1. Tatsubjekt (insb bei Sonderdelikten, zB Beamteneigenschaft, § 302 iVm § 74 Abs 1 Z 4) 2. Tatobjekt (zB Werteigenschaft der gestohlenen Sache, § 127) 3. Tathandlung (zB Gewahrsamsbruch bei der Wegnahme einer Sache, § 127) bzw Unterlassen (zB § 94) 4. Taterfolg (bei Erfolgsdelikten, zB schwere Körperverletzung, §§ 83ff) a) Kausalität bzw hypothetische Kausalität bei Unterlassungsdelikten b) Zurechnung des Taterfolgs **B. Subjektive Tatbestandsseite** 1. Tatvorsatz (zB wissentlicher Befugnismissbrauch, § 302) 2. erweiterter Vorsatz (zB Bereicherungsvorsatz, § 127) 3. Tatbildirrtum (zB Alter des Aktmodells, § 207a)
II. Rechts-widrigkeit	**Vorliegen von Rechtfertigungsgründen** (zB Notwehr, § 3; rechtfertigender Notstand; Einwilligung, zB § 90; amtliche Befugnis, zB Festnahmerecht, §§ 170ff StPO) **A. Rechtfertigende Situation** (zB Angriff, notwehrfähiges Rechtsgut bei § 3; gegenwärtige Gefahr beim rechtfertigenden Notstand; Einwilligung, einwilligungsfähiges Rechtsgut; Festnahmevoraussetzungen, §§ 170ff StPO) **B. Rechtfertigende Handlung** (zB notwendige Verteidigung, § 3; ev Notwehrüberschreitung, § 3 Abs 2; Güterabwägung beim rechtfertigenden Notstand; Sittenwidrigkeit bei § 90)
III. Schuld	**A. Zurechnungsfähigkeit** 1. Diskretionsfähigkeit – Dispositionsfähigkeit (§ 11); ev actio libera in causa bzw § 287 2. Deliktsfähigkeit (Alter des Täters, § 4 Abs 1 JGG) **B. Unrechtsbewusstsein (§ 9)** 1. direkter – indirekter Rechtsirrtum 2. Vorwerfbarkeit des Irrtums (Unrecht für jedermann leicht erkennbar oder Erkundigungspflicht) **C. Irrtümliche Annahme eines rechtfertigenden Sachverhalts (§ 8)** **D. Schuldausschließungsgründe** 1. Unzumutbarkeit (zB § 94 Abs 3; § 95 Abs 1) 2. Entschuldigender Notstand (§ 10; ev irrtümliche Annahme eines entschuldigenden Sachverhalts oder selbstverschuldete Notsituation, § 10 Abs 2)
IV. Strafe	**A. Strafaufhebungsgründe** (zB Rücktritt vom Versuch, § 16; Tätige Reue, § 167; Verjährung, § 57ff) **B. Strafausschließungsgründe** (zB Begünstigung eines Angehörigen, § 299 Abs 3) **C. Objektive Bedingungen der Strafbarkeit** (zB schwere Körperverletzung, § 91 Abs 1; Rauschtat, § 287)

II. Vorsätzliche unechte Unterlassungsdelikte (§ 2)

I. Tatbestand	**A. Objektive Tatbestandsseite** 1. Tatsubjekt (Garantenstellung aus Gesetz, Vertrag od Ingerenz) 2. Unterlassen der gebotenen Handlung (Gleichwertigkeit zwischen Tun und Unterlassen) 3. Taterfolg (Kausalität zwischen Unterlassung und Erfolg) **B. Subjektive Tatbstandsseite** 1. Tatvorsatz (insb hinsichtlich der Garantenstellung) 2. erweiterter Vorsatz
II. Rechts-widrigkeit	**Vorliegen von Rechtfertigungsgründen** (zB Notwehr, § 3; rechtfertigender Notstand; Einwilligung, zB § 90; amtliche Befugnis) **A. Rechtfertigende Situation** (zB Angriff, notwehrfähiges Rechtsgut bei § 3; gegenwärtige Gefahr beim rechtfertigenden Notstand; Einwilligung, einwilligungsfähiges Rechtsgut) **B. Rechtfertigende Handlung** (zB notwendige Verteidigung, § 3; ev Notwehrüberschreitung, § 3 Abs 2; Güterabwägung beim rechtfertigenden Notstand; Sittenwidrigkeit bei § 90)
III. Schuld	**A. Zurechnungsfähigkeit** 1. Diskretionsfähigkeit – Dispositionsfähigkeit (§ 11); ev actio libera in causa bzw § 287 2. Deliktsfähigkeit (Alter des Täters, § 4 Abs 1 JGG) **B. Unrechtsbewusstsein (§ 9)** 1. direkter – indirekter Rechtsirrtum (zB hinsichtlich der Garantenpflicht) 2. Vorwerfbarkeit des Irrtums (Unrecht für jedermann leicht erkennbar oder Erkundigungspflicht) **C. Irrtümliche Annahme eines rechtfertigenden Sachverhalts (§ 8)** **D. Schuldausschließungsgründe** 1. Unzumutbarkeit 2. Entschuldigender Notstand (§ 10; ev irrtümliche Annahme eines entschuldigenden Sachverhalts oder selbstverschuldete Notsituation, § 10 Abs 2)
IV. Strafe	**A. Strafaufhebungsgründe** (zB Rücktritt vom Versuch, § 16; Tätige Reue, § 167; Verjährung, § 57ff) **B. Strafausschließungsgründe**

III. Fahrlässigkeitsdelikte

I. Tatbestand	**A. Kausalität zwischen Handlung und Erfolg** **B. Objektive Sorgfaltswidrigkeit der Handlung** 1. Verstoß gegen Rechtsvorschriften (zB StVO) 2. Verstoß gegen allgemein anerkannte Regeln (zB FIS-Regeln) 3. Sorgfaltsmaßstab eines maßstabgerechten Dritten aus dem Verkehrskreis des Täters **C. Objektive Voraussehbarkeit des Erfolgs** (Objektive Zurechnung des Erfolgs) 1. Adäquanzzusammenhang (typischer – atypischer Kausalverlauf) 2. Rechtswidrigkeitszusammenhang (erlaubtes Risiko, rechtmäßiges Alternativverhalten) 3. Risikozusammenhang
II. Rechtswidrigkeit	**Vorliegen von Rechtfertigungsgründen** (bei Fahrlässigkeitsdelikten von untergeordneter Bedeutung; eventuell: rechtfertigender Notstand; Einwilligung) **A. Rechtfertigende Situation** (zB gegenwärtige Gefahr beim rechtfertigenden Notstand; Einwilligung) **B. Rechtfertigende Handlung** (zB Güterabwägung beim rechtfertigenden Notstand; Sittenwidrigkeit, § 90)
III. Schuld	**A. Zurechnungsfähigkeit** 1. Diskretionsfähigkeit – Dispositionsfähigkeit (§ 11); ev actio libera in causa bzw § 287 2. Deliktsfähigkeit (Alter des Täters, § 4 Abs 1 JGG) **B. Unrechtsbewusstsein (§ 9)** 1. direkter – indirekter Rechtsirrtum 2. Vorwerfbarkeit des Irrtums (Unrecht für jedermann leicht erkennbar oder Erkundigungspflicht) **C. Subjektive Sorgfaltswidrigkeit** 1. geistige und körperliche Verhältnisse des Täters; emotionale Mängel (zB Aggressivität) bleiben außer Betracht 2. Einlassungs- bzw Übernahmefahrlässigkeit **D. Irrtümliche Annahme eines rechtfertigenden Sachverhalts (§ 8)** **E. Subjektive Voraussehbarkeit des Taterfolgs** **F. Schuldausschließungsgründe** Unzumutbarkeit (§ 6 Abs 1)
IV. Strafe	**A. Strafaufhebungsgründe** (Verjährung, § 57ff) **B. Strafausschließungsgründe** (zB bei der fahrlässigen Körperverletzung, § 88 Abs 2)

IV. Fahrlässige unechte Unterlassungsdelikte (§ 2)

I. Tatbestand	**A. Kausalität zwischen Unterlassung und Erfolg** **B. Tatsubjekt** (Garantenstellung aus Gesetz, Vertrag od Ingerenz) **C. Objektive Sorgfaltswidrigkeit des Unterlassens** 1. Verstoß gegen Rechtsvorschriften (zB StVO) 2. Verstoß gegen allgemein anerkannte Regeln 3. Sorgfaltsmaßstab eines maßstabgerechten Dritten aus dem Verkehrskreis des Täters **D. Objektive Voraussehbarkeit des Erfolgs** (Objektive Zurechnung des Erfolgs) 1. Adäquanzzusammenhang (typischer – atypischer Kausalverlauf) 2. Rechtswidrigkeitszusammenhang (erlaubtes Risiko, rechtmäßiges Alternativverhalten) 3. Risikozusammenhang **E. Gleichwertigkeit zwischen Tun und Unterlassen**
II. Rechtswidrigkeit	**Vorliegen von Rechtfertigungsgründen** (bei Fahrlässigkeitsdelikten von untergeordneter Bedeutung; eventuell: rechtfertigender Notstand; Einwilligung)
III. Schuld	**A. Zurechnungsfähigkeit** 1. Diskretionsfähigkeit – Dispositionsfähigkeit (§ 11); ev actio libera in causa bzw § 287 2. Deliktsfähigkeit (Alter des Täters, § 4 Abs 1 JGG) **B. Unrechtsbewusstsein (§ 9)** 1. direkter – indirekter Rechtsirrtum 2. Vorwerfbarkeit des Irrtums (Unrecht für jedermann leicht erkennbar oder Erkundigungspflicht) **C. Subjektive Sorgfaltswidrigkeit** 1. geistige und körperliche Verhältnisse des Täters; emotionale Mängel (zB Aggressivität) bleiben außer Betracht 2. Einlassungs- bzw Übernahmefahrlässigkeit **D. Irrtümliche Annahme eines rechtfertigenden Sachverhalts (§ 8)** **E. Subjektive Voraussehbarkeit des Taterfolgs** **F. Schuldausschließungsgründe** Unzumutbarkeit (§ 6 Abs 1)
IV. Strafe	**A. Strafaufhebungsgründe** (Verjährung, § 57ff) **B. Strafausschließungsgründe** (zB bei der fahrlässigen Körperverletzung, § 88 Abs 2)

V. Tatversuch

I. Tatbestand	**A. Objektive Tatbestandsseite** 1. Tatsubjekt (insb bei Sonderdelikten) 2. Nichterfüllung des objektiven Tatbestands (zB Ausbleiben des Taterfolgs) 3. a) Ausführungshandlung oder zumindest b) ausführungsnahe Handlung (§ 15 Abs 2); Kriterien: • keine weiteren Zwischenstufen zur Ausführungshandlung • zeitliche und räumliche Nähe zur Ausführungshandlung • Überwindung der entscheidenden Hemmschwelle zur Tat 4. Tauglichkeit des Versuchs a) absolute Untauglichkeit des Tatsubjekts b) absolute Untauglichkeit der Tathandlung c) absolute Untauglichkeit des Tatobjekts **B. Subjektive Tatbestandsseite** 1. auf Vollendung gerichteter Tatvorsatz 2. erweiterter Vorsatz (zB bei § 127) oder Tatbildirrtum
II. Rechts-widrigkeit	**Vorliegen von Rechtfertigungsgründen** (zB Notwehr; rechtfertigender Notstand; Einwilligung) **A. Rechtfertigende Situation** (zB Angriff, § 3; gegenwärtige Gefahr beim rechtfertigenden Notstand; Einwilligungserklärung) **B. Rechtfertigende Handlung** (zB notwendige Verteidigung, § 3; Güterabwägung beim rechtfertigenden Notstand; Sittenwidrigkeit, § 90)
III. Schuld	**A. Zurechnungsfähigkeit** (Diskretionsfähigkeit – Dispositionsfähigkeit, § 11; Deliktsfähigkeit, § 4 Abs 1 JGG) **B. Unrechtsbewusstsein (§ 9)** (direkter – indirekter Rechtsirrtum; Vorwerfbarkeit des Irrtums) **C. Irrtümliche Annahme eines rechtfertigenden Sachverhalts (§ 8)** **D. Schuldausschließungsgründe** (zB entschuldigender Notstand)
IV. Strafe	**A. Strafaufhebungsgründe** 1. Rücktritt vom Versuch (§ 16) a) fehlgeschlagener Versuch b) beendeter Versuch (§ 16 Abs 1) c) unbeendeter Versuch (§ 16 Abs 1) d) Putativrücktritt vom Versuch (§ 16 Abs 2) e) Freiwilligkeit 2. Verjährung (§§ 57ff) **B. Strafausschließungsgründe** (zB Begünstigung eines Angehörigen, § 299 Abs 3)

VI. Bestimmungstäterschaft

I. Tatbestand	**A. Objektive Tatbestandsseite** 1. Bestimmungshandlung (Erwecken des Tatentschlusses; hinreichende Konkretisierung des auszuführenden Delikts) 2. Tatausführung durch den unmittelbaren Täter (Problem der Akzessorietät: Versuch, Vollendung) 3. versuchte Bestimmungstäterschaft strafbar (§ 15 Abs 2) **B. Subjektive Tatbestandsseite** Bestimmungsvorsatz (Vorsatz auf Hervorrufen eines Tatentschlusses; ev erweiterter Vorsatz) **C. Bestimmung zum Sonderdelikt (§ 14)** 1. unrechtsbezogene Sonderdelikte (§ 14 Abs 1, zB §§ 153, 302) 2. schuldbezogene Sonderdelikte (§ 14 Abs 2, zB § 79) 3. Vorsatz des Bestimmungstäters bzw unmittelbaren Täters bei §§ 153, 302
II. Rechts-widrigkeit	**Vorliegen von Rechtfertigungsgründen** (zB Notwehr, § 3; rechtfertigender Notstand) **A. Rechtfertigende Situation** (zB Angriff, notwehrfähiges Rechtsgut bei § 3; gegenwärtige Gefahr beim rechtfertigenden Notstand) **B. Rechtfertigende Handlung** (zB notwendige Verteidigung, § 3; ev Notwehrüberschreitung, § 3 Abs 2; Güterabwägung beim rechtfertigenden Notstand)
III. Schuld	**A. Zurechnungsfähigkeit** 1. Diskretionsfähigkeit – Dispositionsfähigkeit (§ 11) 2. Deliktsfähigkeit (Alter des Täters, § 4 Abs 1 JGG) **B. Unrechtsbewusstsein (§ 9)** 1. direkter – indirekter Rechtsirrtum 2. Vorwerfbarkeit des Irrtums (Unrecht für jedermann leicht erkennbar oder Erkundigungspflicht) **C. Irrtümliche Annahme eines rechtfertigenden Sachverhalts (§ 8)** **D. Schuldausschließungsgründe** Entschuldigender Notstand (§ 10; ev irrtümliche Annahme eines entschuldigenden Sachverhalts oder selbstverschuldete Notsituation, § 10 Abs 2)
IV. Strafe	**A. Strafaufhebungsgründe** (zB Rücktritt vom Versuch, § 16; Tätige Reue, § 167; Verjährung, § 57ff) **B. Strafausschließungsgründe** (zB Begünstigung eines Angehörigen, § 299 Abs 3)

VII. Beitragstäterschaft

I. Tatbestand	**A. Objektive Tatbestandsseite** 1. Beitragshandlung (Fördern der Tatausführung durch physischen oder psychischen Tatbeitrag) 2. Tatausführung durch den unmittelbaren Täter (Problem der Akzessorietät: Versuch, Vollendung) 3. versuchte Beitragstäterschaft straflos – strafbar jedoch Beitrag zum versuchten Delikt des unmittelbaren Täters **B. Subjektive Tatbestandsseite** Beitragsvorsatz (Vorsatz auf Fördern der Tatausführung, ev erweiterter Vorsatz) **C. Beitrag zum Sonderdelikt (§ 14)** 1. unrechtsbezogene Sonderdelikte (§ 14 Abs 1, zB §§ 153, 302) 2. schuldbezogene Sonderdelikte (§ 14 Abs 2, zB § 79) 3. Vorsatz des Beitragstäters bzw unmittelbaren Täters bei §§ 153, 302
II. Rechtswidrigkeit	**Vorliegen von Rechtfertigungsgründen** (zB Notwehr, § 3; rechtfertigender Notstand; Einwilligung, zB § 90) **A. rechtfertigende Situation** (zB Angriff, notwehrfähiges Rechtsgut bei § 3; gegenwärtige Gefahr beim rechtfertigenden Notstand; Einwilligung, einwilligungsfähiges Rechtsgut) **B. rechtfertigende Handlung** (zB notwendige Verteidigung, § 3; ev Notwehrüberschreitung, § 3 Abs 2; Güterabwägung beim rechtfertigenden Notstand; Sittenwidrigkeit bei § 90)
III. Schuld	**A. Zurechnungsfähigkeit** 1. Diskretionsfähigkeit – Dispositionsfähigkeit (§ 11) 2. Deliktsfähigkeit (Alter des Täters, § 4 Abs 1 JGG) **B. Unrechtsbewusstsein (§ 9)** 1. direkter – indirekter Rechtsirrtum 2. Vorwerfbarkeit des Irrtums (Unrecht für jedermann leicht erkennbar oder Erkundigungspflicht) **C. Irrtümliche Annahme eines rechtfertigenden Sachverhalts (§ 8)** **D. Schuldausschließungsgründe** Entschuldigender Notstand (§ 10; ev irrtümliche Annahme eines entschuldigenden Sachverhalts oder selbstverschuldete Notsituation, § 10 Abs 2)
IV. Strafe	**A. Strafaufhebungsgründe** (zB Tätige Reue, § 167; Verjährung, § 57ff) **B. Strafausschließungsgründe** (zB Begünstigung eines Angehörigen, § 299 Abs 3)

Stichwortverzeichnis
(Fundstellen = Randzahlen)

O

P

Q

R

S

T

U

Prüfungsschemata

aus

Seiler Strafrecht Allgemeiner Teil I^{3} (2016)

Die angeführten Schemata dienen der Unterstützung bei der strafrechtlichen Beurteilung eines Sachverhalts. Sie bilden einen Leitfaden bei der Bearbeitung von Diplomklausurfällen und sollen verhindern, dass relevante Punkte übersehen werden. Ein näheres Eingehen bei der Begründung einer Falllösung verlangen dabei vor allem jene Bereiche, bei denen sich aufgrund der gegebenen Sachverhaltskonstellation ein Begründungsbedarf ergibt.

Grobprüfungsschema für die Prüfung eines strafrechtlich relevanten Sachverhalts.	→	**I. Tatbestand** **II. Rechtswidrigkeit** **III. Schuld** **IV. Strafe**

facultas

I. Vorsatzdelikte

I. Tatbestand	**A. Objektive Tatbestandsseite** 1. Tatsubjekt (insb bei Sonderdelikten, zB Beamteneigenschaft, § 302 iVm § 74 Abs 1 Z 4) 2. Tatobjekt (zB Werteigenschaft der gestohlenen Sache, § 127) 3. Tathandlung (zB Gewahrsamsbruch bei der Wegnahme einer Sache, § 127) bzw Unterlassen (zB § 94) 4. Taterfolg (bei Erfolgsdelikten, zB schwere Körperverletzung, §§ 83ff) a) Kausalität bzw hypothetische Kausalität bei Unterlassungsdelikten b) Zurechnung des Taterfolgs **B. Subjektive Tatbestandsseite** 1. Tatvorsatz (zB wissentlicher Befugnismissbrauch, § 302) 2. erweiterter Vorsatz (zB Bereicherungsvorsatz, § 127) 3. Tatbildirrtum (zB Alter des Aktmodells, § 207a)
II. Rechts- widrigkeit	**Vorliegen von Rechtfertigungsgründen** (zB Notwehr, § 3; rechtfertigender Notstand; Einwilligung, zB § 90; amtliche Befugnis, zB Festnahmerecht, §§ 170ff StPO) **A. Rechtfertigende Situation** (zB Angriff, notwehrfähiges Rechtsgut bei § 3; gegenwärtige Gefahr beim rechtfertigenden Notstand; Einwilligung, einwilligungsfähiges Rechtsgut; Festnahmevoraussetzungen, §§ 170ff StPO) **B. Rechtfertigende Handlung** (zB notwendige Verteidigung, § 3; ev Notwehrüberschreitung, § 3 Abs 2; Güterabwägung beim rechtfertigenden Notstand; Sittenwidrigkeit bei § 90)
III. Schuld	**A. Zurechnungsfähigkeit** 1. Diskretionsfähigkeit – Dispositionsfähigkeit (§ 11); ev actio libera in causa bzw § 287 2. Deliktsfähigkeit (Alter des Täters, § 4 Abs 1 JGG) **B. Unrechtsbewusstsein (§ 9)** 1. direkter – indirekter Rechtsirrtum 2. Vorwerfbarkeit des Irrtums (Unrecht für jedermann leicht erkennbar oder Erkundigungspflicht) **C. Irrtümliche Annahme eines rechtfertigenden Sachverhalts (§ 8)** **D. Schuldausschließungsgründe** 1. Unzumutbarkeit (zB § 94 Abs 3; § 95 Abs 1) 2. Entschuldigender Notstand (§ 10; ev irrtümliche Annahme eines entschuldigenden Sachverhalts oder selbstverschuldete Notsituation, § 10 Abs 2)
IV. Strafe	**A. Strafaufhebungsgründe** (zB Rücktritt vom Versuch, § 16; Tätige Reue, § 167; Verjährung, § 57ff) **B. Strafausschließungsgründe** (zB Begünstigung eines Angehörigen, § 299 Abs 3) **C. Objektive Bedingungen der Strafbarkeit** (zB schwere Körperverletzung, § 91 Abs 1; Rauschtat, § 287)

II. Vorsätzliche unechte Unterlassungsdelikte (§ 2)

<table>
<tr><td>I.
Tatbestand</td><td>A. Objektive Tatbestandsseite
1. Tatsubjekt
(Garantenstellung aus Gesetz, Vertrag od Ingerenz)
2. Unterlassen der gebotenen Handlung
(Gleichwertigkeit zwischen Tun und Unterlassen)
3. Taterfolg
(Kausalität zwischen Unterlassung und Erfolg)
B. Subjektive Tatbstandsseite
1. Tatvorsatz
(insb hinsichtlich der Garantenstellung)
2. erweiterter Vorsatz</td></tr>
<tr><td>II.
Rechts-
widrigkeit</td><td>Vorliegen von Rechtfertigungsgründen
(zB Notwehr, § 3; rechtfertigender Notstand; Einwilligung, zB § 90; amtliche Befugnis)
A. Rechtfertigende Situation
(zB Angriff, notwehrfähiges Rechtsgut bei § 3; gegenwärtige Gefahr beim rechtfertigenden Notstand; Einwilligung, einwilligungsfähiges Rechtsgut)
B. Rechtfertigende Handlung
(zB notwendige Verteidigung, § 3; ev Notwehrüberschreitung, § 3 Abs 2; Güterabwägung beim rechtfertigenden Notstand; Sittenwidrigkeit bei § 90)</td></tr>
<tr><td>III.
Schuld</td><td>A. Zurechnungsfähigkeit
1. Diskretionsfähigkeit – Dispositionsfähigkeit (§ 11); ev actio libera in causa bzw § 287
2. Deliktsfähigkeit (Alter des Täters, § 4 Abs 1 JGG)
B. Unrechtsbewusstsein (§ 9)
1. direkter – indirekter Rechtsirrtum (zB hinsichtlich der Garantenpflicht)
2. Vorwerfbarkeit des Irrtums (Unrecht für jedermann leicht erkennbar oder Erkundigungspflicht)
C. Irrtümliche Annahme eines rechtfertigenden Sachverhalts (§ 8)
D. Schuldausschließungsgründe
1. Unzumutbarkeit
2. Entschuldigender Notstand (§ 10; ev irrtümliche Annahme eines entschuldigenden Sachverhalts oder selbstverschuldete Notsituation, § 10 Abs 2)</td></tr>
<tr><td>IV.
Strafe</td><td>A. Strafaufhebungsgründe
(zB Rücktritt vom Versuch, § 16; Tätige Reue, § 167; Verjährung, § 57ff)
B. Strafausschließungsgründe</td></tr>
</table>

III. Fahrlässigkeitsdelikte

I. Tatbestand	**A. Kausalität zwischen Handlung und Erfolg** **B. Objektive Sorgfaltswidrigkeit der Handlung** 1. Verstoß gegen Rechtsvorschriften (zB StVO) 2. Verstoß gegen allgemein anerkannte Regeln (zB FIS-Regeln) 3. Sorgfaltsmaßstab eines maßstabgerechten Dritten aus dem Verkehrskreis des Täters **C. Objektive Voraussehbarkeit des Erfolgs** (Objektive Zurechnung des Erfolgs) 1. Adäquanzzusammenhang (typischer – atypischer Kausalverlauf) 2. Rechtswidrigkeitszusammenhang (erlaubtes Risiko, rechtmäßiges Alternativverhalten) 3. Risikozusammenhang
II. Rechts-widrigkeit	**Vorliegen von Rechtfertigungsgründen** (bei Fahrlässigkeitsdelikten von untergeordneter Bedeutung; eventuell: rechtfertigender Notstand; Einwilligung) **A. Rechtfertigende Situation** (zB gegenwärtige Gefahr beim rechtfertigenden Notstand; Einwilligung) **B. Rechtfertigende Handlung** (zB Güterabwägung beim rechtfertigenden Notstand; Sittenwidrigkeit, § 90)
III. Schuld	**A. Zurechnungsfähigkeit** 1. Diskretionsfähigkeit – Dispositionsfähigkeit (§ 11); ev actio libera in causa bzw § 287 2. Deliktsfähigkeit (Alter des Täters, § 4 Abs 1 JGG) **B. Unrechtsbewusstsein (§ 9)** 1. direkter – indirekter Rechtsirrtum 2. Vorwerfbarkeit des Irrtums (Unrecht für jedermann leicht erkennbar oder Erkundigungspflicht) **C. Subjektive Sorgfaltswidrigkeit** 1. geistige und körperliche Verhältnisse des Täters; emotionale Mängel (zB Aggressivität) bleiben außer Betracht 2. Einlassungs- bzw Übernahmefahrlässigkeit **D. Irrtümliche Annahme eines rechtfertigenden Sachverhalts (§ 8)** **E. Subjektive Voraussehbarkeit des Taterfolgs** **F. Schuldausschließungsgründe** Unzumutbarkeit (§ 6 Abs 1)
IV. Strafe	**A. Strafaufhebungsgründe** (Verjährung, § 57ff) **B. Strafausschließungsgründe** (zB bei der fahrlässigen Körperverletzung, § 88 Abs 2)

IV. Fahrlässige unechte Unterlassungsdelikte (§ 2)

I. Tatbestand	**A. Kausalität zwischen Unterlassung und Erfolg** **B. Tatsubjekt** (Garantenstellung aus Gesetz, Vertrag od Ingerenz) **C. Objektive Sorgfaltswidrigkeit des Unterlassens** 1. Verstoß gegen Rechtsvorschriften (zB StVO) 2. Verstoß gegen allgemein anerkannte Regeln 3. Sorgfaltsmaßstab eines maßstabgerechten Dritten aus dem Verkehrskreis des Täters **D. Objektive Voraussehbarkeit des Erfolgs** (Objektive Zurechnung des Erfolgs) 1. Adäquanzzusammenhang (typischer – atypischer Kausalverlauf) 2. Rechtswidrigkeitszusammenhang (erlaubtes Risiko, rechtmäßiges Alternativverhalten) 3. Risikozusammenhang **E. Gleichwertigkeit zwischen Tun und Unterlassen**
II. Rechts-widrigkeit	**Vorliegen von Rechtfertigungsgründen** (bei Fahrlässigkeitsdelikten von untergeordneter Bedeutung; eventuell: rechtfertigender Notstand; Einwilligung)
III. Schuld	**A. Zurechnungsfähigkeit** 1. Diskretionsfähigkeit – Dispositionsfähigkeit (§ 11); ev actio libera in causa bzw § 287 2. Deliktsfähigkeit (Alter des Täters, § 4 Abs 1 JGG) **B. Unrechtsbewusstsein (§ 9)** 1. direkter – indirekter Rechtsirrtum 2. Vorwerfbarkeit des Irrtums (Unrecht für jedermann leicht erkennbar oder Erkundigungspflicht) **C. Subjektive Sorgfaltswidrigkeit** 1. geistige und körperliche Verhältnisse des Täters; emotionale Mängel (zB Aggressivität) bleiben außer Betracht 2. Einlassungs- bzw Übernahmefahrlässigkeit **D. Irrtümliche Annahme eines rechtfertigenden Sachverhalts (§ 8)** **E. Subjektive Voraussehbarkeit des Taterfolgs** **F. Schuldausschließungsgründe** Unzumutbarkeit (§ 6 Abs 1)
IV. Strafe	**A. Strafaufhebungsgründe** (Verjährung, § 57ff) **B. Strafausschließungsgründe** (zB bei der fahrlässigen Körperverletzung, § 88 Abs 2)

V. Tatversuch

I. Tatbestand	**A. Objektive Tatbestandsseite** 1. Tatsubjekt (insb bei Sonderdelikten) 2. Nichterfüllung des objektiven Tatbestands (zB Ausbleiben des Taterfolgs) 3. a) Ausführungshandlung oder zumindest b) ausführungsnahe Handlung (§ 15 Abs 2); Kriterien: • keine weiteren Zwischenstufen zur Ausführungshandlung • zeitliche und räumliche Nähe zur Ausführungshandlung • Überwindung der entscheidenden Hemmschwelle zur Tat 4. Tauglichkeit des Versuchs a) absolute Untauglichkeit des Tatsubjekts b) absolute Untauglichkeit der Tathandlung c) absolute Untauglichkeit des Tatobjekts **B. Subjektive Tatbestandsseite** 1. auf Vollendung gerichteter Tatvorsatz 2. erweiterter Vorsatz (zB bei § 127) oder Tatbildirrtum
II. Rechts-widrigkeit	**Vorliegen von Rechtfertigungsgründen** (zB Notwehr; rechtfertigender Notstand; Einwilligung) **A. Rechtfertigende Situation** (zB Angriff, § 3; gegenwärtige Gefahr beim rechtfertigenden Notstand; Einwilligungserklärung) **B. Rechtfertigende Handlung** (zB notwendige Verteidigung, § 3; Güterabwägung beim rechtfertigenden Notstand; Sittenwidrigkeit, § 90)
III. Schuld	**A. Zurechnungsfähigkeit** (Diskretionsfähigkeit – Dispositionsfähigkeit, § 11; Deliktsfähigkeit, § 4 Abs 1 JGG) **B. Unrechtsbewusstsein (§ 9)** (direkter – indirekter Rechtsirrtum; Vorwerfbarkeit des Irrtums) **C. Irrtümliche Annahme eines rechtfertigenden Sachverhalts (§ 8)** **D. Schuldausschließungsgründe** (zB entschuldigender Notstand)
IV. Strafe	**A. Strafaufhebungsgründe** 1. Rücktritt vom Versuch (§ 16) a) fehlgeschlagener Versuch b) beendeter Versuch (§ 16 Abs 1) c) unbeendeter Versuch (§ 16 Abs 1) d) Putativrücktritt vom Versuch (§ 16 Abs 2) e) Freiwilligkeit 2. Verjährung (§§ 57ff) **B. Strafausschließungsgründe** (zB Begünstigung eines Angehörigen, § 299 Abs 3)

VI. Bestimmungstäterschaft

I. [illegible]estand	**A. Objektive Tatbestandsseite** 1. Bestimmungshandlung (Erwecken des Tatentschlusses; hinreichende Konkretisierung des auszuführenden Delikts) 2. Tatausführung durch den unmittelbaren Täter (Problem der Akzessorietät: Versuch, Vollendung) 3. versuchte Bestimmungstäterschaft strafbar (§ 15 Abs 2) **B. Subjektive Tatbestandsseite** Bestimmungsvorsatz (Vorsatz auf Hervorrufen eines Tatentschlusses; ev erweiterter Vorsatz) **C. Bestimmung zum Sonderdelikt (§ 14)** 1. unrechtsbezogene Sonderdelikte (§ 14 Abs 1, zB §§ 153, 302) 2. schuldbezogene Sonderdelikte (§ 14 Abs 2, zB § 79) 3. Vorsatz des Bestimmungstäters bzw unmittelbaren Täters bei §§ 153, 302
II. Rechts- widrigkeit	**Vorliegen von Rechtfertigungsgründen** (zB Notwehr, § 3; rechtfertigender Notstand) **A. Rechtfertigende Situation** (zB Angriff, notwehrfähiges Rechtsgut bei § 3; gegenwärtige Gefahr beim rechtfertigenden Notstand) **B. Rechtfertigende Handlung** (zB notwendige Verteidigung, § 3; ev Notwehrüberschreitung, § 3 Abs 2; Güterabwägung beim rechtfertigenden Notstand)
III. Schuld	**A. Zurechnungsfähigkeit** 1. Diskretionsfähigkeit – Dispositionsfähigkeit (§ 11) 2. Deliktsfähigkeit (Alter des Täters, § 4 Abs 1 JGG) **B. Unrechtsbewusstsein (§ 9)** 1. direkter – indirekter Rechtsirrtum 2. Vorwerfbarkeit des Irrtums (Unrecht für jedermann leicht erkennbar oder Erkundigungspflicht) **C. Irrtümliche Annahme eines rechtfertigenden Sachverhalts (§ 8)** **D. Schuldausschließungsgründe** Entschuldigender Notstand (§ 10; ev irrtümliche Annahme eines entschuldigenden Sachverhalts oder selbstverschuldete Notsituation, § 10 Abs 2)
IV. Strafe	**A. Strafaufhebungsgründe** (zB Rücktritt vom Versuch, § 16; Tätige Reue, § 167; Verjährung, § 57ff) **B. Strafausschließungsgründe** (zB Begünstigung eines Angehörigen, § 299 Abs 3)

VII. Beitragstäterschaft

I. Tatbestand	**A. Objektive Tatbestandsseite** 1. Beitragshandlung (Fördern der Tatausführung durch physis oder psychischen Tatbeitrag) 2. Tatausführung durch den unmittelbaren Täter (Problem der Akzessorietät: Versuch, Vollendung) 3. versuchte Beitragstäterschaft straflos – strafbar jedoch Beitrag zum versuchten Delikt des unmittelbaren Täters **B. Subjektive Tatbestandsseite** Beitragsvorsatz (Vorsatz auf Fördern der Tatausführung, ev erweiterter Vorsatz) **C. Beitrag zum Sonderdelikt (§ 14)** 1. unrechtsbezogene Sonderdelikte (§ 14 Abs 1, zB §§ 153, 302) 2. schuldbezogene Sonderdelikte (§ 14 Abs 2, zB § 79) 3. Vorsatz des Beitragstäters bzw unmittelbaren Täters bei §§ 153, 302
II. Rechts- widrigkeit	**Vorliegen von Rechtfertigungsgründen** (zB Notwehr, § 3; rechtfertigender Notstand; Einwilligung, zB § 90) **A. rechtfertigende Situation** (zB Angriff, notwehrfähiges Rechtsgut bei § 3; gegenwärtige Gefahr beim rechtfertigenden Notstand; Einwilligung, einwilligungsfähiges Rechtsgut) **B. rechtfertigende Handlung** (zB notwendige Verteidigung, § 3; ev Notwehrüberschreitung, § 3 Abs 2; Güterabwägung beim rechtfertigenden Notstand; Sittenwidrigkeit bei § 90)
III. Schuld	**A. Zurechnungsfähigkeit** 1. Diskretionsfähigkeit – Dispositionsfähigkeit (§ 11) 2. Deliktsfähigkeit (Alter des Täters, § 4 Abs 1 JGG) **B. Unrechtsbewusstsein (§ 9)** 1. direkter – indirekter Rechtsirrtum 2. Vorwerfbarkeit des Irrtums (Unrecht für jedermann leicht erkennbar oder Erkundigungspflicht) **C. Irrtümliche Annahme eines rechtfertigenden Sachverhalts (§ 8)** **D. Schuldausschließungsgründe** Entschuldigender Notstand (§ 10; ev irrtümliche Annahme eines entschuldigenden Sachverhalts oder selbstverschuldete Notsituation, § 10 Abs 2)
IV. Strafe	**A. Strafaufhebungsgründe** (zB Tätige Reue, § 167; Verjährung, § 57ff) **B. Strafausschließungsgründe** (zB Begünstigung eines Angehörigen, § 299 Abs 3)